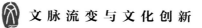

文脉流变与文化创新

西方大学的源起

文明演进的视角

The Origin of
Western Universities
From the Perspective of Civilization Evolution

李海龙　著

社会科学文献出版社
SOCIAL SCIENCES ACADEMIC PRESS (CHINA)

总　序

　　文脉是息息相通的文化血脉，是以人的生命和灵性打造的文化命脉。在文脉流变中，只有认真总结文脉流变的规律，不断推进知识创新、理论创新、方法创新，才能引导我们全面深入研究关系国计民生的重大课题，积极探索关系人类前途命运的重大问题，准确判断中国特色社会主义发展趋势，创新继承中华优秀传统文化精华。

　　中国优秀传统文化的丰富哲学思想、人文精神、教化思想、道德理念等，可以为人们认识和改造世界提供有益启迪，可以为治国理政提供有益启示，也可以为道德建设提供有益启发。通过文脉流变和文化创新研究，对传统文化中适合于建构和谐社会关系、鼓励人们向上向善的内容，需要结合时代条件地加以继承和发扬，赋予其新的涵义。

　　当代中国正经历着我国历史上最为广泛而深刻的社会变革，也正在进行着人类历史上最为宏大而独特的实践创新。这种前无古人的伟大实践，必将给理论创造、学术繁荣提供强大动力和广阔空间。这是一个需要理论而且一定能够产生理论的时代，这是一个需要思想而且一定能够产生思想的时代。通过文脉流变与文化创新研究，立时代之潮头、通古今之变化、发思想之先声，为哲学社会科学繁荣、为学科发展述学立论和建言献策，以担负起历史赋予的光荣使命。

　　正是立足于这一历史和现实语境，扬州大学于2017年启动"十三五"重点学科建设工程，设立"文脉流变与文化创新"（交叉学科）建设项目，希望通过对传统文化的挖掘和再发现，将其有价值和现实针对性的精神资源予以传承和创新。

　　"十二五"以来，扬州大学文科学科建设栉风沐雨，砥砺前行，取得了显著成效。2011年中国语言文学学科获批江苏省"十二五"重点学科，

2012 年中国史学科获批江苏省"十二五"重点学科，学科建设展示出新的姿态。2014 年，整合中国语言文学、中国史、法学三个一级学科的优势，其"文化传承与区域社会发展"学科被江苏省人民政府批准为"江苏高校优势学科建设工程"二期项目，标志着扬州大学学科建设进入新阶段、驶上快车道。其间，先后承担了参照"211"工程二期项目"扬泰文化与'两个率先'"及三期项目"人文传承与区域社会发展"的建设，分别以"扬泰文库""半塘文库""淮扬文化研究文库"等丛书形式出版了 150 多种图书。大型丛书的出版，有力推动了扬州大学学科建设的整体水平，优化了扬州大学的学科结构和学科生态，彰显了扬州大学的学科底蕴和学科特色。

新世纪以来，学科建设在国际格局深度调整、国际关系多元变化的新形态下更加迫切，学科建设与专业建设的关系更加融合，学科的发展与科学技术的发展更加密切，学科渗透、学科交叉的价值和意义在社会发展、科技进步、经济繁荣、国计民生的作用进一步凸显，新一轮全球竞争、人才竞争不可能不与学科发生关联。为此，党和国家提出了建设"一流大学""一流学科"的发展战略。扬州大学深感任务艰巨，使命光荣，决定设立"文脉流变与文化传承"交叉学科，进一步强化人文科学的渗透融合，促进人文学者的交流协作，打造人文研究的特色亮点。

作为"文脉流变与文化创新"交叉学科建设的标志性成果，我们精心推出这样一套丛书。丛书确立了这样几个维度：

一是优秀传统文化的维度。建立文化自信，需要对文化传统、文明历史深化理解。只有深入研究中国历史，认真梳理文脉渊源与流变，才能更好地参透经典，认识自己，以宽广的视野真实地与历代经典对话。通过文脉流变与文化创新研究，能够更好地认识过去、把握当下、面向未来，从容自信地在风潮变幻的时代中站稳脚跟，"不为一时之利而动摇，不为一时之誉而急躁"。

二是学科交叉融合的维度。在研究中，不仅运用传统的文史方法来考察这些经典，同时也结合政治学、社会学、艺术学、历史学、民俗学等多个学科背景，并引入前沿的学术视野展开跨学科研究，做到典史互证、艺文相析，开拓新的研究范式。

三是文化比较的维度。文化总是在比较中相互借鉴、在发展中兼容互补的。通过对相互影响的文化系统进行比较，从"文化共同体"视角深入思考文本接受与文化认同的路径、特点和规律。

　　丛书的出版，凝聚了扬州大学文科人的历史责任，蕴含了作者的学术追求，汇聚了社会科学文献出版社领导和编辑的社会使命及辛勤劳动，在此一并表示真挚的感谢。

陈亚平

2019 年 11 月

序

　　现代意义上的大学产生于西方是一个事实，但大学为什么诞生在西方则是一个没有答案的理论问题。席文曾对"李约瑟问题"发表过如下看法："关于历史上未曾发生的问题，我们恐怕很难找出其原因来。"与其追究"现代科学为何未出现在中国"，不如去研究"现代科学为何出现在西方"①。对于大学的产生也同样如此。与其追问中国或阿拉伯文明为何没有孕育出现代意义上的大学，不如去研究大学为何诞生在中世纪时的西欧。就像近代科学和资本主义在西方且仅在西方兴起一样，大学也在西方且仅在西方兴起。"大学是一种欧洲建制（institution）。事实上，大学是各种欧洲建制中的极致……在漫长的历史进程中，欧洲大学一直保持其自身的基本特征、社会角色和职能……没有其他任何类型的欧洲建制能像传统欧洲大学一样，在世界各地广泛传播和发展……大学发展和传播了科学知识以及创造知识的方法，这些知识植根于欧洲的一般性学术传统，并构成了这一传统的一部分。"②无论大学、科学还是资本主义的兴起都需要在其自身之外寻找原因，无论在观念上还是在制度上，三者都是西方文明演进过程中内外部因素相互作用的结果，既是文明的宿命也有历史的偶然。中世纪大学是 12 世纪西方基督教世界的独特产物。大学之所以产生于中世纪的西欧是多种因素综合作用的结果，其中最为关键的是大学与宗教和科学间的微妙关系。

---

① 陈方正：《继承与叛逆：现代科学为何出现于西方》，生活·读书·新知三联书店，2009，"序" Ⅸ。

② 马尔科姆·泰特：《高等教育研究：进展与方法》，侯定凯译，北京大学出版社，2007，第 143 页。

一　宗教与科学的关系

长期以来，人们都认为是教会压制了科学的发展，是宗教和神学抑制了科学。这种论调在很大程度上是启蒙运动造成的，就像启蒙运动时期的学者认为中世纪是一个愚昧黑暗的时代一样。"启蒙运动的历史学家并非客观的研究者，他们是代表世俗主义的辩论家。"① 与启蒙运动对于中世纪的贬低相比，后世也有学者将中世纪称为"中古盛世"。但无论抬高还是贬低都是对历史的误读。只有尊重历史才能真正地认识历史。中世纪时基督教与科学间的关系微妙而复杂。科学的发展得益于基督教的信仰和教会的庇护，同时很多与宗教信仰无关的因素也参与其中，它们共同促进了科学的发展。基督教会既审判过科学家，查禁和烧毁过科学著作，也曾是帮助科学渡过难关的庇护所。客观上，虽然不是有意为之，但宗教确实是近代科学的助产士而非破坏者。

在西方，自古希腊时起，科学和哲学就是其文明的轴心，对于自然的关注一直是西方认识论和自然哲学的重要内容。基督教兴起以后，经历了几百年的传播，终于融入西方文明。在其漫长的传播过程中，由于教会一直处于弱势，基督教对于各种异教学术较为宽容，并逐渐接受了发端于古希腊哲学和科学中的理性主义传统。"如果神学家将亚里士多德的学术当作信仰的威胁而加以反对，那么它根本不可能成为大学的研究重心。但他们没有这样做。西方基督教有利用异教思想为自己服务的悠久传统。作为这一传统的支持者，中世纪的神学家以同样的方式对待希腊—阿拉伯学术，认为它能够增进他们对《圣经》的理解。中世纪神学家相信自然哲学也是阐释神学的有用工具，这种正面态度正是源于基督教最初的四五百年中发展和培养起来的态度。"② 从内部史的角度来看，近代科学在源头上可以追溯到古希腊的科学和自然哲学；从外部史的角度来看，近代科学的萌芽在根本上却得益于基督教的信仰和神学的存在。由于基督教对理性和理性主义前所未有的颂扬，那些基督教会的主教、教士或牧师本人都曾热切地希望成为"科学家"或"真理的追求者"。"欧洲的主旋律在 11 世纪是

① 兰西·佩尔斯、查理士·撒士顿：《科学的灵魂——500 年科学与信仰、哲学的互动史》，潘柏滔译，江西人民出版社，2006，第 45 页。
② 爱德华·格兰特：《近代科学在中世纪的基础》，湖南科学技术出版社，2010，第 104 页。

教皇革命和军事扩张，在 12 世纪是翻译运动、经院哲学和大学出现，在号称'中古盛世'的 13 世纪则是教会权威和神学发展的巅峰。然而，这也是欧洲科学兴起的世纪。"① 中世纪欧洲在教皇革命的背景下迎来 12 世纪的文艺复兴和 13 世纪的科学兴起，这绝不是历史的巧合。这些结果的出现虽然不是教会所期待的，但在客观上也必须承认，正是基督教会的自我振兴促进了欧洲科学的萌芽以及大学的兴起。

近代自然科学的前身是自然哲学，自然哲学源于对自然的研究，而自然研究在中世纪则主要服从于宗教的需要。按照基督教的说法，人和自然都是上帝创造的。因此，人可以通过对自然的研究来认识上帝的存在。在当时浓厚的宗教氛围里，出于对信仰的维护，科学研究的目的就是"荣神益人"。为了实现这一终极目的，宗教与科学之间达成了某种默契。"起初基督教给科学一个'大前提'（即一个有理性的神应创造一个有理性和秩序的宇宙）。其次，基督教也'支持'科学研究（即科技是用作解除人类痛苦的工具）。第三，基督教给人研究科学的'动机'（即要彰显神的荣耀和智慧）。第四，基督教也有制定科学方法的贡献（即神学上的意志论被用来支持实验科学）。"② 在当时科学之所以能够被容许以自然哲学的名义加以研究，主要的理由就是科学不仅是通向自然之路，也是通向上帝之路。按斯瓦默丹的说法，"我借解剖跳蚤，向你证明神的存在"③。"神"的存在赋予自然哲学和人的理性以合法性，关于自然哲学的研究也被认为是通往神学的必要的阶梯，是人类赖以认识上帝的工具。

中世纪时，神学当之无愧是大学里最高级的学科，而自然哲学在名义上只能是神学的"婢女"，就像后来的大学曾经是教会的"婢女"一样。但事实上，"婢女理论"不过是一种为了满足形式合法性而采用的说辞，随着自然哲学研究中的理性和理性主义思想逐渐渗透进神学的体系，神学本身也变得科学化了。虽然神学的研究对象仍然是非理性的，但神学研究本身却是高度理性的。"神学立足在理性的基础上，从而变成了科学——

---

① 陈方正：《继承与叛逆：现代科学为何出现于西方》，生活·读书·新知三联书店，2009，第 419 页。

② 兰西·佩尔斯、查理士·撒士顿：《科学的灵魂——500 年科学与信仰、哲学的互动史》，潘柏滔译，江西人民出版社，2006，第 33 页。

③ 马克斯·韦伯：《学术与政治》，冯克利译，三联书店，1998，第 32 页。

这是本世纪（12 世纪，笔者注）具有决定性意义的一大进步。"① 此时，自然哲学不再作为自由"七艺"的一部分，也不再限于"四科"（算术、几何、天文、音乐）的范围，而是被极大地拓展，并作为独立的学科和神学一起成为大学的重心。"到了 13 世纪末，大学的艺学院实际上已经独立于神学院"②，成了大学不可或缺的组成部分。中世纪自然哲学的繁荣，一方面反映了西方文明中古希腊科学和哲学传统的复兴，另一方面也体现了基督教信仰对于自然哲学的宽容和信任。"在中世纪，自然哲学不仅是道德哲学的基础，而且几乎处处与形而上学相关联，甚至神学、医学和（少数情况下的）音乐也非常依赖它。"③ 正是由于基督教神学家对于异教学术格外宽容和接受，才使得古希腊科学和自然哲学以及从中东通过翻译运动传过来的阿拉伯科学在"婢女理论"的庇护下于中世纪的大学里逐渐繁荣，大放异彩，从而为后来近代科学的诞生奠定了智识生活和制度的基础。

需要指出的是，尽管教会的自我振兴促进了近代科学的萌芽，但科学是科学，宗教是宗教。发展科学不是宗教的使命，为宗教服务也不是科学的目的。二者具有不同的逻辑。无论 12 世纪的文艺复兴还是 13 世纪欧洲科学的萌芽都是基督教会意料之外的结果。中世纪时，尽管古希腊的科学和自然哲学通过翻译运动再次回到了欧洲，恢复了西方知识的连续性；尽管基督教信仰与科学之间存在十分暧昧的关系，教会对于科学的压制大多也有名无实；但科学的基础依然脆弱。"我们不要忘记，科学思想在当时（中世纪）既很少见，而且同一般人的心理也格格不入。几棵疏落的科学树苗，必须在始终阻遏生机的旷野密菁中生长，而不是像有些科学历史家所想象的那样在开阔而有益于康健的愚昧草原中生长。一块农地如果几年不加耕种，即仍成为草莽，在思想的园地里也不乏同样的危险情况。费了科学家三百年的劳动，才得清除草秽，成为熟土；但毁灭很小一部分人口，便足以毁灭科学的知识，使我们回到差不多普遍信仰巫术、妖术和占

---

① 雅克·勒戈夫：《中世纪的知识分子》，张弘译，商务印书馆，2002，第 81 页。
② 爱德华·格兰特：《近代科学在中世纪的基础》，张卜天译，湖南科学技术出版社，2010，第 243 页。
③ 爱德华·格兰特：《近代科学在中世纪的基础》，张卜天译，湖南科学技术出版社，2010，第 60 页。

星术的局面中去。"① 今天回头看中世纪时宗教与科学的关系，既不应夸大教会对于科学的打压，也不应夸大宗教对于科学的促进。教会的天职始终是传播信仰，原本无意发展世俗意义上的科学，其客观上对于科学的促进也只能看作基督教会的无意之举或教会自我振兴的副产品。宗教看重的并非科学本身而仅仅是将科学作为认识上帝的一种手段或工具。"研究自然现象是促进赞颂上帝的一种有效的手段，'以一种令人信服的、科学的方式'研究自然可以加深对造物主威力的充分赏识，因此在赞颂上帝方面，科学家势必比偶尔的观察者更加训练有素。宗教就是以这种直截了当的方式赞许和认可了科学，并通过强化和传播对科学的兴趣而提高了社会对科学探索者的评价。"② 后来的事实也证明，随着自然哲学被近代科学取代，近代科学的发展最终也完全背离了宗教的意图。由于理智和启示的不相容性和不可通约性，科学没有成为通往上帝之路，反倒完成了对世界的祛魅。最终，在近代科学革命的半个世纪之后，即 18 世纪启蒙运动时期，随着理性与信仰的决裂，上帝的归上帝，恺撒的归恺撒，科学与宗教无可避免地分道扬镳。

二　科学与大学的关系

与宗教强调启示不同，科学主要是一种世俗活动，强调理智的制度化，需要特殊的社会环境和法律制度的支持。只有在适合科学成长的社会环境和法律环境里，科学才能释放出最大的潜力或能量。近代科学之所以出现在西方而不是中国或中东，与西欧当时特殊的法律制度和法律革命密切相关③。当然，更重要的还是科学和自然哲学本身就是西方大传统的一部分。从公元前 4 世纪古希腊的新普罗米修斯革命到 17 世纪发源于西欧的近代科学革命，再到 20 世纪初的现代科学革命，科学内部一次次的革命反复证明科学是西方文明或西方大传统的重要组成部分。和近代科学的产生一样，大学是西方文明的产物也并不意味着西方文明在演进过程中必然会

---

① W. C. 丹皮尔：《科学史及其与哲学和宗教的关系》，李珩译，广西师范大学出版社，2001，第 70 页。
② 罗伯特·金·默顿：《十七世纪英格兰的科学、技术与社会》，范岱年、吴忠、蒋效东译，商务印书馆，2000，第 108 页。
③ 托比·胡弗：《近代科学为什么诞生在西方》，周程、于霞译，北京大学出版社，2010，第 114 页。

产生大学。大学在初创之时只不过是普通的行会，是中世纪拉丁人"公社运动"的产物，和其他由手工劳动者组成的行会没有本质的区别。"12 世纪的城市知识分子觉得自己实际上就像手工工匠，就像同其他城市市民平等的专业人员。他们的专业是'自由艺术'，它是教授们的专长，就像盖房子的木匠及铁匠的专长。"① 中世纪的知识分子实质上是精神的手工业者。"拉丁语'universitas'（社团或整体）被用来专指后来沿用了大学名称的高等学府，只不过是历史的偶然。"② 回顾历史，虽然在理智或智识层面上，可以在西方文明里为大学的产生找到适宜的条件，但大学的兴起确实又存在历史的偶然性，毕竟幼苗的夭折并不是小概率事件。

具体而言，古希腊文明在欧洲遭遇劫难之时恰逢阿拉伯文明兴起。正是阿拉伯的图书馆为欧洲 12 世纪的文艺复兴保留下知识的火种。"从公元6 世纪开始，在汹涌而至的野蛮民族的冲击下，欧洲陷入巨大混乱：大一统秩序崩溃，物质生活全面倒退，学术文化火炬熄灭，此前那么辉煌的科学传统也被遗忘。另一方面，从 7 世纪初开始，伊斯兰教兴起于阿拉伯半岛，在短短一个世纪间以狂飙激流之势席卷波斯、两河流域、巴勒斯坦，以至埃及、北非、西班牙这一大片区域。从 8 世纪中叶开始，在多位开明君主鼓励与推动下，伊斯兰世界竟然张开双臂接受希腊哲学与科学，大量典籍从叙利亚文与希腊文翻译成阿拉伯文，许多阿拉伯与伊朗学者以巨大热情投入学术研究，他们由是接过火炬，促成伊斯兰科学的诞生。"③ 没有古希腊和阿拉伯人科学财富的回传，很难想象西欧会产生中世纪大学以及后来的近代科学。正是新知识的回流成就了大学，而大学作为对新知识进行组织、吸收与扩张的最有效的组织，反过来为近代科学的兴起储备了充足的人才，并扫除了智识和制度上的障碍。"中世纪社会的文化和法律机构为这种新型形而上学综合提供了一个制度化的家园，也就是大学。"④ 一方面通过翻译运动回传到欧洲的逻辑、自然哲学和科学方面的新知识，促

① 雅克·勒戈夫：《中世纪的知识分子》，张弘译，商务印书馆，2002，第 55~56 页。
② 托比·胡弗：《近代科学为什么诞生在西方》，周程、于霞译，北京大学出版社，2010，第 129 页。
③ 陈方正：《继承与叛逆：现代科学为何出现于西方》，生活·读书·新知三联书店，2009，第 309 页。
④ 托比·胡弗：《近代科学为什么诞生在西方》，周程、于霞译，北京大学出版社，2010，第 337 页。

成了中世纪大学的兴起；另一方面中世纪大学反过来通过为古希腊科学和自然哲学的发展提供制度性的保护又成为近代科学诞生的重要条件。正是在受法律保护的拥有自治权的大学中，自然哲学和科学受到了前所未有的庇护，从而得以茁壮成长。

长期以来，学界对于大学与科学的关系有一种误解，即认为科学主要产生于大学之外，忽略了大学在近代科学兴起中所起到的核心作用。近代科学革命的确主要产生于大学之外，但从大学内部新增设教席的情况仍然可以看到大学对此做出的贡献①。托比·胡弗（T. E. Huff）就认为："关于大学作为科学制度化的场所以及科学思想和论证的孵化器所起的作用，无论是社会学还是历史学的阐述都未免过于轻描淡写。"② 植根于西方文明的大传统，中世纪大学从诞生起就带有浓厚的哲学和科学的气息，进而不可遏止地选择了古希腊科学和亚里士多德的自然哲学作为教学和研究的主要内容。所谓大学就是一群人从事"研究"或"寻求知识"的地方③。"自由七艺"中的"四科"就是后来自然科学的基础。大学不但为科学的发展培养了人才，而且为科学家提供了从事研究工作的制度性场所。哥白尼、伽利略、第谷、开普勒和牛顿等许多近代科学革命的发起人，无论其科学成就的取得是在大学内还是在大学外，他们无一例外都是中世纪大学培养出的杰出人才。

除了在科学方面的贡献，对于大学与科学关系的另一种误解是认为中世纪大学是一个纯教学机构，排斥科学或对研究不感兴趣。虽然教学的确是中世纪大学最为重要的活动，但这并不意味着中世纪大学与科学无关，更不意味着中世纪大学不重视研究工作。"从阿伯拉尔到布拉班特的西格尔，大学的诞生与发展伴随着他们所具有的一种知识劳动和'哲学家'境界的独创的特殊意识，这种意识不同于骑士、教士或修士的意识。'哲学家'自觉为一个工作者，其工作是研究和无私无利的教学，其道德是职业的道德。"④ 在某种意义上，研究是中世纪大学的本质所在，科学—自然哲

① 罗伯特·金·默顿：《十七世纪英格兰的科学、技术与社会》，范岱年、吴忠、蒋效东译，商务印书馆，2000，第60页。
② 托比·胡弗：《近代科学为什么诞生在西方》，周程、于霞译，北京大学出版社，2010，第319页。
③ 迈克尔·欧克肖特著，蒂莫西·富勒编《人文学习之声》，孙磊译，上海译文出版社，2012，第111页。
④ 雅克·韦尔热：《中世纪大学》，王晓辉译，上海人民出版社，2007，第153页。

学课程从一开始就存在于大学之中，并最终成为大学的重要传统。19 世纪近代大学引入自然科学课程，并建立与自然科学相关的系科，绝不是突发奇想，而是对于中世纪大学热衷自然哲学和研究工作的学术传统的自然延续。爱德华·格兰特就指出，"中世纪大学里含有现代科学研究的基础"。"中世纪大学提供了本质上以科学为基础的教育"，"比现代及以后的类似机构更加强调科学"。[①]

中世纪大学、自然哲学与近代科学之间存在密切的关系。这种密切关系绝不是来自彼此在时间上的连续性（即所谓的"在此之后""因此之故"），而是有着更为深刻的内在逻辑。以大学的兴起为转折点，中世纪早期与中世纪晚期的关系和中世纪晚期与近代早期的关系就截然不同。"除了一些不太重要的例外，希腊科学在中世纪早期是没有的。比如欧几里得几何实际上并不存在。在 12 世纪进入欧洲的希腊—阿拉伯科学不仅丰富了欠发达的拉丁科学，而且意味着与过去的决裂和新的开端。逻辑、科学和自然哲学从此在新兴的大学中被制度化。"[②] 虽然直到文艺复兴，自然科学仍然只是哲学的分支，以实验为基础的近代科学直到 19 世纪下半叶才在大学里取得合法地位，但以思辨为主的古典科学（自然哲学）一直是中世纪大学课程的重要组成部分。尽管教会对于亚里士多德的某些学术观点持批判态度，但"责难对于抑制学术自由、阻止亚里士多德思想的教授以及禁止科学思考的作用甚微。相反，欧洲的主要大学都很好地接纳了亚里士多德有关自然的著作——处理物理性质、植物、动物和气象学等问题——并持续到了 17 世纪"[③]。以古希腊科学和自然哲学为基础，大学是西方近代科学革命的摇篮。"尽管有瘟疫、战乱和革命，但大学一直维持了下来，使自然哲学和科学能够持续发展。科学和自然哲学有了一个持久的体制基础，这在历史上还是第一次。自然哲学的保存不再听

---

① 托比·胡弗：《近代科学为什么诞生在西方》，周程、于霞译，北京大学出版社，2010，第 172 页。

② 爱德华·格兰特：《近代科学在中世纪的基础》，张卜天译，湖南科学技术出版社，2010，第 250 页。

③ 托比·胡弗：《近代科学为什么诞生在西方》，周程、于霞译，北京大学出版社，2010，第 101 页。

天由命，不再依靠个别教师和学生的努力。"① 正是因为有了大学，近代科学才有了持久的制度基础，科学在西方才得以兴起，并最终成为一种共同价值，迅速传播到全球。

大学是西方文明的独特产物，对于大学的产生以及近代科学的产生而言，古希腊科学和阿拉伯科学的回流只是外因或必要条件，而非充分条件，真正决定大学和近代科学命运的因素隐藏在西方文明深处，这个因素既不是城市的兴起也不是贸易的繁荣，而是基督教对于理性和理性主义的推崇以及西欧中世纪社会特有的社会与法律环境。"12、13 世纪的西方发生了一场广泛的智识和法律革命，它变革了中世纪的社会并使其成为近代科学兴起和发展的最合适的土壤。而阿拉伯—伊斯兰文明和中国文明都没有发生这种革命。"② 12~13 世纪，在知识的积累上，西欧不如中东的阿拉伯文明，在财富的积累上，西欧不如中国当时的宋朝，但无论中东还是中国当时都没有产生大学或类似大学的机构。无论阿拉伯文明的穆斯林学校还是宋朝的书院，与欧洲的中世纪大学都有本质的不同。任何把欧洲之外的古代高等教育机构或同一时期的其他学术机构称为大学的做法都是对欧洲大学独特性的忽视，都是对现代意义上大学概念的误解。"欧洲中世纪的人们，完全出于认知的目的，创造了法律上自主、自我管理的高等教育体制，并且之后引入了方法论上强大、哲学上丰富的宇宙论——直接挑战并否定了传统基督教世界观。他们没有疏远这些'外来科学'（像中东人那样），而是使它们成为高等教育的官方话语和公共话语不可分割的一部分。通过……把亚里士多德的自然主义作品编入中世纪的大学课程，于是一种客观的自然研究议程被制度化了。它被制度化为课程或学习程序，而正是这样的课程在欧洲大学中持续了四百年。"③

欧洲模式的大学是独特的。在法律上，大学是一个自治的法人实体；在课程的设置上，大学重视哲学和自然科学的学习、研究与教学，在形而上学层面上，大学的使命是追求真理。大学之所以可以做到这一切，除了

---

① 爱德华·格兰特：《近代科学在中世纪的基础》，张卜天译，湖南科学技术出版社，2010，第 226 页。
② 托比·胡弗：《近代科学为什么诞生在西方》，周程、于霞译，北京大学出版社，2010，第 140 页。
③ 托比·胡弗：《近代科学为什么诞生在西方》，周程、于霞译，北京大学出版社，2010，第 180 页。

西方文明中重视科学和哲学的大传统之外，主要得益于当时欧洲社会允许教会与国家相分离，而且两者都愿意承认大学的法人自治地位。相比之下，无论中东地区的穆斯林学校、伊斯兰学院还是中国的书院、国子监等都既不是自治的法人实体也不重视对科学的研究，更不用说独立授予学位、教学资格证或者任何其他公认的学术成就的头衔。诚如许美德所言："就拿'大学'（university）这个词来说，在欧洲和北美洲历史文化发展进程中，已经赋予了它特定的形式和内容，蕴含着它在欧美文化背景下丰富的历史遗产。"① 今天世界各国的大学都是欧洲大学的凯旋②。

三　大学与教会的关系

中世纪大学的产生有各种各样的原因，最根本的就是西方文明中最深层次的对于理智的需要。"欧洲大学的性质在最初虽然与伊斯兰高等学院相似，而且也同样发生过宗教和学术之间的冲突，这包括亚里士多德哲学被禁止讲授，著名神学家如阿奎那在身后接受谴责，以及主教乃至教皇之多次企图控制大学，等等。然而，冲突的最终结果却是教会权威被迫退缩，大学在教学和研究上得以保持独立。因此之故，本来是教会体制一部分的欧洲大学，后来却蜕变为培植哲学和科学，令它得以成长与传播的重要体制。"③ 大学作为中世纪欧洲社会的一种独特的发明，受到具体时空背景的限制，它既不是按照人的天性自然发展而来，也不是某种社会的实践需要直接催生。中世纪大学的产生需要特殊的文化土壤，如果没有这种文化土壤，即便有"种子"也不会发芽，即便发芽也可能会夭折。

虽然在中世纪大学产生之时西欧的确伴随有城市的兴起和贸易的繁荣，但这些不是大学产生的充分条件。仅有这些条件无论如何也不会实现大学的形成。这些条件在同一时期世界其他地方并不鲜见，甚至其他地方的条件还要优越于当时的西欧。有学者以中世纪大学的职业性佐证大学是应社会实践需要而产生。哈罗德·珀金就指出："如果有人认为，文学部

① 许美德：《中国大学 1895—1995：一个文化冲突的世纪》，许洁英译，教育科学出版社，2000，第 17 页。
② 许美德：《中国大学 1895—1995：一个文化冲突的世纪》，许洁英译，教育科学出版社，2000，第 32 页。
③ 陈方正：《继承与叛逆：现代科学为何出现于西方》，生活·读书·新知三联书店，2009，第 367 页。

与专业学部相比，较少具有功利性和职业性，那就大错特错了。因为绝大多数学生可能不再继续就学，文学部为他们在读写、辩论、思维、计算、测量和自然科学基础知识方面提供的有用训练，使他们适于承担教会和世俗政府中的种种职业。"① 上述说法反映了现代人认识上的误区，即用现代人的职业观念和价值观念去看待历史。现代社会的很多观念根本不适用于中世纪。"欧洲的 12—14 世纪是基督教的高潮，也是其至高理想得以实现的时期，宗教精神几乎笼罩一切。"②

中世纪大学并非世俗性组织，更不是服务于世俗社会的功利性组织。"作为献身于无私的研究和教学的知识劳动者的协会，大学仍为教会的机构。……大学培养的大部分学生都不能成为教师，却就职于王室和教会机构。"③ 整个中世纪大学都处在教会的庇护下。在那个宗教信仰高于一切的时代，知识是上帝的恩赐，大学要为证明上帝的存在而努力，满足社会的实践需要不是大学的目的，这也就是为什么大学里神学知识高于一切。在当时，"如果一门学科看起来是'亵渎基督教的'、'有利可图的'（即为个人带来利益），或者是'技术的'（即与物质有关），那么这门学科将会被降级，甚至被毫无保留地取消。"④ 与教会要求信徒通过牺牲理智达至信仰不同，大学对于信仰的实现则是诉诸对神学的研究和人的理性，即通过人的理性对于自然的研究来寻找真正的通往上帝之路。中世纪时虽然教学一直是大学里最主要的活动，但研究才是中世纪大学的本质所在。那时的研究全仰赖思辨，属形而上学或自然哲学的范畴。以思辨研究为基础，中世纪大学发展出高度理论化的神学和烦琐的经院哲学，广泛地传播了理性和理性主义，为近代科学的兴起奠定了基础。

需要注意的是，中世纪大学不是为了满足社会的实践需要而建立，并不意味着中世纪大学在客观上没有满足社会的实践需要。这是两个完全不同的问题。就像前面对科学与宗教关系的论述，宗教原本只是要以科学为

---

① 伯顿·克拉克：《高等教育新论——多学科的研究》，王承绪等译，浙江教育出版社，1988，第 31 页。

② 陈方正：《继承与叛逆：现代科学为何出现于西方》，生活·读书·新知三联书店，2009，第 421 页。

③ 雅克·韦尔热：《中世纪大学》，王晓辉译，上海人民出版社，2007，第 61 页。

④ 希尔德·德·里德-西蒙斯主编《中世纪大学》，《欧洲大学史》第一卷，张斌贤等译，河北大学出版社，2007，第 44~45 页。

手段来传播信仰、认识上帝，本无意于发展世俗科学，但它仍然在客观上促进了科学的发展。中世纪大学虽然不是因法庭听证、政府讨论和教会布道对于专业人才的实践需要而建立，但在客观上通过文、法、神、医相关学科专业的设置，通过对新知识的组织、传播与再生产，确实为西欧社会（包括教会）培养了各方面的人才，尤其是法学和神学方面，而这些人才无疑在社会实践中发挥了应有的作用，满足了社会实践的需要。因此，对社会实践需要的满足可以看作中世纪大学产生的结果而不是其建立的目的或原因。

历史上，11世纪以前西欧基督教会受世俗政权的控制，教权受制于皇权或王权。这种从属或依附关系阻碍了教会的发展。为实现基督教会的振兴，罗马教皇和世俗君主间爆发了"授职权之争"。结果教俗双方在1122年签订了《沃尔姆斯宗教协定》，实现了教会与国家的分离。这个由授职权之争而引发的全面政教冲突，被伯尔曼称为"教皇革命"。后来由这场革命引发的十字军东征意想不到地促进了古希腊科学和阿拉伯科学经由翻译运动回传到欧洲，进而促进了西欧经院哲学的发展。"这些崭新学问吸引了大量学生，他们的需求无论在内容或者总量上都远远超过传统教堂学校的承担能力。在这一巨大压力之下，学堂组织原则和形式的蜕变成为不可避免，最后促成了大学诞生。"[1] 11世纪的教皇革命和军事扩张彻底改变了欧洲的政治平衡，教会与国家的分离使整个社会充满活力，各国之间的竞争也加速了大学体制在欧洲的散播。"尽管很多欧洲大学来源于教会学校和宗教命令，但这既不是大学的必要前提也不是必然结果"，"它们迅速涌现……在没有国王、教皇、王储或主教直接授权的情况下。它们是11和12世纪如巨浪般迅速席卷了欧洲城镇的联合本能的自发产物"。[2] 由于此时的大学大多是自发的产物，在不同的城市里，有的大学获得了成功，留存至今，有的大学则因种种原因短暂兴起而迅速消亡。12世纪之所以成为中世纪大学形成中最为关键的时期，就是因为那些早在11世纪就埋下的"种子"终于开始发芽。

---

① 陈方正：《继承与叛逆：现代科学为何出现于西方》，生活·读书·新知三联书店，2009，第371页。

② 托比·胡弗：《近代科学为什么诞生在西方》，周程、于霞译，北京大学出版社，2010，第171页。

在行会兴起的大背景下，11 世纪的教皇革命确立了教会与国家的分离，12 世纪的翻译运动又为中世纪大学的建立提供了知识基础。因为"只要知识一直局限于中世纪早期的'自由七艺'（the seven liberal art），就不会出现大学"①。在 12～13 世纪里，随着新知识的不断涌入，在教会或世俗政权的支持下，早期的修道院和主教座堂学校逐渐被大学取代。"在 11 世纪末，学问几乎完全局限于传统课程中的'自由七艺'，而在 12 世纪，除三艺和四艺外，又增加了新逻辑、新数学和新天文学，与此同时还形成了法律、医学和神学三种职业机构。此前，大学还不曾存在过，原因在于西欧没有足够的知识积淀可成为其存在的理由，随着这一时期知识的增长，大学自然而然地产生了。知识革命和机构革命是同时发生的。"② 12 世纪的欧洲以翻译运动和中世纪大学的建立为转折点，呈现出被后人称为"12 世纪文艺复兴"（Twelve-Century Renaissance）的新气象。正是在"12 世纪文艺复兴"这种大的时代背景下，越来越多的中世纪大学建立，并最终决定了整个西方高等教育制度化的方向。"欧洲中世纪的人们是把伟大思想和理念以及新社会秩序制度化的大师，其中大学是最重要的新社会秩序，是制度化推进的产物。"③

中世纪大学兴起后，传统的以人（教师）为中心的高等教育形式逐渐没落，以组织（大学）为中心的高等教育形式逐渐制度化。在教会的授权下，根据当时的法律制度和大学章程，只有大学才能颁发教学许可证。至少 13 世纪以后，在欧洲，学生追随某个著名的学者求学的传统就逐渐被学生进入大学的某个学科或专业学习取代，大学无可避免地朝制度化方向发展。而在同一时期，与中国总是由国家或政府而非学术团体授予教育能力资格证书不同，阿拉伯地区一直是由单个教授给学生颁发授权许可证④。相比之下，欧洲以法人自治为基础的大学制度对于学术的繁荣和教育的发展更具优势。最终近代以来伴随着欧洲大学在全世界的成功，无论中东还是中国，其传统高等教育机构都逐渐消亡。

---

① 查尔斯·霍默·哈斯金斯：《大学的兴起》，王建妮译，上海人民出版社，2005，第 4 页。
② 查尔斯·霍默·哈斯金斯：《大学的兴起》，王建妮译，上海人民出版社，2005，第 273 页。
③ 托比·胡弗：《近代科学为什么诞生在西方》，周程、于霞译，北京大学出版社，2010，第 128 页。
④ 托比·胡弗：《近代科学为什么诞生在西方》，周程、于霞译，北京大学出版社，2010，第 74 页。

总之，从起源上看，大学是西方文明的独特产物。中世纪大学诞生于西欧是多种因素综合作用的结果。中世纪时教会与国家的分离使得大学获得了"中立空间"；源于古希腊的哲学和科学传统则奠定了大学的理性基础；基督教对于异教学术的宽容使通过翻译运动回传的阿拉伯科学和亚里士多德的自然哲学可以在大学里被自由研究和教授，从而使大学发展出多样性的系科，成为新的知识中心；最后12世纪的西欧迎来了"文艺复兴"和近代科学的萌芽，在科学与宗教的张力下，知识革命和教皇革命相互影响，共同导致了机构革命，即大学的兴起。

以上文字是笔者在2013~2014年写就的，当时是为指导李海龙完成博士论文《大学为何兴起于西方》而做的预研究。研究的目的是让自己跟上学生的节奏，方法是和学生一起读书。从2013年到2016年，李海龙围绕"大学为何兴起于西方"展开了深入系统的研究，其知识涉猎和学术见解远超我的预研究。博士毕业后，李海龙对其博士论文又不断进行修改和完善。近日欣闻李海龙的博士论文即将出版，不揣浅陋，将昔日的旧文略做修改，列于此，权当抛砖引玉，希望有更多优秀学者关注"大学为何兴起于西方"这一宏大话题，并对本文和本书存在的不足之处不吝赐教。

是为序。

王建华

2021 年 7 月 11 日

摘　要

　　在常识观念中，人们认为西方大学的兴起是既定事实，其生命始于公元 11 世纪。相对于我们今天所熟悉的大学理念、制度、机构、仪式和运作体系，世人更想知道的是：西方大学是如何诞生，又是如何影响世界的。换言之，大学的历史已然不是单纯的机构史或组织史，而是西方文明史的缩影，我们需要从更深的理论层面去探寻大学的兴起过程及原因。只有将大学放在不同文明的深处去对比，其轮廓才会清晰。西方大学的兴起与繁盛是文明的宿命，其理性基因深藏于文明中，但它又是一种历史的偶然，出现在 11 世纪而不是其他时间，诞生在某个城市而不是另一个城市。此外，西方大学的命运也是不稳定的，随着经院哲学的兴衰，大学经历了高峰与低谷。在教派纷争的时代，大批学府陨落，大学遭遇了"冰河时期"。

　　本书的主体部分由第二章至第五章共 4 个章节组成。第二章分析古希腊精神与大学兴起的历史渊源。从古希腊开始，梳理智识生活的起点，研究古希腊哲学对西方认识论传统形成的意义，并从古希腊学园探究大学的源头。第三章探讨古罗马文明对大学的孕育、罗马帝国的崛起与基督教普及如何左右西方智识生活的演进，以及古希腊—罗马文明如何为大学提供知识生产和教育上的资源。第四章研究中世纪大学如何诞生与扩散，从中世纪历史的黑暗和繁荣两个层面分析大学诞生前的历史环境，深入剖析 12 世纪文艺复兴是如何同翻译运动、教皇革命结合起来影响大学的。经院哲学作为西方的方法论革命推动了大学的崛起，然而其后期的僵化保守也使得大学退化，走向了历史性的衰退。第五章是从大学兴起的角度对比世界不同文明，总结出大学在中世纪的成功为后世带来了怎样的影响，具体梳理了为什么是在西方、为什么是在中世纪诞生了大学，并探讨了大学的欧洲性和世界性是如何呈现在世人面前的，以及作为共同价值的大学如何传遍世界。

最后一部分是研究结论，西方大学兴起的原因可归结如下：第一，大学源于西方智识生活的好奇心与想象力；第二，大学制度是西方社会制度环境的产物；第三，大学的灵魂是个人主义与自由意志，其历史意义也一直延续至今，并蔓延到整个世界。

Abstract

In common sense, people think that the rise of Western universities is an established fact, and its life began in the 11th century AD. Compared with the university concepts, systems, institutions, rituals and operating systems we are familiar with today, what the world wants to know more is: How did Western universities were born and how did they spread throughout the world? In other words, the history of the university is no longer a simple history of institutions or organizations, but a microcosm of the history of Western civilization. It is necessary to explore the process and reasons for its rise from a deeper theoretical level. Only when the university is placed in the depths of different civilizations for comparison, its outline will be clear. The prosperity of Western universities is the destiny of civilization. Its rational genes are deep in this civilization, but it is also a historical accident. It appeared in the 12th century and not at other times, and was born in a certain city rather than another. In addition, the fate of Western universities is also unstable. With the rise and fall of scholastic philosophy, universities have experienced peaks and valleys. In the era of sectarian disputes, a large number of universities fell and entered the "Ice Age".

The main part of the book consists of 5 chapters. Chapter 2 analyzes the historical origin of the spirit of ancient Greece and the rise of universities, starting from ancient Greece, combing the starting point of intellectual life, studying the significance of ancient Greek philosophy to the formation of western epistemological traditions, and exploring the source of universities from ancient

Greek academies. Chapter 3 is about the birth of the ancient Roman civilization to the university, how the rise of the Roman Empire and the popularization of Christianity influence the evolution of intellectual life in the West, and how the ancient Greek-Roman civilization provided the university with resources for knowledge production and education. Chapter 4 studies how the medieval university was born and proliferated. It analyzes the historical environment before the birth of the university from the two levels of the darkness and prosperity of medieval history, and deeply analyzes how the Renaissance in the 12th century combined with the translation movement and the Pope's revolution to influence the university. Scholastic philosophy, as a methodological revolution in the West, brought about the rise of universities. However, the rigidity and conservativeness of its later period also made universities degenerate and lead to a historic decline. Chapter 5 compares the different civilizations of the world from the rise of universities, sums up what kind of influence the triumphant triumph in the Middle Ages brought to future generations, and specifically sorts out why it is the West, the specific reasons why universities were born in the Middle Ages, and how the European and cosmopolitanness of universities were presented to the world, and how universities became shared values accepted by the world.

The last part is the conclusion of the research, the reasons for the rise of western universities are as follows: First, universities originated from the curiosity and imagination of western intellectual life; Second, the university system is a product of the western social system environment; Third, the soul of a university is individualism and free will, Its historical significance has continued to this day and spread to the entire world.

目　录
Contents

绪 论

在现代国家中，大学已经成为一种综合国力的体现，通过国家实力资助高等教育机构，并在短时间内建成世界一流的研究型大学也成为政府一致的选择。可以说，培育一流大学成为一种政策驱动下的标准化操作。"欧洲精英型的高等教育模式，通过殖民扩张和帝国占领传遍了全世界。它的主要特征包括：国家资助和控制，集中的规划和政策制定，分别强调高层次学习、专业训练和专门分类的研究。"① 在建设顶尖大学成为一种潮流之后，中国也于 2015 年由国务院印发了"世界一流大学与世界一流学科建设"的方案。不少成功的案例甚至让人们相信建设一流大学可以凭借国家政策与政府资助迅速达成目标。表面上看，一流高等教育机构是现代大学制度与自然科学崛起后的产物。实际上，大学的现代化历程不是始于17 世纪，大学是伴随着文明的长期沉淀与互动逐步迈入现代世界的。在文明脉络与制度组织的演变上，一流大学的形成其实是高等教育机构在特定文明土壤中的逐步崛起。

大学与文明的现代化是一体的，这体现在其生长的地域所进行的现代化历程上。今天我们可以看到一流大学的崛起并不完全凭借现代国家的支持，而是在很大程度上需要依赖文明的惯性推动，"现代学问体系只有两百年历史，其社会—政治表现是大学及其建制的形成。十八世纪末至十九世纪末的一百年，是欧美现代大学建制的形成期，在此之前，自然科学已初步具有了自律的制度形态"②。世界一流大学由本土文明和现代世界共同

---

① 休·戴维斯·格拉汉姆、南希·戴蒙德：《美国研究型大学的兴起——战后年代的精英大学及其挑战者》，张斌贤等译，河北大学出版社，2008，第 4 页。
② 刘小枫：《拣尽寒枝》，华夏出版社，2013，第 10 页。

塑造。对中国而言，需要认清大学的现代化不是西化，更不是对照项目指标建设大学，而是要借助文明来塑造卓越的高等教育机构。虽然现代大学和民族国家以及工业革命带有共同特征，然而全世界智识生活的发展历程并不一样。以西欧为核心的文明体造就了成熟的现代大学系统。

研究西方的目的并不是使各种文明中的大学"西化"，而是通过对比西方来发现自身文明和大学之间的衔接点，从现代化的角度提炼国家与大学之间的关系。正如有些人所说的，"西方对中国很重要，它是当今中国理解自己最重要的他者，也是塑造未来中国很重要的力量"[1]。恰因如此，大学的历史已然不是单纯的机构史或组织史，而是文明史的缩影，我们需要从更深的理论层面去探寻其兴起过程及原因。大学的兴起不能仅从中世纪的断层中推断，而应该被置于西方历史演进的大背景中，从文明的根源去探究原因。也就是说，我们只有从西方智识生活的展开方式重新梳理大学的根基与脉络，才能理解大学为何会产生在中世纪。我们只有通过不同文明的对比理解大学的命运，才能明了其对全世界的独特价值。

基于文明的特质与不同文明间的互动，西方大学的兴起缘由可以从纵向和横向两个坐标轴来梳理构成。纵向坐标轴以时间为脉络，从来自古希腊的智识生活形成的精神源头，一直延续到 17 世纪后的现代大学兴起。横向的坐标轴则由东西方文明在地域上的互动构成。不论接壤地域的文化混合还是多次的军事行动，知识在不同文明间的交融与流动共同浇灌出大学之树。本书也力图将西方大学的兴起过程放在更大的时空背景下加以复现。本研究对今天建设世界一流大学的启发是：大学的兴起并非"水到渠成"的结果，往往还会伴随着文明与时代变迁中诸多的偶然性与随机性；一流大学的建设亦不是按照约定俗成的逻辑进行的，在大学外的政治、经济与社会制度建设质量决定着大学真正的发展实力。

历史无法复制，关注大学兴起的过程也不是为了将其中的逻辑照搬到发展中国家，而是要以此建立一套更适合本土文明的高等教育发展逻辑。大学正是因为有了以西方文明为主体的价值依托，才进一步借助启蒙运动产生了跃迁，逐步迈入现代世界，并构建起一套遍布全球的现代大学体系。尤其是 18 世纪之后欧洲与美国的现代大学系统，造就了今天世界上绝

---

① 李筠：《西方史纲》，岳麓书社，2020，"前言"第 7 页。

大多数的顶尖大学。但正是因为今天最好的大学大多分布在美国与欧洲，我们才有必要重新去寻找大学在文明中的价值体系。需要指出的是，建设世界一流大学并不是建设西方模式的高等教育机构，实际上，正是大学的存在使得今天的中国与西方互相塑造。回顾历史的目的在于重新思考本土文明带给大学的积极意义，并以此为我国大学生长的土壤注入文明的基因。

第一章
西方大学兴起的认知重塑

作为历史悠久的知识组织，大学对于文明就如大海中闪耀光辉的灯塔。正如约翰·S. 布鲁贝克（J. S. Brubacher）所指出的："大学存在的时间超过了任何形式的政府，任何传统、法律的变革和科学思想，因为它们满足了人们的永恒需要。在人类的种种创造中，没有任何东西比大学更经受得住漫长的吞没一切的时间历程的考验。"① 大学的重要性在于为人类开辟了新的生活方式，从此社会的分工与协作围绕高深知识展开。大学创造知识、传承科学、塑造文化，其精神价值向往自由、人性与真理。作为一种独特的文化，大学又能够不断超越自我与时间，而且护佑文明，为不同国度种下理智的种子，正如赫钦斯（R. M. Hutchins）所概括的："大学的目的就是实现全世界道德上的、智力上的和精神上的革命……如果社会要继续发展，它赖以生存的整个价值体系要得到彻底的转变。我们需要一个民主的学术社区，因为我们知道，如果我们有了它，我们就能加强大学创造人的品格、智力和精神的力量。"② 可以说，在现代社会，大学已经成为全世界科学、文明和价值体系共同的精神象征。

第一节　历史观念演变与大学基因的生成

在现代社会中，大学是观念造就的产物，有什么样的高等教育观念，社会就会追逐什么样的大学。大学在现代世界中的加速发展对民族国家产

---

① 约翰·S. 布鲁贝克：《高等教育哲学》，王承绪等译，浙江教育出版社，2002，第30页。
② 罗伯特·M. 赫钦斯：《美国高等教育》，汪利兵译，浙江教育出版社，2001，第118页。

生的影响是无可替代的，这让所有人都对其发育的过程更感兴趣。不论古典时代城市间对新建大学的模仿，还是 17 世纪后各民族国家对现代大学制度的借鉴，现代人将模仿成功大学的办学模式视为一种时尚。梳理大学的兴起和西方文明的历史都需要动态视野，尤其是在观测大学生长的时间轨迹时。"动态地看西方的成长，必须先明确一些有关立足点和思维框架的根本问题：第一，西方为什么重要；第二，现代化不是西化；第三，从西方学什么。"① 相对于大学最先出现在何处，这种智识机构的兴起原因更值得我们去探究。今天，遍布世界的一流大学正如罗马城的建立一般，其繁荣不是一蹴而就的，而是经历了近千年的历史积累。但总的来看，那些现代意义上的一流大学集聚了人类历史上大部分精神资源。大学的兴起就是对文明进行保护、传承和发扬的过程。正如查尔斯·霍默·哈斯金斯（C. H. Haskins）所言："中世纪的大学是现代精神的摇篮。"② 在西方，现代大学的兴起不是单纯意义上时间沉淀的结果，也不是观念塑造的产物，而是在特定的文明与社会发展驱动中才有的辉煌。在地域上，有人就直接声称："大学是欧洲的机构。"③ 具体来看，大学最初在地域的分布上是以西欧到北美大陆的路线为主，然后扩散至世界各地。作为人类历史的源头之一的古希腊—罗马历史孕育了这种文明的轮廓，并在大学中得到了继承。12 世纪后，西方大学出现并迅速建立起以博洛尼亚—巴黎为轴心的新文明体，从少数几个城市迅速扩散到西欧大部分国家中，实现了"中世纪的凯旋"。现代科学的种子完全是在西欧及其塑造的文化中生根发芽，并逐渐成长为参天大树的。

从文明中寻求大学的古典基因是为了纠正观念偏差，让今天的发展中国家能够从本土文明中获得嫁接大学的枝干。与西方文明相对应的是以传统儒家文化为主导的华夏文明，以《古兰经》教义等为支撑的伊斯兰文明和已经衰亡的古印度、古埃及文明。这些文明在历史上也都涌现出令人们敬仰的学术机构，但即使出现了譬如中国古代的稷下学宫和书院、阿拉伯阿拔斯王朝建立的"智慧宫"等学术机构，也只是昙花一现，并没有被保

---

① 李筠：《西方史纲》，岳麓书社，2020，第 8 页。
② 查尔斯·霍默·哈斯金斯：《大学的兴起》，梅义征译，上海三联书店，2007，第 16 页。
③ 希尔德·德·里德-西蒙斯主编《欧洲大学史》第一卷，张斌贤等译，河北大学出版社，2008，"前言"第 8 页。

留下来。正如托比·胡弗在《近代科学为什么诞生在西方》中所感叹的，在东方文明中，各国都将自然科学视为功利性和目的性的工具，缺乏对原理的追问和研究，本书意在从理论上重新梳理文明观念下的西方大学历史，重新竖立一种"大学认知"，为人们展开大学兴起的内在依据，揭示历史中那些偶然和必然的成因。

第二节　文明的宿命：西方大学生成的变迁轨迹

虽然高等教育学府属于全人类，但最初孕育并生长现代大学的土壤主要在西方，并且现代大学的扩散也是由西方开始的。人类文明的勃发曾出现过多次，但不同文明孕育的产物流传至今的并不多，其中就有来自西方的大学。在历史时间相似的起点上，不同文明的演变轨迹以及对现代世界的影响完全不同。按照卡尔·雅斯贝斯（Karl Theodor Jaspers）的说法，在公元前 8 世纪到前 2 世纪，世界各地都涌现出不同主体的文明轴心，"公元前 800～200 年发生的精神过程标志人类历史正处于一个轴心时期，公元前 500 年是它的高峰期。在此历史阶段，在中国，诞生了孔子、老子、庄子、墨子等各派思想家；在印度，那是佛陀的时代，所有的哲学派别，包括不可知论、唯物论、诡辩论、虚无主义等，都得到了发展；在伊朗，祆教提出了挑战性的观点，将世界视为善与恶的斗争。巴勒斯坦出现了以利亚、以赛亚等先知，希腊涌现出荷马、赫拉克利特、柏拉图等贤人哲士。所有这一切是同时而相互隔绝地在中国、印度和西方产生"①。这些文明轴心虽然同时出现，各自的命运却呈现出不同的走向。虽然有些文明以宗教形式延续，但其本质已经在历史长河中被消融掉了。除去宗教的因素，能保留轴心时代文明的就是文化、社会制度、机构等内容。相对而言，西方文明不仅保留了古希腊的学说与知识，还创制制度，产生了近代科学和大学。

通常的观念认为，现代大学对国家发展的影响至关重要，民族国家和大学之间建立起有效的互动关系才成就了彼此。然而，大学的形象是作为

---

① 卡尔·雅斯贝斯：《历史的起源与目标》，魏楚雄、俞新天译，华夏出版社，1989，"译者序"第 2 页。

一种地域文明产物出现的，在现代大学传遍世界之前，其首先是在西方，在欧洲完成了制度化与组织化，最终凭借一系列科学革命和启蒙运动完成了兴起。在对现代世界产生巨大影响之前，大学和西方文明是互相塑造的。按照传统大学史的说法：似乎在中世纪出现时，大学的诞生和被各城市接纳是顺其自然的。不少观念也认为现代大学的传播带有这种特征。然而以唯物主义历史观看，必然的宿命论是不足以作为解读历史的依据的。不能否认的是，大学是地域文明塑造的产物，但其背后是世界文明产生的互动与欧洲历史延续的惯性结果。B. 罗素（Bertrand Arthur William Russell）在观察西方知识论的起源时，就将地域宗教作为影响科学和哲学的必然成因，相较于基督教对科学的影响来看，其他宗教对知识探究的作用并不明显，"埃及人和巴比伦人都曾经为后来的希腊人提供了某些知识，但谁也没有发展出哲学和科学。其中的原因是否由于缺乏天赋或者社会条件，在这里并没有多大意义。尽管这两点都在某种程度上起了作用。最主要的是，宗教在智力的探险旅程中没有起到积极的作用"①。历史总会给社会带去一些稳定的规律，虽不能完全称之为宿命，但这种规律支配着社会机构的运行。从古希腊到中世纪，由智者学派到启蒙运动，西欧大陆持续性地涌现了诸多独有的思想革命、教育机构和知识系统。在上千年的历史中，西欧社会涌现出诸如行会、企业、大学、代议制政府和基督教会等文明的产物，这一切被世界大多数地方采用。发达的商品经济催生了工业化大生产和贸易发展，早期的市民社会培育了现代民主与契约精神，基督教提供了普遍性的精神价值。直到今天，西方文明都在以制度和理念的形式影响着整个世界。

从研究视角上看，大学的历史不仅是组织机构史，而且是文明互动与认知变迁的历史。用观念变迁的视角审视大学需要看到这种观念背后真实的历史形态。今天所谓的一流大学大多数都产生于西方，其兴起的历史动因不可忽视。人们也许不相信宿命论，却承认历史规律的动力机制，"在黑格尔看来，历史的发展就像一局象棋一样合乎逻辑。马克思和恩格斯遵守象棋的规则，同时认为棋子是按照物理学的规律在使自己移动的，而无

---

① 波特兰·罗素：《西方的智慧》，伯庸译，电子工业出版社，2013，第 4 页。

须下棋人的干预"①。大学兴起于西方，正是来自这种制度的惯性。如果一直向前追溯的话，古希腊文明可以算作这种规律的起点。作为一个影响世界并被保存下来的文明系统，"希腊人给西方留下了一份智力的和艺术的遗产。罗马人保存并使它流传下来，同时加进了他们在法律和国家管理方面的贡献。基督教徒们继承了希伯来祖先的伦理感和道德感，并在这份古典时期的丰富遗产中添加了新成份（分）：耶稣（Jesus）超凡的人格；对一个绝对的、仁爱的有道德之神的信奉；以及这样一种信仰：相信人们通过自我牺牲可以达到至善，而使仁慈与手足情谊统治世上之'天堂'。在中世纪这个漫长的充满了变化与调整的时期中，教会把基督徒的这个传统思想加以制度化，完整地保留了下来"②。古希腊文化的影响力持续至今，为西方文明的运行提供了"第一性原理"。整个西方的历史就是在这种原动力的作用下步步前行，逐渐为世界勾勒出一个清晰的轮廓。从文明互动的视角观测大学，这一群体的出现及兴起就有了共同的驱动力。同样，历史规律影响着人们认知大学的观念，今天的大学体系依然建立在以西欧文明为主导的价值观上。这种价值观一开始只出现在西欧，但最终以西方为中心传播开来。即使是在高等教育后发外生型的国家中，人们认识大学也绕不开那段宿命般的痕迹，"大学一方面是教育机关，一方面是研究机关。它不但要传授已有底知识，而且要产生新底知识。他应当是一代知识的宝库。他对于人类的职务，真正是所谓继往开来"③。可以说，正是西方历史塑造了大学的生命轨迹。

　　大学并不是文明垄断下的产物，而是作为一种特殊的文明形态展现在人类历史中。换句话说，西方大学的兴起受益面是全世界。重新理解大学兴起的过程意味着要从文明角度建立一套新的观念。今天我们能感受到大学只是因为多数人能接受高等教育，但将其放进一个更大的视角，大学所经历的衰败与兴盛更值得人们去审视其未来。从历史发展中我们可以看出，西欧有特定的社会逻辑，使得研究科学和从事教育的人分离出来，成

① 载汤因比等著，张文杰编《历史的话语——现代西方历史哲学译文集》，中国人民大学出版社，2012，第149页。

② S. E. 佛罗斯特：《西方教育的历史和哲学基础》，吴元训等译，华夏出版社，1987，第108页。

③ 冯友兰：《大学与学术独立》，载冯友兰主编《三松堂全集》第五卷，河南人民出版社，2000，第457页。

为独立的社会分工和职业。只有智识生活独立才有精神机构独立。学者们之所以能自由从事知识探究工作，是因为强烈兴趣的驱使，这离不开西方传统理性的引导。正如雅斯贝斯认为的："科学从理性中涌出，但理性并未将它封闭在自己之内，而是对反理性开放，通过服从它而渗透到后者之中。在理论建设和实验经验之间的持续不断的相互作用，就是一个简单而伟大的例子，也是理性和反理性冲突所照亮的普遍过程的象征。"① 与之相对应的是东方文明中科学命运的不稳定。中国古代曾出现过科学发明，但这些发明只是停留在技术阶段，并没有被主流的观念接纳，"欧洲中古大学的课程、学问完全向民间开放，但格于资料限制和传统，中国的'律学'在民间并没有私自研习的动力和可能，'算学'则根本不允许民间私习——司天监是唯一可以合法教授此科目的机构。因此，能够在民间自由开拓天地的学科，仅有文学和医学"②。"为什么诸如火药、磁针、印刷术、希腊古籍等事物在中国和东罗马帝国犹如幽禁在瓶中而无所作为的巨灵，但到达西欧之后却像是忽然间获得释放，其庞大威力就顿时发挥无遗呢？因此，很显然，除了这些外来冲击的因素，现代科学背后也还有西方文明的传统与精神在起作用，这是绝不能够忽略的"③。换言之，正是因为古代东方缺乏科学探究的需求，才在反面映衬出西方近代科学与大学的兴起，这也可以看作不同文明中智识生活相异的宿命。

第三节　历史的偶然：大学命运的兴衰起伏

在通常的观念中，研究大学史是为了对今天的高等教育发展提供借鉴。然而，历史和当代并不总存在重叠之处，今天的环境与古代大学生长的环境也决然不同。如果单纯认为顶尖大学会随着国家经济实力的提升而水到渠成的话，必然会造成对目前中国正在进行的高等教育建设活动的误解。尤其是大学在现代社会面临的不确定性日益增加，更让我们有必要改变由国家经济实力决定大学实力的认知。我们不能仅看到大学生长过程中

---

① 卡尔·雅斯贝斯：《历史的起源与目标》，魏楚雄、俞新天译，华夏出版社，1989，第 107 页。
② 陈方正：《现代世界的建构》，广东人民出版社，2018，第 316 页。
③ 陈方正：《继承与叛逆：现代科学为何出现于西方》，生活·读书·新知三联书店，2011，第 614 页。

那些必然会实现的目标，而忽略了其面临的危机。同理可以看出，历史上大学在西方的兴起是历史的偶然，正是因为这种偶然，今天人们心中的"大学观念"才会充满矛盾。从时间上看，在公元 11~12 世纪，欧洲的许多国家都出现了大学。而在此之前，似乎整个西欧都没有大学出现的征兆，但恰在这个时间，由于翻译运动推动了学者的群体性聚集，有了学生与教师行会的组建，大学才如雨后春笋般在欧洲城市中纷纷涌现。即使是最初产生大学的几个城市，其优势并不比其他同时期欧洲的地域大多少。法律研究在意大利的许多城市都有传统，博洛尼亚只是汇集了著名的学者才产生了大学。在爱尔兰，学术研究潮流引领欧洲大陆几个世纪，却没有最先孕育大学。城市出现大学是基于某些随机的原因使得学者们聚集于此，这就是历史的偶然。大学最开始只是在几个城市中出现，并无传播的趋势，而且各个城市孕育的大学的类型、教学内容、风格、人员构成上也迥然不同。不论大学的孕育还是高等教育机构的兴起都带有极大的历史随机性。不少人认为，似乎大学的出现就是西方社会运行中一种自然而然的现象，也有观点认为，大学演进的轨迹并不受其他社会组织的影响。因为从 9 世纪起，学者们就集中在西欧的部分城市中传授知识和研究学问，以群体行动的形态活跃在人们的视野中。"最初的大学于不知不觉中形成，在自然状态下成长，完全不像今日之大学那样是由某个组织或某些权威机构于某个时日宣告成立的。不论是在萨莱诺，博洛尼亚，还是在巴黎，最初的大学都不是由谁或什么权威机构与团体设立的，而是在自然和自发中形成的。"① 然而这无法解释为何会出现大学演进过程中的"冰河时代"，并有众多大学走向了消亡。

大学在西方兴起带有偶然性，又表现为社会变革与动荡对其产生了强烈冲击。大学出现之后遇到了重重阻力，面临许多突发变故的挑战。12 世纪教会大分裂，大学与市政部门、市民的争斗，以及数次科学革命都对大学的命运带来了不小的冲击。中世纪初期，古希腊的知识典籍已经被伊斯兰文明继承，后来经过翻译运动才回流至欧洲。依托翻译运动和十字军东征这些相对偶然的影响，大学才完成了初步的知识储备。在意大利和法国，只有富裕的大城市才有大学诞生的稳定根基，中小型城市则不具备开

---

① 张磊：《欧洲中世纪大学》，商务印书馆，2010，第 27 页。

展智识生活的基础，"由于城市当局对大学时而关注时而忽视，因此在佩鲁贾、帕多瓦、锡耶纳和佛罗伦萨等大学里，繁荣和危机交替出现，而那不勒斯学馆则由于在女王约安一世（1343~1382）统治时期得不到任何值得一提的支持，而成为了衰败的典型"[①]。有的大学在当地城市建立时间不长，就发生了迁移和流动，有的大学存在了一段时间之后就走向了消亡。中世纪末期的大学一度被视为保守僵化经院哲学的研究机构，并且遭到外界的唾弃，集体进入了衰落时代。最大的冲击还是来自知识层面，近代科学与众多技术发明都是在大学之外产生的，自然科学的神速进步掀翻了经院哲学的地位。虽然古典大学最初产生于西欧，但其扩散并不是有计划、有组织的。现代大学的传播则是伴随着资本主义发展和殖民运动展开的。不同地域文明的隔阂使大学的命运在传播中又出现了诸多变化。虽然今日不少大学是欧洲大学的翻版，但不可否认的是，现代大学在欧洲之外的北美和亚洲都实现了繁荣与超越。美国虽然没有欧洲拥有大学的历史时间长，但后来居上，成为今天世界一流大学分布最多的地域。这种偶然性恐怕也是人们未曾预料到的。

大学的兴衰在某些时候就是一系列"黑天鹅事件"的叠加。除去西欧，其他国家都拥有不少智识机构。例如中国古代的书院，在理念上已经与大学有几分相似。书院在发展过程中保持了相对稳定。而在西方，大学的组织形态却几经挫折才被保留下来。从文明演进来看，很多推动大学产生的因素不只出现在西方，东方文明也曾闪现过成建制的学术机构。但最终呈现在当代人面前的是许多科学、制度、文化、机构和理念最终为西方所继承并发扬。如 R. 斯达克（R. Stark）所认为的，不同地域历史中有众多的共性因素可能推动新事物的产生，在众多的偶然性和不确定性里，西欧的文明对智识生活传统的保存相对更完整，"真正的科学只产生了一次，那就是在欧洲。中国、伊斯兰、印度、古希腊、古罗马都有高度发达的炼金术。但是只有在欧洲，炼金术发展成了化学。同样，许多国家都有精巧的占星术，但是只有在欧洲，占星术发展成了天文学"[②]。科学的产生过程

---

① 希尔德·德·里德-西蒙斯主编《欧洲大学史》第一卷，张斌贤等译，河北大学出版社，2008，第109页。

② 罗德尼·斯达克：《理性的胜利——基督教与西方文明》，管欣译，复旦大学出版社，2013，第11页。

证明了地域的偶然性，在世界不少地方同时出现似科学现象时，西方成为科学生长的最佳温床。这种科学的基因成为驱动大学诞生的第一动力，"要说希腊的古典时代没有产生科学，那是不公允的。在欧几里得以前已经有几何学，希波克拉底的医学和亚里士多德的动物学都是根据可靠的观察"①。与之相似，伊斯兰文明也曾出现过光学、医学和炼金术之类的突出科学贡献，中国也曾有震惊世界的科学发明。西方大学最初的人才培养也有实用主义倾向，主要精力放在培养神职人员、法律人员和医生上。中国古代的高等教育机构同样在履行相关职能，但二者的差异在于西欧的学术研究与教育成为独立的行业，而东方却没有。"在中国知识分子中，没有以研究与追求知识为目的的学者。读书人读圣贤书是要'为生民立命，为万世开太平'。中国知识分子不以求知识为做学问的目标。西欧的知识分子则是另一类型。教士求学问的目的是尊德性与道问学不分。教士之外，还有一批专业教书的'教书匠'，他们与木匠、石匠一样构成专业团体。一大群教书匠联合为一家大学，以传授知识为职业。知识是会增长的，于是教书匠也必须兼办专业研究。教书匠的工作是追寻、累积与传授知识。"②当然也许正是因为社会各类职业群体权利均衡，行业上的地位保持平等，智识活动才没有被最高权力垄断，而逐步走向了独立。

历史上，宗教和世俗势力都试图在知识上去影响对方，主导社会的知识观。在西方，神学经历了"科学化"的过程，如果没有阿伯拉尔（Peter Abelard）这样的辩证法大家将新的研究体系引入神学，大学就会无异于普通的修道院学校。学者们一方面通过对知识的探索去感知上帝的神性意志，另一方面也在用神学权威保护追求真理的权利。但是从整个中世纪来看，科学知识在宗教与世俗势力的冲突下获得的生长空间是有限的，只是由于其服务于教权和王权才得以生存下来。宗教与科学、新旧人文主义、人文主义与神性意志在知识论上的冲突充斥在大学的历史中。当世界观一次次被推翻的时候，没有一种知识可以完全掌握自己的命运。"文艺复兴时期的人文主义、宗教改革、新大陆的发现和探索、哥白尼的天文学，每一种发展都有助于瓦解已经统治了两千年的世界观。它们削弱了亚里士多

---

① 丹皮尔：《科学史》，李珩译，中国人民大学出版社，2010，第 53 页。
② 许倬云：《中国文化的发展过程》，香港中文大学出版社，1992，第 34 页。

德、盖伦（Galen）和托勒密（Claudius Ptolemaeus）的权威，促使学者和自然哲学家寻找一种新的自然哲学为其世界知识提供基础。具有讽刺意味的是，一种着眼于过去的文艺复兴时期的人文主义为科学创新提供了肥沃的土壤。"① 在整个西方知识体系内，没有哪种知识源头一直占据绝对权威。不同的知识系统，只有持续创新和论证、传播，才有存活的可能。大学内外的种种知识体系都在竞争环境中生存，知识论基础并不是稳固的，而是在质疑中保持范式的进化。西欧知识创新的步伐并未停滞，包括基督教会在内的知识主体都在鼓励创新。而且基督教认为宗教是科学探索的保障，只有在宗教意志的保护中，科学研究才能完成创新。在很长一段时间中，科学的知识系统很难独立存在。不同知识观上的矛盾，表现为西欧社会的王权与教权、城市与城市乃至于大学内部的学院之间的冲突。到了大学诞生之后，科学才被整合纳入宗教知识范畴中，用来探究上帝的奥义。在近代科学兴起前，自然科学知识获得的空间并不多，相对于东方文明中科学发展的空间，西方的科学兴起更为艰难，大学还曾经在一段时期内抵制过新崛起的自然科学。正如 J. 齐曼（J. Ziman）所说的："科学最有形的方面，在于它是一种社会建制（social institution）。它涉及不计其数的具体的个人正在按部就班地实施着具体的行为，这种行为又被有意识地协调进更大的框架之中。"② 所以说，早期科学在西方的生长并不是一种自发而有组织的活动，它只是在其他社会活动或机构的协助下才逐渐成形的。

东方文明中知识与宗教的关系更加复杂。在有的国家，宗教虽然没有对知识探究活动形成什么太大的阻力，但是也没有起到推动作用。智识生活始终被局限在贵族阶层群体中，"伊斯兰文明的渊源与核心是伊斯兰教，它深刻、广泛、不可逆转地影响所有相关民族与民众，成为他们心理和意识上最深层而牢不可破的本能，或曰基因。对他们来说，希腊哲学与科学虽然高妙，却只是外来的、后起的知识，它可能激动精英分子甚至君主，但对于广大民众却从来未曾发生过决定性的影响"③。在伊斯兰文明中，知

---

① 玛格丽特·奥斯勒：《重构世界：从中世纪到近代早期欧洲的自然、上帝和人类知识》，张卜天译，湖南科学技术出版社，2012，第 69 页。

② 约翰·齐曼：《真科学——它是什么，它指什么》，曾国屏等译，上海科技教育出版社，2008，第 5 页。

③ 陈方正：《继承与叛逆：现代科学为何出现于西方》，生活·读书·新知三联书店，2011，第 473 页。

识活动的空间始终没有扩展，社会认可程度不高，这使其难以持续。古代东方文明的不少宗教在发展过程中自身趋于保守，在不少国家逐渐走向了政教合一。意识形态的高度统一要求知识活动被纳入统治系统运行框架内，个体并没有多少自由的空间。古代中国完全没有受到宗教对知识生产的影响，没有哪种宗教占据主导的位置，似乎为科学和知识机构的出现创造了条件，而且在公元 1 世纪至 15 世纪，古代中国在技术上还领先于西方。遗憾的是，这些技术上的领先，并没有为古代中国创造太多的智力盛世。在经历了几大发明之后，社会也缺乏支持这些发明的机构与制度，使这些技术进步局限在个人身上。最主要的是，传统经典学说在汉代独尊儒术之后，就变成了一种意识形态。这种意识形态汇集了政治与宗教的双重作用，并没有展现出西方基督教支持知识探索未知的勇气。"中国人一直倾向于创造一种和谐世界观，将所有动力及元素集中于以人为中心的宇宙和谐中，而没有转向承认客观自然力的机械和因果思维模式。"① 正是这个原因，东方没有从宗教哲学中找到探索真理的形式逻辑知识观。

经济与社会制度差异造就了完全不同的环境，也影响着大学生长的土壤。博洛尼亚大学是在发达城市制度和商品经济兴起时代中产生的。学术的发达固然对智识生活机构的诞生有重要影响，但支撑学术探究活动的必然是稳定的制度。在公元 10 世纪，如果仅有阿菲力加诺对古希腊和阿拉伯的医学典籍做整理，而没有发达的文化制度，萨莱诺大学只能是一所普通的医学院。没有巴黎市民自治与学术自由，圣母院学堂也只能止步于成为普通的修道院学校。在这个意义上，大学的孵化依赖于城市与经济的发展，"社会和经济的新条件，带来了商业的发展和城市的增多，这样就把神学活动中心从修道院挪到了城市的教堂学校（cathedral school），从而预示着 13 世纪那些伟大的大学的产生"②。学术机构的产生与兴盛往往需要依托高度发达的社会分工。当分工越发细致，社会的运行就越需要专业知识与专门人才的协作。但分工也不必然造就学术机构的发达，即使有专业和发达的社会分工，经济的衰落也会让教育从业者的处境并不舒适，早期

---

① 托比·胡弗：《近代科学为什么诞生在西方》，周程、于霞译，北京大学出版社，2010，第 281 页。

② 胡斯都·冈察雷斯：《基督教思想史》第二卷，陈泽民、孙汉书等译，译林出版社，2010，第 155 页。

欧洲大学中的大部分学生的经济条件也不乐观。真正对大学产生影响的是分工带来的制度供给机制，制度将社会成员变成不同的利益、经济与合作组织，每个组织都为自己的生存而团结，并与外界的力量斗争。按照涂尔干（Émile Durkheim）的说法，分工促进了契约与产权制度的产生，"有了分工，个人才会摆脱孤立的状态，而形成相互间的联系；有了分工，人们才会同舟共济，而不一意孤行。总之，只有分工才能使人们牢固地结合起来形成一种联系，这种功能不止是在暂时的互让互助中发挥作用，它的影响范围是很广的"[①]。这样一来，中世纪的欧洲城市需要大量法律知识和人才的现象就可以得到解释。分工又有利于协作和社会利益的多元化，这些都会产生法人制度与产权制度。法人制度和产权制度保护的不光是大学，而且是每个社会公民的利益。社会分工产生了专业知识，也使得人们去学习和利用知识，故而催生出大学。但是机构的产生并不意味着其能够延续下去。人类文明有过众多的社会机构，只有大学、教会和政府延续了数百年。推动大学延续乃至于兴起的起点是法人制度和产权制度，这些制度在不同群体身上形成了可以世代传承的"惯习"。社会分工制度还促进了行会的诞生，行会代表的不仅是技术上的统一，更是知识与道德的结合。但不同的文明中分工的结果会产生差异，社会分工同样丰富的东方并没有产生受法律保护的行会组织，更谈不上建立产权制度与法人制度。正如 M. 韦伯（Max Weber）所言："在中国，各个城市手工业者均属于某个村落；无论北京城或其他任何城市都没有市民权，因此，也没有构成城市制度之一部分的行会。"[②] 分工在不同文明的作用下会影响知识生产的质量和效率，古代中国的行会组织并没有被纳入文明系统中，所以也就缺乏发展的动力机制。

由此可见，不论大学在今天的世界各地展现出多么旺盛的生命力，其产生过程包含着历史的必然，也有诸多不确定的偶然。遍布各地的高等教育机构更像欧洲大学兴起后的扩散，对西方来说，大学的兴起是一种文明的宿命，而对全世界其他国家而言，大学的命运有巨大的不确定性。对东方来说，大学是随着殖民运动的坚船利炮进入本土的，不少国家在"富国

---

① 埃米尔·涂尔干：《社会分工论》，渠东译，生活·读书·新知三联书店，2013，第 24 页。
② 马克斯·韦伯：《经济与历史；支配的类型》，康乐等译，广西师范大学出版社，2010，第 106 页。

强兵"的现实需求中接纳了新型高等教育机构。所以说，大学的兴起和传播既有主动、确定的一面，更有被动和偶然的成分。必须承认的是，今天世界任何一所大学所采用的学位、学衔和组织运行模式，都是经过西欧中世纪大学的演变形成的。大学是西方社会的一种特有机构，更是世界文明体系中不可缺少的部分，"如果没有拜占庭图书馆的支撑，没有爱尔兰的僧侣，没有罗马天主教堂的主教和神甫——也不应该忘记阿巴斯·哈里发所起的作用，古典西方学识将会丧失殆尽；如果没有他们的维护和指引，西方文明将不会在推动文艺复兴的意大利重新焕发生机"①。不管怎么说，在文明的浇灌下，大学最终完成了在西方兴起并向世界传播的过程，本书立足于这一事实，通过对历史、经济、文化、宗教、科学等因素的分析，对比东西方在文明经历上的差异，标出影响大学兴起过程中多个著名的"历史路标"。今天研究大学史的材料不胜枚举，然而对于大学诞生前的历史及其为何兴起在西方而不是其他地方的思考并不多见。较少有人在大学诞生的事实上提问"为什么兴起在西方"。本书不仅关注大学兴起的那些具有确定性的成因，还关注那些影响大学的"黑天鹅现象"。在比较研究的视域中，本书并不否认东方也曾出现过如智慧宫和书院等机构，但它们都不具备更广阔的制度特征与运行逻辑，对新知识的贡献也有限。放宽历史的视野我们发现，在东西方文明的对话中，西方将大学推到了世界面前，更使其作为一种精神传播至世界各地。我们有必要从不同的角度去看待东西方文明中智识生活与高等教育机构的表现，为今天的大学绘制出一幅较完整的历史肖像。

第四节　关于西方大学的源起需要理解什么

一　如何认识大学

大学同时是一种机构、一个文明和一个历史，但这三个概念不是同时形成的，而是伴随着世界演变逐步合一的。换句话说，今天建设一流大学的行为并不是单纯意义上的建设大学机构，而是构建一整套适合现代文明发

---

① 尼尔·弗格森：《文明》，曾贤明、唐颖华译，中信出版社，2012，序第 46 页。

展的制度体系与发展方式。大学并不是因为对现代化的贡献而显得突出，而是因为拥有悠久的文化和历史沉淀才格外令人瞩目。今天我们所熟悉的大学的概念主要来自拉丁文"universitas"，也就是英文中的"university"。由于"universitas"的概念主要源自中世纪的行会，所以一般而言我们都从中世纪的历史中探索早期大学的痕迹。"'大学'与'行会'是同义词，拉丁文'unversitas'一词的原意就是'行会'，这种行会是师生们仿照手艺人行会的形式，组成的教师或学生的行会。因此，'大学'一词在它诞生之初与知识的领域或知识的普遍性并无联系，它仅仅表示一个团体的全体成员，无论是理发师、木匠还是学生的团体，都无关紧要。"① 但"universitas"是一个经过历史流变过程后被赋予大学的名称。在"universitas"作为行会的通行概念之前，早期特指学者行会或大学的词是"studium generale"，即广学院，在组织上主要用来区别一些教会学校，因为其获得的官方承认特指学者行会的程度要高于"universitas"。实际上，"universitas"在早期的指称还是相对有些宽泛了。"其实 universitas 一字出现得较早，是就学者的群体而言的，所谓学者的联合体；而 studium generale 的名称则出现较晚，是在第一批大学出现之后才出现的，从 13 世纪下半叶开始流行，是就大学作为机构而言的。一些早期建立的大学后来才由教皇正式批准获得 studium generale 的法律地位，如蒙佩利尔大学是在 1289 年、波伦尼亚大学在 1291 年、巴黎大学在 1292 年名正言顺地成为 studium generale"②。在 12~13 世纪大多数正式的官方文件中，我们更多地看到的是用这个词来指称学者的行会。而且广学院具备这样的一些特征："我们在谈到中世纪大学时，是指 13 世纪人们习惯称之为'广学院'的组织，它和较小型的学校的区别，主要在三个方面：（1）广学院向各地学生开放，不限于周围地区；（2）广学院是大型学校组织，拥有一定数量的专业教师，而不是只有一位担任多方面教学的老师；（3）广学院讲授初级及高级课程，它教授天文学、几何学、数学、音乐、文法、修辞学及逻辑学七种传统人文基本学科，还讲授一两门较为高深的学科如神学、法学及医学。"③ 而"universitas"最终取代"stadium generale"主要是因为其拥有更广泛的社会传播特性。在中世纪，行会所获得的特权和

① 李工真：《大学现代化之路》，商务印书馆，2013，第 8 页。
② 陈洪捷：《观念、知识和高等教育》，安徽教育出版社，2012，第 103 页。
③ 沃伦·霍莱斯特：《欧洲中世纪简史》，陶松寿译，商务印书馆，1988，第 299 页。

受重视程度要超过"stadium generale",能够带给人们的安全感也更大。所以,最终是"universitas"得到保留,取代前者而成为特指大学的名称。根据奥拉夫·佩德森等人的说法,"最早在1215年,universitas实际上就已经开始指我们现在所熟知的学者行会了"①。所以,当其他行会逐渐被市民和国民取代的时候,只有学者行会性质没有发生改变,这才有了现代意义上的"university"。作为机构概念的"university",其背后又有诸多的历史特征,本书研究的大学不单纯指现代人理解的社会机构,还有其生产制度、理念的过程等内容。这里要强调,大学概念并不是自然生成并被社会接纳的,而是经历了概念的分裂、重组的变化。今天的高等教育机构在形态上不仅完全不同于古典时代,而且还产生了层级变化,被人为划分成三六九等。尤其是今天被世人追捧的一流大学几乎就是研究型大学的代名词。在20世纪大学分类机制的强化下,大学不再是古典精神的维护者,而是能够提升国家实力和知识声誉的工具。

大学兴起是一个问题体系,对其进行探究才能看清卓越大学与国家和文明之间的互动关系。需要强调的是,高等教育机构可能率先诞生或出现在世界各地,但只有在西方实现了兴起。作为一个问题体系,大学兴起的时间与地域跨度更大,从古希腊延续至今,并包含两希文明所覆盖的土地,今天世界上诸多顶尖的大学也多是在欧洲和北美这个大的西方文明体系内的。从研究问题上说,仅谈大学的产生时间和地域并不够,更主要的是其演变的历史轨迹和对整体人类文明的影响。也就是说,我们不仅需要搞清楚大学的源头在哪里,大学在什么时间诞生,受到什么因素的影响,还需要弄清楚那些产生在中世纪的大学是如何传播与扩散,如何发展与繁荣,又如何受到全世界欢迎的。"大学的兴起"不是一个确定的历史结果,而是在古典和现代之间产生的观念的裂变。在不同文明的加工下,大学兴起已经由一种精神号召逐步走向了技术统治。而到了今天,人们谈论一流大学并不是从其所带有的古典精神特质入手,而是以技术垄断和排行榜声誉为标准。故而,本书以"大学兴起"为关键词,不是关注静态的大学机构史,而是从文明的脉络中审视欧洲如何生长出独特类型的学术组织,又

---

① Olaf Pedersen, & Richard North, *The First Universities: Stadium Generale and the Origins of University Education in Europe* (Cambridge, Mass: Cambridge University Press, 1997), p. 145.

如何实现兴盛的历史的动态过程。更重要的是，我们需要搞清楚从古典大学到现代大学的兴起经历了怎样的过程，又为何会产生巨大的观念与价值标准差异。尤其是对今天的国家来说，大学兴起真正的启示性意义应该被重塑。从表面上看，发展高等教育是一种建设机构的行为，但事实上，卓越的大学离不开本土文明的基因和对外部世界精神财富的融合，这也是关注大学兴起历史得到的关键启示。

二 为何选择西方

对大学而言，研究西方的意义并不是再次熟悉大学的过去，而是重新审视其从孕育到出生再到成长的变迁过程，特别是西方的大学在全球现代化历程中究竟起了怎样的作用，以及其对于正在发展高等教育的国家产生的影响。研究西方的大学也是为了重新发掘其欧洲性与世界性之间的张力，并改变传统地域格局划分下的认知。罗素《西方的智慧》以及斯宾格勒（Oswald Arnold Gottfried Spengler）《西方的没落》等著作中的西方都是指文明类型。学理层面的西方是以欧洲为圆心，最终扩散到北美、澳洲和亚洲西部的价值观、制度、文化和历史状态的结合。欧洲是培育和兴起古典大学的土壤。世界古代史上有四大文明，分别是古希腊—罗马文明、古埃及文明、古印度文明和古代华夏文明。其中，古希腊—罗马文明被称为西方文明，而其他三大文明由于具有相对一致的相似性，被称为东方文明。从地理上看，西方主要指位于世界西半球和北半球的国家。学者菲利普·尼摩（Philippe Nemo）对西方给出了系统性的解释。其一，古希腊人创立城邦，并创造了法治自治、科学和学校。其二，古罗马人发明了法律、私有财产、"人格"和人文主义。其三，《圣经》的伦理学和末世学革命：慈善超越了公正，线性时间的末世学倾向，历史时间。其四，11世纪到13世纪的"教皇革命"选用希腊科学和罗马法律两大旗帜下的人性理性，使《圣经》伦理学和末世学载入历史，由此实现了"雅典"、"罗马"和"耶路撒冷"的首次真正融合。其五，由那些所谓重大民主革命（荷兰、英国、美国、法国，以及在一种或另一种形式下存在的其他所有国家）完成的自由民主的提升。对于本书而言，西方主要是发源于古希腊和古罗马古典文明，信仰基督教，有发达的资本主义制度和城市的欧洲国家。正如伊恩·莫里斯（Ian Morris）所认为的，从古希腊时代开始，以欧洲为文明圈的西方就开始构建一套不同于世界其他地域的制度体系和知识结构，"希腊人的其中一个对策是通过集体政治来解决问题。既然没人能拥有超然的智慧，一些希腊人问，为什么不集中每个人有限的知识来创建一个（男性的）民主社会呢？这是一个与众不同的想法，甚至墨子也没有想到这一点，长期以来理论家普遍认为男性民主的发明标志着西方与其他地区的决裂"①。正是这种差异性造就了大学独特的基因。由此，西方对于大学具有历史的特殊性。正如现代科学在西方产生一样，大学对于西方也具有特殊性，在世界其他文明也产生高等教育机构的情况下，只有西方的大学和科学延续至今。本书选择西方而不是欧洲作为核心概念，还因为大学扩散的地理边界已经超出了欧洲，尤其是美国规模性崛起的现代化卓越大学，更是欧洲古典遗产传播后的一次伟大革新。相较于古代欧洲，美国本土对大学的改造更加彻底，当然其文明系统也更具包容性，在以多样性为主体的价值系统中，美国高等教育利用其世界性特征超越了欧洲与西方性，最终屹立于世界大学系统的巅峰。更值得我们关注的是，正是大学对西方的超越使之真正成为一流的社会机构。对本书的研究来说，关注西方并不是为了效仿西方，而是为了发掘本土文明的特点，造就大学的本土基因。

三　中世纪为何对大学重要

在固有的认知中，中世纪是一个宗教与科学对立，大学从属于教会无法得到发展的时代。但这无法解释中世纪能有规模巨大的大学在城市间传播，高深学问获得广泛认同的现象。对大学和西方而言，中世纪都是一个极其特殊的时期。至少在大学史上，中世纪究竟该从何时开始计算？什么时候结束？对大学的真正影响又是什么？这些问题如果不搞清楚，就无法理解大学如何从古典走向现代，并实现现代化的制度改造与全球兴起。中世纪是西方历史的一个阶段，其英文来自 Medieval，通常指从罗马帝国崩溃到文艺复兴和大航海时代之间的时间。由于学术界对中世纪的界定还存在争议，本书选取了学界相对比较认可的时间段，其大致的时间从公元

---

① 伊恩·莫里斯：《西方将主宰多久：东方为什么会落后，西方为什么能崛起》，钱峰译，中信出版社，2014，第 157 页。

476 年到公元 1453 年。中世纪又可分为前后两个阶段，前期主要从公元 5 世纪到 9 世纪，是欧洲大陆文明经历波折，其间产生过巨大社会倒退的时期。而后期则从公元 10 世纪开始一直到 15 世纪，以古代文明的复兴和基督教会的崛起为代表。这两个阶段都对诞生大学的时间和机遇提供了不同的影响。特别是 12 世纪复兴了大量古希腊和古罗马的知识，这使其成为知识分子会集和组建行会的关键时期，正如雅克·勒戈夫（Jacques Le Goff）所言："'知识分子'一词出现在中世纪盛期，在 12 世纪的城市学校里传开来，从 13 世纪起在大学中流行。它指的是以思想和传授其思想为职业的人。"① 中世纪所处的文化环境是古希腊文明逐渐复兴，大学又深受古希腊文明的影响，故而我们需要将视角延伸到古希腊，去探寻大学兴起于西方的终极原因。

四 智识生活与高等教育源头的诞生

大学起源于独特的生活方式的社会化与制度化过程，虽然今天不少知识生产活动已经被工业制造流程同化，但仍有学科还在以古典的智识生活为范式进行。智识一词来自古希腊语中的"努斯"（Nous），指的是形成理智和智慧的精神活动状态。智识与心智发育过程联系在一起，是理性和理智思维判断能力的起点。智识也是追求事物本质的能力，它需要以一种特殊的生活状态体现出来。从古代开始，人们建立了这种智识的生活方式。智识生活的英文表述是"intellectual life"，指的是人独立地理性求知与传播知识，追求特殊价值和意义的精神生活。智识生活是以智慧为目标的生活方式，主要特色表现在这些方面："一，它强调的是以思考（thinking）、理智（reason）、判断（judgment）能力为主要特征的智识，不是某种领域的知识；二，它要求学生进行以'常识'（common sense）和'普通知识'（common knowledge）为本，以亲近智慧为目标的知识活动，不以积累和提高专门知识为目的；三，它的'知识'产生于'对话'而不是'传授'，在运用知识时重在说服的过程，而不是最后的真理，因此特别与公共说理有关。"② 不同于一般意义上的知识教育，智识生活强调独立的思考、判断

---

① 雅克·勒戈夫：《中世纪的知识分子》，张弘译，商务印书馆，2002，第 1 页。
② 徐贲：《阅读经典：美国大学的人文教育》，北京大学出版社，2015，第 2 页。

和创造能力。按照史蒂夫·富勒（Steve Fuller）的理解，智识生活的主要场所是大学，即智识场所或智识机构，其生活的内容是哲学，参与成员是知识分子。这种生活所创造的知识具有明确指向，通过智识生活，人们关注："知识如何才能真正理解现实（比如'科学'），同时又能普遍获得（比如像'民主'）。"① 西方将智识生活融入文明中，塑造出大学这样的精神生活场所。还有学者认为，人文主义是推动智识生活展开的原动力。② 这种生活方式可以将追求智慧的人聚集起来，创造出那些体现人类价值的知识体系。

现代社会所认可的智识生活已经成为生产新知识与新思想的渠道，正如有人所定义的："人们的智识活动面向的是某种新颖信息的生产。此时，所谓的信息便可以包罗万象，泛指一切。诸如智慧、思想、考虑、报道、叙述等等，可以非常广义地对其加以解释。简而言之，我们可以这样理解：所谓智识生产，就是运用自己的大脑，以人们明白无误的形式，提出一种新的东西——信息。在这里，智识生产这一概念，一方面，它与一切智识活动以外的生产概念相对立；另一方面，它还与智识消费的概念相对立。"③ 作为一种用来启迪社会心灵的精神生活，智识生活常常能带来社会民众对理性和思想的追求，"如果人们的精神生活旨在启发社会行动（制度就建立并重建在这一基础上），那么公开的、基于知识或经验的思想实践（包括经常被嘲笑为扯淡的思想），就需要得到鼓励和效仿"④。从古代开始，人们就通过智识生活实现高深知识和思想的生产。智识生活发展到一定阶段，就会由特定的群体来进行，而由这种生活方式发展出来的一套组织、仪式制度就构成了最初大学的形态。追求智慧与理智是全世界共同的目标。在这种精神需求的驱动下，大学是作为智识生活的形态兴起的，并最终从欧洲走向世界。

---

① 史蒂夫·富勒：《智识生活社会学》，焦小婷译，北京大学出版社，2011，第189页。
② Hoor, & M. Ten, "Why the Humanities?," *Journal of Higher Education*, 1963, 34（8）: 421-431.
③ 梅棹忠夫：《智识的生产技术》，樊秀丽译，商务印书馆，2016，第9页。
④ 史蒂夫·富勒：《智识生活社会学》，焦小婷译，北京大学出版社，2011，第191页。

第二章
古希腊精神与大学的源始

　　常识观念上的大学以 12 世纪欧洲的博洛尼亚大学、巴黎大学和牛津大学为代表，还有许多人声称本国才是大学的发源地，比如埃及（亚历山大里亚大学）、中国（稷下学宫）等。不同地域的高等学府带给国家的影响不同，但从整个世界范围看，大学之间所体现的共性成分要更大，这就意味着其兴起有可追溯的空间与时间，"真正的大学将永远只有一个目标——不是去谋衣食无忧，而是探寻丰衣足食后的人生意义与宗旨"①。换句话说，今天任何一所大学不仅是实体的学术机构，更是人类灵魂与精神的栖息之所。西方的大学之所以延续至今，全赖其深厚的根基。虽然不能说精神或理念等于大学，但是若没有精神力量的驱动，学术机构肯定无法被称为真正的大学。由此看来，大学的生命就不能只从中世纪计算，需要从精神源发的时间和地域进行探究。事实上，中世纪大学乃至后世的大学精神源头都在于西方文明的起点——古希腊。没有米利都学派首先展开对自然和物质世界的思考，现代科学就不会从古希腊自然哲学中衍生出来。没有苏格拉底、柏拉图和亚里士多德这样的智者将哲学"从天上拉到人间"，中世纪大学就不存在知识上的来源。没有柏拉图及其后学们所创立的学园，大学在组织上将无所凭借。综合诸多因素来看，古希腊文明是大学生命和精神世界的起源，从古希腊传播开的智识生活方式始终影响着大学，且延续至今。

---

① 安德鲁·德尔班科：《大学：过去，现在与未来》，范伟译，中信出版社，2014，"卷首语"第 1 页。

第一节 古希腊智识生活的历史考察

大学的生命历程与人类智识生活的历史密切相关。12 世纪诞生的大学与其说来自学者行会，不如说是围绕特定的智识生活展开。在智识生活的开展与延续中，大学逐渐在人们的视野中变得清晰。因为只有在这种生活中人类才能用高深知识探索未知和发现自己。追溯大学的起点不能只关注其出生的那一刻，而需要从孕育大学的母体——西方文明中寻找推动大学诞生的基因。我们有必要从古希腊人的智识生活开始寻觅大学精神的原初形态。

一 走上起跑线：古希腊智识生活的历史与地理基础

对于现代人来说，大学是一个充满永恒想象的机构。正是古希腊文明精神的铺垫，使得大学的灵魂有所寄托，正如雅斯贝斯所言："大学教育是通过参与大学的精神生活，培养学生深具内涵的自由。"[①] 这种独特性并不是任何地方都有，而是来自其最初生长的土地——西欧大陆。

（一）智识生活的地域起点

大学的产生伴随文明的演进，贾雷德·戴蒙德（Jared Diamond）在其著作《枪炮、病菌与钢铁》中第一章的题目使用了"走上起跑线"这一短语，将地球上的各个文明比作预备起跑的运动员，根据时间变迁进行分析和对比，来找出各个大陆产生的差异。随着研究的深入，戴蒙德逐渐发现在文明进程中，各个大陆上的人所展示出的特征是不一样的。作者得出的结论是："从公元前 11000 年到公元 1500 年，不同大陆的不同发展速度，成了导致公元 1500 年时技术和政治差异的原因。虽然澳大利亚土著和美洲印第安人仍然靠狩猎采集为生，但欧亚大陆的大部分地区、美洲和非洲撒哈拉沙漠以南的许多地区，已经逐步地发展起农业、畜牧、冶金技术和复杂的政治组织。欧亚大陆的一些地区和美洲的一个地区，还独立地发明了文字。然而，这些新的发展中的每一个发展，在欧亚大陆比其他任何地方都出现得更早。"[②] 虽然地理决定论并不能解释文明演进中的各种现象，但

---

① 卡尔·雅斯贝尔斯：《什么是教育》，邹进译，生活·读书·新知三联书店，1991，第 167 页。
② 贾雷德·戴蒙德：《枪炮、病菌与钢铁——人类社会的命运》，谢延光译，上海译文出版社，2006，"前言"第 4~5 页。

是文化与制度在地域分布上有巨大的差异。西方文明史是一部整体史，其背后是思想、知识与精神的推动力量。

今天的绝大多数大学都是历史沉淀的产物，而文明的巨大差异造就了大学之间不同的形态与实力。用哲学思考历史，用历史的视野审视大学是本书的主要路径。如 R. G. 柯林伍德（R. G. Collingwood）认为的："一个人不仅应当具有关于历史思维的经验，而且还应当反思那种经验。他必须不仅是一位历史学家，而且还是一位哲学家；尤其是他的哲学思想必须包括特别注意历史思想的各种问题在内。"① 用历史提供的种子，借助哲学和其他学科提供的养料，可以找到大学在西方文明中成长的轨迹。实际上，我们更需要了解欧洲大陆在起跑线上的细节是如何为智识生活集聚初期优势的。

在特定的文明中，社会组织的发育离不开特定社会方式的制度化。历史上，能够产生这种高等教育社会活动状态的文明并不少，但唯独在西欧社会中由这种生活产生了今天人们熟知的大学。早期古希腊建立了高级精神生活体系，其思想、政治与社会运行方式围绕两个核心运行：其一是人文主义，其二是理性。古希腊思想所带来的影响是世界性的，"印度教促成了高度稳定的印度文明，基督教造成了罗马的衰亡，继而成为极具活力的欧洲文明的外衣，以及希腊思想陆续或同时滋养了罗马精英意识形态、基督教神学的哲学框架，还有阿拉伯和其后欧洲思想科学性发展的基础"②。作为能率先产生高级认知的一种文明，可能人们更关注的是：古希腊的历史与社会基础是什么？这是一种自发性的还是外部影响下的文明？种种质疑使我们发现：古希腊对西方文明所起的作用是一个"盖棺不难，定论何易"的理论问题，结论容易下，但是原因却不好找。这些问题还是需要从古希腊的地理、文化以及社会环境中重新探索。

一般来说，地理环境可能是最先影响文明发源地的因素，也造就了各个文明在起跑线上的差异。但是古希腊在地理上的优势并不明显，其自然环境相较于其他大陆甚至是恶劣的。从地图上看，古代希腊位于欧洲南部，地中海的东北部，大体范围包括现在的巴尔干半岛南部，小亚细亚半岛西岸，爱琴海中的大约几千个小岛屿，"古希腊史的地理范围并不固定，

① 柯林伍德：《历史的观念》，何兆武等译，北京大学出版社，2010，第 9 页。
② 小威廉·休厄尔：《历史的逻辑——社会理论与社会转型》，朱联璧、费滢译，上海人民出版社，2012，第 112 页。

它是随着历史的发展而变化和扩展的。其主要地区是爱琴海区域，即巴尔干、小亚细亚、色雷斯沿岸、爱琴海诸岛。公元前8~前6世纪，希腊人在爱琴海区域进行了大规模的殖民运动后（通称希腊大殖民运动），占领了西西里、意大利南部（有大希腊之称）以及黑海沿岸的领土。"① 在地理上古希腊有较为明显的特征：大陆与海洋交错分布，并随之产生不一样的生活方式。在全世界范围内，同时代的文明产生一共有四个部分，分别是埃及、美索不达米亚河流冲积平原的文明，地中海-古希腊文明，古印度文明和华夏文明。除地中海-古希腊文明之外，其他三个文明都以受大陆-河流影响为主，而地中海-古希腊文明则主要受海洋的影响。同大陆文明有强烈的农耕气质不同，古希腊的土地以崎岖的山地居多，没有什么大面积的平原和河流灌溉体系，所以农业发展极为受限，"这里并没有尼罗河流域、两河流域和黄河流域那样的大型陆地板块，而是分裂为多个地区——如雅典所在的阿提卡、斯巴达所在的伯罗奔尼撒、底比斯所在的贴撒利、米利都所在的小亚西岸、叙拉古所在的西西里东海岸等；除了这些地区以外，还有克里特、塞浦路斯、莱斯波斯、萨默斯和开俄斯等重要岛屿，以及意大利南部、黑海和北非沿岸的希腊殖民地。大海、河流、山峦、峡谷将希腊分割成诸多零碎区域。地缘意义上的'希腊'，实在是一个各地之间既不乏联系，又四分五裂的世界"②。以尼罗河、恒河、黄河和幼发拉底河等冲积平原为主的河流文明有优良的农业发展基础，气候适宜，土地也比希腊大部分地区肥沃。古希腊的土壤稀薄并且岩石很多，不利于粮食的生长，而只能种植橄榄、葡萄等作物。这样看来其起初的地理优势并没有其他大陆明显，那么古希腊文明又该如何同其他文明竞争呢？

因为海洋性地理特征，古希腊人在一开始就产生探究外部世界的需求，希腊文明因此产生了更强的好奇心与求知欲。海洋性地理特征造就了外向型精神生活方式，进而推动了人们对未知世界的探究，也强化了与其他文明的交流。相较于古埃及仍处于宗教认知阶段，当时的人们仍围绕神性意志构建社会秩序不同，古希腊较早地走向了理性认知的时期。智识生活的独特认知由地理环境塑造，这是西方特有的现象。

---

① 库济辛：《古希腊史》，甄修钰、张克勤等译，内蒙古大学出版社，2013，第1页。
② 阮炜：《另一个希腊》，上海三联书店，2010，第137页。

（二）海洋文明驱动下的求知动机

在公元前 2000 年前后，希腊的形成是从氏族部落的分裂和迁徙开始的，早期主要是来自巴尔干半岛的民族，包括爱奥尼亚人、多利安人、阿卡亚人等民族交替发生迁徙、侵略与交融，新旧国家在不同民族的融合中兴起和衰落。"在传统的描述中，早期希腊历史是由一系列迁移所组成的；一个部落被驱逐出去，另一个取而代之，直到又为第三个部落所取代，这个过程可能会持续几百年。一直到称为多利亚人的部族在公元前 11 世纪迁入，希腊人所在的地域及其分布才开始形成其最终的架构。"[1] 海洋性文明催生的是希腊人探索未知世界的气质与发展商业贸易的生活方式。古希腊本身缺乏生产粮食的土地，所以人们只能通过探索外部大陆和发展贸易来获得食物。航海事业的迅速发展确立了希腊政治生活与精神生活的目标，正如 C. 梅耶（C. Meier）所认为的："由于爱琴海上诸岛屿相互毗邻且紧靠大陆，故当时的希腊人大多拥有船只，频频出海，这使得他们走出了爱琴海周边地区，从而早早地与东方诸文明有了接触，希腊人的定居点也一直扩展到了塞浦路斯，以上种种因素，构成了希腊人得天独厚的条件：他们既能领略到小亚细亚诸文明的辉煌遗产，又不至于受到这些影响的支配。对希腊人而言，权力核心既不是主宰社会的力量，也不是使知识信仰获得规定与确证的保障。"[2] 海洋文明使得古代希腊人发展出两种活动状态：一种是海外殖民事业的迅速扩张，另一种是没有建立中央集权统治。前者为希腊各个城邦带来了不同世界的物质及精神资源，后者则形成了古代世界特有的城邦政治体系。

同希腊相比，世界上其他几个大陆河流分布广泛，有充足的土地可以提供农业生产，围绕河流的是高密度分布的人口。这些人口很少进行迁徙，即使迁徙也没有改变原有的文化，"当人口增长到一定程度，现有技术条件不再能够支撑时，便会产生人口压力，往外迁徙便成为必然。可是，当华夏先民从原住地往外拓殖时，他们发现外边世界已非常拥挤，到哪里去，都会碰到其他人类聚落；他们发现，要找到按原来的标准适合耕作的土地，已非常困难。既然如此，华夏先民便只好在聚落之间的空隙寻

① 雅各布·布克哈特：《希腊人和希腊文明》，王大庆译，上海人民出版社，2012，第 59 页。
② 梅耶：《古希腊政治的起源》，王师译，华东师范大学出版社，2013，第 50~51 页。

找生存空间，向山丘、谷地和沼泽要饭吃。这里的土地比平原地区贫瘠，但只要多花一些力气，也并非不能利用。这便是黄河中下游区域近距离移民模式及其副产物——高密度的人口聚集——的根本原因"①。希腊的土地只适合种植橄榄、葡萄和少量的谷物，其中谷物不允许出口，只能用橄榄及其制成品进行贸易活动。与多重大陆的接壤使古希腊最早接触到优势文明的洗礼，来自古巴比伦、古埃及、美索不达米亚等地的文明在较短的时间内汇集到希腊的城邦中。海洋则推动了商业贸易的发展，使古希腊的航船可以行驶到他们能触及的角落。大量的物资、人口和知识在早期的航海贸易中得到交流。在频繁的交流中，古希腊用对海洋的探索逐渐缩短了与其他文明在地缘上的差距，并将自己变成一个带有海洋气质的新文明中心，正如威尔·杜兰特（Will Durant）所言："在其发展过程中，无法阻遏的希腊人伸入爱琴海中每一个小岛，伸入克里特、罗得斯及塞浦路斯，伸入埃及、巴勒斯坦、叙利亚、美索不达米亚及小亚细亚，伸入土耳其西北的玛摩若海和黑海，伸入北爱琴海沿岸和半岛，伸入意大利、高卢、西班牙和北非。这些希腊人在各地区建立独立而不尽相同的城邦，但均属希腊式：这些人操希腊语言，崇拜希腊诸神，读写希腊文学，对希腊的科学有所贡献，亦依希腊贵族方式实施民主制。……在将近 1000 年的期间，他们把地中海变成了希腊内湖，同时也使其成为世界中心。"②

海洋文明驱动下的求知欲一直延续到近代，欧洲人借助航海运动与贸易活动探索未知世界。正是伴随着这种求知欲，十字军东征和大航海运动才不会成为单一的军事或贸易活动，而是为大学带来了持续的知识资源。古希腊人在许多方面并非历史的独创者，却是其他文明的接纳者与融通者。比较下来，只有在古希腊，教育、知识生产与社会才结合在一起，成为普通公民生活的一部分。智识生活只有在世俗化和普遍化之后，其内涵才具有可传承性。依迪丝·汉密尔顿（Edith Hamilton）在《希腊的回声》中曾说："希腊与东方，就像一个侏儒与一个巨人，但是，这个侏儒打败了巨人。"③ 古希腊在地理上的劣势被其精神生活弥补回来。

---

① 阮炜：《另一个希腊》，上海三联书店，2010，第 143 页。
② 威尔·杜兰特：《世界文明史——希腊的生活》，台湾幼狮文化译，华夏出版社，2010，第 69 页。
③ 依迪丝·汉密尔顿：《希腊的回声》，曹博译，华夏出版社，2014，第 3 页。

二 借鉴与融合：古希腊对东方文明智识成果的引入

从文明出发，智识生活的发育需要有清晰的地理范畴。其由海洋商业贸易开始，又推动了航海业的发展和海外殖民事业的扩张，也逐渐发展出与中央集权特色的大陆不一样的民族性格。在古代华夏，由于传统氏族的影响，父系氏族主导的家族观念十分强烈，个体从属于集体，集体被以家族形式加以建构，所以形成的是上下一致、结构严密的家国一体组织形态。相反，海洋民族的性格更偏向于个体自由与自主，因为人口流动的频率相对于大陆民族来说更高，个人主义产生人文特质，使智识生活能够自主负责并受到保护。围绕个人主义展开的智识生活，形成了为知识而追求知识、为真理而追求真理的学术精神，这也是今天的大学最为依仗的精神财富。历史上，"脱离了家族控制的自由人聚集到一起，每个人都不再有特权，每个人都认识到了自己的独立身份。人的自我意识、平等意识、独立意识发展起来了。人们认识到，人和人之间的关系是对等的、可逆的，人们要维护自己的权利，就必须尊重别人的权利"[1]。同大陆民族的家族性社会关系相比，希腊文明体现的是人本主义和个体特征，个体间又能产生积极的协作关系。这些都引发了对高级智力活动的探索欲望。

（一）希腊智识生活的东方来源

在古代，东方文明有知识生产与高等教育的传统，这种传统影响了西方。双方早期的交流构成了大学之河的源头，西方虽然赢得了大学的诞生，但大学的兴起却赢得了整个世界。一直以来，持西方中心论的学者坚持认为，古希腊的文明优势和智识成果在最开始就是领先的，并且对东方的智识成果持贬低态度，也有很多人认为东方的物质文明和教育理念是建立在实用和技能方面的，"在东方，有关抄写的训练有强烈的实用主义倾向，并且这种学习目标直接指向服务当时社会统治当局的意识形态"[2]。还有观点认为古代埃及的知识生产只是被局限在有限的阶层内而得不到扩展，"在希腊之前，思想领域的控制权掌握在僧侣们的手中。他们是埃及的知识阶级，权倾天下，连国王也受制于他们。……随着僧侣势力的日益

---

① 张宏杰：《中国国民性演变历程》，湖南人民出版社，2013，第186页。

② Olaf Pedersen, & Richard North, *The First Universities: Studium Generale and the Origins of University Education in Europe* (Cambridge: Cambridge University Press, 1997), pp. 6-7.

强大，任何对他们不利的想法都被打入冷宫，所以这些僧侣很快变成了可悲的知识分子，只会墨守前辈探索者的成果，不再去自由地思考"①。然而，这一切都无法回答如下的问题："如果没有埃及和两河流域的文化积累，或者说如果没有腓尼基人发明的字母，没有埃及人、苏美尔人、巴比伦人、叙利亚人等古代民族对希腊人的经济、艺术、政治等方方面面的影响，希腊文明能有它那出色的表现吗？它在科学、艺术、建筑、法律和'哲学'等方面能够取得如此惊人的成就，能够如此深刻地型塑中世纪基督教文化、西方现代文化，以及全球现代文化吗？"② 从现在的结果去推测历史，往往会导致认知上的误区，即人们认为古希腊文明在一开始就是领先世界的。文明的互动不只是科学一方面，而是需要从众多的角度进行对比的。

古代埃及、腓尼基、美索不达米亚等地的物质与精神要比古希腊发达得多。公元前 3 世纪，地中海周边的城市在铜资源的贸易中迅速发展起来，出于对铜资源的需求，地中海沿岸的希腊人开始进行铜矿贸易。地中海在公元前 3000 年前后开始进行城市发展的革命，这些革命是建立在商业贸易不断扩展的优势上的。首批商人从乌加里特港口出发，驶向尼罗河三角洲地带或塞浦路斯，这些都是产铜的地方。地中海最初许多半岛的城市发展都因为其铜资源的匮乏而受到限制，而在叙利亚沿岸的许多地方却有着较为发达的社群，但是这些岛屿上的居民致力于将金属资源铸造保存，而不是将其发展为一种产业。不管怎么说，靠近崎岖海岸的安纳托利亚、叙利亚等地都没有合适的空间发展贸易。③ 在荷马时期，也就是大约在公元前 5 世纪，古希腊开始同埃及进行各种交流，"在索尔特（Saïte）诸王时代（公元前 663~前 525 年）埃及商务和艺术再度复兴，尼罗河诸港口首次开放，与希腊进行贸易。自公元前 7 世纪起，很多著名的希腊人——例如泰勒斯、毕达哥拉斯（Pythagoras）、索伦（Solon）、柏拉图及德谟克利特（Democritus）等陆续访问了埃及，并且对埃及文化的充实与历史悠久留有深刻的印象。这里没有野蛮民族，并且远在特洛伊陷落前 2000 年已

① 依迪丝·汉密尔顿：《希腊的回声》，曹博译，华夏出版社，2014，第 33 页。
② 阮炜：《另一个希腊》，上海三联书店，2010，第 11 页。
③ George Thomson, *Studies in Ancient Greek Society-The Prehistoric Aegean* (London and Southampton: Camelot Press Ltd., 1949), p. 26.

经有了成熟的文明和高度发展的艺术"①。真正的古希腊大殖民运动和贸易发展的高潮在古风时期，也就是公元前8~前6世纪，此时古希腊人开始向地中海及黑海地区移民。相对于其他地域来说，古希腊人的探究精神成为其移民的主要原因，他们必须要学习和接受更先进的智识生活方式才能生存。"当希腊各城邦发展起来，越出先前的界限的时候，希腊的地理位置和经济需要就迫使希腊人民同更古老的文明发生接触。早期希腊哲学家所搜集的事实大部分是从外来的文明得到的——他们的天文学是从巴比伦得来的，他们的医学知识是从埃及得来的，可能一部分通过克里特岛。"② 由此可见，来自东方文明的影响渗透到古希腊早期的智识生活当中，才使其有了多元化的特质。

（二）作为知识汇聚地的古希腊

有意识地集中资源进行高级知识的生产和传播活动从古希腊就开始了，后世的翻译运动与古希腊的知识汇集高度相似。通过早期殖民开发和商业贸易上的交流，古希腊的学者们开始有机会接触东方的文明，大约在公元前6世纪至公元前4世纪走上了智识生活发展的高潮。这里的智识生活的进行有两个重要支柱。一个来自荷马史诗留下的文化遗产，《伊利亚特》与《奥德赛》从宫廷诗人的吟唱走向了社会，变成了社会启蒙教育的来源。另一个来自哲人们从东方带回的知识，这些资源充盈了古希腊智识生活。值得一提的是，早在古希腊有历史之前差不多一千年的时间，古巴比伦人就拥有了属于自己的科学体系。为何古巴比伦率先产生了当时世界上先进的科技？又是什么吸引了古希腊人向东方文明进行学习？

西方文明一直就有模仿外部文明生活方式的传统。这种形式的生活在西方被社会成员广泛接纳，成为一种社会制度。T. B. 凡勃伦（T. B. Veblen）认为，社会在产生分工以后，由于资产占有的不同，迅速出现这样一群有产者，他们定居安逸，收入稳定，生活在一种宁静和舒适的生活状态中，这些人被称作"有闲阶级"（the leisure class）。古代社会这样的有闲阶级通常由神职人员、贵族阶层组成，其使命通常是宗教性的，"我们觉得凡

---

① 威尔·杜兰特：《世界文明史——希腊的生活》，台湾幼狮文化译，华夏出版社，2010，第66页。

② 丹皮尔：《科学史》，李珩译，中国人民大学出版社，2010，第30页。

是属于神性的，必然是一种格外宁静的、有闲的生活习惯"①。在古代埃及和巴比伦等地，由于农耕文明发达和物产丰富，社会分工较为明确和细致，于是有了大批的有闲阶级，他们担负着制定科学方法提升社会生产力的责任，大批的僧侣和专业研究人员从普通劳动中分离出来，构成了高深知识开发的主要群体，"在古希腊，没有那些工人的劳作为这些从事学术活动的人创造出的空闲，智力上的统治阶层就没有时间去从事智识活动。的确，在此之前，有闲阶层已经在美索不达米亚和埃及存在了很长时间，青铜时代的东方诸国就已经实现了君主化和以神灵为中心的体制，而铁器时代的希腊则开启了通往共和制的道路，首先是寡头政治尔后实现了民主。此时，这些有闲阶层的成员，最终将他们的理论从实践当中分离出来"②。这些国度的科学研究者地位很高，加上政治的稳定状态，使得不少智力资源得以保存下来。古埃及数学的发达影响了当时的社会，因为"纯数学思维使人遨游于苦难生活之外的天空，没有僧侣关注数学的实际用途是多大，充满闲暇地从事精神活动被视为是最自由的。在这个领域中，人们的思维可以随意地驰骋"③。同这些地域相比，公元前1000多年的古希腊还处在氏族生活的状态，更谈不上国际化，而且物质资源的匮乏使其还要解决温饱问题，其在精神生活上一开始落后于东方并不意外。

除了古代埃及之外，腓尼基和美索不达米亚等地在科学和技术层面也领先古希腊很多，这主要表现在航海业和天文学的发达，"就影响希腊的文明而言，仅次于埃及的是腓尼基。泰尔和西顿两地积极进取的商人好像文化的巡回传布媒介，并且在科学、技术、艺术及埃及与近东的礼拜仪式上刺激了地中海每一地区。他们精于造船，可能也训练了希腊人的造船技术；……他们也与克里特及小亚细亚合作共同将已在埃及、克里特和叙利亚发展的闪族字母形式传授给希腊。再向东方，巴比伦把它的度量衡制、水种及日晷、奥勃（obol）、米纳（mina）和塔伦等古币，天文原理、仪器、记录、计算、六十分年制、圆周四象限（将一圆周自圆心区分者，四

---

① 凡勃伦：《有闲阶级论》，蔡受百译，商务印书馆，1964，第97页。
② George Thomson, *Studies in Ancient Greek Society-The First Philosophers* (London and Southampton: Camelot Press Ltd., 1955), pp. 337-338.
③ 依迪丝·汉密尔顿：《希腊精神》，葛海滨译，华夏出版社，2014，第12页。

象限共为 360 度，每度为 60 分，每分为 60 秒）等传授给希腊”①。整个巴比伦的数学和天文学发展令古希腊人叹为观止，从 19 世纪 80 年代以来发现的巴比伦数学和天文学资料来看，“用楔形文字刻写的黏土书板可以追溯到公元前 2000 年古巴比伦时期至希腊化时代的塞琉古王朝……整个巴比伦数学和天文学的核心，是其运算上的极大便利性，这种运算包括大数据的和冗长复杂得让使用计算尺和计算器的任何现代科学家都想放弃的演算”②。这些不同的科学资源最早是在爱奥尼亚这一地区汇集下来，以技术性的自然哲学知识为主，爱奥尼亚也被看作古希腊自然科学的发源地。

　　爱奥尼亚位于今天土耳其安纳托利亚西岸中部和爱琴海东部诸岛，最接近东方的叙利亚和巴比伦。按照 G. 萨顿（G. Sarton）的考察，爱奥尼亚移住民是一群被选定的在新的政治环境中生活的人，这个环境在很大程度上是他们自己创造的，亦是他们自己喜欢的。爱奥尼亚海港不仅是希腊、腓尼基和埃及等地海岸线的终点，而且也是安纳托利亚商旅车道的终点，它使它们逐步与整个亚洲联系起来。因此，这里的环境对科学的发展是极为有利的，而所需要的就是有足够天赋、能充分利用它们的人。爱奥尼亚人就是这样的人，他们已经证明了他们在诗歌方面的天赋。现在，到了公元前 7 世纪末，证明他们在新领域的天赋的时刻到来了，这个新领域就是自然科学。③ 古希腊自然哲学知识主要由航海和贸易等途径引入，哲学和数学等内容则由定居或是游历的学者们带回。靠近东方的小亚细亚沿岸成为最早一批哲学家的诞生地，“希腊世界的边缘性也表现在所谓‘哲学’诞生在小亚西岸希腊人与东方人混居的城邦如米利都、以弗所，而非希腊本土。第一批哲学家（即‘米利都学派’）全都来自小亚西岸的爱奥尼亚城邦。著名的泰勒斯（Thales，约前 625～前 547 年）、阿那克西曼德（Anaximande，约前 570～前 500 年）、阿那克西米尼（Anaximenes，前 570～前 500 年）、赫拉克里特（Heraclites，前 540～前 480 年）、色诺芬尼（Xenophanes，约前 570～前 470 年），无一不是小亚沿岸的希腊人。此外，毕达哥拉斯学派的创始人毕达哥拉斯（Pythagoras，约生于前 570 年）

---

① 威尔·杜兰特：《世界文明史——希腊的生活》，台湾幼狮文化译，华夏出版社，2010，第 67 页。
② D. 普赖斯：《巴比伦以来的科学》，任元彪译，河北科学技术出版社，2002，第 12～13 页。
③ 乔治·萨顿：《希腊黄金时代的古代科学》，鲁旭东译，大象出版社，2010，第 202 页。

出生在爱琴海东部靠小亚海岸的萨摩斯岛，其思想成熟后才移居意大利南部；'医学之父'希波克拉底（Hippocrates，前460~前377年）也出生在小亚西南角附近的科斯岛（Cos）"①。

从希腊早期智识生活的起源来看，东方文明的影响至关重要。东方的智慧成果在古希腊掀起了最早的智识生活革命。来自古埃及、古叙利亚和古阿拉伯世界的文明影响了古希腊早期的智识生活，逐渐确立了东方文明在古希腊智识生活中的根基地位。"在公元前8~前4世纪希腊文明崛起之前及期间，希腊人一直接受东方文化的熏陶，甚至经历了一场'东方化革命'。也就是说，长期以来是希腊人沐浴在东方文明的阳光雨露中，而非相反。'希腊化'这个术语也与一个同样重要的事实不符，即，从希腊罗马废墟上崛起的基督教文明虽然包含不少希腊罗马成分，但其最核心最根本的要素却是来自东方的叙利亚世界"②。历史上，古希腊人向北非和近东的学习大约持续了好几个世纪，在公元前5~前4世纪之前，古希腊都处于一个学徒的位置，在诸多知识领域里积累了大量的智力资源。故而，古代东方文明对古希腊的影响是无可替代的。

三　从地理到心灵通约：古希腊智识活动的萌芽

虽然古希腊早期的许多知识来自东方，但真正使知识被搜集、研究和传播，并成为人们智识生活方式的却是古希腊。智识生活能否实现社会化是高等教育展开的前提。以知识研究来说，对高深晦涩知识的研究不仅需要强烈的好奇心，最主要的还有整个社会对这种好奇心的接纳。更进一步说，学者们坚持学术探索以真理和理性为最高目的，也是社会进化到一定程度时全体成员达成的共识，正如韦伯所指出的："修行生活逐渐得到了发展，并拥有了一套合乎理性行为的系统方法，以及克服教徒的'自然状态'，也就是使他们免受非理性的冲动行为的影响，不再依赖外界，而是服从于某个至高无上且带有目的的意愿。也就是说，他们要具有控制自我行为的能力，并能认真考虑自己的行为可能会对伦理道德产生什么样的影响。"③ 历史上，

---

① 阮炜：《另一个希腊》，上海三联书店，2010，第15~16页。
② 阮炜：《另一个希腊》，上海三联书店，2010，第49页。
③ 马克斯·韦伯：《新教伦理与资本主义精神》，郑志勇译，江西人民出版社，2010，第109页。

古希腊对探索知识的态度更多地展现出一种类似于神话英雄的感召力，知识研究的地位在普通社会活动之上。不少解释世界的学者在普通人看来犹如神话中的英雄那般光辉灿烂，那些"诡辩者"因为其优雅的风度和精致犀利的言辞而受到欢迎，人们因新知识的出现和拥有学识的学者而尊重智识生活。在东方许多地方，知识研究主要围绕神性意志展开，尽管有许多数学、天文学和医学方面的发展，但这些始终受到宗教和神秘主义的主导，从事学术研究的人依附在神权意志上。整个社会出于敬畏神灵才敬畏知识，新的知识享有的只是属于神灵的价值。人们不是因为知识而尊重知识，是因为神灵而喜爱知识。高深知识不是为了解释外部世界，而是为了解释神灵行为，"印度多少世纪以来都是东方的思想领袖，在那里，很久以前理性世界就和精神世界分道扬镳，而整个宇宙落入后者的掌控之中。只有神灵的世界才是真实的"①。在宗教意志、君权和社会伦理的多方挤压下，东方智识生活的源头渐渐地变得枯竭。大约在公元前5~前4世纪之间，希腊对东方文明的学徒期结束，希腊开始进入文化、科学和艺术大爆发的"古典时期"。

（一）米利都学派与自然哲学的开端

真正使大学成为智力机构的，并不完全是后世人所认为的制度、理念和组织，主要是历史中演进和积淀的特定生活方式。12世纪的学者行会之所以能够以研究、教学和翻译来寻求立足的制度化空间，主要是因为这种生活方式已经延续了快一千年。一般来说，智识生活的起点通常会建立在地理与认知两个基础上。古希腊智识生活并不是在一开始就出现全面勃发的状态，而是由那些具有一定地理和社会优势的地方逐渐延伸开来。雅典和斯巴达是古希腊教育和政治高度发达的两个城邦，智识生活的起点就在雅典，"希腊科学萌芽于雅典"②，在后世看来雅典就是西方文明的起点。而后人自然会问：对大学而言这一起点是否唯一？

雅典的公元前5~前4世纪是古希腊科学最黄金的时期，但真正起到萌芽作用的地区则是爱奥尼亚的米利都，因为其自然哲学研究发源时间要比雅典早约一个世纪。"大约在公元前7世纪~前6世纪，这里首先产生了古

①　依迪丝·汉密尔顿：《希腊精神》，葛海滨译，华夏出版社，2014，第11页。
②　陈方正：《继承与叛逆：现代科学为何出现于西方》，生活·读书·新知三联书店，2011，第235页。

希腊最早的哲学派别，即米利都学派。这个地区具有良好的地理条件，工商业发达，沿海交通便利，人们对自然界的视野开阔，并受埃及、巴比伦等东方先进文化影响较多，经济、文化都相对发展较快。"① 爱奥尼亚的米利都由于地理位置优越，受到东方文明的影响最多，诞生了最早的一批学者。公元前7~前6世纪，著名的政治体制——城邦制度在古希腊开始固定下来，整个社会开始以城邦为中心展开各种生活，并形成了学术研究的分工。同传统王权和神权制度不同的是，城邦制度的确立提供了开放的"意见市场"，"城邦的诞生不仅带来了一系列经济和政治的变化，也意味着思维方式的变化，意味着打开了一片完全不同的思想视野，建立了一个以公众集会广场为中心的、新的社会空间"②。在米利都，这些学者以自然为主要研究内容，并加入了哲学建构方式，使之成为一个知识类型——自然哲学。自然哲学最明显的特征是自由："作为自由的学术，希腊的理性科学具有非实用性和内在演绎两大特征。自由的科学为着'自身'而存在，缺乏外在的实用目的和功利目的。自由的科学不借助外部经验，纯粹依靠内在演绎来展开'自身'。"③ 其中泰勒斯、阿那克西曼德和阿那克西米尼（Anaximenes）对后世研究的影响最大。这三人都生活在公元前7~前6世纪之间，是希腊最早从事自然研究的重要学者。有学者就认为：泰勒斯、阿那克西曼德和阿那克西米尼三人是米利都学派的代表人物，也是欧洲自然哲学在知识上的奠基者。他们受到关注主要是因为创造了自然科学的最初研究范式，用哲学与理性规划科学研究的内容。而且他们的工作不容置疑地被当作自然科学发展的重要台阶，但是这些是建立在纯粹观察的基础上的，而不是实验。基于这些原因，我们在为他们命名时不应称其为科学家，而应称其为自然哲学家。④ 自然哲学知识触发了人们探究外部世界的开关，是一次彻底的知识革命。后世之所以能够爆发科学革命，其原因就是在自然哲学的驱动下，人们有发现新问题的空间，更有不断完善自然世界解释方式的需要，这是科学创新的来源。

---

① 盛文林：《西方历史的源头——古希腊文明》，北京工业大学出版社，2014，第52页。
② 皮埃尔·韦尔南：《希腊思想的起源》，秦海鹰译，北京大学出版社，2012，"新版序言"第9页。
③ 吴国盛：《什么是科学》，广东人民出版社，2016，第105页。
④ George Thomson, *Studies in Ancient Greek Society-The First Philosophers* (London and Southampton: Camelot Press Ltd., 1955), p. 156.

米利都学派提出了科学研究所采用的范式：自然研究从概念—论题—观察—结论这样的逻辑展开。在东方，早期的学术研究无法绕开宗教意志或实际应用的支配，所以其智识活动是以这两个目的为朝向的。而米利都的学者们放弃了宗教观念，没有统一权威的支配，学术发展的自由空间逐渐显现出来。自由特质主要由精神动力构成。他们拒绝对自然现象做超自然解释，也较少受到外部权力意志的干预，在研究中保证了一定程度的客观性。除了重新发现自然奥义，他们还可以对前人的观点和思想进行审视和批判，"他们的成就在于拒斥了对自然现象的超自然解释，并在那样的情形下开创了理性的批判和辩论活动。要了解这一进展的背景，我们不仅要注意经济因素，而且要特别注意希腊当时的政治环境。正是在这一点上，希腊世界与近东伟大的诸文明之间的差异最为突出"①。米利都的几位学者都关注外部物质世界的构成，将世界概括为抽象元素，并且不断修正前人判断的误区。西方最初的知识观也从这一时期开始形成，并影响至今，"关于原始实体的看法，米利都人的历史显示出来的最为非凡的东西就是，他们的问题意识一代比一代强。阿那克西曼德认为原始物质未经分化的说法似乎正好纠正了泰勒斯的水假说中明显的缺陷——即它的对立物火怎么能产生呢？阿那克西米尼关于稀释与凝聚的理论，对原始物质如何变化，给出了比阿那克西曼德认为种子从无限中分离出来的想法更加明确的解释"②。在雅典成为影响后世教育的文化标杆之前，米利都是西方知识研究体系上最突出的学派，其自然哲学的研究范式一直影响到中世纪的大学。

（二）思辨形式的创立

无论古代还是现代，人们从事智识生活和大学的智力活动，最终目的只有一个：获得智慧。从古希腊到中世纪大学，思辨成为影响后世的研究方法。通过思辨，知识得以被分门别类地梳理出来。由米利都所创造的智识生活逐渐开启了希腊人理性的大门，并提供了心灵上的寄托。米利都学派的智者们提供了一个认识外部世界的起点和研究范式，也就是通过自然哲学去理解外部世界。通过早期的自然哲学，人们发现智识生活带给他们

---

① 劳埃德：《早期希腊科学：从泰勒斯到亚里士多德》，孙小淳译，上海科技教育出版社，2004，第 12 页。

② 劳埃德：《早期希腊科学：从泰勒斯到亚里士多德》，孙小淳译，上海科技教育出版社，2004，第 21 页。

的是一种普遍性的原则：在这种智力活动形成的认知中，外部世界和人自身都是可知的，唯一需要确认的是德尔菲阿波罗神庙上的那句著名箴言"认识你自己"。认识人的内心世界可以通过思辨予以实现，这是古希腊对人类哲学的创举，"早期希腊哲学体系尝试去解释世界，而现在的兴趣则变得更加主观，注意力开始朝向人的内心。有诸多的问题随之被提出来，例如自然知识、观念、美德和正义。关注的重心开始落在了人而非自然上面"①。但是真正的智慧究竟藏于何处人们还不得而知。

随着知识的丰富人们发现：理性在自然哲学的框架内是清晰的，但是并不能解决城邦人的幸福问题。城邦生活需要更高级的理论来支配各类行为，亚里士多德认为需要去寻求最基本的关于原理的内容，"有经验的人较之只有些官感的人为富于智慧，技术家又较之经验家，大匠师又较之工匠为富于智慧，而理论部门的知识比之生产部门更应是较高的智慧。这样，明显地，智慧就是有关某些原理与原因的知识"②。大约在公元前5～前4世纪，德性的思辨生活开始在雅典出现。在当时看来，通过思辨实现对人和城邦的知识探究是超越了经验观察的幸福生活，包括亚里士多德在内的诸多学者最推崇这种生活方式。最主要的是，它可以增进人的智慧。"幸福在亚里士多德那里是一个单一却完善的德性活动，即思辨活动。思辨生活是最高的幸福。""从实践智慧与理论智慧的区分来看，思辨活动在最基本的意义上就是科学研究的活动。这些研究和实践科学的差别就在于其目的不是为了实用，而完全是为了求知，是为了祛除自己心中的蒙昧状态，让自己的心灵处于透彻明了的澄明状态中。"③ 这种思辨活动需要的是思辨者在自身思考与研究的同时和外界进行广泛交流、辩论、沟通的群体性生活。当时柏拉图最羡慕的是毕达哥拉斯学派的团体生活，虽然后者的这种生活带有宗教组织的性质，但当时仍是一种纯粹的思辨生活。毕达哥拉斯学派的初学者被分为两类：一类通过聆听和冥想数学家的教诲获得一些类似于神秘主义的知识，另一类采用主动学习的方式，研修毕达哥拉斯科学知识体系的内容。据毕达哥拉斯学派的阿吉塔斯（Agitas，约公元前

① Paul Monroe, *Source Book of the History of Edcuation for the Greek and Roman Period* (New York: The Macmillan company, London: Macmillan & Co. Press, 1921), p. 53.
② 亚里士多德：《形而上学》，吴寿彭译，商务印书馆，2017，第4页。
③ 余纪元：《亚里士多德伦理学》，中国人民大学出版社，2011，第202、209页。

400~前350年）陈述，数学家被人们委托提供有关行星运行速度、上升和沉落的知识，还有几何学、算术、球面几何学，并且还至少要提供一些音乐知识，以这些知识在学派内开展学习。这些我们所看到的在毕达哥拉斯学派内展开学习的学科被称作毕达哥拉斯四艺，这些内容已经发挥了在大学课程体系中的关键性作用。① 虽然毕达哥拉斯学派过于倚重数学知识，但是其组织和生活方式已经逐渐向理性的智识生活进行过渡。

　　社会分工的发达、地理环境的优越以及自由环境催生了高深知识思辨活动的出现，城邦提供了智识生活发端的理性空间与物质资源，创造了一个开放和自由的激励空间，使得分属于不同城邦的智者们实现了心灵上的通约。不仅如此，这种通约还跨越了时间，引发后世学者对于这种生活方式的模仿。这种生活方式在中世纪被融入城市中，爆发出西方知识演进中的巨大革命，随之产生了大学，"在这种富于激励性的环境中，希腊发展了她对于世界最特殊的两种礼物——科学和哲学。贸易枢纽就是思想交换所、不同习惯及信仰的摩擦场；多种迷信相继消失，由是理性逐渐开始。……因此，除其他事物外，埃及的几何学和巴比伦的天文学进入了希腊人的思想领域。贸易和数学，外国商务及地理，航海及天文遂得到携手发展。同时，财富创造了闲暇，'文化贵族'在思想自由之下日益生长（因为只有少数人有阅读能力）。没有强有力的僧侣集团，也没有古老而具有授意性的典籍限制人们的思潮；就是在某种意义上成为希腊圣经的荷马史诗，也还没有真正定型"②。后来的历史证明，只有当智识生活的方式丰富起来时，人们才能品味到知识的价值，意识到智慧的重要，教育才能被人们注意到并加以重视。

四　城邦政制：古典教育发源与延续的空间

　　大学产生之前需要有制度化的高等教育作为基础，而高等教育的制度化除了与中世纪的城市生活有关之外，在源头上来自城邦政治。城邦政治就是指古希腊围绕公民生活所实施的一套政治制度和运行方式。从原因上看，智识生活的制度内涵有两个方面：一是对新知识的生产范式

① Olaf Pedersen, & Richard North, *The First Universities: Studium Generale and the Origins of University Education in Europe* (Cambridge: Cambridge University Press, 1997), p. 8.
② 威尔·杜兰特：《世界文明史——希腊的生活》，台湾幼狮文化译，华夏出版社，2010，第130页。

的确立，二是通过制度化的教育保存并传播知识。对古希腊来说，早期
实施教育的著名人物就是荷马，有人毫不吝啬地称其为"教育家"。对
于荷马，我们所熟知的是著名的《荷马史诗》，大多数人也将其作为一
部历史或神话作品来看待，很少有人从教育的角度去理解其含义。如果
没有荷马这样的吟游诗人在早期传播知识，古希腊城邦的民众就无法对
自身进行启蒙，"事实上，荷马值得享有一个更伟大的称号；他不仅是
希腊的教育家，而且是人类的教育家之一。荷马教授了什么？首先，他
教授了希腊语，他的著作成了希腊人的一种圣经，他们总愿意聆听这部
圣经，而它则给他们和他们的孩子提供了一些典范，使他们了解什么是
荣誉、良好的教养以及优雅的语言。其次，《伊利亚特》和《奥德赛》教
授了历史，这部历史有着米诺斯渊源和迈锡尼渊源……正是史诗的这种功
能为子孙后代记录下历史，使之不致被湮没"[1]。如果说米利都学派种下了
古希腊自然哲学研究的种子，那么荷马则种下了教育的种子。在早期文明
中，古巴比伦、古埃及和古华夏文明都有早期的教育形态呈现出来。但是
有学者在考察美索不达米亚、古埃及和古希腊的早期教育形态之后，对于
前两者给出的描述都是"Scribal Cultures"（抄写文化）的教育，而对于古
希腊则给出了"Literacy""Learning""Philosophy"（读写、学习、哲学）
教育的描述。[2] 早期的古埃及人和苏美尔人由于社会生产的需要，将学术
研究和教育纳入了功利目标的支配。更主要的是教育和知识生产被神秘主
义宗教垄断，无法开辟更广阔的空间。

（一）城邦制度影响下的西方教育

后世人们通常认为，影响大学的因素是城市的发展，实际上城市只是
一个场所，真正催生大学的是城市制度，城市制度的源头在城邦，城邦为
西方人创立了智识活动的实体空间。城邦制度并不是一开始就有，但是民
主制度却从氏族时代就开始了。虽然在早期青铜时代的历史中，古希腊有
过一些例如迈锡尼和克里特这样的君主制体制，但在大多数地方氏族民主
发挥的作用更大。由于特殊的地缘格局，即使在王朝时代中，都没有人能够
像大陆文明一样统一整个希腊。在大多数地方，古代的氏族民主一直在发挥

---

① 乔治·萨顿：《希腊黄金时代的古代科学》，鲁旭东译，大象出版社，2010，第170页。
② James Bowen, *A History of Western Education-Volume One* (New York：Martin's Press, 1972),
pp. 1–43.

作用，直至城邦时代的降临。"前5世纪雅典的民主（domocratia）只不过是在经济进步、人口增加的形势下氏族民主发展的结果，是氏族民主在古代条件下所能达到的一种最激进形态。"① 古埃及人约在公元前3100年就完成了统一，公元前1894年古巴比伦王朝建立，公元前1046年华夏民族在西周王朝建立后逐渐融合。但古希腊一直没有走到这一步，即使是在伯罗奔尼撒战争期间，雅典和斯巴达也没有完全击败对方实现全希腊的统一。

　　之所以说城邦是一种制度，是因为其地理范围并不广，很多国家本身就是一个城邦。早期的特洛伊，中期比较著名的有米利都、雅典、科林斯、麦加拉和斯巴达等都是较大的城邦。按照亚里士多德的定义，城邦就是人所组成的社会团体："我们见到每一个城邦（城市）各是某一种类的社会团体，一切社会团体的建立，其目的总是为了完成某些善业——所有人类的每一种作为，在他们自己看来，其本意总是在求取某一善果。既然一切社会团体都以善业为目的，那么我们也可说社会团体中最高而包含最广的一种，它所求的善业也一定是最高而最广的：这种至高而广涵的社会团体就是所谓'城邦'。"② 城邦在公元前5~前4世纪达到鼎盛，其经济、文化实现了高度的繁荣。

　　城邦为教育开辟了一系列延续至今的政治理念和制度形态。经过梭伦改革之后，古希腊城邦制度逐渐完善，并且延续了古代氏族的民主生活。"希腊语说：某些决议或某些决定应该'放在中间'，国王原有的特权，甚至执政权本身也应该'置于中间'，'置于中心'。事实上，城市建筑已不再像以前那样集中在被防御工事环绕的王宫周围，城市现在的中心是'公众集会广场'，它是公共空间，是安放'公共之火'的地方，是讨论大家共同关心的问题的场所。……这样的城市布局实际上确立了一个思想空间，展示了一个新的精神视野。城市一旦以公众集会广场为中心，它就已经成为了严格意义上的'城邦'（polis）。"③ 城邦制度提供了有利于教育和研究等活动施展的稳定空间，而研究和教育的发展又必然是与个人自由和私有财产保护密切相联系的。

　　古希腊的诸多教育形式今天虽然已经难以寻踪，但其教育理念却被保

---

① 阮炜：《不自由的希腊民主》，上海三联书店，2014，第70页。
② 亚里士多德：《政治学》，吴寿彭译，商务印书馆，2017，第3页。
③ 皮埃尔·韦尔南：《希腊思想的起源》，秦海鹰译，北京大学出版社，2012，第37页。

留了下来，借助城邦制度被每一代人继承。从教育发展看，城邦政制又被智识生活塑造。通过知识启蒙与教育。个人主义与制度理性相结合，成为普遍的秩序，"城邦公开化的要求使全部行为、程序和知识都要置于全体公民的目光之下，这种民主化和公开化的双重运动在教育方面产生了决定性影响。知识、价值和思想正在变为公众的批评和争议，它们不再被当作权力的保障而密藏在家族传统中：它们的公开化引来了各种各样的注解、阐释、反对意见和激烈争论。从此，讨论、辩论和论战就成了思想和政治的游戏规则"①。城邦的历史与政治形态刺激了人们对于教育的渴望，公开的议政和城邦治理需要凭借公共说理来实现，社会秩序的建立也要靠专门知识维护。按苏格拉底的说法："政治制度是教养人们的东西，高尚的政治制度教养出好人，低劣的政治制度则教养出坏人。"② 有幸的是，雅典式的教育制度深刻影响了整个西方。

（二）雅典与"爱智"精神的培育

西方高等教育有一种独特的传统，即对智慧的钟爱与对知识的追求成为推动精神活动的动力。从认识论的角度来看，这是产生大学的本质原因。古希腊政治制度以斯巴达和克里特构成的城邦制为一类，以雅典城邦为另一类，产生了两种不同的教育形态。雅典城邦以城市建筑为依托，而斯巴达则没有主要的城市建筑。斯巴达教育主要依从其城邦特点，在政治上实行集权制，经济上采用农奴制，由于需要镇压希洛人奴隶的反抗，所以整个国家的军事化色彩比较浓厚，其教育自然要服务于此。"斯巴达是一个在对外征服过程中建立起来的国家。几乎是把被征服国家的各阶层人民一律加以奴役。""来库古规定，所有斯巴达人一生都要接受一套完整的军事文化教育。它推行以尚武为国魂和以尚武为核心的教育训练政策，从而培养起了斯巴达人的爱国主义、服从法律、热爱自由和英雄主义精神。对于斯巴达人来讲，国家高于一切，个人的意志、思考、情爱统统融化在国家的利益和需求之中。"③ 由此可见，斯巴达的教育内容以军事和体育为主，也重视音乐。相比之下，雅典的政治形态变化更多，既有寡头制，又有僭主制，经历了这一系列波动之后，大约到公元前 5 世纪，人们就开始

---

① 李立国：《古代希腊教育》，教育科学出版社，2010，第 9 页。
② 柏拉图：《柏拉图对话七篇》，戴子钦译，辽宁教育出版社，1998，第 135 页。
③ 苏振兴：《论古希腊教育文化》，《历史教学》2004 年第 9 期。

逐渐拥有公民身份并走向民主制。"由于城邦事务具有发言权的不仅仅只有贵族阶层，还包括平民百姓，因此百姓深深地忠实于被亚里士多德称为'公民团体'的城邦，并愿意为之赴汤蹈火。正是城邦与其公民之间的这种纽带使古希腊城邦不同于古代世界的任何国家形式。"① 雅典赋予了多数人公民的身份，只有公民才有资格接受高等教育。因为受过教育的公民可以参与城邦事务的管理、建立社会秩序。政治制度的丰富为教育带来了资源，而且也产生了独立的社会职业群体——智者学派。当社会由于复杂政治体系的运行而对新知识产生更广泛的需求时，原有传授知识的方式显然不能适应政治变化的要求。智者的出现，正是适应了这样一种社会的客观要求。② 早期智者们教授的就是参与雅典城邦事务治理所需的各种知识，诸如演说、辩论、修辞和诉讼方面的知识，这些都是后世大学所采用的教学内容。可以说，雅典政治的形态为希腊城邦开启了一个"爱智"的时代。

古希腊的教育以斯巴达和雅典的教育为两种最具代表性的教育形式，它们在历史中进行了良性融合，并在城邦政治制度中延续下来，被纳入希腊人的观念之中。"教育被放在每个希腊公民权利与义务的首要位置。这一点有一个预设：就是每个希腊公民都必须做好准备在城邦的政府中参与治理事务，这一观念虽然属于特殊的统治阶层，但是在大多数希腊人看来是很奇怪的。"③ 只有当教育被纳入社会普遍的观念中时，它才能变成代际相传的"惯习"。斯巴达的教育虽然相对单一，但是并不能否认其维护自由的精神。斯巴达人说："你从来没有体会过自由，不知道它的味道是不是好的。如果你尝过自由的味道的话，那你就会劝我们不单单是用枪，而且是用斧头来为自由而战了。"④ 注重军事训练和体育教育的特点也被其他城邦人接纳，形成一种嫁接与融合的教育制度。作为智者云集的场所，雅典本身就是"智慧之都"的别称，雅典公民在不少智者眼中就是拥有接受智慧传授天赋的，是带着智力上的先天荣耀接受教育的，正如柏拉图在《对话集》中高呼的："高贵的公民啊，你是雅典的公民，这里是最伟大的

① 萨拉·波默罗伊、斯坦利·波斯坦、沃尔特·唐兰、珍妮弗·托尔伯特·罗伯茨：《古希腊政治、社会和文化史》，傅洁莹等译，上海三联书店，2010，第149页。

② G. B. Kerferd, *The Sophistic Movement* (Cambridge: Cambridge University Press, 1981), p. 40.

③ Olaf Pedersen, & Richard North, *The First Universities: Studium Generale and the Origins of University Education in Europe* (Cambridge, Mass: Cambridge University Press, 1997), p. 6.

④ 希罗多德：《希罗多德历史：希腊波斯战争史》，王以铸译，商务印书馆，1959，第516页。

城邦，最以智慧和力量闻名，如果你只关心获取钱财，只斤斤于名声和尊荣，既不关心，也不想得到智慧、真理和自己的灵魂，你不感到惭愧吗?"① 只有当智识生活被城邦制度化后，教育才能获得使自身不断生长的力量。城邦塑造了教育理念的基本形态，也使其成为制度化的社会活动。城邦政制提供了智识生活所需要的自由空间，也创造了竞争，刺激了知识生产的规模。"当亚里士多德在公元前 323 年从雅典离开的时候可能正是人们渴望出现另一个苏格拉底的时代。但是这也反映出城邦政治多元化的取向对智识生活创新性的影响是不一样的。同时，更为关键的一点在于，在这种政治环境中，相对于其他古代文明，古希腊的哲学家、医生、诡辩家甚至还有数学家所面临的是一个高度激烈的竞争环境。"② 城邦塑造了古希腊文明的制度形态，也定义了古希腊智识生活的基本性质：探究自由和理性政治。这种性质被注入中世纪的大学基因中流传至今。

总的来看，大学的最初形态不是机构或人员，而是独特的生活方式。正因为知识探究是西方历史中一种自然而然的生活方式，其社会基础方能获得制度稳定。所以，我们看待大学史应该将视角往前延伸，从古希腊城邦中去寻找。古希腊在地理上的优势使其能够发现早期文明培育中的不足，而从临近的文明汲取营养推动了人们对高深知识的兴趣，并最终使其成为影响世界的教育形态。城邦政制加速了智识生活制度化的进程，求知、研究与教育被纳入城邦治理和公共秩序中。城邦保障了独立的个体地位，并使其能够对自己的利益负责，由此才产生了大批哲学家与智者。与东方神性意志主导的精神活动不同，古希腊对知识的探究就是为了城邦政治的稳定与学者自身的好奇，没有统一的权威干预知识探究。米利都与雅典形成了西方历史上最早的知识研究范式，并从中独立出自然哲学和思辨精神。在城邦政治制度后期，斯巴达与雅典的教育结合起来，成为高等教育的最初形态。

第二节　古希腊哲学与西方认识论传统

从文明演进来看，古希腊哲学的最大贡献不在于开发了多少新知识，

---

① 柏拉图：《柏拉图对话集》，王太庆译，商务印书馆，2014，第41页。
② G. E. R. Lloyd, *The Revolutions of Wisdom: Studies in the Claims and Practice of Ancient Greek Science* (Oakland: University of California Press, 1989), p.99.

而在于为后世建构起能够持续探究的问题体系。这套基于哲学的问题体系形成了西方认识论传统，并推动了大学在欧洲的兴盛。中世纪的大学正是借助古典知识复苏的潮流涌上了历史的滩头，行会的学者们凭借其拥有的大量哲学与法律知识在当时的教育机构竞争中赢得先机。后世的人不仅使用古希腊的知识，而且还可以在这种认知体系中创造新的知识。不论数学、修辞学、形而上学还是辩证法，每一项都构成了中世纪大学知识体系里"七艺"、法律和神学的重要知识论和方法论基础。13 世纪兴起的经院哲学正是在复苏古希腊辩证法的潮流中，衍生出的一套新的方法论体系，并推动了当时大学的兴盛。从古希腊开始，哲学与科学嫁接在一起，形成了"知识—科学"的认识论体系，后世的知识问题都源自这一体系。在这一问题体系下，没有哪种知识是后世必须秉持的，知识在激辩中实现了新陈代谢。

一　古希腊知识的认知内涵

大学不仅是智识生活的家园，更是知识与问题塑造的产物。中世纪的大学看似是当时社会需求催生出的一种应用机构，但这种知识的源头需要向前追溯。我们并不清楚当时的人们为什么要学习这些知识，而是仅仅知道博洛尼亚大学的商业法出名，却没有关注到著名学者欧内乌斯（Irnerius）对罗马法集大成般的梳理；也知道巴黎大学是以神学出名的，却忽略了是阿伯拉尔对辩证法的改造，使得神学经历了理性过滤而名声大噪。由于后世学者的一些考证偏误，人们的认知范围被限定在当时的时代中，这种思维束缚着我们观察的视野。比如恩格斯只是从一种角度阐述了中世纪的知识起源，就被很多学者当作大学诞生的绝对条件：大学是中世纪商业知识和神学知识塑造下的产物，这样的观点至今还在流行。按照恩格斯的说法："中世纪完全是从野蛮状态发展而来的。它把古代文明、古代哲学、政治和法学一扫而光，以便一切都从头做起。它从没落的古代世界接受的唯一事物就是基督教和一些残破不全而且失掉文明的城市。其结果正如一切原始发展阶段的情形一样，僧侣获得了知识教育的垄断地位，因而教育本身也渗透了神学的性质。"[1] 大学的出现表面上是为了满足知识

---

① 《德国农民战争》，载《马克思恩格斯文集》第二卷，中共中央马克思恩格斯列宁斯大林著作编译局编译，人民出版社，2009，第 235 页。

需要，实际上大学的兴起是在提出、回应知识问题体系的过程中实现的。但有许多细节性的问题需要厘清："七艺"是如何在大学中被研讨和学习的？为何会有文、法、神、医的知识分科？为何神学研讨会追溯到古希腊的亚里士多德那里？更重要的是，知识的命运如何改变？科学是如何影响大学的？归结到一点上就是：知识视野里大学的源点究竟在什么地方？

（一）知识脉络的形成

从脉络上看，推动大学产生的不仅有应用性知识的需要，还有理性与道德上的需求。在东方，"儒学哲学家为自己设立了一个成为孝子和贤臣的传统日常道德目标，乐于直面痛苦和失败。像佛陀一样，孔子的毕生事业是建立一个实践哲学学派，而且，也同佛陀一样，从其自身的观点看，这是一种不得已而为之的事业"①。在"轴心时代"，不同大陆上的先哲们通过知识来传播思想，经过制度化的教育就成为特定文明的知识脉络。在古希腊，有柏拉图和亚里士多德所建立的哲学体系，在东方有以孔子和孟子为代表的儒家学派。但随着时间流变，社会状态的变化会对知识的生产和传播产生影响，文明间也逐渐有了不同的知识观。"从古代以来中西方知识分类方式中，亚里士多德开创的按事物的逻辑关系进行的知识层次排列，体现了对自然世界解读的'深度'隐喻；而古代中国知识的分类结构则围绕'天'和'君'进行平面展布。但是，西方文化的境脉更能发展出科学理性所指称的实证标准、逻辑论证和怀疑精神的特质。"② 简言之，知识系统在不同文明的演进中形成了不一样的性格，也就是知识论特征，古代延伸的知识脉络就成为大学的根基。

最早的知识并不是人们印象中的那般晦涩，而是从那些最质朴的寓言、对话、诗歌等作品中传承下来，因为这样的知识是最能被理解、传播，最具"教育性"的。东西方的教育史上都能找到用文学作品教育人的痕迹，因为文学作品相对简洁，最能表达人的情感需要和描述世界，最早的哲学正是来自这些文字抒发的思想。从东西方文明早期知识生产的方式看，"诗"这一特别的文学体例构成了它的主要形式。中国古代最早有

---

① 阿诺德·汤因比：《一个历史学家的宗教观》，晏可佳、张龙华译，上海人民出版社，2014，第58页。
② 吴刚：《知识演化与社会控制——中国教育知识史的比较社会学分析》，教育科学出版社，2002，第34页。

《诗经》，古希腊有《荷马史诗》，在知识构成上东西方可谓殊途同归，后世学者都注重对早期知识的继承和运用，例如《论语》中曾引孔子之言说："《诗》三百，一言以蔽之，曰：'思无邪'。""《诗》、《书》、执礼，皆雅言也。"① 而在古希腊，《荷马史诗》的影响亦同样深远，它是很多城邦所采用的启蒙教材，其中的神话故事渗透了一种理性的价值观，"而荷马史诗作为希腊文化传统和青年的根基持续了几个世纪，那一远古时期的某些价值观仍深深影响着希腊人的身心"②。通过对诗的体例学习和改造，人们逐渐为知识赋予了价值取向，使得知识开始有了一定目的性。在古希腊和东方的古中国，通过对诗这种文学作品的学习，逐渐形成了"诗性理性"，其在流变过程中同实际需求相结合，逐渐产生了最早的高深知识系统，"人类的'诗性理性'在历史的流变中与'工具理性'相协调，特别是融入了解决（相对于手边的具体问题的）抽象或（相对于与生活常识有关的局部问题）宏观问题的程序化的考虑——内在推断的步骤或外在行动的步骤，分化为两种基本的倾向：一种是关注社会共同生活过程的'价值理性'，相应地就有了价值的知识；另一种是专注自然现象进而逐渐超越现象走向'悬拟'自然的'理论理性'，从而也有了理论的知识"③。诗的使用和改造颠覆了神话知识口耳相传的不稳定性，以一种固定信息的样态被人们接纳。

　　一个社会仅有诗歌对于教育来说是不够的，高深知识需要特定的人将其从诗歌等文学作品中抽象出来，变成稳定可传播的教育知识。唯有从零散分布的文学作品上升到统一理论层面，知识才有"可教育性"，并上升到被人们用来实施教育和研究的高级阶段。从这个意义上说，早期的古希腊和中国走在了各大文明的前列。只有在高深知识作为一种独立的体系时，人才开始思考自己与社会、与自然的关系，并开始以人文主义的视角看待世界，"在这种进程中，人在主观方面从外部世界中将自身抽象出来进行理解，而在客观方面能够第一时间发现决定自然进程的规律是独立于人自身的意志的，但是在同样的抽象活动中，人培养出自己的想象力，并且他的思维范畴通过其内在有效的独立在历史与社会中获

① 《论语·为政》；《论语·述而》。
② 李立国：《古代希腊教育》，教育科学出版社，2010，第16页。
③ 吴刚：《知识演化与社会控制——中国教育知识史的比较社会学分析》，教育科学出版社，2002，第41页

得了重生"①。在大学诞生之前，知识需要从经验性的知识变成可教育的知识。高深知识对社会的功用不光是培育生存技能，而且是塑造人性。东西方的发达文明都有用诗歌这样较为稳定的知识形式进行教育的传统。

（二）知识范式形塑下的大学传统

推动大学在中世纪产生的是古代文明的认知动力，大学传播与扩散的前提来自统一的社会认知。一个知识体系之所以能够传至后世，是因为知识生产范式带来的稳定价值系统。知识范式在形成的过程中，往往会在传统与创新之间形成特定的空间，也就是说，在传统与创新之间需要有一定张力才能推动创新的开展。在古希腊，知识观的独立正是在培育公共精神的环境中逐渐发展起来，表现为哲学与科学知识脱离经验、技术的独立。最初意义上的哲学主要基于知识层面，经过学者的改造后成为解释世界的思想形态。哲学和自然哲学这样的学科范式就是知识生长的主干，后世的知识分支皆由此而来。

在不少文明中，知识是用来实践的工具，只有当其上升为人的精神追求时，才能形成经久不息的智慧。只有在社会成员将追求智慧作为普遍的生活方式时，人们才会有接受教育和发展智识机构的需要。古希腊人提供了问题体系和生产知识的方法。当世界上多数文明还停留在从感性经验方面获取知识时，古希腊文明和东方文明已经逐渐开始从理性认知上获得知识。真正的知识有别于观念和经验，只有在求知心灵与先验精神状态的影响中，解释世界的方式才能获得创新。康德就认为，从西方知识演进的脉络来看，知识的延续需要凭借精神世界的联系才能实现，"是所谓知识，是先验的综合判断。就是科学的知识定义，是先验的综合判断"②。经验带来的是技术性知识，其源自对自然与物质的思考，后期逐渐发展为一种实证主义。而先验性知识来自人对于内心的思考，是后期的唯心主义源头。对于高等教育来说，只有高度理论化的知识才是完整的，能够得到系统的传播。因为人性的培养、自由的探究本身就是不为任何实践目的的。而对于实践来说，又需要有一些经验性的知识做基础，为日后经验科学的演进

---

① George Thomson, *Studies in Ancient Greek Society-The First Philosophers* (London and Southampton: Camelot Press Ltd., 1955), p. 341.

② 黄忏华：《西洋哲学史纲》上册，吉林人民出版社，2013，第169页。

提供资源。这两种力量融合起来，逐渐在古代希腊人心中生出了独有的"爱智"种子，唯有"爱智"才会去追求真理与自由，不被其他意志左右。中世纪的大学如果不是凭借这种"爱智"的潮流，是无法获得教会与王权在精神上的认可的。"希腊人崇尚'智慧'，'哲学'为'爱智'，'智慧'是'思想性'的，同时也是'实践性'的。希腊文的 sophia 和 phronis 都有技巧、聪明的意思在内，并不完全是理论的（theoria, a looking at），而且也是实践的（praxis, a doing）。"①

　　对西方社会来说，"爱智"并不是无端生长出来的，而是来源于两个方面。一方面，"爱智"意味着认识论上的创新，古希腊人不满足于东方传播过来的知识。全社会都希望用高深知识治理城邦，并启发个体理性，"虽然早期自然哲学直接以自然宇宙为对象，但他们的真正目的并非要探索自然宇宙的规律，而是要探索人类社会的伦理规律或政治规律。实质上，他们是把自己对人类社会规律的理解'投射'到了自然宇宙上，也就是说，他们要通过自然哲学的方式来探索和回答社会世界中的各种问题，伴随着这些思考，古希腊为人类开拓出了完全不同于王宫文明的另一种思想道路"②。另一方面，古希腊以纯思辨的方法建立知识存在的本体论系统，并逐渐抽象出高深知识的概念体系。最重要的是，这种无实用性的知识探索活动被整个社会接纳，这在其他文明中绝无仅有，否则不会像后期的亚里士多德所记录的那样："他们探索哲理只是为想脱出愚蠢，显然，他们为求知而从事学术，并无任何实用的目的。"③ 从精神上说，古希腊的城邦接纳并追逐这种知识观；从实践上看，理性的知识传播又能使城邦受益于公共秩序的塑造。

　　古希腊哲学知识种子的播种，结出了一些意外的果实。首先，科学理念在古希腊的知识体系中被引出来，变成了可传播和可教育的内容。"一切科学看来都是可传授的，凡是能被科学地认识的东西都是可学习的。如我们在《分析篇》里所说，一切传授都须从一个前在的知识出发。有的要通过归纳，有的要通过演绎。而归纳所得到的东西是开始之点和普遍者，演绎则从普遍出发。普遍是演绎由之出发的始点。它自身则不是来自演绎

① 叶秀山：《永恒的活火——古希腊哲学新论》，广东人民出版社，2007，第 176 页。
② 王国坛：《闪烁在城邦文明之上的理性之光——论古希腊哲学诞生的社会基础》，《社会科学辑刊》2006 年第 1 期。
③ 亚里士多德：《形而上学》，吴寿彭译，商务印书馆，2014，第 6 页。

而是来自归纳。"① 其次，在古希腊人眼中，一切知识是可知且能被重复创新的，即使是面向城邦治理相对实际的知识，也需要经过思辨机制的验证才能获得真实的价值。古希腊知识带给后世的影响并不在于其开创了哲学和知识的多少源头性内容，而在于其塑造了一些特定的知识生产制度和价值体系，让后世的学者都能沿着这种路径去探究和创新。"柏拉图在 sophia 和 phronis 之外，更强调 episteme，这个字就是后来被拉丁文译成 science 的'科学''知识'。Episteme 不像 philosophia，而像 eidos 一样，常以复数形态出现，它把不在古代'技艺（mosikos）'之内的一些新技艺都包括了在内，复数的 episteme 包括了医术、航海、建筑等技术在内，所以不光是理论性的，而且也是技艺性的。这种特点，反映在思想方式上，则所谓'知（识）'就不仅是知其然，而且要知其何以然、所以然以及如何然，即 episteme，不仅是'to know'，而且还要'to know how'。"② 亚里士多德是古希腊哲学的集大成者，他最终将前者的观念融合起来变成系统传承的知识体系。经由亚里士多德的分类，人们在发现新的知识时有了充足的依据，知识论逐渐向科学的方向前进。

在将思辨体系作为验证工具的知识生产过程中，古希腊学者的工作较早就走向了现代知识论科学范畴，在智者的引导下，理解并运用更新更真实的知识成了潮流。"希腊哲学的共同任务就在于这样一种需要，即理解事物的变易，事物的产生、消灭以及转变为他者。这种变易、发生的过程被把握为一种理所当然的事，并不需要解释或追溯其原因。它毋宁是一种描述性的、客观化的和概念化的陈述。"③ 由于这种一致性，西方从源头上塑造了以理性思辨为核心的认识论起点，并使之传承下去。从古希腊起，西方开创了一种相对独特的知识观。人们并没有将高深知识看作征服自然的工具，而是看作洗涤精神、通向理性信仰的道路。西方社会的知识观逐渐构成了以思辨为特色的知识范式。

二 怀疑论中的精神世界革命

大学的出现是对知识与人文精神的继承，但同时也在改造、批判和重

① 亚里士多德：《尼各马科伦理学》，苗力田译，中国人民大学出版社，2003，第121页。
② 叶秀山：《永恒的活火——古希腊哲学新论》，广东人民出版社，2007，第176页。
③ 威廉·文德尔班：《古代哲学史》，詹文杰译，上海三联书店，2014，第33页。

新建构这些内容，作为一种机构，其兴起要凭借的不只是机构功能，还有其特有的精神号召力，就像 A. 布鲁姆（A. Bloom）所说的："大学的精神始于苏格拉底，他与雅典人民保持距离，以示轻蔑和孤傲，他拒绝接受他们的命令，拒绝停止发问'什么是正义？什么是知识？什么是神？'因此怀疑有关这些问题的普遍看法。"① 可以说，如果没有早期苏格拉底那些令当时人不安的知识，就没有后世大学探究未知的精神追求。这种知识论传统能从古希腊传播下来，并最终流传到大学身上，绝不只是苏格拉底一人所为，而是一种西方知识系统与社会环境交融双重作用的结果。学者们拥有的各项权利既是文明的沉淀，也是西方社会普遍接受的一种价值共识。

（一）影响大学的怀疑论知识逻辑

怀疑是学者的天性，如果没有对知识的质疑，就不可能有科学的进步。从这个角度来看，如果没有中世纪学者对当时知识论的怀疑精神，古希腊的自然哲学、古罗马的自然法还会被尘封在典籍里。怀疑论为知识创造了流动性，新旧知识在不同的认识论碰撞的基础上产生了创新的空间，认识论层面的冲突引发知识的再次裂变与增殖，"西方哲学本质上是一种超越的形而上学（作为'第一哲学'的形而上学本身就是知识论意义上的哲学开端之学），它所关注的不是一个经验流变的事实世界，而是一个超验的本质世界，或者用康德的方式说，是这两个世界的交叉结合，实施经验必须被纳入到先验主体的认知框架中，才能获得知识的普遍必然性"②。从古希腊开始，西方知识论的演进有了一个普遍的逻辑：知识的创新处于怀疑精神驱动下的持续流动状态，只有流动的知识才能进一步激发社会观念和各类社会组织的再创新。不断流动的知识生产聚集形成了科学革命，一次次的科学革命形似登山者打下的岩楔，使后来者有落脚之处。学者们既像西西弗斯一般在知识创新上做循环往复的工作，又像唐·吉诃德一样执着地挑战科学演进的障碍。也就是说，整个西方的知识史始终都处于一种继承—颠覆—重构的逻辑中，知识的巨人永远用肩膀撑起后人眺望的高度，大学在精神革命与怀疑论的知识逻辑交会下，才为历史所承认。

源头上，荷马最早对不同地区同样的事物发表了多样的见解。到了公

---

① 艾伦·布鲁姆：《美国精神的封闭》，战旭英译，译林出版社，2011，第263页。
② 高秉江：《西方知识论的超越之路——从毕达哥拉斯到胡塞尔》，人民出版社，2012，第19页。

元前 6 世纪，自米利都学派泰勒斯开始，西方知识的演进就在怀疑论的支配下展开。"当传统社会构架遭致破坏而习俗的制约力量日见衰微之时，怀疑论哲学则自然在整个希腊化时期达到空前活跃，以至于柏拉图自己创立的学园亦即成为怀疑论的讲坛。值得注意的是，希腊怀疑论的逻辑前提恰恰就是对意见与知识、现象与实在的二重区分；怀疑论者并非以对知识的疑问为出发点，而是要求人们在面对纷繁现象世界时拒绝表达意见和行使判断，因为任何一种意见的反面都是同样有效的。"① 怀疑论打开了新的认知空间，对自然的探索使人们怀疑宗教神性权威，当建立起以人为主的知识论体系之后，怀疑论就变成了知识生产的支配动机，并随之影响到西方哲学和知识发展的进程。在希腊人的观念中，知识由人而来，自然也应该受到质疑，"普罗泰戈拉说，知识受到我们各种知觉的限制，这些知觉是因人而异的。如果两个人观察同一个对象，他们的感觉会各不相同，因为每个人相对于这个对象的位置不一样"②。毕达哥拉斯用抽象的数颠覆爱奥尼亚学者们对感性世界的认识，巴门尼德（Parmenides）又对毕达哥拉斯的思想进行提炼，生产出本质与现象、感觉与理性等概念，还有赫拉克利特试图以"活火"改变前者的论调，使之重新回到事物原初的讨论上，以及苏格拉底对智者哲学的怀疑与抨击。这种怀疑论主导下的精神活动成为支配西方知识生产演进的基调。

在西方社会发展的过程中，个人主义在知识探索中占据了非常重要的地位。个人主义意味着对个体负责而不受外界权威的袭扰，也意味着每个人知识和思想上的独立。在学者眼中，探究高深知识是为了满足个体的精神需要，只有个体的知识权利受到了维护，社会整体才能够以崇尚知识为潮流。中世纪的学者行会看似是以团体结合的力量造就了大学，其背后则是整个社会的个人主义理念与知识观在发育成熟后对高级智力活动的需求得到了满足。只有在保障个体自由探究的社会中，研究与传授知识才能变成独立的职业，社会的知识生产力方可提高，"智者们不仅居住在有着不同习俗的不同国家，还通过对多种文化事实的观察而收集了大量的信息。他们对不同文化的广博知识使他们怀疑获得任何让社会能借以对人们生活

---

① 吕祥：《希腊哲学中的知识问题及其困境》，湖南教育出版社，1992，第 2~3 页。

② 撒穆尔·伊诺克·斯通普夫、詹姆斯·菲泽：《西方哲学史——从苏格拉底到萨特及其后》（修订第 8 版），匡宏、邓晓芒等译，世界图书出版公司，2009，第 26 页。

进行规范的绝对真理的可能性"①。每个人都渴望从理性主体的角度出发去学习知识，并逐步为未知世界"祛魅"，"它是指一种生活方式，这种生活方式首先是古希腊人以巨大的热情投身其中的生活；其次，它是古希腊人自己选择的生活；第三，这种生活是追问存在之神秘从而达到认识我们自己存在之神秘的生活；第四，古希腊人以拥有这种生活方式，并且以在这种生活方式中达到对存在的切中而得到心灵的安宁和自由。对存在的刻意切中与追问存在的生活方式的统一是希腊哲学的基本精神，也是希腊人所设想的理想的生活。希腊的知识论渗透着一种强烈的实践精神。换言之，希腊人主张由'道'而得'德'。追问知识的存在论是以希腊人的追问存在的生活方式为背景的。在此基础之上才有知识产生的可能"②。除此之外，知识生产规模的膨胀也有来自外部其他社会活动的刺激。古希腊人在赢得希波战争后政治与社会发展都相对平稳，有了滋养哲学的土壤，也生长出质疑世界的知识论系统。到了希腊化时期，这种生活方式被继承下来，变成了特有的提问与解决问题的文明逻辑，并延绵不绝地引发了多次知识改造和精神革命。"中世纪的怀疑论主要形式是学院派，代表人物是奥古斯丁。启蒙运动以来，怀疑论的矛头主要指向宗教。休谟经验主义怀疑论，认为知识只包含直观的材料而不包括经验以外的任何事物；我们不可能揭示经验中的必然联系，也不可能揭示经验中的根本原因；我们对于外在世界的信仰不能得到适当的证明，在认识论上也是可疑的。"③ 而在自然科学领域掀起的知识革命就更多了，从古希腊毕达哥拉斯、柏拉图、阿基米德和欧几里得等人掀起的自然科学的"新普罗米修斯"革命，到中世纪的第谷（Tycho Brahe）、哥白尼和伽利略等人对天文学和物理学颠覆式的改造，最终到牛顿时代所创造的经典力学体系，西方知识和精神领域的革命一直都未停止。

（二）东西方知识论延续的社会差异

知识论反映的是社会特殊的认知状态，其传承和延续需要有社会普遍

---

① 撒穆尔·伊诺克·斯通普夫、詹姆斯·菲泽：《西方哲学史——从苏格拉底到萨特及其后》（修订第 8 版），匡宏、邓晓芒等译，世界图书出版公司，2009，第 25 页。

② 宋桂珍，黄希红：《知识论与人生论的统一——古希腊哲学的意义模式》，《南昌大学学报》（人文社会科学版）2001 年第 1 期。

③ 林杰：《西方知识论传统与学术自由》，北京师范大学出版社，2010，第 59 页。

意识的接纳与推动才能持续下去，在这中间，社会层级的分化所起到的作用十分重要。城邦时代的希腊人为自己负责，为的是学习哲学参与个体与公共事务。到了公元前 5 世纪，哲学已经变成人所共知的智力追求，在其间，哲学受到那些闲暇阶层的追捧，他们大多生活富裕，但不从事实际工作。① 法律诉讼、交易规则、公共演讲与辩论都是哲学的实践。人们在怀疑论的支配下前赴后继地思考哲学的意义，从对逻各斯的探索到寻求真正的善，再到探寻美德的意义，城邦时代的知识生产走上了一条高速路。"在这种政治与文化氛围之中，修辞术即成为希腊教育中占中心地位的学科。而由对修辞术的全面发挥，人们就不再强调什么是真实的（What is true），而转而看重人们可以被说服去相信什么是真实的。智者学派作为修辞术的职业传授者随之成为希腊文化中最出风头同时又遭致最强烈反应的人物。"② 苏格拉底渴望从怀疑论来为沉迷修辞术的青年们开辟新的知识道路，却遭致雅典人的反对。尽管这样，经柏拉图的努力，苏格拉底的知识体系还是得到了印证，从而影响了西方知识范式的进步方向。古希腊的哲学家用新的问题不断引发知识上的对立，只有解决这些对立关系才能使认识得到提升，"古希腊哲学的知识论轨迹：在宇宙哲学时期，出现了米利都派和毕达哥拉斯派的知和行的对立，赫拉克利特和巴门尼德的动与静的对立；在认识哲学时期，出现了苏格拉底和智者派的一般与个别的对立；在体系化时期出现了德谟克利特和柏拉图的唯物与唯心的对立，以及亚里士多德的调和色彩的理性主义。范畴的内在展开体现了历史与逻辑的一致性，亚里士多德完成了哲学在古希腊从产生到正式形成一门学科的全部历程。古希腊哲学的知识论的显著特征，是理论理性和实践理性的结合，古贤哲们不仅注重知识论中的认知部分，也注重认知的目的，'康德式的实践理性革命'在苏格拉底之时已预演了。实际上，这成为探寻古希腊哲学的知识论轨迹的一条线索"③。

　　同西方相比，虽然在源头上有许多相通之处，但中国早期知识论还是伴随着中央集权制王朝的建立和思想高度统一，在历史的早期就被塑造成

① James Bowen, *A History of Western Education-Volume One*（New York：St. Martin's Press, 1972），p. 61.

② 吕祥：《希腊哲学中的知识问题及其困境》，湖南教育出版社，1992，第 48 页。

③ 马良、朱晓明：《古希腊哲学的知识论轨迹探寻》，《杭州师范学院学报》1992 年第 5 期。

型的。人们很难去理解为何要"为知识而知识",反而觉得一味地求知会影响现实生活。庄子就认为"吾生也有涯,而知也无涯,以有涯随无涯,殆矣"①。在本体论上,相对于在哲学与科学知识观支配下欧洲发生的几次大的知识转型,中国的知识母体建立的时间更早,其形态也更加固定。"同西方现代知识论不同,中国知识论从未脱离过实在论和实践论。正是在这个意义上,我们可以提及有关中国知识论的三个主题:实体与功能的统一,经验与悟性的统一,以及理论与行为的统一。第一个统一实际上是作为实体的实在与作为功能的知识的统一。这并不是说中国哲学没有知识论,而是说中国知识论只有循此脉络才能被理解、被说明并且被欣赏。正如中国知识论永远是实在论的一部分,我们可以把中国知识论称为'本体知识论'。"② 随着秦汉时代的国家统一,儒家哲学的知识生产很快达到了超稳定的状态。由于缺乏质疑精神,知识的再生产只能围绕典籍进行,知识应用也只能朝向工具性实践,"一方面,它不是某种一成不变的非历史的先验结构,而是历史地建筑在和制约于农业社会小生产的经济基础之上,这一基础虽历经中国历史的各个阶段而并未遭重大破毁,宗法血缘关系及其相应的观念体系也长久保持下来……这正是使孔学这一文化—心理结构长久延续的主要原因。但另一方面,它既已成为一种比较稳定的心理形式和民族性格,就具有适应于各种不同阶级内容的相对独立的功能和作用,否认这一点,便很难解释一个民族的文化、心理、思想、艺术所具有的继承性、共同性种种问题"③。这种知识在传播上实现了一以贯之的稳定,但新知识在这种"外儒内法"的文化系统中并没有多少"见缝插针"的机会。当知识被文化系统和经济政治结构所制约时,知识系统就无法为创新提供空间,"中国的知识论同科学和技术的发展没有直接的联系,不能象康德的知识论那样被看作是致力于确认当今的科学,也不能象奎因的知识论那样被看作是当今科学的一种延伸。尽管在漫长的历史中,中国已经发展了杰出的经验科学和技术,但是同西方的情况相比,它对中国知识哲学的冲击力并不强大。这也许可以作为一个理由来提出:在中国哲学思想的整个系统中,

① 《庄子·养生主》。
② 成中英:《中国哲学中的知识论》(上),《安徽师范大学学报》(人文社会科学版)2001年第1期。
③ 李泽厚:《中国古代思想史论》,生活·读书·新知三联书店,2008,第31页。

中国的知识哲学是比较次要的"①。当科技知识与创新不能被知识哲学怀疑、划分和分类的时候，其道路只会是闭塞的，而且难有后续生命力。不同文明的社会对于知识创新的影响不一样。从大学诞生的角度来看，东西方虽然都重视传统，但东方尊重的是传统的统治力，西方发掘的是个体的创新力。这一点可以看作学术机构在东西方文明中不同命运的源头。

三 教育哲学的发源及其延续

教育的制度化同政治与经济的制度化是一体的。在大多数文明社会里，教育被定义为服务于外界的一种仪式性活动。例如在美索不达米亚和古埃及，接受教育的人最直接的学习目的就是抄写政令和计算账目，神庙在经济上的需要要求其僧侣必须学会记录账目，学习抄写和记录既是一项神圣的工作也是彰显神庙势力的组成部分。美索不达米亚文明的教育具有明确的实用指向性，其发源时间固然较早（大约在公元前 2000 年），然而教育的内部驱动力是不稳定的，因为应用的需求多变性，不稳定的需求难以保证教育目的的持续。当外部权力强势时，教育只能服务于权力而不能自成目的。

（一）教育目的的社会起源

教育目的是一种接受知识传授意愿的表达。当谈论教育目的的时候，我们关注的往往是当下社会的需要。真正的教育目的具有历史与时间上的稳定性，但保证这种延续性的是社会制度。制度保障下的教育目的是稳定的，具有历史的穿透力。教育的独立来自目的的独立，而这种独立需要制度的认可与维护才能不被权力裹挟。

从源头上说，古希腊人希望借助教育保持社会整体的自由空间。对这个文明内的公民来说，不论其身处哪个城邦，渴望利用教育获得自由是公认的。虽然有的文明中人最开始需要的是实际应用的知识与技能，但古希腊人更希望教育是为了精神自由而存在。杜威就认为："教育是自治的，应该自由决定它自己的目的，自己的目标。离开教育的作用，从外部资源去借用目标，就是放弃教育的事业。"② 即使教育真的如杜威所认为的那样

---

① 成中英：《中国哲学中的知识论》（上），《安徽师范大学学报》（人文社会科学版）2001年第 1 期。

② 约翰·杜威：《教育科学的资源》，载《杜威教育论著选》，赵祥麟、王承绪译，华东师范大学出版社，1981，第 283 页。

自由和自治，这也是外部社会环境和文化的影响给予教育这种发展机会的。在目的朝向上，以中国为代表的教育理念更偏向于实用主义，而古希腊的教育则关注对自由的启蒙。这是两种文明在对教育的态度上最大的差别。实际上，多数关注实用主义目的的教育也只是出于对权力的需要，很难满足个体的精神需求。尽管美索不达米亚和古埃及创造了基础的文法并且也发展出一种抄写文化，但是它们并没有扩展开来，生成一个文化人阶层。① 从某种程度上说，教育目的的表达需要借助两个层面：其一是社会的需要，其二是教育家的需要。即使教育是用来启迪智慧与理性，走向人的自由的，这也需要有教育家的理念构建才能被予以实施，否则还是停留在经验传授上。在某个时间点上，古希腊人实现了教育对自由个体的智慧启迪，将追求理性智慧变成了城邦公民的共同需求，正如约翰·S. 布鲁巴克（John S. Brubacher）所言："雅典城邦第一次清楚地表达了自己的教育目的，不仅体现传承的特征，而且体现了进步的特征。雅典人之所以取得这样的进步，那是因为他们在对波斯的战争取得胜利之后，便具有政治和经济方面的保障，容许个体追求自己的教育目的。"② 从自由哲学上塑造教育目的走出了制度独立的第一步，也让知识与人的需要结合在一起，"哲学要求另外一种思维，这种思维，在提供知识的同时，也提醒我，觉醒我，使我回到我自身，改变我"③。更确切地说，从古希腊开始，教育变成了一种来自智慧与哲学的需要，并稳固传播到了后世。

从词源上看，"'教育'（education）源于两个拉丁词根，一个是 Educere，意思是引导或诱导（to Lead or Draw out）；一个是 Educare，意思是培养或塑造（to train or mold）"④。更进一步说，这两个词根来自人们所建立的理性和经验两种不同的教育目的观。在古希腊，其主要就是"逻各斯"（logos）和"努斯"（Nous）的变体。"逻各斯"最早由赫拉克利特引入哲学，其内涵与理性相关，并且能够被言说和作为生命的尺度。"努斯"是阿那克萨戈拉（Anaxagoras）提出的，意味着不断在心灵上超越，使美德

---

① James Bowen, *A History of Western Education-Volume One* (New York: St. Martin's Press, 1972), p. 43.
② 约翰·S. 布鲁巴克：《教育问题史》，单中惠、王强译，山东教育出版社，2013，第 3 页。
③ 卡尔·雅斯贝尔斯：《生存哲学》，王玖兴译，上海译文出版社，2013，"导言"第 13 页。
④ 托马斯·马格奈尔：《教育和价值的几个问题》，董立河译，《教育研究》2004 年第 10 期。

和善成为人的生存方式，最终通向理性。① 而只有"逻各斯"和"努斯"才具有持续的传承性与超越力。与逻各斯相连的是有尺度的灵魂，与努斯相连的是超越与能动的理性。所以，后世学者都将这两个概念作为教育兴起的出发点，从纯粹哲学出发构建出一个完整的精神世界。在这个相对独立的精神世界中，理念层面的教育独立于实践，并且不受功利和社会变迁的影响。后世的人们可能很难记住古代的人们采取了何种教育行动，但可以凭借教育理念的传承来模仿古代人的教育形式，利用思辨和怀疑论哲学构成的教育理念在面对变迁的社会时，可以使相对独立的精神空间保持完整。

古希腊人完成了早期对东方知识的学习和改造之后，开始将这些知识传授到城邦公民身上。从哲学上为教育规划路径并不是古希腊所独有的，在中国早期的教育中，先哲们也认为教育是一种内心的需要。孔子曾说"吾十有五而志于学，三十而立，四十而不惑，五十而知天命，六十而耳顺，七十而从心所欲，不逾矩"②。其中的"志于学"就是一种哲学需要，并不是说到这个年龄就该接受教育，而是说在"志"的推动下，人才有了"学"的需要，并且在"志"的引导下，逐步完成终身的教育。其后，孟子又提出了一个扩展性的概念"持志养气"，并对此做了进一步的解读："夫志，气之帅也；气，体之充也。夫志至焉，气次焉；故曰：'持其志，无暴其气。'"又说"志壹则气动，气壹则动志也"，"我善养吾浩然之气"③。从"志"，人可以延伸出诸多的需要，也包含理性的需要。在东西方的教育史上，人们都有类似的论断来确定教育的理念。在发达文明中，社会成员对心灵启蒙的需求犹如对空气一样迫切。唯有社会的整体心智得到了启蒙，对创新和自由的追逐才是顺其自然的。任何时期，创新都离不开社会心智的稳定与支持。知识机构的发展需要有明确的教育目的，理性的教育目的不仅为实施教育的机构标出方向，而且使知识传承与创新获得广阔空间。教育目的能在多大程度上符合人性与社会发展的需要，决定了其延续时间的长度。短视的教育目的注重功利主义，往往集中在训练统治阶层上，唯有可以启迪心智的教育延续才更加稳定。这种教育形态注重与社会

① 邓晓芒：《思辨的张力》，湖南教育出版社，1992，第46页。
② 《论语·为政》。
③ 《孟子·公孙丑上》。

整体发展的协调，并拥有制度独立性。唯有教育理念与制度独立，创新才能持续进行，才能惠及整个社会。

（二）城邦生活与想象空间的开辟

教育理念不单纯来自单一的学者群体，而是一个社会对教育的共识与态度。大学的出现并不在于当时的人们需要培养多少律师、神父和医生，而在于满足中世纪因长期缺乏人性教化而产生的培养具有人文气质、独立自主的市民的需求。只有将教育变成社会成员共同而纯粹的精神需求，看似无用的知识创新才能获得尊重。这种教育理念的塑造不是来自经验理性，而是来自先验的哲学理性。其内在的含义在于，知识并不是技能，而是催生社会化成员形成城邦美德的力量，"好的教育具有'善'的特征。'善'并不是外在于人生存，它本身就是人生存的根本规定，人的生存活动存在着自身内在目的（善），并通过自身的生命活动趋向于'善'。教育即生成，是将上述尚是一个原则的善的现实化过程；教育即生存澄明，人们追求知识、美德、正义绝不是为了获得一种'知识'，而是为了达到自我理解即达到对自身生存的觉解。'知识即美德'，因为'知识'直接意味着寻求'生存智慧'。相应地，'美德即知识'，因为行善的过程本身是'知识'的理性应用，它是人对自身存在意义的体验与思考"①。苏格拉底认为，施行有效的德性教育是为了建立更有效的实践伦理和城邦运行的秩序，对城邦公民而言，德性教育与训练能够为社会带来交往的秩序。"德性产生秩序生产力，秩序输出产生政治共同体。人类间复杂共同体生产、输入、交融和冲突成为历史。文明为了释放更加美丽的烟花，自然会不断产生更加便利的德性开发技术。"② 人的内心需要不因为外界的诱惑而产生变化，只向往永恒的自由。只有拥有这种最纯粹的内心需要，才能塑造智力活动的空间，高深知识间的联系才能够被建立起来。正如在《会饮篇》中苏格拉底所说的："各种知识也在不断地有生有灭，我们在知识方面并非总是原样的，每一种知识都在生灭之中。因为我们所谓钻研就是追索已经失去的知识。遗忘就是一种知识的离去，钻研就是构成一个想法来代替

---

① 熊华军：《理性与生存的张力：古希腊教育哲学的生存论意蕴》，《中国地质大学学报》（社会科学版）2007 年第 4 期。

② 刘仲敬：《守先待后：思想、格局与传统》，广西师范大学出版社，2015，"序"第 1 页。

已经离去的知识，使前后的知识维系住，看起来好像是原来的知识。"① 人只有承认由先验的灵魂产生的知识需求，才有开发新知识的动机，只有在内心构建起一个循环系统，不同时代的知识生产与智力活动才能联系起来，成为整体。

　　哲学理念中的教育激发的是人们对教育的想象，古代教育哲学普遍采用的是对话和隐喻的形式来传授经典的教育思想，用哲学的方式来思考和进行教育是雅典人传给后代的最主要财产。智识生活的特有影响在人们理解苏格拉底对话的过程中得到了展现。城邦生活为今天的人们重现了一种古代人理解世界的方式，在一个知识尚不充盈、科学并未发达的文明中，先哲们通过自由的想象和对话辩论来塑造真理。由于没有大一统政治的影响，单一性质的智识生活在城邦中并不存在，知识的多样性由此而发。从古希腊早期的学术发展来说，城邦生活塑造了清晰的知识脉络，这是最初学科的形态和自由教育的理念，而且这些理念还渗透到中世纪的基督教哲学当中。利用对话和隐喻，古代西方开辟的想象空间直到今天还在驱使人去探索其内在奥秘。在教育方面，最著名的当属柏拉图的洞穴之喻。但隐喻对人的启蒙并不是个例，在此之前，巴门尼德在其诗篇中这样来表述隐喻教育的过程："此时即使少女们，太阳的女儿们，也要加速前进来护送我的马车，离开夜的居所进入光明，她们用手把面纱从头上向后拂去。……那里有黑夜和白昼之路的大门，大门周围环绕着石头门楣和门槛，而那天门的入口本身又带着巨大的门扇，主司报应的正义女神，掌管着惩罚的钥匙。少女们用温和的言辞，机智地说服她将那拴着的门闩迅速挪开；于是巨门大大敞开，露出了一道宽阔的入口，黄铜色的门轴在轴座中依次旋转，它们原本用铆闩固定。此时，少女们笔直地穿过大门入口。"② 如果说柏拉图的洞穴之喻能够流传深远的话，其中必然有巴门尼德的启发，"怀特海（A. N. Whitehead）曾说，西方哲学的发展，就是由对柏拉图的一系列脚注构成的。循着相似度脉络，我们可以毫不比这更夸大地说，柏拉图自身的著作就是由对埃利亚的巴门尼德（Parmenides of Elea）的脚注所构成的。巴门尼德通过其哲学诗篇，不仅将巨大的遗产留给了直接继承者芝诺（Zeno）和麦里梭（Melissus），

---

① 柏拉图：《会饮篇》，王太庆译，商务印书馆，2013，第60页。
② 巴门尼德：《巴门尼德著作残篇》，李静滢译，广西师范大学出版社，2011，第67~69页。

而且留给了所有后来的希腊哲学家，并且惠及希腊哲学之后晚些时候的西方思维传统"①。诸多的隐喻不断引发后来人对其的注解和猜想，这要比直接的经验知识更有吸引力。

哲学为西方的教育演进和大学塑造了"第一性原理"，"第一性原理"最大的特征就是开放、包容与创新。从这个意义上说，哲学层面的"第一性原理"刺激着人们不断为理性的城邦生活去寻求知识，也使得西方人从古希腊以来能够一直坚持用哲学去塑造教育理念。只有在哲学意义上，知识才不为实际应用而存在。通过教育人才追求自身的自由与理智，教育理念的先验性决定了实践活动的问题，并不受外部权力的干扰，如亚里士多德在《形而上学》中所描述的："学术总是在寻求事物所依据的基本，事物也是凭这些基本性质提取它们的名词。所以说这是本体之学，哲学家们就得去捉摸本体的原理与原因。"② 在柏拉图看来，只有哲学家才是最有教师风范的，由哲学家进行教育，可以使受教育的人接受并传播普遍意义的善。这种善不是当下我们认为的伦理意义上的善，而是普遍的做事与思考问题的规则，"苏格拉底认为哲学的任务首先是研究人事，尤其是处在社会面临剧烈动荡之际，人们更加有责任来研究人事，因此他提出了'认识你自己'。苏格拉底借用德尔菲神庙的这句格言作为哲学所要解决的主要问题，从而扭转了希腊哲学的方向"③。古希腊为人类贡献的哲学家是后世难以超越的，"希腊留给西方哲学的遗产就是西方哲学本身"④。如果没有人们在哲学层面塑造的教育理念，知识不可能发生几次转向，正是哲学上的"第一性原理"刺激和规定了西方教育发展的轨迹，并一直持续至今。

四 古希腊哲学对历史的启蒙

西方文明奉古希腊哲学为启蒙的起点，不仅是因为哲学家们的著述与思想影响着整个西方，而且是因为古希腊的社会状态为学术的生长与传播提供了肥沃的土壤。没有城邦政治尤其是雅典相对民主与宽松的自由环境，没有斯巴达人的严密组织与骁勇善战，文明的火种很可能就无法被保

① 巴门尼德：《巴门尼德著作残篇》，李静滢译，广西师范大学出版社，2011，第3页。
② 亚里士多德：《形而上学》，吴寿彭译，商务印书馆，2014，第65页。
③ 李立国：《古代希腊教育》，教育科学出版社，2010，第130页。
④ F. I. 芬利：《希腊的遗产》，张强等译，上海人民出版社，2004，第221页。

留下来。实际上，高等教育的理念塑造过程就是多样化的城邦生活和哲学对社会的不断启蒙。在走出米利都学派创立自然哲学的古风时代之后，古希腊的整个社会都被带入了一个以人为主体的知识环境之中。假如没有普罗泰戈拉提出"人是万物的尺度"，希腊人同样认为自己是自然或神的附属物。最主要的是通过大量的哲学知识，人能够发现自己的理性，也能够感受到自身的无知，"唯有知识才能把人从无知的状态引导出来，这和苏格拉底说的一句话相表里：'我只知道一件事，我一无所知'。古希腊学术文化的根本目的在于追求知识，希腊哲学一词原义爱知，科学一词原义知识，在古希腊人看来，哲学科学一而二，二而一，初无区别"①。在古希腊，哲学不仅是哲学家的学问，而且是全体城邦人的学问。通过这种哲学，城邦公民可以把握自己和城邦的命运，不论公共议事、行政治理还是参军作战，城邦公民都在理性的引导下进行。哲学的火种被撒到社会的各个角落，在基督教兴起和商业文明的发展之后催生了新的复苏，这才有了后来人们所敬仰的哲学精神。

（一）西方社会精神生活的哲学化

现代大学的理念与古典的城邦精神有着高度的相似性。大学理念是西方古典哲学和人文精神汇聚的结果。来自古希腊的哲学知识渗透到社会与历史中，最终在中世纪被大学吸收。正是在哲学的启蒙下，大学的生命有了寄生的土壤，在行为上有意识地对古典智识生活进行模仿，才使得后世大学犹如"回忆"一般不断被"引产"出古典气质。哲学在西方社会中发展的状态像接力赛跑一样，来自古希腊哲学思想的火炬穿越千年，在中世纪交予了大学。

从古希腊开始，各个行业之间的协作使得社会分工的专业化程度得到了提升，由此而来的是西方精神生活边界的扩大。在古希腊，教育的发展是建立在其他社会智力成就共同成长的基础上的。除了哲学的高度发达之外，古希腊在音乐、诗歌、戏剧等精神生活方面都处于领跑的位置。在这些多元化的精神活动中，人的地位和思想就需要摆脱家族和神权的约束，使每个人成为独立的个体。个体独立不仅意味着城邦的创新活力被激发，

---

① 毕世响：《教育的知识、辩证法和理性立场——古希腊教育的对话原型》，《上海教育科研》2011 年第 10 期。

而且还意味着城邦能主动建立起一套社会生产的协作关系，孕育出属于城邦的精神哲学。城邦公民都有机会和渠道在公开场合中表达自己的意见，早期的治理关系逐渐形成，并且在中世纪的学者行会中表现出相似的行为。同时，商业观念和契约思想的演进触发的是人们参与城邦政治的积极性。雅典社会虽然经历了僭主时期的黑暗，但早期社会分工和商业发展保证了普通人的几项重要权利，人们可以进行自由探究与活动、利用法律保护私有财产和参与城邦政治生活，哲学的勃发正是权利保障逐渐完善之后才产生的，而且也只有少数几个城邦实现了在艺术和哲学层面的创新。斯巴达和克里特岛相对于其他城邦来说都较少与艺术创新结缘，它们更重视古埃及人的发展模式，依照古希腊史学家普鲁塔克的考察，斯巴达甚至一度想尝试禁止艺术上的创新。① 哲学的发展以及哲学精神的传播离不开西方社会的两个原始基因的推动：首先是社会能够保证个体人的自由权利不受侵犯，其次是各类艺术和教育活动的发达。只有知识形态和探究方式的多元才能保证精神活动内涵的丰富。

在古希腊，由于广大公民有参与城邦政治的使命，从上至下的人们都有学习一定理政之术的需求。对相关知识产生巨大需求的是普通的城邦公民，他们有参政的权利，男性更有参与公民大会行使民主权利的机会。上层有诸如梭伦和伯利克里（Pericles）等人的改革，下层有诸多智者进行的知识传播，高等教育是伴随着城邦政治生活的演进逐步进入人们视野的。高深知识的生产和专业教育差不多同时出现，并且变成了公民的普遍需求。"伯利克里重视提高全体雅典公民的素质，充分发挥他们的才能，大力扶持学术和文化教育。雅典民主政治迫切需要演说、辩论、修辞、诉讼等方面的能力，要求懂得更多有关政治、伦理方面的知识。而所有这些却是原来的初等和中等教育无法承担的，因此正是这种需要造就了智者这批教师。同时，相继出现了苏格拉底、柏拉图、伊索克拉底等一批哲学家，从事教育事业，以培养人才为己任。"② 不仅如此，雅典在对外征服与扩张的过程中，还将这种民主制度带到了其他城邦，特别是在希波战争和伯罗奔尼撒战争期间，民主制度和智识生活的形态得到了迅速扩张。这样一

---

① G. E. R. Lloyd, *The Revolutions of Wisdom: Studies in the Claims and Practice of Ancient Greek Science* (Oakland: University of California Press, 1989), p. 55.

② 李立国：《古代希腊教育》，教育科学出版社，2010，第 55 页。

来，自由精神和公民权利的生产方式也逐渐从雅典扩散到希腊的大部分城邦。在政治制度扩展的同时，智识生活的基因同时得到了扩散和丰富。

（二）城邦环境与自由教育理念的传播

如果说米利都学派的自然哲学还停留在哲学家自己的圈子里的话，那么城邦民主时代的到来则在智者授学的推动中扩散了哲学知识的影响力。只有公民共同认可的城邦政治制度才能为哲学的扩散提供一个畅通的渠道。需要明确的是，大学在中世纪诞生的环境是城市，城市的制度源头在古希腊城邦，如果没有城市市民与城邦公民在权利和地位上的相似性，没有制度的广泛传播，大学很难在欧洲及世界各地立足。雅典的政治体制在这些城邦中起到了旗帜性作用，政治体制的发达不仅产生了独立的思想空间、公民议政制度，还吸引了大批学者前来，"在雅典，城邦公民的权利和民主政治结构的成型吸引了诸多学者纷至沓来。其中就包括在伯利克里的邀请下来到雅典的阿那克萨戈拉。民主的社会和政治体系伴随着商业贸易的繁荣增加着财富，也提供给人们更多的闲暇时光。由此也吸引着学者们提出新的知识形态和提升教育。"[①] 这些来到雅典的学者借助城邦生活创造了西方哲学和教育史上的一个著名派别："智者学派"。智者群体开辟了一种成型的教育制度，不论收取学费传授知识还是用论辩的方法授课，都为中世纪的大学所模仿。"智者派给雅典教育一种巨大的影响，并通过教育将他们的影响力渗透到整个希腊的政治斗争。……智者之所以深受贵族子弟的欢迎，主要在于他们的新奇思想。他们有广泛的阅历，思想开明，不受雅典宗教信仰的束缚，倾向于无神论，对人生行为和道德原则有很多新见解。"[②] 智者学派虽然看似在教授实用的修辞学和辩论术，但是其影响重大。类似于修辞学、数学、天文学和自然哲学这样的专业知识，正是在民主政治相对发达的古希腊城邦，才得以滥觞。不同的哲学知识都能够在民主城邦中寻求容身之地，这些也为中世纪大学的学科出现提供了知识和方法论层面的储备。同时，城邦又是一个检验哲学的场域，经历了城邦陶冶之后的哲学知识更具传播的稳定性。在我们知道的除古希腊之外的其他

---

① James Bowen, *A History of Western Education-Volume One* (New York: St. Martin's Press, 1972), p. 71.

② 杜平：《雅典知识分子在古希腊教育史上的地位和作用》，《湖南师范大学教育科学学报》2007 年第 6 期。

地方，如古印度、苏美尔、巴比伦和近东的许多国家都有在解决奥秘方面充满才智的人。但是在同等水平下他们的不同之处在于，许多希腊人在智慧上的问题会被放在公开的场合进行辩论，其裁决和评估要交给一些类似于我们今天的法院和议会那样有经验的机构来做出。① 教育的兴盛需要建立在知识繁荣的基础上，雅典没有统一的国家教育体系，这给教育的发展提供了自由而开放的空间。

如果没有希腊城邦中"自由公民"和"自由教育"的发端，中世纪的大学很难从制度上建立起自治和自由的意识。没有在哲学上的理性建构，大学在知识上的作用也许就无异于神权意志控制下的技能训练学校。正如后世著名学者列奥·施特劳斯（L. Strauss）所认为的："自由教育的价值在于倾听最伟大心灵的对话。而只有自由教育，才能让我们感到经验的知识的美妙。"② 自由教育的理念是当时城邦生活与地域共同塑造的产物，没有这种社会形态的铺垫，人们很难从劳作中发现闲暇，更难以从闲暇中探索未知，接受教育和探讨学问更是难以实现。在雅典，城邦民主使自由变成了西方特有的"自由哲学"，"所谓'自由'（eleutherion），是与'必需'（anagkaian）、'实用'（chresime）相对的，因此是'高尚的''自足的'。自由人科学不同于奴性技艺或技术性技艺的地方在于，它们是自足的，不是实现某种目的的手段，它们并不为一个外在的目标服务，'自由'的标准是'适合德性的运用和实行'。依据德性的原则，那些使身体劳瘁、贬抑灵魂的技艺或科学都是'鄙俗的''不自由的'"③。后世都知道自由教育出自亚里士多德的哲学体系，现代学术界对它的理解是针对非奴隶的教育，其将政治与伦理学层面的"奴隶""奴性"等同为教育上的"奴性"。也有人据此推断出"自由教育"的理念是脱离社会实际的。在当代人的视角中，人们认为自由教育需要让位于职业教育和技术教育。而实际上，人们并没有看到自由教育真正的历史背景和其精神内涵。

现代人总是倾向于用当代史建立对历史的价值判断，然而不同时期的

---

① G. E. R. Lloyd, *The Revolutions of Wisdom*: *Studies in the Claims and Practice of Ancient Greek Science*（Oakland: University of California Press, 1989）, p. 88.

② Leo Strauss, "What is Liberal Education?," *Academic Questions*, 2004, 17（1）: 31.

③ 沈文钦:《西方博雅教育思想的起源、发展和现代转型：概念史的视角》，广东高等教育出版社，2011，第 47 页。

自由理念的含义是大相径庭的。亚里士多德在谈论自由人和奴隶时，在政治和教育上使用的是不同的语境，虽然亚里士多德称奴隶是"会说话的工具"，但当时社会的奴隶不是社会底层的人，奴隶是一个社会阶层，奴隶制是不少文明早期人类社会状态中的一个发展阶段。况且，奴隶的存在让公民和自由民的身份显得清晰起来，没有奴隶与自由人在劳动上的社会分工，就不可能有知识生产与学术探讨机构的分立。放在教育学领域中，亚里士多德谈的自由人也不是奴隶主，而是在身体、德性和人格上不依附于他者的人："（1）任何人在本性上不属于自己的人格而从属于别人，则自然而为奴隶；……人类的分别若符合于身体和灵魂，或人和兽的分别，——例如在专用体力的职务而且只有在体力方面显示优胜的人们，就显然有这种分别——那么，凡是这种只有体力的卑下的这一级就自然地应该成为奴隶，而且按照上述原则，能够被统治于一位主人，对于他实际上较为合宜而且有益。所以，凡自己缺乏理智，仅能感应别人的理智的，就可以成为而且确实成为别人的财产（用品），这种人就天然是奴隶。"① 也就是说，是奴隶还是自由人并不完全在于身体或财产的差别，而是在于灵魂、理智与德性能否为自己所掌握。教育如果仅限于描述奴隶和奴隶主之间的关系的话，自由教育的理念不可能延续到现代大学的精神中。自由的目的是自治，通过精神生活空间的拓展获取对个体权利的保障，所以人们需要在"七艺"这样的通向自由的知识中获得熏陶。正如詹姆斯·O.弗里德曼（James O. Freedman）所认为的：自由教育有一个历史性的义务，其内涵是培养一个国家的领导者，培养这个社会中拥有一定智慧、技能和其他一些突出的特征的人，其目的是保证我们生活需要凭借的民主社会的稳步发展。② 在这个意义上，自由教育与国家民主相互推动，这样才有了现代大学的灵魂，即自治与自由。

总的来说，西方大学的认识论基础来自古希腊哲学。希腊哲学为后世文明提供了丰富的知识资源与认识论方式，这造就中世纪大学最核心的部分。大学正是凭借丰富的自然哲学知识与思辨化的生产方式才在中世纪的教育机构中脱颖而出。不同于东方的实用主义，古希腊哲学开启了独特的知

① 亚里士多德：《政治学》，吴寿彭译，商务印书馆，2012，第 13~15 页。
② James O. Freedman, *Idealism and Liberal Education* (Ann Arbor: University of Michigan Press, 1996), p. 3.

识生产方式，人们通过思辨和隐喻的方式启迪着城邦人的灵魂。城邦生活将教育活动独立出来，不受权力的干预。从事哲学研究的学者和从事普通教育的智者被分离开来，从而提高了西方知识生产与精神生活的效率。当然，城邦与城市是孕育西方哲学的母体，二者在推动学问发展中的作用高度类似。正是后世对古希腊精神生活的模仿让高等教育独立于外部权力，这种持续性的模仿成为后世所秉持的传统，自由教育的理念被继承了下来。

第三节　柏拉图学园与中世纪大学的精神纽带

西方文明中教育机构与学术组织的兴起在不同阶段实现了重合，其具体表现形式有两种：第一，古希腊文明的诸多活动皆被后世模仿，例如学园和大学、城邦与城市生活方式都极其相似；第二，这种模仿行为体现出的是规模性、长期性，而不是短暂性、少量性。也就是说，不论学园还是大学，其兴起都是规模化和制度化的，所以二者停留在历史中的时间都很长，产生的社会影响也更大。能够得到的历史事实是：从柏拉图所创立的学园开始，古希腊的智识资源实现了爆发式的生长。在学园中，通过对知识的组织与编排，幼年时期的学科找到了栖身之地。利用科学知识或共同的教育组织来寻求城邦正义与善良是学园的主要办学目标，就像韦伯所说的："对希腊人来说，真正的科学是'通向真实存在之道'，而且首先是'通向真正政治之道'，换言之，通向在政治共同体的共同生活中真正正义的政体。"[1]　在雅典，学园的兴起掀起了知识上的浪潮。只有群体性的学术机构才能对社会认知造成冲击，才能被后世模仿。"在公元前四世纪的雅典，教师们成了时代骄子。他们纷纷自立门户：柏拉图的雅典学园、亚里士多德的吕刻昂学园以及伊索克拉底的学校。"[2]　随着不同思想相互碰撞，人们也逐步整合起知识与教育背后的精神力量。这种精神力量在追求群体智识生活的过程中逐步实现，并以向往真理与自由为核心，开辟了学术机构独立的合法性源头，"学园是当时研究哲学、科学和政治的学术团体，

---

① 马克斯·韦伯等：《科学作为天职：韦伯与我们时代的命运》，李猛译，三联书店，2018，第118页。

② 依迪丝·汉密尔顿：《希腊的回声》，曹博译，华夏出版社，2014，第35页。

开创了西方学术自由的传统"①。可以说，学园将知识与精神资源汇集起来，经过历史的传承和锤炼，最后在中世纪的大学身上加以释放。

一　学园的源起及其历史影响

大学的出现在两个方面迅速赢得了世人的关注。一方面是它的知识功能，大学创造了新的知识生产方式，并由此产生了更高级的教育形式。另一方面是学者行会特有的组织与精神独立性，这与当时中世纪人们精神生活的僵化形成了鲜明的反差。借助 12 世纪文艺复兴的潮流，人们在大学身上重新找到了一种朝向经典哲学的精神情结。大学诞生时所表现出的精神现象与实践行为并不是当时社会所盛行的，但人们还是将其同古希腊学园的精神特质联系起来。从表面上看，大学的诞生是一种组织行为，即通过设立行会的形式保障群体的权利，而实际上大学内的授课方式、知识研究与制度运行方式同古希腊的学园极为接近。那么为何大学要模仿古希腊的学园来构建自身的组织？一个理由是古希腊文明的巨大感召力，使得后世的人努力恢复那种文明繁荣的状态。另一个理由在于学园的延续时间长达将近 8 个世纪，获得了足够的文明积淀。中世纪学者行会希望借助对学园的模仿来实现知识分子群体昔日的辉煌。在西方历史中，对古典智识生活的模仿成为后世知识创造的主要动力。在欧洲人看来，古代希腊的智力宝藏是取之不尽的，不论智识生活、社会行为与宗教活动，都能从古希腊的知识生产方式中获得灵感，对古希腊的"模仿"体现在欧洲历史上多次的文艺复兴中，这让知识创新的源泉没有干涸。

（一）为什么西方大学的源头在欧洲

哈斯金斯在《大学的兴起》开篇就明确提出："大学是中世纪的产物，犹如中世纪的大教堂和议会。"② 他认为大学就是中世纪特定时期的产物，古希腊和古罗马虽然有高等教育，但其都不能被称为大学。在诸多研究者的眼中，中世纪是造就大学的独有时代，意大利、法国等所拥有的城市就是产生大学的天然母体。但是人们依然会产生疑问：中世纪对大学的影响，以及古典大学和现代大学的关系究竟是什么？大学是否仅仅就是中世

---

① 李立国：《古代希腊教育》，教育科学出版社，2010，第 77 页。
② 查尔斯·霍默·哈斯金斯：《大学的兴起》，梅义征译，上海三联书店，2007，第 1 页。

纪一个时代的产物？是否中世纪就为大学的产生原创性地积累了一切？

在现代人的认知中，中世纪出现了公认的大学机构。但是除去人们对高深知识产生的需求和城市发展的需要，大学获得的现实权利却是当时诸多社会组织都无法享受到的。最重要的原因是，大学并非解决社会发展中问题的一个技术工具，而是一种精神上的感召，这才使得其在出现之后迅速获得了兴起的能力。接下来我们需要追问：大学的内涵是什么？有学者就肯定地说道："大学作为一种学术制度，一种学术机构，它必定有一些内在的东西，正是这些东西决定了大学之所以是大学，而不是其他生命机构。"① 也就是说，大学除了发挥自身职能满足社会需求之外，还要面临如何保存、传播和扩散的长期发展诉求。大学的出现所依据的不是中世纪那样特殊的时代机遇，因为这样的机会在任何国家都有可能产生，但欧洲的大学实现了智识生活与社会生活的精神联系，正如艾伦·布鲁姆所言："在一个以理性为基础的国家里，大学是政体的庙堂，它致力于运用最纯粹的理性，在人们心中唤起一种敬畏，自由而平等的人类联合体当之无愧的敬畏。"② 由此可见，考察大学的历史过程不是看其在何时何处出现，而是要看其出现之后为何能延伸到今天，这是一种令人敬畏的力量和精神性的存在。

高等教育机构的命运在不同文明中的表现有本质的差异，东方文明对大学的认知主要是从其政治功能上进行的。从职能上看，从古至今行使高等教育职能的机构有很多，中国古代有太学和书院，阿拉伯有不少宗教学校，这些机构用现代视角来对应，似乎也都属于大学的范畴。回到历史中，东西方古代高等教育的变迁多数都与政治进程有关，接受高等教育的目的主要是实现人们的政治抱负。到唐宋之后，参加科举考试改变自身在经济、社会和政治上的阶层地位，就成了人们参与智力活动的主要目的，这些现象都被深深印在了中国知识变革的精神脉络中。中国的知识生产表现出更多的"政治早熟"现象，就像冯友兰所言："老子看到，知识本身就是欲望的一个对象；它又引起人的更多欲望，成为人满足欲望、达到欲望、达到目的的帮手。知识既是欲望的主人，又是欲望的仆人。"③ 在这些高等教育机构中，求知精神为功利主义的欲望所驾驭，一旦有很多人通过学校实

---

① 韩水法：《大学与学术》，北京大学出版社，2008，第33页。

② 艾伦·布鲁姆：《美国精神的封闭》，战旭英译，译林出版社，2011，第201页。

③ 冯友兰：《中国哲学简史》，赵复三译，生活·读书·新知三联书店，2009，第112页。

现了种种高级目的，这些学校也就被视为高等教育机构。在逻辑上看，更确切的理解是，社会组织机构的地位由其在政治生活中的作用决定。只要能满足政治上的要求，机构的地位自然就获得了提升，顺此推之，这也就决定了其是否能够被视为"高等教育机构"。在古代东方，成为高级宗教人员和高级官员与接受高等教育的经历直接挂钩。接受了一定启蒙、初级教育之后，进入这些教育机构是一种经历上的顺延过程，这种意义上的接受高等教育既是一种教育经历，也是一种政治经历。此外，大学的社会地位是最高权力赋予的。在民族国家进入现代世界的历程中，当皇权消解后，一些依附在其身上的社会机构也就随之不存在了。

欧洲不仅产生了实体的大学机构，最主要的是形成了一系列制度、仪式与知识生产的范式。这一切在今天都是普遍性的，为全世界所接受。今天的大学是伴随着西方的政治、社会与宗教制度散播至世界各地的。不仅如此，在今天，西方大学的古典精神也为不同文明所接受。对这些事实的认定不能仅看中世纪实体大学出现的具体时间和地点，而是需要向前追溯，从古希腊文明和城邦生活中寻找大学得以兴起的动力。欧洲社会的诸多行为无不从模仿古希腊的生活与社会状态开始，从这一点来看，古希腊是最可能孕育大学基因的时代，也是大学根源的最深处的土壤。

（二）学园的建立与知识传统的成型

大学的精神探究的源头是从学园开始的。学园作为一种独特的教育机构与研究场所，其运行状态与同时期的其他学校完全不同。古希腊的学园引发的精神扩散效应一直弥漫到中世纪，其中尤为突出的是柏拉图创建的阿卡德米学园。理解大学在中世纪的产生过程需要从古希腊的学术机构中寻找精神脉络，也就是从学园兴起之后的精神活动内容入手探究真相。阿伦特就认为，理解大学的产生是一个辨别真实事实的过程。大学对真理的理性探究的源头需要回到城邦时代的柏拉图学园中去寻找，柏拉图希望学园成为一个影响城邦伦理和政治生活的中心，并且决定政治的理性。[①] 阿卡德米学园从诞生到被关闭，延续了 900 多年的时间，见证了从古希腊智识生活发展到古罗马教育建立的变迁史。最主要的是，阿卡德米学园在学术和精神上成为后世高等教育机构模仿的典范。

---

① 见孙传钊《阿伦特两论：大学·真理·政治》，《中国图书评论》2007 年第 1 期。

阿卡德米学园初建于公元前 387 年，并不是柏拉图本人一时兴起建立起来的一所学校。其建立的主要诱因来自两个方面。一方面是柏拉图在意大利和西西里岛①的游学经历对其产生的震撼。当时的意大利分布着诸多哲学派别，早期以毕达哥拉斯学派为代表。其宗教式的学术生活方式令柏拉图着迷，毕达哥拉斯学派基本开创了集体研究学术和传授知识的生活和教育方式。此外，意大利的医学在公元前 6~前 5 世纪已经极为发达，有克罗敦和阿格利占特姆这样的医学学校。当时组织化的学校机构已经超越了师徒传承的单独行为。另一方面是古希腊的智者派掀起的学习浪潮。从公元前 6 世纪起，雅典兴起了智者传授修辞术的活动，并逐渐聚集起一些学校，用金钱购买教育成了雅典人最流行的求知方式，但这也让柏拉图看到了其中的缺陷。"他们的目标不在于导致智慧和善，而在于导致机敏和效益；同时他们为提供服务而收费——这种做法让哲学家们很吃惊，但是，由于人们很认真地看待他们付钱买来的东西，无论从心理学或商业的角度去看，这种做法都很好。总而言之，古老的宗教和道德理想便屈服于一种物质机会主义的信条了。社会上非常需要一个先知的声音。"② 正是智者学派教授学问的单一性和对城邦生活的片面影响，成为柏拉图重新从思辨哲学知识传播的立场创立一所学校的动机。因为从苏格拉底开始，教育的内容就逐渐向"形而上"方向发展了。在其他学者讨论自然世界构成或演讲术能够对城邦改善多少时，苏格拉底却希望从精神上去影响城邦。到了柏拉图，他将这种精神传播与训练的过程纳入学园的教育形态中，尤其针对古希腊城邦末期民主的劣质，柏拉图渴望培养出"哲学王"治理城邦。但他更想为整个雅典城邦的公民开辟一个"精神城邦"，"城邦的希望系于且只系于政治权力与纯正科学的结合上。所以不论在《理想国》训练哲学王的课程设置中，还是柏拉图的学园中，纯粹数学——极端艰苦的思维的一个方面，曾在公元前 4 世纪获得重大进步——成为课程中的脊梁，并且在公元前 4 世纪的后期，学园里成功地培养出有卓越贡献的数学家和精明干练的立法官和行政官"③。学园的初期建设就是以柏拉图的哲学构想为蓝本进行的。

---

① 此时西西里岛尚不属意大利（古罗马）管辖。
② 柏拉图：《苏格拉底之死》，谢善元译，上海译文出版社，2011，"英译者序"第 2 页。
③ 胡晓燕：《〈理想国〉的公民教育思想研究》，吉林大学出版社，2009，第 45 页。

　　一种学说要发展成有规模的学派，需要借助种种组织渠道进行传播。柏拉图个人在不同时期有着诸多著作，特别是对苏格拉底的殉道和对雅典城公民精神的陨落的反思，促使他认为有必要重新为众人竖立起一种新的精神生活方式。在一个固定地点传道授业，重新从哲学层面影响雅典人就成了他最初的设想。这在当时并不新鲜，城邦生活中的教育传统与早期知识积累也已经为学园的建立准备好了条件。"学园的新颖之处在于它所提供的那种教学方法。柏拉图延续了智者的传统和苏格拉底的传统，他的兴趣不在教人们阅读、写作和算术，甚至也不怎么教经商之道。他的目标相当高，他想启发学生们，引起他们对知识和智慧的爱，使他们成为哲学家或者成为政治家；也许除了逻辑和数学之外，他不讲授其他专门的知识，而是讲授知识的原理、教育的原理以及伦理学和政治的原理。"① 学园的选址不能在雅典城中，因为城市狭小且嘈杂无比。但是又不能远离城邦，那样就没有多少文化影响力。阿卡德米学园建立在雅典城外，其名称是从古希腊神话英雄阿卡德摩（Hekademos）转变而来，这个地方供人们散步、讨论和锻炼。这片地方实际上在柏拉图第一次从意大利和西西里岛游学回来之前就已经投入使用了，是供哲学家和智者学派的人们培养其门徒的地方。② 在学园设立之后，有不少人说柏拉图是为了培养其在《理想国》当中设想的哲学王而成立学园的，也就是说，柏拉图成立学园是为了培养具有统治技能的君主。这个说法本身欠妥，学园内的课程和柏拉图多次对学生提到的教育目的，其内涵可能有一些哲学王的倾向，但其实质还是培养合格的城邦公民。柏拉图学园建立的初衷是看到了城邦式自由产生的劣质民主，渴望重新训练公民和治理城邦的阶层，培养理性的政治公民去改变现有立法的弊端与无效。与其说柏拉图在培养哲学王，倒不如说在传承苏格拉底在教育上遗留的夙愿，渴望将城邦公民从欲望和幻想中唤醒。"苏格拉底以人为知识的主要对象，而人由身体和灵魂构成，他相应地提出学科知识的分类：关于人的身体有两种学科即体育和医学；关于人的灵魂的技艺统称政治，有两种学科即立法和正义（道德）。体育和医学、立法和

---

① 乔治·萨顿：《希腊黄金时代的古代科学》，鲁旭东译，大象出版社，2010，第497页。
② John Dillon, *The Heirs of Plato: A Study of the Old Academy (347—274 BC)* (Oxford: Clarendon Press, 2003), p. 2.

道德之间都是紧密联系相互渗透的，立法和体育相应，道德相当于医学。"① 公元前 4 世纪前后，除了柏拉图学园，又有许多举办高等教育的学园或学校建立起来。伊索克拉底的学校以及随后的吕克昂学园，其建设与发展都没有受到过多干预，可见雅典城邦整体的知识氛围是自由的，正如伯利克里认为："一言以蔽之，我们的城邦是全希腊的学校。我认为世界上没有人像雅典人这样，在个人生活的许多方面如此独立自主，温文尔雅而又多才多艺。这些并不是在这样的场合下的一种自吹自擂，而是实实在在的事实，我们城邦的实力就是靠这些品质获得的。"② 以阿卡德米学园为代表的一批学园是古希腊智慧与精神的结晶，古希腊的精神成果以学园为组织有了传承的组织系统。有组织、相对稳定的教育使哲学理念在学者和民众之间搭起精神的桥梁。城邦公民通过在学园这样的场所里接受教育，所满足的不仅是知识上的好奇心，更是精神上的激励。在学园的组织与文化深处，后世的大学找到了精神依靠的真正凭借。学园将追求知识变成了一种美的感知，使接受教育者感受到真理带来的美的荣耀。如柏拉图在《会饮篇》中所描述的："他不复卑微琐屑，而是放眼美的汪洋大海，高瞻远瞩，孕育着各种华美的言辞和庄严的思想，在爱智的事业上大获丰收，大大加强，大大完善，发现了这样一种唯一的知识，以美为对象的知识。"③可以说，正是学园的存在将源自古希腊的精神气质以知识和制度的形式投放至每个人的心灵当中，使之在文明中传颂不息。

二　学园对科学的启蒙与制度化塑造

古希腊学园和中世纪兴起的近代科学在目标上是殊途同归的，前者朝向城邦政治，后者挑战宗教政治下的社会制度。从出发点上说，二者对社会成员的作用并不在于扩展知识的视野和增加技术力量，其在本质上都是改变政治现状中的弊端，更大规模地实现启蒙。谈到启蒙，人们能够想到的往往是 17~18 世纪影响整个欧洲的启蒙运动。启蒙运动看似是一场源自人文主义的思想运动，而实际的推动力量来自 14 世纪诞生的近代自然科学扩大的人的认知空间。作为一种知识形态，科学的启蒙带来的效果更广

① 李立国：《古代希腊教育》，教育科学出版社，2010，第 146~147 页。
② 修昔底德：《伯罗奔尼撒战争史》，徐松岩译，上海人民出版社，2012，第 153 页。
③ 柏拉图：《会饮篇》，王太庆译，商务印书馆，2013，第 64 页。

阔，也推动了当时高等教育机构的变革，"当高等教育阻碍高深知识的革新与发展时，高深知识也往往会推动高等教育机构本身的变化和改革，使其符合知识发展的状况。当高等教育机构严重阻碍高深知识发展时，高深知识还会突破高等教育的框架，在高等教育体系之外，寻求新的制度形式，欧洲 17 世纪科学院的产生便是一个明显的例子"①。如果没有早期学园中开启的科学启蒙，知识与系统的研究方法是无法传播下来的。而近代科学在知识构成和生产范式的确立上并不是先天的，而是在古希腊学园中被整合到统一的系统中，最终经过文明的传递到达中世纪的。

（一）科学启蒙与学术组织的创新

从历史说，能够由科学启蒙引起的社会机构或组织的变革，尤其会朝向提升社会物质生产效率的一面。对社会心智的开发与对精神空间的拓展是科学启蒙成功的前提。大学在中世纪出现并获得合法性，是因为前期文明对社会成员的启蒙获得了初步的成功。这些资源也不是在 12 世纪凭空出现的，而是在古希腊的学园或学派中完成了系统性的整合并传承下来的。学园将古代的经典知识和问题进行了汇合与整理，在城邦时期，科学活动在权利与制度运行上是独立的，公民渴望用科学去打开认知的边界。"希腊人不满足于实践经验的积累，也不满足于因宗教需要而产生的玄想，他们开始为了科学本身的缘故而寻求科学。像技术一样，科学作为一种独立事业从其他文化活动中分离出来。所以，关于古代哲学的历史探究首先是一种关于普泛意义上的西方科学之起源的洞察。"② 科学的独立是一种自由探究权利的独立，并不是无关于城邦生活和人类探究智慧的。同中世纪产生大学的地方商业文明的发达相类似，学园塑造了一种独属于大学的知识生产范式。通过对知识的开发、探讨和教授，高等教育在学园中实现了理念与组织的同构。"亚里士多德认为，人生的幸福在于悠闲自得，那么，教育的根本目的就是获得闲暇'schole'（即'学校'一词的起源）。作为教育目的的闲暇，就是他自己有效力于重要事物的自由。自由存在于摆脱了一切物质束缚的思维活动中；一种投入恬静的沉思和冥想的生活，这是真正的幸福。"③ 这样看来，学园的设立除了有柏拉图政治理念或教育哲学

---

① 陈洪捷：《观念、知识和高等教育》，安徽教育出版社，2012，第 178~179 页。
② 文德尔班：《古代哲学史》，詹文杰译，上海三联书店，2014，第 1 页。
③ 李立国：《古代希腊教育》，教育科学出版社，2010，第 268 页。

推动之外，最主要的是对一种制度化的智力活动的向往。相较于个别学者对知识的传授，学园所营造的是一种整体制度化的空间，也类似于城邦生活的浓缩。在学园中，智识生活和思辨理性是主要的内容，知识被分类、整理和传授，高等教育的基本形态也在学园中形成。

科学在古希腊的发展使城邦中的人认识到世界的奥秘，当外部世界的种种现象开始以科学知识获得解释的时候，人们开始用科学知识来理解城邦的运行。在科学思维的引导下，城邦不再是一个政治概念，而是一个交换知识的社群。在《泰安泰德》中苏格拉底就认为，只有系统科学的思维才是有利于城邦公民发展的，"我们讨论的初衷不在于求知识之非何，乃在于求知识之为何。然而却达到这一步：晓得知识不在知觉上求、在心灵本身应事接物的作用上求，——不论此作用的名称为何"①。只要是城邦公民，为了求得知识，就需要接受系统的训练和教育。学园意味着制度化的教育活动，传统的智者授徒已经不合时宜，群体化的教学才有利于这种科学思维的传播，并实现不同学科知识间的交流。学园所实施的教育内容又与传统的修辞术学校不一样，修辞术学校毕竟只是教授一类知识，而且偏向于应用，其内涵并不符合高深知识和专业教育的要求。到了城邦时代的后期，科学启蒙的气息已经弥漫开来，民众的情绪被自然科学严谨而具有说服力的理性精神点燃，所以他们才能够接受不同派别的学校。其中拥有科学精神的阿卡德米学园和吕克昂学园更受到当时人的青睐，从而使得这类学术机构迅速脱颖而出。

12世纪的文艺复兴与学园有极为相似的逻辑。知识生产的科学化与组织化点燃了大学出现的火种。观察与实验、思辨与理性的科学化知识生产方式使人们逐渐选择了大学而不是修道院学校。"在1100年时，西欧的人们还只限于翻阅伊西多尔和比德的至善手册以及零散、残缺的古罗马学术文献，然而到1200年或稍晚时期，西方世界就已接受了阿拉伯的自然科学和哲学知识并由此接受了大部分希腊学术知识。……人们对希腊和阿拉伯的炼金术、大量的阿拉伯占星术知识已经有所了解，实验的精神显而易见。"②柏拉图学园完成的是对古希腊科学知识与科学方法的集合，以集体研讨、

① 张法琨：《古希腊教育论著选》，人民教育出版社，1994，第220页。
② 查尔斯·霍默·哈斯金斯：《十二世纪文艺复兴》，张澜、刘疆译，上海三联书店，2012，第215页。

辩论和观察记录等形式完成知识的科学化生产。同学园一样，大学也是在科学方法和科学精神催动下才得以诞生，当时的社会成员也已经完成了对大学内智识生活方式的认可。只有当一种文明普遍充满科学传统时，它才能够为学园和大学这种智识机构开辟出现的空间。

城邦后期时代的科学积累已经到了相对成熟的阶段，逐渐形成了西方学术机构发展的逻辑。学园是中世纪大学和近代科学可资借鉴的精神图腾。在学园的组织下，学术研究成为一种有序的、群体化的行为。"柏拉图学园倾向于形而上学或先验哲学，即使在讨论诸如教育或政治这类实践主题时亦如此。吕克昂学园是另一种意义上的哲学学校，亚里士多德感兴趣的是逻辑学和科学；在他的指导下，吕克昂学园变成了一个个人研究甚至集体研究的机构。"① 吕克昂学院产生了我们所熟知的"逍遥学派"。借助学园，科学实现了在城邦社会中的规模化与普及。中世纪大学所得到的，是学园传承下来的一套完整的精神体系与生活方式。

（二）学园的知识制度化及其影响

学园的智识生活在较短的时间内实现了制度化，提供了大学所需要的制度与组织源头。梳理欧洲的历史，学园与后世的大学在知识生产与精神塑造上是最接近的。最重要的是，这种机构化的智识生活方式是可以被模仿和传播的。相对于一般的智者而言，集体学习对于知识生产与传播的作用更大。因为其在规模和制度上实现了突破，这也是中世纪博洛尼亚的学子们选择组建行会的原因。一方面行会在当时的社会中有一定受众空间，学者们的权利能够得到保障。另一方面也最主要的是，智识生活方式的统一使高深知识的研讨从个人行为走向规范和标准化。"在中世纪欧洲大学及其四个学院中，没有任何东西比教学内容及其形式更规范、更能经受时间考验并保持稳定不变。"② 这种生活方式并不只在 11 世纪大学产生之初才有，作为一种新生的组织，学者行会的行为方式更多来源于文明传承和对历史现象的模仿。

在学园的知识生产中，数学知识传授和研讨的制度化程度是最高的。相对于同时期的许多学说而言，毕达哥拉斯学派的数学知识体系较早实现

---

① 乔治·萨顿：《希腊黄金时代的古代科学》，鲁旭东译，大象出版社，2010，第 75 页。

② 希尔德·德·里德-西蒙斯主编《欧洲大学史》第一卷，张斌贤等译，河北大学出版社，2008，第 251 页。

了知识生产的系统化与教学方式的统一，科学知识开始同时发挥解释世界和启蒙心智的双重作用，极大地推动了西方学术的发展。"苏格拉底之前的学者不关注人本身的发展，而将主要精力花在依凭理性的思考去探索宇宙的奥秘，其结果便催生和发展了早期的天文学、数学等科目，为科学教育的发生孕育了养料和作了铺垫；到了苏格拉底和智者时代，人们的研究对象开始转向人，关注人本身的发展，研究人们的内心活动，研究人们的观念和意志力，出现了'三艺'的人文学科，人文教育也因此而开启。可以这么说，毕达哥拉斯学派开创了西方哲学家个人有组织、有系统进行哲学和科学教育的先河。"① 即使到了中世纪所谓的黑暗时期，相对于人文学科受到的抑制，以数学为代表的基础自然学科的传承一直没有中断，而且还产生了诸多近代科学在知识分类上的创新，这为近代科学的兴起提供了直接的源泉。

相较于同时期的其他学派，柏拉图学园是汇聚科学知识研讨与心智启蒙相对完整的机构。最直接的例证来自那个立在阿卡德米学园门口的标志——"不懂几何者莫入"，由此可见柏拉图对于学术研究的偏爱。柏拉图在《理想国》中借苏格拉底之口提出了学习数学和几何的重要性：其目的并不是实用的，而是培养智慧和人爱智的品性，城邦公民心灵与灵魂的完整也不能没有数学，"算学这个学问看来有资格被用法律规定下来；我们应当劝说那些将来要在城邦里身居要津的人学习算术，而且要他们不是马马虎虎地学，是深入下去学，直到用自己的纯粹理性看到了数的本质"。"几何学的对象乃是永恒事物，而不是某种有时产生和灭亡的事物。"② 柏拉图在游历各地时注重观察当地的教育特点，他发现当时经济与政治发达地区对于数学和几何知识的重视超过了雅典。虽然人文知识在苏格拉底实施教育的时期被开发出来，但是唯有在接受了最基础的科学训练之后，人们才能驾驭这种知识。在柏拉图时期，知识生产实现了初步的学科分类，并在学园当中完成了初步的体系化过程，这相比当时的其他学校是很大的进步。没有早期柏拉图在阿卡德米学园对系统科学知识的提炼、分类，体系化的知识不可能在亚里士多德的吕克昂

---

① 陈超富、张曙光：《古希腊罗马高等教育：人文教育与科学教育的博弈》，《河北师范大学学报》（教育科学版）2010 年第 5 期。

② 柏拉图：《理想国》，郭斌和、张竹明译，商务印书馆，2012，第 291，294 页。

学园中集中涌现。"亚里士多德的分类实现了对科学的不同分支的首次区分，他把科学分成理论的、创造性和实践的。理论科学的目的只是对真理的理解和沉思；其中包括数学、物理学和形而上学（第一哲学、神学）。创造性的分支涉及的是艺术。实践哲学寻求规范人的行动；它的两个主要分支是伦理学和政治学。"① 从表 2-1、表 2-2 中可以发现，古希腊学园与中世纪大学在学科和研究内容上有极大的相似性，不少学科的设置以及研修内容的选定是一以贯之的。

表 2-1　古希腊学园的学科分类及研修内容

阿卡德米学园		吕克昂学园	
科目	研修内容	科目	研修内容
政治哲学	《理想国》	逻辑学	《工具篇》
	《政治家》		《范畴篇》
	《法律篇》		《前分析篇》
伦理学	《高尔吉亚》		《后分析篇》
	《论节制》	形而上学	《形而上学》
数学	算术	自然科学	《物理学》
	几何		《论生灭》
	测体积学		《气象学》
天文学	《伊庇诺米篇》		《动物史》
	《蒂迈欧》		《论动物的部分》
辩证法	《普罗泰戈拉》		《论灵魂》
		伦理学和政治学	《欧德谟篇》
			《政治学》
			《尼各马科伦理学》
		美学、文学和历史	《修辞学》
			《诗学》

资料来源：以上内容根据柏拉图《理想国》、亚里士多德《政治学》、让·布兰（Jean Brun）《柏拉图及其学园》、李立国《古代希腊教育》整理而成。

① 乔治·萨顿：《希腊黄金时代的古代科学》，鲁旭东译，大象出版社，2010，第622页。

表 2-2 中世纪大学学科分类及研修内容

中世纪大学诞生期（12 世纪）

科目	研修内容	来源
自然哲学	《物理学》《天论》《论生成与毁灭》《论灵魂》《气象学》《自然诸短篇》《动物史》《论动物部分》《论动物的生成》	亚里士多德
	《几何原本》	欧几里得
	《至大论》《天文学大成》	托勒密
道德哲学	《理想国》	柏拉图
	《政治学》《伦理学》	亚里士多德

科目	研修内容	来源
形而上学	《形而上学》	亚里士多德
逻辑学	《分析前篇》《分析后篇》《论反驳》《范畴篇》《解释篇》《论题篇》	亚里士多德
	《范畴篇导言》《评论》《论不同的主题》	波菲利
修辞学	《蒂迈欧》	柏拉图
	《论创新》《文书法》	西塞罗
	《听写法》《修辞学》	亚里士多德

科目	研修内容	来源
音乐	《论音乐原理》	毕达哥拉斯
	《量的计算》	波伊修斯
算术	《论算术原理》	波伊修斯
	《十进制》	萨克罗波斯斯科
几何	《几何原理评注》	波伊修斯
	《光学》	欧几里得
	《反射光学》	托勒密
	《光学》	威特罗
天文	《透视法》	萨克罗波斯科
	《计算》	
	《行星理论》	
	《原理》	

资料来源：根据希尔德·德·里德-西蒙斯（H. De Ridder-Symoens）《欧洲大学史·第 1 卷》，雅克·韦尔热（Jacques Verger）《中世纪大学》，张磊《欧洲中世纪大学》整理而成。

到了古希腊城邦时代的后期，学园变成一种规模化与制度化的学术组织，亚里士多德的吕克昂学园在理念和教育方式上较阿卡德米学园更上一个阶梯。亚里士多德开始构建自然科学研究的范式，尝试用推理、观察和证明的方法体系来生产知识。"科学就是对普遍者和那出于必然的事物的把握。凡是证明的知识，以及全部科学都有开始之点（因为科学总伴随着理性）。然而科学的起点却不是科学、技术或明智。那些偶然存在着的认识方式以改变的东西为对象，而智慧并不以开始之点为对象，智慧的人以那些可证明的知识为对象。如若我们用什么对那可变的和不可变的东西获得真理，而不犯错误，那就只能是科学、明智、智慧和理智。"① 在吕克昂学园中，科学研究的组织化程度更高，加上亚历山大东征带回的东方文明中的材料，更是扩大了科学研究的空间边界。学者们认定经验和观察是通向智慧的路径，各类知识在学园中得以汇集，包括我们所熟知的泰勒斯、赫拉克利特等人的学说都是在学园中被整理和记录下来的。这种知识工作实现了分类与整合，也制造出学科的雏形。西方的知识系统逐渐走入科学逻辑的演进中，正是基于亚里士多德建立的百科全书式的知识体系，基督教才在出现后实现了"神学的科学化"。在两所学园的推动下，古希腊的知识体系迅速走入学科化与持续创新的时代，"科学上的分化之开端在亚里士多德本人那里、在柏拉图学园和亚里士多德学园那里已经存在了。在希腊化时期，分科化越发明显，因为这个时期缺乏主导性的杰出人物和组织化的基本原理。分科化的流行趋势不限于雅典或希腊。罗德岛、亚历山大里亚、佩尔加蒙（Pergamus）、安条克和塔尔苏斯（Tarsus）等地成为了科学的中心，在这些地方，学者们通过庞大的图书馆和文库系统化地进行科学研究。后来的罗马和拜占庭也是新起的科学中心"②。阿卡德米学园完成了对几何、逻辑学、物理学、伦理学的初步划分，而吕克昂学园则引入了自然科学的研究方法，使知识生产真正被纳入科学的驾驭之中。

古希腊的学园与大学是通过科学传承的纽带加以串接的。唯有在科学精神的保护之下，人们才敢去质疑和不断修正认知偏差，并在真理遭受威胁时勇于辩护，如雅斯贝尔斯所言："接受了这种生活方式，人们就得无

---

① 亚里士多德：《尼各马科伦理学》，苗力田译，中国人民大学出版社，2003，第124页。
② 文德尔班：《古代哲学史》，詹文杰译，上海三联书店，2014，第274页。

止境地探索未知世界，就得让理智摆脱一切羁绊，自由地发展，就得有一种开放的胸襟，就得怀疑所有事物，就得不计条件地捍卫真理。"① 中世纪大学正是凭借这种理性的勇气，将科学精神变成一种生活方式传承下来。从学园到大学的几个世纪是欧洲的科学世界和精神世界逐步构建的过程。大学在中世纪的产生绝不是一个科学开始觉醒的信号，而是科学精神穿越时间的寒冬逐步复苏的过程。"中世纪科学家真正完成的工作，是唤回了欧洲知识分子对科学问题的兴趣。中世纪的自然哲学家大多跟大学有联系，他们翻译并传播了希腊、阿拉伯的科学和数学著作，也发展了科学。中世纪科学家还以早期现代科学家的工作为基础，建立起了一个学科体系。科学革命降临之时的社会，科学问题已被知识阶层接纳，还有了相应的科学制度。"② 科学的源头在古希腊学园。科学在中世纪更多是重新被人们接纳，在科学理念的推动下实现了规模化和规范化的发展。在中世纪，科学实现了两次兴起，完成了从近代科学逐步到现代科学的转身。

三　柏拉图学园与人文气质的传承

大学之所以在精神上能够超脱其他社会机构，是因为大学用人性和生命的方式去理解世界，并将自己变得更加接近于人。大学能够在 12 世纪诞生从根本上依靠的是人的力量。没有人文气质与人性的理念，大学无法追求自由与自治，人也难以理解自己与神、自然之间的关系，如雅斯贝尔斯所言："真理囊括了人类存在的要义——我们称之为精神、存在、理性——所以大学的理想是崇高的，各种学术研究和教学都是真理的展现，都是帮助生命成长。"③ 一种组织机构对人文气质的吸收，一方面要靠其成员对精神空间的探索，另一方面则要建立特定的知识生产流程实现智识生活的创新。人文气质的生成同时来自经验和超验两个方向，经验层面是学者对特定生活方式的模仿与制度上的承接，而超验的一面则是来自人的精神自治，即利用知识追求精神自由。对中世纪的社会来说，古希腊的精神力量成为大学坚持人文气质最有力的依据。

---

① 卡尔·雅斯贝尔斯：《大学之理念》，邱立波译，上海人民出版社，2007，第 105 页。
② 威廉·E. 伯恩斯：《知识与权力：科学的世界之旅》，杨志译，中国人民大学出版社，2015，第 71 页。
③ 雅斯贝尔斯：《什么是教育》，邹进译，生活·读书·新知三联书店，1991，第 150 页。

(一) 柏拉图学园的哲学如何理解人

现代社会往往将大学视为人性培养的场所，大学精神的可贵之处在于对人性的佑护与教化。社会制度固然是重要的，但是脱离了人性的制度就会变成束缚自由的枷锁。现代人之所以将人性当作中世纪大学组织的内涵，无外乎其特征与今天人的精神需求更加接近。事实上，大学的精神塑造过程不是一部断代史，其土壤仍在古希腊学园。人们耳熟能详的是那句普罗泰戈拉的名言"人是万物的尺度"，据此众人皆以为人是领导一切的力量。然而，如果人真的成为世间一切事物的尺度，那又与工具何异？"如果说人，即个人是万物的尺度，那么最终也就没有尺度可言了，因为没有任何事物采用的是人的尺度或给予人一种尺度。所以，当我们发现智者们成为强权、暴力和极端行为的卫道士时，就不感到奇怪了。所以卡利克勒斯说：'正义的标志就是强者对弱者的征服和这种被承认的优势'。"①人不但无法通过将自己作为尺度去寻求解脱与自由，反而会因此离善与正义越来越远。

正是因为看到了人性中的欲望和城邦正义走向衰落，柏拉图才认为要从哲学层面重新界定人的价值。即便是在人文主义盛行的雅典，智者们传授的知识也并不能帮助城邦公民维护自由，这就需要更高级的社会机构来实现对人的理解和教化。苏格拉底认为，使人成为真正的人，并不是靠智者们传授知识性的论辩之术，而是需要让人主动追求自己内心的真理系统，"内在生活是一种独特活动即认知活动发生的场所，这一活动导致实践活动，也就是行为。为了描述这一活动，苏格拉底提出了灵魂或心灵（psyche）的概念。对他而言，灵魂不是任何特殊的官能，也不是任何一种特别的实体。相反，它是理智和性格的能力；他是一个人有意识的人格"②。苏格拉底创造出的思辨的人性观影响了后世的学园，但其对思辨哲学和真理的追求，也导致自己死于城邦民主的暴政。苏格拉底认为当人真正变成裁决一切的尺度，真理就不复存在了，人不仅无所依托，更无所畏惧，"如果说人是万物的尺度，'真'、'善'、'正义'等词汇就不再有意义了，对苏格拉底

---

① 让·布兰：《我知道什么？柏拉图及其学园》，杨国政译，商务印书馆，1999，第26页。
② 撒穆尔·伊诺克·斯通普夫、詹姆斯·菲泽：《西方哲学史——从苏格拉底到萨特及其后》（修订第8版），匡宏、邓晓芒等译，世界图书出版公司，2009，第30页。

的判刑就有理可言了，取消城邦的存在也说得过去"①。正是苏格拉底的这种人格化的殉道，在一定程度上促使柏拉图和后人们重新思考人的价值。

从社会机构的产生来说，学园和大学的出现都在人性关怀上赢得了社会尊重。相对于学习修辞学和辩论术的智者学派来说，学园所传承的文化理念是新鲜的。学园和大学能够拥有不竭的吸引力，原因在于他们可以在工具、功利化和宗教狂热的时代中，拥有从公共理性的视角感悟、关怀和理解人的能力，苏格拉底说："不要只考虑你们个人财产，首要的事是关心灵魂的最大改善。金钱不能带来美德，而只有美德才会带来金钱和其他一切好事，包括公共的和私人的好事。"② 人只有去关注自己的灵魂，修炼自己的心智并保持对真理的追逐，才能够完成从尺度到灵性的进化，城邦才能够维持整体的德性与正义。到了大学产生时，知识与技术力量的增长使人们开始质疑宗教信仰，对理性和真理的需求随之喷涌出来，在科学和人文精神的驱动下逐步打破教权对精神世界的垄断，"因为上帝只是由于它的万能得以阐明，现在'它变成类似某种不可确证的东西，它不再是万物的尺度……结果必然是，理性从此之后既无法支持也无法证实信仰。而且信仰只能退出讨论的舞台，让出地盘给事实"③。柏拉图在学园中传承苏格拉底的思想，使人脱离工具属性而拥有主体公民属性，在中世纪大学产生之初，广大的学者做了同样的事情，使人逐渐从神性信仰脱离出来，开始把握自己的主体地位。大学提供了这样一个过渡空间，世俗知识和辩证法的引入，不仅使教义获得了新的知识解释方式，而且将其改造，使理性与神性获得了统一。

按照亚里士多德的理论，高深知识如果没有人性的渗透无异于工具和技能，人即使接受了教育依然是充满奴性的。只有特定的社会机构才能实现对更多公民的教化，逐步提升所有公民的理性与认知。古希腊的学园看似是普通的教育机构，但学园与大学之间的精神与知识联系是充满人格力量的。学园的举办者们如果没有对城邦正义、德性和理性衰落的反思，没有对人的关怀，其存在时间必然是短暂的。殊途同归的是，中世纪以及近代的大学都以古典哲学精神与科学方法为引导，在追求真理、向往自由的

① 雅斯贝尔斯：《什么是教育》，邹进译，生活·读书·新知三联书店，1991，第27页。
② 杨适：《哲学的童年》，中国社会科学出版社，1987，第416页。
③ 雅克·勒戈夫：《中世纪的知识分子》，张弘译，商务印书馆，2002，第117页。

理念上，学者们效仿最多的仍是古希腊时代的教育，即使是今天我们所提到的物质与精神、哲学和科学等一系列最基础的理性关系，也都来自古希腊："希腊人把理性的态度引进了理论探究，以怀疑、讨论、求证来营建理论，产生了以希腊—西方的哲学—科学传统：哲学—科学营建理性的理论，以此取代神话。"[1] 从后世大学对古希腊学园及其精神的追求上看，学园带来的历史力量和知识动力要强于其他社会组织，这是中世纪大学及高等教育的组织源头。

（二）高等教育与人文理念的传播

出于对理性的追求，柏拉图学园看到了懵懂中的希腊对于人性的渴望，设计了一系列课程用来启蒙人性，熏陶人格。受早期毕达哥拉斯学派的影响，"算术'赋予灵魂一种冲向至高境界的强大冲力，促使灵魂对数本身进行推理，而无须在推理中引入代表可见或可感物体的数'"[2]。阿卡德米学园的办学宗旨之一就是希望通过对数学和哲学的系统学习而走向人性。阿卡德米学园作为古希腊第一个并且是最古老的高等教育机构，存在的时间有 900 多年，它的教育目标一度直接指向对社会有用和塑造普遍意义的人性。它也一度被认为是世界的第一所大学，并且作为柏拉图哲学体系的里程碑对此后欧洲出现的其他学校产生了深远的影响。[3] 希腊以及整个西方的教育理念都由此而建立起来。通过对数的学习，加上音乐和体育的教育，人才能实现德性与智慧的双重成长，并更好地参与城邦的政治生活。"似乎有两种技术——音乐和体育（我要说这是某一位神赐给我们人类的）——服务于人的两个部分——爱智部分和激情部分。这不是为了心灵和身体（虽然顺便附带也为了心灵和身体），而是为了使爱智和激情这两部分张弛得宜配合适当，达到和谐。"[4] 在古希腊的学园中，凭借身体和心灵在知识上的相通关系，利用不断归集的知识和研究方法，学者们逐步建立起后世大学课程体系的"三科"和"四艺"。对于人性和城邦理想公

---

① 陈嘉映：《哲学·科学·常识》，中信出版社，2018，第 73 页。
② 雅斯贝尔斯：《什么是教育》，邹进译，生活·读书·新知三联书店，1991，第 47 页。
③ Olaf Pedersen, & Richard North, *The First Universities: Studium Generale and the Origins of University Education in Europe* (Cambridge, Mass: Cambridge University Press, 1997), pp. 9-12.
④ 柏拉图：《理想国》，郭斌和、张竹明译，商务印书馆，2012，第 126 页。

民的追求使学园将知识纳入研讨与教学当中，以知识解决政治与道德问题成为学园和中世纪大学共同的目标。黑格尔曾说，亚里士多德对中世纪大学的作用是原理性的，他建立的知识形态和思维本身就是一种启蒙方式，"以这个形态，那在中世纪苏醒起来的思维，特别地建立了它的神学，并且建立起一个巨大的机构，在其中那被给予的材料只是被浅薄地加工、安排和保存下来。对于这个体系的胜利乃是对于这个原理的胜利，并且是独立的自由思维的胜利"①。

在人类历史上，新的知识机构的出现，往往是由于当时的智识生活过于僵化，而学者们为了引导人们进入更为高级的精神世界，建立先进的教育机构，收徒授业，以此来改造社会。不同文明的发展过程所涌现出的这些精神领袖皆从此而出。不论哲学还是科学，学园在城邦时代的作用就是利用知识挽救城邦生活的衰败，拯救公民道德品质堕落的颓势。从苏格拉底开始，在古希腊，城邦就不是一个纯粹的政治学概念，而是人性的建筑体系，基于城邦的学问就是依照人的需求而进行探究的。"正是因为从此以后人们认为国家是人建设而成的，可以对其进行改良，它不再是由诸神一锤定音所建，故而才会出现'政治科学'。希腊城邦出现的时候，它就做出了规划，力图体现国家能够而且应该所是的理论：力求客观化、理性化、普遍化的政治科学在希腊诞生了。"② 城邦—学园—大学在整合政治生活与人性理性上是一致的，所以智识生活的制度才能形成并得到延续。学者们思考的不仅是在城邦中如何理政，而且是如何从灵魂理性的需求出发去治理城邦，城邦自由取决于自由人的独立精神，尤其在柏拉图看来，城邦公民的道德是构成政治生活不可或缺的部分："一切护卫者放弃一切企图业务，专心致志于建立城邦的自由大业，集中精力，不干别的任何事情，那么他们就不应该参与或模仿别的任何事情。如果他们要模仿的话，应该从小起模仿与他们专业有正当关系的人物——模仿那些勇敢、节制、虔诚、自由的一类人物。凡与自由人的标准不符合的事情，就不应该去参与或巧于模仿。至于其他丑恶的事情，当然更不应该模仿，否则模仿丑

---

① 黑格尔：《哲学史讲演录》第三卷，贺麟、王太庆等译，商务印书馆，2013，第400页。
② 菲利普·内莫：《民主与城邦的衰落——古希腊政治思想史讲稿》，张竝译，华东师范大学出版社，2011，第35页。

恶，弄假成真，变为真的丑恶了。"① 从精神脉络上看，中世纪大学在各学科的教学中依然模仿着城邦时代的价值理性，用精神理性重塑城市政治的价值。

中世纪大学的自由理念并不表现为摆脱宗教神权意志和世俗权力的控制，而是表现为来自古希腊自由精神的先验权利。如果自由理念仅仅在个人身上，这种自由只是沙漠中的水滴，瞬间就会蒸发。只有当自由从古希腊的学校中汇集成涓涓细流，再成为喷涌的大河，真正的价值海洋才可以孕育出来。相较于其他文明来说，古希腊的自由理念得到了较为完整的传承，不论精神还是实体权利，都被写入了中世纪大学的价值系统中，所以文德尔班才颇有些自负地说道："就算希腊人从埃及人和亚述人那里吸收了技艺方面的特殊样式，但是，他们用自己的天才运用和重构了这些技艺，实际上，由于实用和实践方面的需要，东方文化长期以来输送给希腊人各种各样的知识，包括由宗教思想带来的各种各样的神话传说。不管怎样，希腊人第一次把这种知识转变成一种以自身为目的的智慧。这种哲学的精神与他们的原创活动一样，都出自个体思想的自由与独立，这是当时东方文明所不及的。"② 正是城邦生活与学园让自由从理念演变为制度。古希腊的人需要在精神上有所依托，在物质世界之外寻求更稳定的精神空间，所以柏拉图学园能够以科学重新构建一个精神家园。后来的中世纪大学亦是如此，一个新的精神世界让灵魂得到了安放。"世俗的王公和领导人相信学者的经验和分析能力可以解决社会困难，为社会创造福祉，能够致力于完成那些人们渴望的目标。人文主义是必要的，它的批判性和追求知识的精神来自遥远的古典世界的荣耀。"③ 人们学习是为了一些看似平常却又至关重要的理念，如正义、善、理性等气质，在一个城邦文明经历了跌宕起伏，需要寻求出口的时候，学园提供了这样的制度和精神空间。

中世纪大学的诞生是人精神活动的结果，由于被特定精神塑造，大学获得了人格化特征。源自古希腊的智识生活为大学这种新兴的社会机构赋予了"场所精神"："中世纪大学通过那些神圣优雅的建筑、师生活动、古

---

① 柏拉图：《理想国》，郭斌和、张竹明译，商务印书馆，2012，第100页。
② 文德尔班：《古代哲学史》，詹文杰译，上海三联书店，2014，第21页。
③ P. F. Grendler, "The Universities of the Renaissance and Reformation," *Renaissance Quarterly*, 2004, 57 (1): 2.

老仪式、学术术语以及操作规程形成了大学的'场所精神'——纯粹智识追求和平等自由交流之所。大学在不同的历史阶段会演变出不同的形态，但其内在意蕴却大致相同：一是为学生提供纯粹的学习和研究生活，可以是几个年头，也可以延绵至全部的学术生涯；二是在这段生活期间，大学应致力于保障教师与教师、学生与学生以及学生与教师之间亲密、自由地交流和栖居。唯有此二者，才是大学亘古不变的真谛，也是大学的'场所精神'所在。"① 中世纪大学流传下来的这种"场所精神"源自大学本身就是一个"精神场所"的实质。由于柏拉图学园的出现，人文精神从单个智者的思考变成了一种群体化、规模化的追求。柏拉图及其后学们认识到早期城邦学者对于人的思考不足，一直致力于改造工具化、功利化的城邦公民，培养自由、自治和自立的人，重新为当时伦理体系陨落的城邦塑造属于德性与善的观念。人只有接受真正的教育，把握善与理性，才能治理城邦。"柏拉图认为，'善'是一切真理的源泉，它先于一切事物的存在。柏拉图以'理念'的概念来代替苏格拉底的'善'的概念。在柏拉图看来，理念高于一切，而且人们只有掌握辩证法和利用辩证法才能认识理念。这也就是说，人通过发展人的心灵的高级部分，才能认识理念和接近理念，从而达到善的境界。人接受教育，在灵魂中具备正义、智慧、勇敢和节制这些理念，便成为有理性的人。"② 柏拉图学园和大学都看到了人格化精神的价值，尽可能地用知识来培养、改造和完善人。

四 从学园到大学的精神轮回

大学是传统与现代特质融合的产物，其演变过程也呈现出多面性，"人文主义者眼中的大学是一种抽象的大学，实用主义者眼中的大学是一种具体的制度性存在。人文主义者强调大学的'理念'，实用主义者注重大学的'功用'"③。大学首先要满足的是人的精神需求。每个人的心目中都有一个用来衡量大学的精神标尺。这个标尺超越时间与空间限制，由每个和大学相关的人的精神世界构成。最主要的是，这个精神标尺带有古典传统的特征。从学园到大学是西方精神文明的历史轮回，在二者身上我们

① 肖维：《中世纪大学的"场所精神"及其现代启示》，《现代大学教育》2013 年第 6 期。
② 张法琨：《古希腊教育论著选》，人民教育出版社，1994，第 8 页。
③ 王建华：《大学的三种概念》，《高等教育研究》2011 年第 8 期。

看到了相似性，求知、求真与求善的气质在二者身上完成了交替与传承。

（一）学园与西方精神世界的繁荣

当社会的物质生产力发展到一定程度时，就需要特定的机构来帮助人提高精神活动的能力。在基督教产生之前，西方得以凭借学园这类的知识机构实现高深知识的生产和传播。实体机构的大学在 12 世纪诞生，但人们心目中那个精神意义上的大学，生命要更早。可以说，大学是基于传统精神支配下的现代机构。如爱德华·希尔斯（Edward Shils）指出的："大学如果不严格坚持学院精神的主要传统，那么它们就不可能延续至今。它们之所以能长期存在，部分是因为，它们坚持了它们的中心传统。它们在精神上、实质上和方法上都遵守了这些传统，从而赢得了周围社会的尊敬。"① 大学兴起是西方历史传统中特定精神价值与精神活动相互作用的结果。

在古希腊，人们通过不懈的探索发现，好奇心的满足需要闲暇的精神生活来实现，精神活动又需要专门用来表现自己的材料和场所。柏拉图学园产生后，人在精神活动上找到了一个机构与实体组织出口，由于学园相对于个别智者有着知识规模上的巨大优势，故而在短时间内吸引了诸多求学者，这些人并非出于功利目标接受学园提供的教育，而是为了参与更高级的精神活动，几百年后大学的诞生原因与之有极大的相似性："随着'新亚里士多德'和其他人物的重新发现，随着新翻译的古代著作被吸收，随着罗马法研究的复兴，出现了真正的知识激增。"② 在学园中学术活动实现了组织化，知识在学园这种制度体系中发生了裂变与激增。而知识激增说明了一个问题：精神领域的教育不仅要应对现实，而且要尊重传统。这样一来，总结传统和探索未知就变成了教育机构得以立足的合法性职能："教育是保存传统的三个机构之一，而大学作为教育的最高层次，因为担负起科学的职责而获得了双重角色，这一职责就是，旨在发现未知事物的系统研究。"③ 为此，柏拉图学园获得了古希腊理性启蒙和探究未知的职责，建立了一套以数学和几何为核心的探究范式。到了公元前 2 世纪，古希腊的各类学校和学派发展成熟，在种种竞争与刺激下，引发了学术机构的分裂与增殖。

---

① 爱德华·希尔斯：《论传统》，傅铿、吕乐译，上海人民出版社，2009，第 196 页。
② 李工真：《大学现代化之路》，商务印书馆，2013，第 6 页。
③ 爱德华·希尔斯：《论传统》，傅铿、吕乐译，上海人民出版社，2009，第 172 页。

亚里士多德生活的时代是公元前 2 世纪，他所处的希腊已经大不如前，城邦的政治形态已经濒临崩溃，马其顿正在崛起并逐步吞并希腊诸城邦。但是其在文化上却呈现出另一种场景："希腊化社会是城邦奴隶制和古代东方社会关系相结合的社会结构，它的社会矛盾和阶级矛盾纷繁复杂，整个社会体系处于不稳定状态。这一切造成希腊化国家特殊的社会环境，因而其哲学、科学、建筑、雕塑艺术、小型造型艺术和文学的表现形式也各不相同。"① 在希腊化时期，政治上的纷争与战争引发的动乱瓦解了传统的城邦政治理性；但从另一个角度来看，希腊化却带来了精神世界的繁荣，随之而来的是逐渐丰富与融合之下的文化环境。不同风格与不同理念的学园和学派开始涌现出来，传统与现实的知识开始在希腊化的过程中保存、再造与传承。犬儒学派在综合了城邦时期的哲学和知识体系之后实现了兴起，带来了人们精神世界中新的激荡，也给了随后宗教神学的发展以新的接口："以伊壁鸠鲁学派和斯多葛学派为代表的后期希腊哲学，着重从道德和实践角度出发探讨人类的伦理化问题，这恰恰促成了基督教进入希腊、罗马文化与精神世界。"② 今天我们所熟知的哲学多数都来自犬儒学派流传下来的体系化知识，其他学园的兴起与发展也面临着类似的境遇。当仅有一两所学园时，人们在知识和智慧上的选择是有限的，当学园开始成为希腊化时代普遍的现象时，学园之间就必须为了获得更多的尊重而展开竞争，但组织形式、高等教育制度和知识体系都会得到积累和创新，这是中世纪大学直接继承的遗产。古希腊的知识到了学园时代才逐渐形成学术体系，并带有再次传播与研究的制度特性。当学园灭亡后，其创立的知识生产方式、制度形式与组织样态并没有消亡，而是散布在欧洲的各个地方，这种生活方式的流传在中世纪的特定时期重新汇集起一批参与者，组成了我们所熟悉的大学。

（二）吕克昂学园的创设及精神资源的扩散

学园塑造的是一种可以被传承的集体记忆，这种记忆能顺着文明进行传播，并且能在任何时期找到认同群体："集体记忆不是由集体来进行的活动，而是在集体中的个体活动。参与集体记忆也就是选择加入一个集体，

---

① 库济辛：《古希腊史》，甄修钰、张克勤等译，内蒙古大学出版社，2013，第 389 页。
② 户翠红、荀渊：《中世纪大学产生的历史因素分析》，《煤炭高等教育》2010 年第 3 期。

并自我认同为这个集体的一个成员。当一个群体有它自己的集体记忆时，外在于它的其他人可以理解和尊重，但不能真正分享这种集体记忆。"① 阿卡德米学园和吕克昂学园在智识生活方式、内容上的独特性，迅速引来了同类的模仿。这样一来，集体记忆的载体就扩大了。在希腊化时期，学园在组织上已经获得了扩散。如何在知识和精神上获得时代的领导力，赢得世人的尊重并延续下去是新型学园设立的主要目的。

柏拉图去世后，他的继任者并没有墨守成规，有些考证认为是斯彪西波（Speusippus）同亚里士多德就学园管理权的问题产生了分歧，使得后者离开阿卡德米学园。但真正的原因很可能是知识创新渠道的更替，推动了亚里士多德创建吕克昂学园。在亚里士多德眼中，学园已经不仅是用来培养人成为合格城邦公民的机构，而且是一种知识和传统希腊精神的集合体。经过早期在意大利和马其顿等地的游学，亚里士多德认为学园在形式和内容上都应有所创新。同阿卡德米学园强调教学不同，吕克昂学园利用亚里士多德早年间获得的知识进行研究活动，还有不少利用实验和观察进行知识研究的活动，这让吕克昂学园的知识储备要远甚于阿卡德米学园。在某种程度上可以说，吕克昂学园是知识创新刺激下的结果。有后世学者认为，斯彪西波和亚里士多德都发展出与柏拉图不同的哲学和智识生活观，斯彪西波并不完全死守柏拉图的理念，他在公元前2世纪创造出来一套哲学知识的生产体系（其中包括了数学、几何、物理学等学科），其影响一直到公元第1和第2世纪，包括后来的奇诺克雷蒂，由此柏拉图主义开始逐渐建立起来，并且在每一代学者身上都有原创性的思想。② 吕克昂学园的卓越声誉引发了诸多学者的模仿，这使得学园开始出现扩散和增殖的趋势，也使人们感受到不一样的精神氛围。同时期还有其他的学园或学派涌现，这些一并构成了早期的希腊化时代的"雅典大学"："古代希腊哲学家们所创办的哲学学校和修辞学校，到公元前200年左右，形成了教育史上所谓的雅典大学。这些机构包括：公元前392年伊索克拉底创办的修辞学校、公元前387年柏拉图创办的阿卡德米学园、公元前335年亚里士多德开办的吕克昂学园、公元前301年斯多葛派芝诺创办的哲学学校和公元前

---

① 徐贲：《人以什么理由来记忆》，中央编译出版社，2017，"增订版序言"第4页。

② John Dillon, *The Heirs of Plato A Study of the Old Academy（347–274 BC）*（Oxford：Oxford University Press，2003），p. 88.

306 年伊壁鸠鲁设立的学园。这些学园后来合并成了雅典大学。雅典大学存在了数百年，直到公元 529 年被东罗马皇帝查士丁尼（Justinian the Great）下令禁止办学，学校才被迫停办。"① 虽然"雅典大学"只是一个松散的学园群体，但这种集体性、成规模的学术机构的出现还是早期西方文明特有的现象。

学园数量和规模的扩大丰富了学者群体知识探究的土壤。虽然马其顿对希腊城邦的征服造成了人们心灵世界的空洞，但中世纪罗马帝国的衰落造成的是人在精神空间的混乱。当帝国没有建立起大一统文化的时候，知识创新和教育机构的活动空间更大。心灵危机的另一方面是人需要从智识生活中寻求慰藉，在新的精神秩序建立之前，唯有学者们独特的集体记忆才能带来精神上的安全感。"大学必须再生产很多既成思维和评估模式，并且必须延续传统，他们面临处理具有高度感召力知识和道德倾向的年轻人的类似问题。大学通过训练和研究常识，训练这些感召力倾向，并且使他们，至少开始时，接受既定问题和对自然秩序既定的看法。"② 社会需要接受过专门训练的人来引导大众走出心理危机，这些人需要拥有一定资格，在特定的机构中接受培养，又需要用新的知识体系来传播精神价值，利用学者扩散集体记忆的社会感召力，所以学园与大学才会出现在文明重建的时代："在每一个分化的有文字文化里，专门有人尽其所能发展规范信仰和认知信仰的传统。要获得这种高等知识，需要长期的学习，需要掌握这些知识的历史发展和复杂的知识操作，这一般是通过从师学习的个人的创造精神而获得这种知识的。"③ 希腊化时期的战争和混乱非但没有削弱学术机构的生命，反而使其随着亚历山大的征战扩散开来，在北非和地中海沿岸都开始有了进行高等教育的机构。城邦虽然被战争摧毁，但城邦精神和学园的集体记忆却散布到更广阔的地方，吸引了更多的人来到雅典接受教育："在希腊成为亚历山大帝国的一部分后，希腊城邦处于急剧衰变时期，以前高度兴盛的军事学校和军事锻炼失去了意义，因此也渐渐衰落下去，最后彻底让位于修辞和哲学学校——柏拉图学园、亚里士多德学

① 李立国：《古代希腊教育》，教育科学出版社，2010，第 75 页。
② 爱德华·希尔斯：《社会的构建》，杨竹山、张文浩等译，南京大学出版社，2017，第 102 页。
③ 爱德华·希尔斯：《论传统》，傅铿、吕乐译，上海人民出版社，2009，第 193 页。

校、斯多葛学校和伊壁鸠鲁学校，这时继续存在，此外，还创立了一些新的学校。这些学校对于进一步传播和推广古希腊的文化、科学、艺术起了很大的作用。"① 与之类似，经历了中世纪早期的战争和基督教教会大分裂之后，人的精神信仰降到了低谷。无知和暴力弥漫在欧洲大陆上，大学的出现吸引了人们对于那个曾经辉煌的希腊文明的需求。正是对于真理与理性的尊重为大学赢得了精神上的空间。

总的来说，大学在中世纪的产生是希腊精神及传统文化复苏的结果，更是人们对于传统的尊重与文明火种的延续。正是在希腊城邦时代培育起来的文明传统，使学园和大学成为精神组织和集体记忆。希腊化时代为知识扩散提供了契机，也提供了传统精神传播和组织创新的机遇。在长达几个世纪的时间里，成规模的知识在学园中得到保存与传播："柏拉图哲学在亚历山大里亚学派的新柏拉图主义中，如亚历山大里亚学派的斐洛（公元前40年~公元40年）和普洛提诺的思想中重新得到了体现，但是已经发生了巨大变化。对于公元初期研究和应用柏拉图学说的许多基督教作家，如圣奥古斯丁（Saint Augustine）、亚历山大里亚的克莱芒（Clement）、奥利金（Origenes）、优西比乌斯（Eusebius）、迪奥多莱（Theodore）等人，都产生了巨大的影响。"② 学园保留了城邦的精神气质，学者们共同将其构建为源自城邦却更具独立性的集体记忆，正是这种集体记忆引发了人们一次又一次的知识复兴运动。学园和大学一起构成了从古希腊延续到中世纪的一套完整的精神脉络，也正是因为带着对城邦政治的尊重与重建，学园与希腊的学者们才能够被每个不同的时代接纳，使大学总能在欧洲不同国家里多多少少地带有古希腊文明的影子。希腊化时期的学园塑造了人们心中最初大学的"模板"，后世的人们总是从理念和形态上以大学对照古希腊的学园。不同的学园的精神与生活方式在历史中传承，并最终统一到中世纪的大学身上，为其诞生塑造了精神与机构上的"子宫"。"并存于雅典的四大哲学学派——阿卡德米学园派（柏拉图学派）、吕克昂学园派（亚里士多德学派）、斯多亚学派和花园派（伊壁鸠鲁学派），它们在公元前三世纪和前二世纪期间彼此展开激烈对抗。在此后的很长时间，这个对

① 盛文林：《西方历史的源头——古希腊文明》，北京工业大学出版社，2014，第48页。
② 让·布兰：《我知道什么？柏拉图及其学园》，杨国政译，商务印书馆，1999，第20~21页。

抗愈演愈烈，以至于马可·奥勒留（Marcus Aurelius Antoninus Augustus）时期之后，政府为雅典的'大学'设置了一些特殊的'教席'。通过这种互动，不同的学说在某种程度上得到了调和，在公元前一世纪的时候，这些学派显得不太强调它们之间的观点差异，而是着力表达它们的共同点，把它们统一到高度普遍化的伦理学的共同基础之上。"① 希腊化带来了东西方精神世界的共同繁荣，不同的学术观点和派别得以扩散和传播，这也引发了各种类型学园的创办。中世纪的大学正是有了这种先例，才有意无意地对古希腊学园的发展形式进行模仿。后世为了寻求精神上的慰藉而去参与智识生活，用高深知识拯救黑暗时期里人的精神危机。所以不论怎么看，中世纪的人们都是在尊重、效仿并复制古希腊学园的传统。

---

① 文德尔班：《古代哲学史》，詹文杰译，上海三联书店，2014，第 318~319 页。

第三章
古罗马文明与大学的孕育

在历史学家眼中，一般认为西方文明在起源上有两条脉络。一条是我们所熟知的古希腊文明。古希腊是人类智慧的起点之一，也是大学精神和智识生活的母体。另一条就是古罗马文明。从时间上来说，古罗马是产生大学最直接的土壤，正是因为古罗马，中世纪的大学才有了健全的"双亲"，正如 J. C. 斯托巴特（J. C. Stobart）所言："雅典和罗马并立而为西方文明的双亲。'双亲'的比喻是非用不可的。罗马显然是阳刚而强健的，希腊则更具有美丽、迷人的天质。"① 古希腊为大学带去了知识与精神资源，而罗马则为大学赋予了其最需要的制度元素。对于大学而言，罗马文明用法律保障了大学诞生后的各项权利，借助基督教会建立起一套影响至今的制度体系。在时间上，罗马文明自公元前 9 世纪在意大利发源，直至公元 1453 年东罗马帝国被奥斯曼土耳其帝国攻灭，前后经历 2000 余年的时间。其在漫长的时间内有文化的辉煌，也有黑暗的笼罩。正是有了相对稳定而统一的地域环境，罗马时代的宗教、科学与大学组织能够在整个欧洲大陆散播开来。其中，公元 5 世纪以前的古罗马文明发挥了极为重要的作用。在古罗马时代，产生了另一个影响世界的文明分支——基督教，基督教也是大学得以兴起的重要因素。在传统认知上，人们认可的古罗马文明的辉煌时代是以共和国时代为起点，一直持续到公元 5 世纪。现代人理解的"西方"概念，就是在古罗马时代形成的。"罗马在西方人心目中的地位依然神圣不可侵犯。'西方'这个概念本身所指的乃是地中海盆地，而这个盆地是罗马人在五十三年的时间中打下来的，西方人在内心里永远

---

① J. C. 斯托巴特：《伟大属于罗马》，王三义译，上海三联书店，2011，第 1 页。

不会忘记这个事实，他们对罗马的感谢是隐秘而永恒的。"① 或许我们可以这样理解，将古罗马文明比作一棵大树，在这个基础上既有位于树根位置、源生于西欧社会的古希腊文明，还有嫁接上去的其他文明，正是在多重文明融入的历史中，结出了大学这样丰硕的果实。

第一节　大转型——从古希腊到古罗马

大学精神虽然来自古希腊，但大学机体的形成、权力的获取、制度生长的土壤则直接来自古罗马文明。文明交替时会产生新的事物和思想，也会抛弃旧观念的束缚，文明交替和转型通常对教育的影响极为深远。古希腊到古罗马的文明转型对于新的教育机构的产生和学术发展是积极的。正因为有了从古希腊到古罗马的转型，西方文明才不至于停滞不前，新的知识环境与社会氛围才能够产生并有了孕育大学的土壤，否则大学即便产生也必然是屠弱的。对于古罗马来说，人们一向认为是军事实力铸就了其文明形象。然而，罗马文明的文化影响才是更深刻的，它留下了延续至今的法律体系、城市制度、基督教，更留下了大学。历史上军事实力强悍的国度也有许多，但大多数最终都没有延续下来。不同的文明在交融的时候必然有碰撞、改造与转型，这样才有产生新事物的可能，"希腊文化与罗马传统注定是一种'文'与'质'之间的交锋与互融。早期的罗马人朴素、诚实、勇猛、粗犷，挫败迦太基和征服希腊之后，他们必须考虑如何面对希腊光辉灿烂的文化"②。古罗马正是在接受了来自希腊文明的洗礼之后，才完成了从军事统治到文化统治的转型。只有在一个相对稳定的制度系统内，一个国家或朝代才能够铸造文明的基石，允许像大学和宗教这样的新生事物出现，"大学是世俗化时代一个神圣的独立王国。大学这种自治独立地位，不能仅仅外在地视为大学自身争取的历史性结果——恰恰相反，透过大学与世俗社会各种冲突的解决方案，不难看出，大学这种自治独立地位，毋宁说是整个社会出于对大学某种近乎一致的尊敬态度而照顾让步的产物。教会、王室、世俗行会与市民，对大学潜意识地怀着某种新时代

① 林国荣：《罗马史随想》，上海三联书店，2005，第 143 页。
② 葛怀恩：《古罗马的教育——从西塞罗到昆体良》，黄汉林译，华夏出版社，2015，"中译本前言"第 2 页。

精神信仰的期待与信靠"①。从古罗马时代起，以意大利为中心形成了一个转动轴心，各种文化围绕这个轴心通过古罗马文明的离心效应被旋转到欧洲各地。

一 文明继承与转向：从希腊化到罗马化

文明之间的接触是一个充满继承与转向的过程，能够为中世纪留下的最直接的资源是城邦时代和学园共同生成的知识系统。城邦衰落之后这些知识系统随着亚历山大的东征埋入了东方文明，再经过十字军东征将这些古希腊的文明火种带回，之后才有了中世纪学者能够用以进行学术研究的资料。虽然在公元前 5 世纪西罗马帝国灭亡了，但这不代表罗马文明的灭亡，更没有理由说希腊文明就此没有了影踪，在 12 世纪和 14 世纪欧洲大陆上的两次大规模文艺复兴可以证明，这两种文明没有完全消逝。可以说，希腊人为大学创造了思想与精神，但真正将其变成组织和制度的是罗马人。

（一）希腊化时代文化的扩散

古希腊城邦文明即将走向衰落的时候，实际上却是它向外传播的时候。在古希腊与古罗马之间，有一个文明的传递与转向期，这就是希腊化时期。一般来说，人们所理解的希腊化开始于公元前 323 年亚历山大去世，结束于公元前 1 世纪罗马共和国灭亡埃及。所谓"化"的过程，实际上就是一种文明状态的传播与转型的过程。大约在公元前 334 年，古希腊的城邦随着亚历山大的征服也逐渐消逝了往日的光辉，"伯罗奔尼撒战争不仅结束了雅典的霸权，而且毁灭了整个希腊世界的自由，黄金时代的雅典结束了。曾经属于希腊的光荣，从此以后暗淡了，黑暗笼罩着希腊"②。在征服过程中，希腊文明能够影响的土地面积越来越大，在欧洲之外分布着希腊式的城市、剧场、艺术和文学、神庙以及希腊式的商业贸易形式。希腊化打破了传统的东西对立状态，重新将两个大陆和北非连接在一起，这是文明变迁的历史背景。

---

① 尤西林：《阐释并守护世界意义的人——人文知识分子的起源及其使命》，华东师范大学出版社，2017，第 243 页。

② 陈恒：《关于希腊化时代的若干问题》，《华东师范大学学报》（哲学社会科学版）1997 年第 2 期。

随着希腊化的演进，在希腊化鼎盛时期三个著名的王朝（马其顿王朝、塞琉古王朝、托勒密王朝）中，只有托勒密王朝在亚历山大里亚建立了科学与知识的中心，亚历山大里亚属于非洲，也是当时的东方文明。但是在希腊化时期，除了欧洲之外的其他地域内，包括小亚细亚、波斯、美索不达米亚、叙利亚、腓尼基和巴勒斯坦等，我们充其量能够看到源自古希腊的物质成果，很难发现这些文明独有的使精神和智力资源能够成功存活的种子。中东地区的伊斯兰世界异军突起，将古希腊的科学成果继承了下来，看似获得了学术上的发展优势，"伊斯兰世界比西欧早几个世纪得到亚里士多德的主要著作。许多希腊哲学家的文献被翻译成了阿拉伯文。而后来西方的拉丁文译本都是从这里来的。到了 833 年，巴格达的哲学已经名声大振，在那里还建立了一座经院，既是为翻译希腊哲学和科学的手抄本文献，也是为了进行创造性的学术活动"①。然而，穆斯林如此丰盛的文化成果最终却成就了西方文明的辉煌，在中世纪和近代两次大学崛起之后，阿拉伯人的学术优势就不存在了。

希腊化时期，以柏拉图学园为代表的几个学园和学派完成了教育机构上的合并，构成了一个学术机构的联合体——雅典大学，中世纪大学就将其视为先祖，"中世纪晚期的历史学家经常把他们的大学看作同古希腊以及亚历山大时期那些著名学校相同的机构，巴黎和剑桥的大学就被设定为这样的机构"②。在希腊化时期，学术资源达到了"井喷"式增长以至极其丰饶的地步。在君主的资助下，其他地方也有类似于雅典大学的学术机构涌现，与之相类似的还有亚历山大里亚的图书馆，"亚历山大博物馆与图书馆是第一个由国家所设立以促进研究与教学的高等教育机构。这是古埃及学术的黄金时代，亚历山大里亚成了希腊世界的智慧中心，取代了雅典的地位，并促进了学术的繁荣与人才的培养。故教育史专家称之为亚历山大大学"③。也有学者认为：亚历山大里亚是最早产生国家教育体制的地方，而且这种由政府资助教育的形式能够被后世所效仿，"可以确定的是，

---

① 撒穆尔·伊诺克·斯通普夫、詹姆斯·菲泽：《西方哲学史——从苏格拉底到萨特及其后》（修订第 8 版），匡宏、邓晓芒等译，世界图书出版公司，2009，第 141 页。

② Olaf Pedersen, & Richard North, *The First Universities: Studium Generale and the Origins of University Education in Europe* (Cambridge, Mass: Cambridge University Press, 1997), p. 14.

③ 李立国：《古代希腊教育》，教育科学出版社，2010，第 109 页。

在亚历山大里亚市的学校不是某个思想家关注的结果，而是从一开始被作为一种国家事业来举办的，而且从皇帝和他的继任者那里提供了大量的经济资助"①。亚历山大里亚设立图书馆和博物馆的行为开启了君主资助高等教育的先例，到了中世纪开始的时候，这种资助逐步演变为教皇和国王用特许状及资金等形式建立大学组织，我们从中也可以看出高等教育制度上的传承与相似。

希腊化时期是古典文化的第一次扩散时期。城邦时代和学园的知识资源借助亚历山大大帝的军事行动扩散到东方，而且亚历山大大帝又带回了东方的各类动植物标本供亚里士多德研究，这种知识上的扩散和流动对于智识生活的传递和蔓延有着积极的影响。希腊化时代实际上为东方文明提供了产生新知识机构的机会，使亚历山大里亚也能够产生当时著名的高等教育机构。

（二）希腊化时代中的罗马文明初现

从时间上看，罗马文明与希腊化是并行发展的。罗马共和国崛起于希腊化时期，但是古罗马中智力和精神资源的积累是与亚历山大东征时希腊文明的扩散同时进行的。大约在公元前 2 世纪，早期的罗马就有了"希腊热"，"在罗马，希腊文化的延续有两个目的：首先是作为贵族阶级的象征，他们学习希腊文化是为了保持同普通人的距离，拉丁语也只是在希腊文化中起到皮毛的作用。其中，西庇阿斯（Hippias）在公元前三世纪已经领略了一些精髓，随后的政治家例如苏拉（Lucius CorneIius Sulla，公元前138 年~公元前 78 年）和卢库勒斯（Lucullus，公元前 117 年~公元前 56年）写下了他们对于希腊文化的回忆录。第二个原因是希腊文化必须被另外加入修辞学的训练技巧，如果一个人想要提高政治上的位置并通过行政职位获得权力、财富和影响力的话，这一点将是非常重要的"②。大约在公元前 8 世纪，希腊语和诗歌、哲学等知识的学习在古罗马成为一时之风气，在亚历山大大帝征服亚欧大陆之前，实际上希腊的城邦文化已经征服了南部欧洲的大多数土地。

---

① Olaf Pedersen, & Richard North, *The First Universities*：*Studium Generale and the Origins of University Education in Europe*（Cambridge, Mass：Cambridge University Press, 1997）, p. 17.

② Olaf Pedersen, & Richard North, *The First Universities*：*Studium Generale and the Origins of University Education in Europe*（Cambridge, Mass：Cambridge University Press, 1997）, p. 20.

对于大学而言，除了相对完整的知识系统，古罗马从古希腊继承的最主要精神资源是自由理念。这种自由的理念体现为个体自由空间的扩张，直接构成了后世学术自由和大学自治秩序建立的条件，就像齐格蒙特·鲍曼（Zygmunt Bauman）所说的："秩序的可靠和坚固，是人类自由力量的典型产物和结晶。"① 在古罗马，这种继承自古希腊的自由并不仅体现在人们的社会生活中，其最主要的影响体现在教育活动与教学内容中。大学所要设置的基本学科，都以这种自由的名义被制度化建构，"我们今天似乎很难理解为什么古罗马人将文法、算术、几何、诗歌这些在今天看起来比较平常的知识视为'高贵的''符合生来自由人身份的'知识。在现代民主社会中，由于教育的普及，几乎所有人都能接触并学习这些知识。但在古罗马社会中，文法、算术、诗歌、天文学这些知识是特别与'闲暇'联系在一起的，贵族们也只是在闲暇时（如青少年时期、戎马生涯或政务生涯的空闲时间）才会学习这些知识，而奴隶们和一般的自由人根本没有'闲暇'，所以一般而言与这些知识无缘"②。这些自由知识与教育理念在城邦时代可能只是区别身份的一种象征，但是到了中世纪之初，就变成了维护大学权利的坚实依据。正是在古罗马及后续王朝的庇护下，人们将古希腊的自由理念以权利和制度的形式确定下来，并加以保护。

中世纪大学得到了当时世俗势力与教会势力赋予的许多特权，这在我们看来像是自然而然的过程，但实际上它却经历了许多波折与冲突。人们对于这样一个新鲜的事物并不乐于接受，这样的情形在历史上曾重复出现过。历史总会重复上演。从公元3世纪开始，古罗马开始接纳并逐渐改造希腊文明。罗马人对待希腊文明的态度也曾经历了这样的反复，一方面他们敬仰希腊文明的璀璨；另一方面他们也对其有过抵触，害怕落入城邦生活晚期道德退化、社会整体没落的境地，"新希腊—罗马的文化和教育引起保守罗马人的注意，公元前161年，元老院曾下令驱逐哲人和拉丁语修辞术教师。老卡图甚至在公元前155年呼吁驱逐三位雅典的哲人使节，担心这些人会感染和迷惑年轻人的心灵，并不知不觉地改变共和国袭传的习

---

① 齐格蒙特·鲍曼：《流动的现代性》，欧阳景根译，中国人民大学出版社，2018，第29页。
② 沈文钦：《西方博雅教育思想的起源、发展和现代转型：概念史的视角》，广东高等教育出版社，2011，第84页。

俗伦理"①。虽然老卡图（Marcus Porcius Cato）本人就是一个精通希腊语的人，也深受希腊文化的熏陶，但是希腊语在上层社会的流行还是使得许多统治者们很忧虑，他们在学习了希腊的文化之后，又想尽办法排斥希腊文化。这并不是一种落后文明对先进文明的排斥，而是一种文明的筛选与重组过程，"共和国后期，罗马国家颁布过两项教师法令：公元前161年法令规定驱逐在罗马用希腊语演说与教学的希腊哲学家和修辞学家；公元前92年法令则禁止希腊演说家在罗马城开办拉丁语演说学校。这两项法令显然是罗马精英以所谓的传统社会道德和价值理念应对希腊文化挑战的措施。它们表明，在接受希腊文化过程中，罗马精英们已经由被动接受者变成了主动选择者。这两项教师法令在一定程度上促使希腊文化参与新的罗马文化传统的创造，达到了重塑罗马城市贵族精英的目标"②。虽然在共和国这两项法令最终为希腊文化的强势所征服，并没有真正推行下去，但是它们却开启了一种影响后世历史的解决矛盾的方式。当时的国家统治机构开始用成文法令的形式干预教育，但是人们用习惯法抵制这种正式的法规，最终使得国家向智识生活的传统妥协。

希腊化对于罗马和亚历山大征服的其他领土所产生的影响是不一样的，由此也产生了两种不同的现象。对于接受了古希腊城邦文化的这些国家来说，虽然他们大多对希腊文明保持了一种心态上的虔诚，在这些文明中也有出现大学的可能，甚至一度出现了类似于大学的机构，但是最后它们却没能被保留下来。古罗马人并非自然而然地接受和继承古希腊的文化，而是在文明交替时期表现出复杂的心态。在共和国时期，人们热衷于希腊的智力资源，也接受了来自城邦和学园的教育形式，但是在高层的统治者却担心人们会陷入城邦时代晚期的道德败坏和理性衰退，所以对古希腊的文化资源进行了改造。用重塑文化和制度的方式接纳了来自古希腊的智识成果，发展出相对独特的学校与教育治理方式。正是这种文明的改造为古希腊智识生活与智力资源在欧洲本土的扎根奠定了制度基础，城邦时代智识生活中的精髓——自由，在古罗马得到了完善与巩固。古罗马发展

---

① 葛怀恩：《古罗马的教育——从西塞罗到昆体良》，黄汉林译，华夏出版社，2015，"中译本前言"第3页。

② 姬庆红：《古风与新潮的碰撞与交融——古罗马共和时期的两项教师法令释读》，《首都师范大学学报》（社会科学版）2013年第6期。

出一套相对实用的教育内容，不论罗马法的研究还是将七艺变成固定的课程，智识活动首次在罗马时代获得了法律的认可与保护，"罗马法律学说的聚焦点在于国内的人可以以这样或那样的方式团结在一起，通过一般的实体机构或者职业实现这种团结，而且一些学校和商业组织可以以个体法人的形式从事活动"①。这些法律学说的研讨及实践对中世纪大学的产生无疑起到了至关重要的作用。

二 理念转型：知识的革命性发展

从古希腊到中世纪，知识生产经历了多次革命性爆发才产生了范式创新。雅典是知识系统化爆发的重要节点，也产生了最早的知识生产机构，"高度的组织性是希腊文化的突出特征之一。雅典曾经流行过四个哲学流派：学园派、逍遥学派（Peripatetic）、伊壁鸠鲁学派（Epicurean）和斯多葛学派（Stoic）。基本上每一派都讲授正规的课程，都有舒适的演讲场所和自由支配的图书馆"②。到了中世纪，在博洛尼亚和巴黎，正是因为当地有罗马法、教会法研究者和修道院学校这样高度组织化的教育机构，这两个地方才成为当时的"知识之都"。知识在城市的汇集能吸引大批学者来此开展研究活动，最关键的还是因为这些城市能为智识生活提供制度保障与组织化的空间。亚历山大大帝在疆土开拓后，在东方建立了希腊—马其顿式统治，雅典失去了其在政治力量上的关键影响，希腊文化随之迁移到世界其他地方，在这些地方也建立起了同阿卡德米学园和吕克昂学园极为接近的学校，这些著名的新学校分布在公元前 300 年的亚历山大里亚，由当时的皇帝托勒密一世（Ptolemy I Soter）同来自意大利巴勒莫的德里特米厄斯（Derritmeeus，公元前 350～公元前 290 年）——古希腊哲学家泰奥弗拉斯托斯（Theophrastus）的学生作为顾问。③ 从古典时期的雅典到希腊化时期的亚历山大里亚，再到古罗马，知识完成了地域上革命性的迁移与传播。

① Olaf Pedersen, &Richard North, *The First Universities：Studium Generale and the Origins of University Education in Europe*（Cambridge, Mass：Cambridge University Press, 1997），p. 27.
② 威廉·麦克尼尔：《西方的兴起：人类共同体史》，孙岳、陈志坚等译，中信出版社，2015，第 324 页。
③ Olaf Pedersen, & Richard North, *The First Universities：Studium Generale and the Origins of University Education in Europe*（Cambridge, Mass：Cambridge University Press, 1997），p. 16.

（一）希腊化时期知识轴心转移对大学的影响

到了公元前 3 世纪，城邦政治已经开始走向衰落。古罗马人在接受这种生活方式的同时，也发现必须要对其进行改造，否则一样会被拖入衰落的旋涡，"罗马所面对的已经不再是古典希腊世界，而是走向衰落的希腊化世界，因此希腊社会道德中的某些缺点，在面对罗马的强势统治时，体现得特别明显，而且被罗马人视之为希腊民族特性。在罗马人的印象中，'小希腊人'具有以下特征：夸夸其谈（Volubilitas）、游手好闲（Ineptia）、傲慢自负（Arrogantia）、厚颜无耻（Impudentia）、轻浮放荡（Levitas）、欺瞒狡诈（Fallaces）、奢侈浮华（Luxuria）等"①。在罗马接纳希腊文明并改造之前，实际上另一个知识的汇聚地已经在古埃及的亚历山大里亚形成。从这个意义来看，古罗马的文明转型并不是一种突发的现象，而是在外部知识转型的刺激下发生的一系列文明的改造与转换。

在地域上，早期的古罗马属于大希腊的范畴，早在王政时代就已经有文明的火种。但是从古希腊到古罗马的文明转型，无法绕过的是希腊化时代，希腊化时代完成了对希腊科学的思维范式升级，古罗马时代接纳并完成了这种知识生产的范式，这样才会有不同的科学知识传承，对此涂尔干曾说："在文明的所有要素中，只有科学在某种条件下才能具有一种道德属性。实际上，社会正在逐渐把科学看作是个人用既有的科学真理来启发心智的一种责任。"② 希腊化时代最为突出的学术革命产生在亚历山大里亚的新学派群体中，"对于'雅典人'所认为的构成一切事物之核心的第一原理，'亚历山大人'并不感兴趣。'亚历山大人'运用可以作计算的数学单元——数和形。对'亚历山大人'而言，知觉到的现象不是充当说明，而是作为数学分析的出发点，除此以外几乎所有东西都是抽象的"③。更进一步说，古罗马之前，西方知识和科学的思维脉络已经由两条城市主线构成：一条是以雅典为代表的城邦思辨哲学的知识观，另一条是以亚历山大里亚为代表的自然科学和抽象数学知识系统。这两条线索直接影响了大学的知识命脉。直到近代科学出现之前，这两条脉络是欧洲大学产生之后进

---

① 叶民：《共和国晚期至帝国初期古罗马人的希腊观》，《世界历史》2008 年第 4 期。
② 埃米尔·涂尔干：《社会分工论》，渠敬东译，生活·读书·新知三联书店，2017，第 16 页。
③ H. 弗洛里斯·科恩：《世界的重新创造：近代科学是如何产生的》，张卜天译，湖南科学技术出版社，2012，第 16 页。

行智识生活和研究的主要知识生产范式:"希腊思想都是在两种不同思维模式的框架下发生的,这两种模式都不是近代科学的思维模式(尽管与之不无共同之处,特别是'亚历山大的'思想),而是有其自身的特征和发展潜力。"① 概括起来,雅典人为大学的产生提供了精神与思想,而亚历山大里亚人为大学提供了直接的研究工具。

知识转型意味着知识生产形式的重新组织,正是知识生产的偏好导致了智力活动的差异,"知识组织偏好的差异是由社会制约而产生的。分析性思维和分类学组织在古希腊这样奖励个人追求的社会中更有益,而在中国这样强调相互依赖和人际关系的社会中,整体思维和主题组织更相容"②。亚里士多德提出了组织知识转型的第一步,也就是从抽象的、理念意义上的知识改造为客观真实的知识。从古罗马开始,人们致力于完成第二步工作:从客观真实的知识走向专业化、实用性的知识。大学的出现则完成了知识转型第三步工作,将前两者进行了有效的结合。表面上看大学的诞生是当时历史环境的产物,实际上其是在西欧的文明延续的框架中进行的。正是有了文明的接触、移植与转型,才有了新的知识理念与知识机构,这同东方知识生产的路径长期稳定的形态形成了鲜明对比,如科恩(H. Floris Cohen)所言:"在历史上,文化遗产从一种文明移植到另一种文明是创新的最重要的源泉之一。在此过程中,现有的形式和内容可以得到扩充,甚至可能通过转变而产生新的形式。由于政治和军事等原因,中国等自然认识从未经历过这样一种文化移植,而希腊的自然认识却至少经历了三次。"③ 知识只有在不断流动的过程中才能吸收其他文明的精华。关于大学的知识并不单纯来自古希腊,在亚历山大大帝和十字军东征时期,东西方的知识产生了大交会。

城邦时代的哲学知识在古罗马人看来还是距离实践太远,这种过于思辨和理想的知识形态会引发社会的精神动荡。从罗马所处的时代说,仅仅以思辨哲学和自然哲学并不能解释诸多世界现象,而且罗马人更需要的是

---

① H. 弗洛里斯·科恩:《世界的重新创造:近代科学是如何产生的》,张卜天译,湖南科学技术出版社,2012,第 17 页。

② Wyatt, et al., "The Impact of Domain and Subject Specialization on Knowledge Organization," *American Journal of Psychology*, 2010, 123 (3): 300.

③ H. 弗洛里斯·科恩:《世界的重新创造:近代科学是如何产生的》,张卜天译,湖南科学技术出版社,2012,第 204~205 页。

使用知识改造世界，故而这种文明知识系统需要重新构建，"知识来自解释世界，解释世界可以改造世界。这就是'知识就是权力（力量）'的原本意义"①。历史上，亚里士多德提出过知识应该同真实的生活相联系，知识应该从一种抽象的情境中脱离出来，逐步走向客观真实。但在当时这个各类学说纷繁涌现的环境中，这种想法并没有得到多少实施的可能。到了古罗马时代，人们重新发现了亚里士多德知识学说的重要性。所以，古罗马人并不是摒弃了希腊知识形态的传统而进行独创，他们实际上是对知识进行了从理念到实践层次的改进，"按照亚里士多德的观点，知识并不是单独存在的，而是包含在其他关系当中的。知识本身必须要变得真实才能被人接受，知识的分支，也就是科学知识，需要同其所研究的客观实在的物质相一致才能体现出真实性。当知识没有这种真实的形式的时候，就无法被接受，所以例如美、神这类的内容也必须同真实相联系才能获得人们的认可"②。古罗马人将古希腊的知识体系加以改造，实现了从理念到实践的扩散，使其社会受众面更大。所以在古罗马时期，法律和医学都能够实现从经验到理论的进化，知识化的法律和医术才是可传播与再生产的。随着知识的覆盖地域扩大，人们了解和掌握高深知识的需求更高，高等教育和高等学府才能变成社会的共同需要。

（二）实用主义知识观的建立

罗马人的知识观是推动大学产生的新逻辑，在他们眼中只有用来解决真实问题的知识才能为教育所传播，即使是人性的启蒙与培养，也需要针对真实客观的人展开。在共和国时期人们对待知识的态度就开始变得实用，实践性知识生产在罗马时代获得了极大的声誉，这种实用的态度是导致实体大学产生的关键因素。罗马人追求实用，但这是一种理性或理念上的实用，"如果说希腊人长于创造性的理论思考，那么罗马人更富于文治武功的实践。希腊人可能热衷于医药学、建筑学、外科学等专业，而正是罗马人建造了医院，建构了一套军队医疗服务体系并且将几何学应用于道

① 郑永年：《中国的知识重建》，东方出版社，2018，第68页。
② G. K. C. Guthrie, *A History of Greek Philosophy—The Later Plato and the Academy*（Cambridge: Cambridge University Press, 1978），p. 45.

路系统或水上运输"①。唯有知识理念上的转型，才可能诞生新的知识机构以及科学革命。一切的知识不论其自身多么高贵，最终还是要为人服务的，大学的出现迎合的正是人的需要，借助的也是由知识理念变革的趋势："科学革命的代表特征之一就是，强调经验和观察是寻找真理的手段。对于这一点，我们已经司空见惯了，往往很难想象曾有过一个时代，经验与观察屈居于权威之后，看事物的方式要取决于权威。""科学革命的另一个代表特征是，关于自然的知识肯定有益于人类生活的改善。"② 如果没有古罗马对古希腊文明的转型与改造，就不会有知识进步与组织化学术机构的扩散，当然也不会引发包括近代自然科学在内的一系列知识裂变与增殖，从这个意义上看，大学是知识观转型的结果。

后世有许多人在看待大学时总是将视野局限在中世纪的实际需要中，并没有人将目光放在前期古罗马知识理念的转型上。实际上，大学的诞生与兴起是通过时代交替与继承，由文明转型和知识革命一步一步引导出来的，不论其出现还是兴起都是文明嵌套与积累的结果，而并非一个社会组织产生的突变现象。只有知识的转型才能促使新的知识土壤产生，"数学和自然研究方面的天赋没有时代的限制，问题是这种天赋是否有机会发挥出来。如果没有一定程度的社会基础是不行的。在伊斯兰文明中的自然认识的繁荣时期，这种机会当然是存在的，而在文艺复兴时期的欧洲，这种机会则要大得多。这首先是由于大学是所有欧洲精英的教育机构，自然研究则是大学教学的固定组成部分"③。科学发展整体上需要这种变革环境带来的创新氛围。大学出现的时间虽然相对于古罗马产生知识观变革的时间较远，但是无疑受到了这种变革的恩惠。

造就大学的不仅是时代，还包括社会普遍的知识环境，"是一个历史的连续过程，而不是孤立目标的一次革命"④。高深知识在地域上的迁移总

---

① 陈恒、鲍红信：《希腊化，还是罗马化——罗马对希腊文化的模仿、调适与创新》，《史林》2011 年第 5 期。

② 约翰·亨利：《科学革命与现代科学的起源》，杨俊杰译，北京大学出版社，2013，第 28、29 页。

③ H. 弗洛里斯·科恩：《世界的重新创造：近代科学是如何产生的》，张卜天译，湖南科学技术出版社，2012，第 95~96 页。

④ 吴刚：《知识演化与社会控制——中国教育知识史的比较社会学分析》，教育科学出版社，2002，第 19 页。

会引发社会环境与人们知识理念的改变，从雅典到亚历山大里亚，尽管知识观发生着改变，但罗马对欧洲的统一扩大了新知识传播的范围，智识生活的种子开始落在大多数欧洲城市中。古罗马在吸收了来自前期的知识成果之后并没有盲目地崇拜，而是对其进行了改造与创新，正是出于实用的目的，人们才有了对建立实体知识机构——大学的需求。来自古希腊的知识生产范式和古罗马的实用知识观融合在一起，成为支配大学演进与兴起的逻辑。罗马时代建立的知识制度及其教育体系又推动着知识发生革命性的变化，在一个变化的环境中，任何智识机构都必须努力适应环境才能保留自己的位置。西方文明从古希腊到古罗马发生了第一次知识理念上的重大变迁，希腊化时代催生了众多知识汇集的中心，其中尤以亚历山大里亚为代表。实用主义知识观的确立使得新的知识生产范式得以扩散开来。

三 教育的转型：专业教育的诞生

由于观念的差异，人们对于古希腊纯粹理性的教育赞赏有加，而对于古罗马的实用教育则有了一定批评与蔑视，安东尼·科贝尔（Anthony Corbeill）就引用了一段人们评价两种文明教育的话："学者们普遍用二分法的视角来看待希腊和罗马的教育，他们说：希腊人创造了戏剧和形而上学，罗马人完善了城市的排水系统以及法律准则。"[①] 然而如果进一步梳理，则古罗马高等教育活动的演进分为两个阶段：第一个阶段是对古希腊教育资源的继承，第二个阶段是古罗马自身教育的转型。不同的知识系统经过几百年的积累，在 10 世纪之前发生了融合，逐渐形成了大学诞生的教育环境，"罗马教育被分为两个特点鲜明的阶段，虽然这两个阶段的分界线并不是那么明确。第一个阶段最早可以追溯到古希腊的生活、文化以及享乐观念的进入和古罗马开始将这些观念和行为变成其在军事和政府管理上的世界性代表。第二个阶段来自古罗马的转型，大致出现在公元前 2 世纪中叶"[②]。古罗马确定了国家教育的实体机构，教育资源被制度化地编入学校的课程体系

① Anthony Corbeill, "Education in the Roman Republic: Creating Traditions," in Yun Lee, eds., *Too Education in Greek and Roman Antiquity* (Leiden: Koninklyke Brill NV Press, 2001), p. 261.

② Paul Monroe, *Source book of the history of edcuation for the Greek and Roman period* (New York: The Macmillan company, London: Macmillan & Co. Press, 1921), p. 327.

之中。实体教育机构的知识资源与课程编排仍来自希腊，只不过到了罗马时期这些文化资源被置于组织与制度的规范下，"古罗马教育的直接材料来自希腊的艺术与文学作品，这种趋势从公元前 3 世纪开始，一直持续到了公元 2 世纪。诸如古希腊史学家普鲁塔克（Plutarch），诗人和修辞学家卢西恩（Lucian），还有阿特那奥斯（Athenaeus）的作品在罗马都受到了热烈欢迎。在不少罗马的学校里，对于古典作品的阅读成为学生学习的必经阶段"①。教育上的转型并不代表对之前文明成果的遗弃，否则中世纪大学就不会研究教会法和民商法。西塞罗（Marcus Tullius Cicero）在文明交替的年代里就曾这样赞美过："我们拥有的一切知识都来自希腊，我们从小开始阅读和学习他们的这些著作：我们视之为一种自由博学的教育。"② 但是再多的羡慕也不代表要完成对之前文明的复制，古罗马人有意识地对教育形式和内容进行了改造。古罗马对古希腊教育资源的集中与整合，产生了学科和专业性教育的结合，并逐渐有了面向实用的教育。

（一）罗马时代的教育需求

古罗马对于希腊人的文化是敬仰和羡慕的，随着战争俘获了大量原希腊地区的奴隶，有诸多奴隶的教育经历为古罗马带来了丰富的希腊知识资源，使罗马人认识到自己的渺小，"希腊文明是在双重的劣势下传入罗马的：不仅希腊文明本身已经走过了它的辉煌时期，而且，走过辉煌的希腊文明也是主要由奴隶带到罗马去的"③。从希腊去的奴隶们充盈了当时罗马贫瘠的知识和教育土壤，"到了公元前 2 世纪，特别是在公元前 168 年马其顿战争结束以后，不少希腊贵族和学者文人以战俘身份被掠卖到罗马，还有一些希腊自由人为谋求财富和官运也纷纷来到罗马。此后，罗马人开始大规模地使用希腊人做教仆"④。但是来自希腊的人才毕竟只能满足贵族需求，大多数还只是家庭教育，对整个社会的影响有限。

---

① Raffaella Cribiore，"The Grammarian's Choice：The Popularity of Euripides' Phoenissae in Hellenistic and Roman Education," in Yun Lee, eds., *Too Education in Greek and Roman Antiqunity*（Leiden：Koninklyke Brill NV Press，2001），p. 242.

② 葛怀恩：《古罗马的教育——从西塞罗到昆体良》，黄汉林译，华夏出版社，2015，第 23 页。

③ 斯托巴特：《伟大属于罗马》，王三义译，上海三联书店，2011，第 81 页。

④ 姬庆红：《古罗马教仆与贵族教育》，《上海师范大学学报》（哲学社会科学版）2009 年第 3 期。

希腊文明对古罗马的影响主要偏重于艺术和文学层面，分布在相对大的城市。早期战争状态结束后，罗马人感受到了智力活动的饥渴，"从古希腊到古罗马，人们却能够感知到这一切以及其发生的改变：希腊化时代，随着亚历山大征服欧亚大陆，古希腊和亚洲可以共享荷马史诗的成果。但是罗马世界的学生却为地域边界以及河流所阻挡，之前的语言优势已经不复存在，到古罗马时代，理想的教育只能是人们在各自的行省内，去辨别和寻找波里尼克斯（Polyneices）留下的作品"①。在这种情形中，古罗马人面对的历史环境要比古希腊人复杂得多，在不少地区希腊语并非像在首都高层那样流行，更不必说接受希腊式的教育和文化熏陶，所以古罗马的教育必须要进行转型。

文明在交替过程中主要凭借的载体就是教育制度，因为唯有制度化的教育形式才能完整传播知识。进入公元 2 世纪，古罗马在欧洲大陆上实现了相对稳定的统治。结束了希腊城邦的纷争后，古希腊政治家梭伦在几个世纪前对构建文明的设想在亚历山大里亚和罗马实现了，它们有一个相对统一而稳定的地缘环境与政治环境。梭伦在演讲中这样说道："一个文明之所以能够成长壮大，是因为在这个文明内部孕育着强烈的帝国理想和征服欲望；而这些理想和欲望一旦消失，则整个文明必将干枯、死亡。要么征服，要么被征服，这是所有文明的生存法则。文明和自由并不是自我证成的，在人类事务中，能够自我证明的东西只有征服。"② 与之相类似的是 12 世纪大学产生的历史环境。虽然罗马帝国崩溃后的战争和疾病造成的黑暗一度笼罩着整个欧洲，但是在 10 世纪教皇革命完成后，欧洲已经有了稳定的政治和知识汇集的中心，正因为有了这些中心城市，人的许多社会活动才能以组织和制度化的形式表现出来，为知识传授与生产造就相对稳定的转型环境，正如涂尔干在考察法国大学出现的背景时所说的："现在，王室在巴黎安定下来，巴黎成为王国的首要城镇，成为首都。从此以后，法国有了一个中心。而随着城镇本身求取特权的过程不断推进，巴黎学校也势必越来越多地分享了这种特权；对于王国的所有年轻学者来说，巴黎

---

① Raffaella Cribiore，"The Grammarian's Choice：The Popularity of Euripides' Phoenissae in Hellenistic and Roman Education" in Yun Lee, eds., *Too Education in Greek and Roman Antiqunity*（Leiden：Koninklyke Brill NV Press，2001），pp. 246-247.

② 林国荣：《罗马史随想》，上海三联书店，2005，第 59 页。

学校所具有的吸引力都远远高于国内其他学校乃至邻国的学校。"① 后世的巴黎与古代罗马类似。只有在相对稳定的政治环境中，才会有一些学校将教育的理念与知识生产方式固定下来，乱世是不可能出现大学这样的学术和教育机构的。

倘若在教育上没有从希腊到罗马的转型，中世纪的学者所面临的必然是一个僵化的知识闭环。古罗马时代的教育之所以需要发生转型，原因在于智识生活所面临的社会空间发生了变化，传统的城邦和希腊语已经被逐渐兴起的拉丁语所取代，罗马人必然要建立适应其文明的教育体系和知识生产方式。实用主义和专业教育是罗马时代给中世纪大学带去的主要贡献，解决实际问题与更加详细的专业化教育先于大学出现在历史中。

（二）专业教育的出现

中世纪的大学诞生时，大学教育同普通教育的最主要差异在两个方面。首先是高深知识的专业化生产，其以哲学和思辨式的智识生活为主导，这是由古希腊时代传承下来的。其次是教育的专业性，教育成为更加独立的社会行业，更加专业的教育和知识生产方式进一步推动知识细分和学科出现。然而，城邦的颓败、道德的滑坡让人们难以从自由知识中得到满足，知识的宽度拓展逐渐减缓，知识生产与专业教育就只能向纵深发展，"数学家欧几里德在《原本》（*Elements*）一书中收录了几乎所有的希腊数学运算，还给后人留下了关于光学、天文学和声学方面的著作。数学家厄拉多塞（Earosthenes，约公元前 275 年~公元前 194 年）也是亚历山大里亚的图书馆员之一，他首次测量了地球的周长，被视为第一位科学地理学家，他也是最早的文献学家。阿波罗尼奥斯（Apollonius）出版了他的专著《圆锥曲线》。蒂莫阿丘斯（Timoarchus）发现了岁差现象。公元一世纪，亚历山大城出现了由希罗（Hero，约公元 60 年）主持的工艺习明纳（Polytechinc seminar），不到一个世纪，亚历山大城成为应用数学的权威所在地"②。阿卡德米学园和吕克昂学园为当时的知识进行了最早的分类，从柏拉图的教育思想中也可以发现：他主要的教育目的趋向于专业性，立足于培养相对专业的政治家和立法者，克服混乱的、群氓式的城邦治理是学

---

① 爱弥尔·涂尔干：《教育思想的演进》，李康译，上海人民出版社，2006，第 79 页。

② 贺国庆：《古希腊高等教育探微》，《河北大学学报》（哲学社会科学版）2003 年第 4 期。

园教育的主要夙愿，"我们的立法不是为城邦任何一个阶级的特殊幸福，而是为了造成全国作为一个整体的幸福。它运用说服或强制，使全体公民彼此协调和谐，使他们把各自能向集体提供的利益让大家分享"①。所以说，古罗马在教育上的转型并不是一种盲动，而是有着学园在教育上的举措的充分铺垫。

古罗马时期随着国家状态的变化，传统的城邦已逐渐被行省代替，战争造成的破坏需要智力上的资源予以修复。为了继承并重建属于自己的文明，古罗马的教育形式与内容变得相对较为实用，而不像古希腊城邦那样追求纯粹思辨。所以在古罗马，知识研究和教育开始趋向专业化和世俗化，以适应更详细的社会分工。不论对法律的研修还是对医学教育的进一步提升，古罗马都夯实了高等教育的知识基础，"对于教育在古罗马社会中的位置来说——也许是在每个社会中的教育——它并不是完全为人们追求社会民主而服务的，而是为了更有针对性地帮助人适应新的社会状态"②。在古罗马的教育转型中，教育逐步变得专业化，高等教育开始变成通识教育与专业教育的组合体，并有了更多具体的学科。知识之树在古罗马的繁盛也是引发后期的翻译运动和知识研修勃发的直接动因，"在罗马世界没有亚里士多德那样探索科学的思想家。当然也有一些希腊文或拉丁文的教科书——适用于中世纪教育——是在帝政早期产生的，例如威特鲁维（Vitruvius）论建筑的著作，斯特拉波和庞普尼乌斯（Pomponius）的地理学著作，科路美拉论农业的著作，昆体良的修辞学著作，盖伦的医学著作"③。只有在知识上有了更专业的分工，新的教育理念和知识生产方式才能被创造出来，人才能通过教育更准确地确定自己在社会中的位置，这是历史中教育演变的规律。

古罗马时代教育向专业化方向的转型，为大学的产生框定了形式上的学科，使得大学在知识上有了真正的落脚之处。欧洲大学早期的教育体系就是建立在罗马时代这些制度化学科之上的。在公元 10 世纪部分城市完成了从知识到学科的聚集，并以固定的学科组织形式将教育形式确定了下

---

① 柏拉图：《理想国》，郭斌和、张竹明译，商务印书馆，2012，第 282 页。
② Anthony Corbeill, "Education in the Roman Republic: Creating Traditions," in Yun Lee, eds., *Too Education in Greek and Roman Antiquity* (Leiden: Koninklyke Brill NV Press, 2001), p. 262.
③ 斯托巴特：《伟大属于罗马》，王三义译，上海三联书店，2011，第 338 页。

来，"尽管在理论上它力求成为百科全书式的，但当实际应用到学术生活中时，却几乎只是包括了屈指可数的几门全盘形式化的学科，这些学科所探讨的就是思维及其表达的一般形式：文法、修辞和辩证法"①。中世纪大学普遍采用的"三艺"虽然在古希腊的学园中就已经存在了，但仅有几所学园毕竟不能构成组织化和制度化的学术组织，教学内容及活动的开展需要同社会制度相融合，才有长久的生命力。真正将"三艺"确定下来的时代是古罗马，"古罗马时代遗留下来的'三艺'和部分'四艺'内容构成了巴黎大学文学部的主要科目，合称为'七艺'。在古罗马时代，培养演说家的核心科目是修辞学，文法和逻辑是辅助科目，'四艺'则被排斥在学习内容之外。因此，中世纪基督教世界从古罗马继承的主要是'三艺'的内容。此外，由于巴黎大学是直接由教会控制下的教堂学校发展而来，初期巴黎大学的课程主要强调'三艺'的学习"②。当前期的知识生产逐步积累了教育资源之后，就需要对这些知识以课程的形式进行学习和教授。一旦完成了课程与知识供给的制度化，就能够从相对低级的文法学校和修辞学校逐步走向学习高级知识的大学。

　　古罗马的教育转型超越了古希腊的教育成就。更重要的是，罗马人已经意识到，新社会环境需要教育进行适时的转型与变革，只有使教育的转型发展为一种社会关注的常态化现象，教育机构才能以较小的成本适应转型。罗马虽然是希腊文化的继承者，但绝不是守成者，"罗马教育是建立在一种文明训练的基础上的。在面对希腊文化时，罗马人显得异常的坚决，选择了适应其社会发展的内容，而将一些华而不实的材料放弃了。举例来说，西塞罗曾经说过：古罗马在文学、音乐、艺术上虽然略逊于希腊，但是这并不代表罗马人没有这些方面的天赋，罗马不应在希腊文明的光芒下踟蹰不前。他以几何学为例，说这种学习并不是为了完全抽象的科学，而是为了实用和测量计算，与其相伴随的是数学的训练。在工程学和建筑学领域，罗马人也有超出前人的地方"③。只有在教育定位清晰的历史

---

① 爱弥尔·涂尔干：《教育思想的演进》，李康译，上海人民出版社，2006，第 73 页。

② 黄福涛：《从自由教育到通识教育——历史与比较的视角》，《复旦教育论坛》2006 年第 4 期。

③ Anthony Corbeill, "Education in the Roman Republic: Creating Traditions," in Yun Lee, eds., *Too Education in Greek and Roman Antiqunity* (Leiden: Koninklyke Brill NV Press, 2001), p. 266.

中，新的学术机构才充满前途，从这一点看，罗马时代的教育已经为中世纪的大学做出了示范。

希腊化时期提供了一个文明扩散的机遇，知识只有在流动与扩散中才能完成持续创新。如果没有古希腊文化的传播，恐怕这些精神财富会随着希腊城邦的毁灭而陨落。从大学诞生的视角来看，这些分布在欧洲、亚洲和非洲各地的希腊化地域起到了为大学保存智力火种的作用。正是因为翻译运动将古希腊的知识资源再次复苏，人们才能重新发现亚里士多德和柏拉图学园对知识需求的刺激。可以说，希腊化时代形成了知识流动的第一次热潮。在希腊化进行的同时，古罗马的教育起到了承上启下的作用，一方面其本身对于古代希腊的文明和教育资源进行了继承和保留，另一方面古罗马也完成了在自身转型基础上的创新，"罗马在文学、艺术、哲学、宗教等方面几乎无一不模仿希腊，而在政治、法律方面却有真正伟大的创造"[①]。中世纪大学在建成时，主要面向当时社会的实际需要，而且主要针对的就是古罗马创立的法律体系的研究和学习，"公元2~3世纪之交，罗马先后出现了盖尤斯、帕皮尼安、乌尔比安、保罗、莫德斯丁等五大法学家，他们撰写了不少法学著作，为后世留下了丰厚的法学遗产。他们都继承了古希腊法理学家的思想，把法律和正义、道德看作是一回事，也一致承认人民是政治和法律权力的来源。罗马法的陪审制度、律师制度、法人制度等为近代司法制度树立了榜样"[②]。古代罗马文明集中了古希腊人的智力资源，并对其加以更为专业化的改造，所以就产生了面向实用的教育。正是基于此，中世纪大学在创立时就有了明确的组织朝向。高等教育的实用性和专业性并不是12世纪的初创，而是沿承了古罗马这种教育理念与实践方式。从希腊化时代到古罗马，因为人们完成了这些必要的准备条件，中世纪大学在诞生时受到的阻力才更小，后世才能更加清晰地看清高等教育的形态样貌。

---

① 于海：《西方社会思想史》，复旦大学出版社，1993，第52页。
② 陈恒、鲍红信：《希腊化，还是罗马化——罗马对希腊文化的模仿、调适与创新》，《史林》2011年第5期。

第二节 罗马帝国的兴衰与基督教的普及

古希腊文明带来了西方智识生活的起点，塑造了学者群体的生活方式，古罗马文明则造就了孕育大学的制度与知识环境，提供了大学的制度张力。当罗马由共和国进入帝国时期之后，欧洲文明的格局逐渐统一，人们在语言、信仰与交流方式上归于一统。对中世纪的大学来说，这种统一扩大了高深知识的传播领域，并且有利于法律和制度的确立，所以也为大学的扩散埋下伏笔。学术生活与国家统一的权威相结合，逐步开始了制度化的过程。但从另一个方面看，智力活动所依靠的权威又是不稳定的，公元 4 世纪之后的罗马帝国几乎在内战和外族侵略中摇摇欲坠，其间还发生了东西罗马的分裂。由于政治与外部环境的不稳定，西罗马帝国在几个世纪之后就由于内忧外患迅速衰亡。在罗马帝国衰落的过程中，人们在失落与彷徨中求助于宗教，基督教的兴起构成了孕育大学的温室。古希腊、古罗马与基督教文明的影响力在历史交会时出现了短暂平衡，这个历史的平衡期给了学者们前所未有的时机，埋没在历史尘埃中的古希腊经典著作被发掘，并从阿拉伯人那里引流回来，加上对罗马法和教会法的钻研，大学破土而出显现出真实的面容，如阿诺德·汤因比（Arnold Joseph Toynbee）所言：
"中世纪的旨趣似在权威与自由之间造成一种微妙而富有创造性的平衡。在社会生活层面，就是罗马试图在道德权威与诸侯和城邦的政治自由之间实现平衡。在知识层面，西方基督教共和国形成的平衡，一边是既定的西方基督教教义的神学权威，一边是在这个神学框架里的自由的哲学研究，学者们可以自由地钻研亚里士多德的哲学和科学，并且这不只是局限在世俗研究内，甚至在神学领域也是如此。"[①] 古罗马时代的起伏与沉沦造成了智识生活命运的坎坷，在今天看来，中世纪大学的出现不仅显得偶然，更让人觉得有些意外。故而，我们有必要从古罗马帝国的兴衰，从基督教的创立和传播中去重新看待大学的史前史，也需要再次思考大学诞生在 12 世纪的时间和地域的特殊性。

---

① 阿诺德·汤因比：《一个历史学家的宗教观》，晏可佳、张龙华译，上海人民出版社，2014，第 142 页。

一 罗马文明的崛起与智识文化的传承

一种文明只有塑造了丰富的智力资源与精神成果才是完整的。如果说古罗马在共和国时代传承了希腊化的智力资源的话，到了帝国时代，这种智力资源则被人们加以整合，变成分布欧洲的各种教育机构。帝国时代的罗马完成了欧洲大部分地域的统一。当亚历山大的帝国崩溃之后，能够继承古希腊智力资源的仅剩下古罗马和亚洲西部的帕提亚帝国。古罗马需要同当时的诸多国家进行智识与文化上的竞争，而国力的强盛带来了更多的人才与资源。历史证明，罗马帝国在接纳古希腊的智力资源方面更胜一筹，"其他王朝覆灭后，罗马和帕提亚帝国成为亚历山大遗产的最后继承者。在亚历山大帝国领地的东部，希腊文明对于头脑发达的美索不达米亚和伊朗渐渐失去了吸引力。随着这两个王朝的覆灭，希腊化的兴盛文化不复存在。而在希腊化国度的西部，希腊化文明不仅得以保存，而且由于罗马人的兴趣，变得繁荣兴盛"①。古罗马的承接作用尤为明显，帝国产生之后希腊语的地域逐渐被拉丁语地域征服，这一切都起到了播撒知识种子的作用，古罗马帝国为精神生活的稳定造就了制度环境。

（一）智识文化延续所需的地理环境

罗马和基督教文明提供了大学落地生根的土壤。随着罗马进入帝国状态，其文明也逐渐开始步入一个稳定的"黄金时期"。虽然对外征战仍未停止，但是罗马内部的各种环境有利于智力资源的积累。罗马帝国建立起相对稳定而广阔的环境，从第一任奥古斯都所建立的疆域来看，大部分地域覆盖了后来诞生大学的地区，"他作为一项宝贵遗产留给他后来的继承人的是，建议他们永远只求保守住似乎是大自然为罗马划定的战线和疆界之内的那一片土地：西至大西洋边；北至莱茵河和多瑙河；东至幼发拉底河；南边则直到阿拉伯和非洲的沙漠地带"②。从 12 世纪大学分布的区域来说，早期罗马帝国的区域除去阿拉伯、土耳其、匈牙利和东欧的一些地区之外，大部分与后世大学产生的地方是重合的。到了图拉真（Trajan）

---

① 萨拉·波默罗伊、斯坦利·波斯坦、沃尔特·唐兰、珍妮弗·托尔伯特·罗伯茨：《古希腊政治、社会和文化史》，傅洁莹等译，上海三联书店，2010，第 525 页。
② 爱德华·吉本：《罗马帝国衰亡史》（上），黄宜思、黄雨石译，商务印书馆，2013，第 22 页。

皇帝一朝时，古罗马的疆域达到鼎盛，经济空前繁荣，西边包括了西班牙和不列颠，东到幼发拉底河上游、南自非洲北部，北达莱茵河与多瑙河一带，地中海成为帝国的内海。直到今天，大学出现的地区其实大部分都还保留着古希腊—古罗马文明的传统。

罗马帝国的崛起带来了帝国内部智识生活的稳定与发展，地理疆域的统一带来的是政治上的稳固，随着首任皇帝扩张步伐的逐渐停息，罗马帝国内部在政治上逐渐趋于稳定，有了将近一百年的和平时期，之前被战争毁坏的社会秩序也逐渐开始恢复，"公元前191年之后，罗马人的境外扩张步伐进一步加快，通过对外征服和与别国的贸易，罗马人带回大量的财富，正是基于此，人们才有机会享受闲暇"①。智识生活得以持续平稳发展，历任君主也有一定的资源来塑造教育活动，并使其逐步制度化。随着帝国的扩张，许多生活状态也有所不同了，人们不再像古希腊的城邦那样安居一隅，仅仅思考本城邦内的事情，也不像共和国时期的人还处于一种不稳定的生活状态中。帝国内部人们的精神火花逐渐被激发出来了，"农业的地位下降了，而工商业的地位提高了。罗马称霸地中海，罗马在海上霸权地位的确立和新的海外行省的建置，意大利南部原希腊诸城市的活跃工商业活动，都大大促进了罗马的工商业发展。新的思想、新的观念的产生和流行是和工商业的发展分不开的"②。正是有了相对统一的地理环境和语言的规范，帝国内部的学者可以没有障碍地在各地游学与传播思想。各地之间也有了学术上相对自由的竞争机制，在希腊化时期形成的雅典—亚历山大里亚的智识生活轴心，已经被罗马—雅典取代，"由争胜的风气所促进，为学术自由所支持的探索精神已使公众的哲学教师划分成了各种各色，彼此互相竞争的学派；而从各个地方来到雅典和罗马帝国其他文化中心的头脑敏锐的青年不论在哪里却都受到同样的教导"③。帝国时期的学者为中世纪大学的知识分子塑造了游学和竞争的先例。帝国内部的城市与城市、行省与行省之间都在努力创造知识发展空间，吸引人们来办学授业。

---

① Stanley F. Bonner, *Education in Ancient Rome: From the Elder Cato to the Younger Pliny* (London: Routledge Press, 1977), p. 4.
② 夏遇南：《罗马帝国》，中国国际广播出版社，2014，第84页。
③ 爱德华·吉本：《罗马帝国衰亡史》（上），黄宜思、黄雨石译，商务印书馆，2013，第31页。

在恺撒去世时，古罗马在疆域上达到顶峰，拉丁文明随着这些地域的稳定而逐渐兴起，这些地域大多数都是后世兴起大学的区域。

大学的产生需要稳定而统一的地理环境，在这个环境内部的城市需要自治与自由。追溯历史，大学产生时虽然面临着基督教和世俗势力的权力割据，城市之间的差异貌似也相对较大。但是如果没有早期罗马帝国的统一，面对语言障碍、文化差异，制度推广有着不可预知的难度。故而大学的出现与罗马帝国塑造出的稳定地理格局密不可分，"他们承认首先由充满智慧的雅典人所发明的有关社会生活、法律、农业和科学的真正原则，只是靠着强有力的罗马才能牢固地建立起来，在它的可喜的影响之下，最凶狠的野蛮人也在一个平等的政府和共同语言的条件下团结起来了"[①]。但是同东方国家的大一统又有所不同，罗马帝国的统一并不是严格的中央集权制，这样就给了各个地方充分的自治权和自主权，这些权力经过法律的规定确定下来，到中世纪变成支持大学产生的城市制度。

（二）高等教育形态的稳定与发展

罗马帝国的崛起为智识生活塑造新的环境，高等教育的形态也随之逐步明朗起来。从历史上看，虽然共和国时代产生过排斥希腊文化的现象，但是到了帝国时代，希腊文明还是注入了罗马体内，形成了希腊—罗马的完整文明体。通过与希腊哲学结合，古罗马文明变得更为坚实。帝国发展出更实用的法律体系，这也是导致中世纪南部欧洲大学产生的直接因素，"就法的情况而言，从古典希腊思想中汲取灵感的罗马斯多葛派复兴了国家的理论，并反复讨论个人在国家中的地位问题。在道德论方面，罗马斯多葛派保持了其教义的纯正性，甚至较其前辈更趋严格。在这两个方面，斯多葛主义的人性（平等）概念和自然法概念都扮演着重要的角色"[②]。到了帝国时代，在共和国时代积累的教育资源得到了释放的空间。当罗马帝国发展趋于稳定时，其境内开设了更多的学校，新的智识生活也逐步旺盛起来，"这边是一种家庭生活和民族习惯的传统，其文艺教育的形式并不高于生活工作所必需的基础教育；那边是一种文化理想，涵盖希腊文学、

[①]　爱德华·吉本：《罗马帝国衰亡史》（上），黄宜思、黄雨石译，商务印书馆，2013，第57页。

[②]　于海：《西方社会思想史》，复旦大学出版社，1993，第51页。

修辞术和哲学，必然有赖于学校教育来获取这种知识"①。知识生产逐步稳定在帝国内的大型城市中，教育变成社会生活的组成部分，更高等级的精神生活和知识机构就变成了社会的公共需要。

在帝国时代，各级教育逐渐有了国家的介入，政府开始用特定政策塑造教育活动，"无论以往的学校是怎样的办学方式，到了罗马帝国前半期，政府对这些学校给予很大的关注和干涉监督。把很多私立的文法学校和修辞学校都改为国家承办的公立办学。目的也是便于国家管理和监督。这样，学校的办学特点已经具有了国家性"②。高等教育进一步向着建立专业制度方向发展，不同学段的教育区分变得更为明显。一般来说，家庭主要承担基础教育的使命，文法学校承担中等教育的任务，而修辞学校则承担高等教育的职能。在形式上，高等教育目标最初由西塞罗等人塑造，"我们的大学及专科教育相等于罗马教育，由有着古希腊修辞学教师的学校所提供。罗马帝国的雄辩之士极多，他们在法庭上为诉讼人辩护，或为他们撰写讼词，或公开演说，或向小学生传授艺术，甚至于4种全做。其中有很多人旅游于城市与城市之间，讨论文学、哲学或政治，并示范如何用演说技巧处理问题"③。古罗马的高等教育同前期的希腊相比，更为贴近公共生活，除了有一定纯学术的成分，在思维和观念上已经要求学者们更为关注社会的需求。很多公共职业演讲者引领了当时的高等教育潮流，他们相对于古希腊的智者学派被称为"第二代智术师"。"公元三世纪早期，雅典智术师斐洛斯特拉图斯（Philostratus）造了'第二代智术师'（Second Sophistic）这个词，用以指称那些职业演说家的活动，他们为数众多，在公元前四世纪开始出现。斐洛斯特拉图斯为这些演说家述写传记，对罗马帝国早期的演说家尤为关注。"④ 在这些人的影响下，古希腊学者的流动和游学风气得到了复苏，在雅典之外，罗马、西米玛（Simima）和以弗所（Ephesus）成为新的智识活动中心。这些学者被视为帝国精神资源的荣耀。事实证明，

① 葛怀恩：《古罗马的教育——从西塞罗到昆体良》，黄汉林译，华夏出版社，2015，第23页。
② 齐静静：《试论罗马教育中的希腊因素》，硕士学位论文，东北师范大学，2010，第13页。
③ 威尔·杜兰特：《世界文明史：恺撒与基督》，台湾幼狮文化译，华夏出版社，2010，第377页。
④ 安德森：《第二代智术师——罗马帝国的文化现象》，罗卫平译，华夏出版社，2011，第24页。

在城市里只有形成了集群效应才能聚集形成知识研究机构。

有了更加职业的教育引导，整个社会重视教育和智识生活的热情就逐渐被发掘出来。我们知道，中世纪有教皇和王权资助学术研究与兴办大学的举措，这种传统就来自罗马帝国的皇帝，许多皇帝除了军事功绩和政治生涯带给历史影响之外，极为重要的一点是他们都热爱并资助学术。著名的图拉真、哈德良（Publius Aelius Traianus Hadrianus）、马可·奥勒留、安东尼（Antoninus Pius）都是这方面的代表。皇帝之外，社会上也不乏此类影响后世的人才，在他们的影响下，古罗马的学术相对于古希腊有一定进步。"塞内加（Lucius Annaeus Seneca）、大小普林尼（Gaius Plinius Secundus, Gaius Plinius Caecilius Secundus）、塔西佗（Publius Cornelius Tacitus）、普鲁塔克（Plutarchus）、伽伦（Elius Galenus）、奴隶埃皮克泰图斯（Epictetus），以及皇帝马尔库斯·安东尼（Marcus Antonius Marci Filius Marci Nepos）等名字，都为他们所生存的时代增添无限光彩，提高了人性的尊严。他们无论在实际生活或沉思默想的生活方面，都使各自所在的地位充满了光辉；他们杰出的理解力，因研究学习而更为增强；哲学从他们的思想中清除了一般人的迷信和成见；他们把自己的时光用于对真理的追求和善行之中。"[①] 在皇帝的引导下，古罗马形成了一股从上至下的资助教育的风气，极大地促进了帝国时代教育的发展，在城市之间建立起智力与文化上的竞争机制，"在一种高度竞争的精神中，每个城市往往努力超过它们的邻城甚至更远的城市。人们基本上是在这样的社会缩影以及共同生活和个体生活中，构想着罗马帝国的修辞学、文学和知识生活，其中经常保持着一种强烈的希腊认同感，并一直存在下去"[②]。

伴随着诸位皇帝对一项项法律的推广，他们对各类教育事业的资助在西方历史中开启了先例，而且在力度上要甚于大学兴起之前加洛林王朝皇帝对于宫廷学者的支持。详细来看，从公元 1 世纪起，皇帝韦帕芗（Titus Flavius Vespasianus）因其对教育机构的赞助和支持而闻名。他在罗马建立了大量的图书馆，给希腊文和拉丁文的修辞学校捐赠椅子，用公共财政来支付修辞学家的工资。在公元 2 世纪，哈德良皇帝帮助作为学习中心的雅典重

---

① 爱德华·吉本：《罗马帝国衰亡史》（上），黄宜思、黄雨石译，商务印书馆，2013，第314 页。

② 安德森：《第二代智术师——罗马帝国的文化现象》，罗卫平译，华夏出版社，2011，第 9 页。

新恢复活力，在罗马建立雅典娜神庙作为希腊文学者和拉丁文学者的机构，罗马皇帝安东尼强调，城镇有义务支付教师的工资并给他们豁免权，这鼓励了业已存在的行省控制教育的习俗以及对教育的支持。省会城市需要资助 10 位医生、5 位修辞学家和 5 位文法学家；小城市资助 5 位医生、3 位修辞学家和 3 位文法学家；其他城市按照城市的大小来进行相应的资助。马可·奥勒留对雅典的学校尤其感兴趣，他向一位修辞学家捐赠了一把椅子，并授权为 8 位哲学家支付工资。在公元前 3 世纪，亚历山大·塞维鲁（Marcus Aurelius Severus Alexander）皇帝在罗马新建了一个高等学习中心，由文法、土木工程、建筑、医学和天文学方面的公共教授来讲课。君士坦丁大帝（Flavius Valerius Constantius）鼓励接受基督教教师的教育，在君士坦丁堡还重申了高等学校教师豁免权。狄奥多西（Theodosius Ⅰ）皇帝进一步加强了君士坦丁堡地区高等学校教师工资的支付。① 大学在诞生之后，其认可与扩散大部分需要的不光是学术的影响，而且是来自外部权威的认可和资助，只有在统一的文化环境中，大学才能从知识现象变成从上至下都追求的知识机构。

罗马帝国的崛起完成了知识资源的交接，帝国鼎盛时期的版图基本上涵盖了中世纪大学兴起的区域。版图的稳定创造了高等教育机构所需要的地理环境，人口融合打破了诸多障碍。古罗马的高等教育有了进一步的发展，新的"智术师"学派的出现复苏了古希腊的学术和文明。社会开始有了更强的高等教育需求，国家也开始逐步影响高等教育，开启了由统一政策和法令影响高等教育的先例，高等教育向着更专业的方向发展。最为重要的一点是，古罗马的最高统治者自身的学术修养开始建立起来，他们通过各种方式资助和参与智识生活，这使得后世的教皇和国王有了可模仿的对象。

二 罗马帝国的衰落与智识生活的动荡

历史上，罗马帝国以其强大的军事实力征服了欧亚大陆的大部分领土，拉丁文明在人类文明的进程中留下了浓墨重彩的一页。但是罗马帝国又是脆弱的，在西罗马帝国将近 4 个世纪的历史中，有 3/4 的时间充满内

---

① R. 弗里曼·伯茨：《西方教育文化史》，王凤玉译，山东教育出版社，2013，第 92~93 页。

战、蛮族入侵、行省起义和皇帝频繁更替。战争的频发、原有秩序的崩坏以及道德的沦丧一度笼罩着帝国的天空。谋杀与内乱中交织着统治者的频繁更替："从公元 218 年到 268 年，50 年中，大约有 50 个篡权者在首都或帝国的其他地方僭取了皇帝称号。"① 这一切留给人们的印象一度要超过罗马帝国的文明所建立的功勋。西罗马帝国的崩溃在不少人眼中正是黑暗笼罩欧洲大陆的开始，"西罗马的最后崩溃是哥特人的大入侵（376～382）。452 年，塞尔柱突厥部落（Seljuk Turks）更直取罗马城，教皇在城外为民求情，这才免受灭城之难。476 年，西罗马皇帝罗慕洛斯·奥古斯都（Romulus Augustus）被迫退位。西罗马从此湮没，欧洲也进入了所谓的'黑暗时代'"②。外部力量的侵入改变了原本的希腊—罗马文明运行轨迹，使得西方文明体犹如狂风中的烛火，随时都有熄灭的可能。

在罗马帝国衰落的过程中，原本积攒起来的智力资源被反复的内乱与外敌入侵一点点侵蚀掉，统治阶级的腐化与堕落在帝国时代末期达到高潮。日耳曼人、匈奴人、汪达尔人、哥特人、高卢人以及阿拉伯人接二连三地入侵，学术研究与教育活动遭到巨大破坏。当整个社会动荡与不安时，没人会去关注智识生活能够产生多少精神力量。东西罗马帝国分裂之后，双方更是分成了希腊文化和拉丁文化两个不同的对立体。在大环境动荡不安的氛围中，学者很难去创造新的智识成果，只能将古代文明的火种想尽一切办法保留下来。或许我们可以说，正是这种历史环境的反复与不稳定，将原本可能产生大学的时间推迟到了中世纪，大学诞生的偶然性由此增加。

（一）历史危机中智识生活的动荡

回顾历史，如果按照理想状态发展，智识生活从古希腊发轫，经过了罗马文明的孕育，已经到了一种相对成熟的状态。到了罗马帝国时期，古代柏拉图学园也有几百年的历史，雅典的数个学园联合体还被后世并称为早期的"雅典大学"。科学与人文的智力成果都有了一定根基，随着罗马帝国统一疆域和语言格局的形成，还让人们一度认为，古罗马复兴了希腊文明中最宝贵的火种，"许多希腊城市的文化不仅仅只有修辞学：哲学、体育、音乐、雕塑和建筑全都是他们文化的一部分。然而，为了现实需要，

---

① 夏遇南：《罗马帝国》，中国国际广播出版社，2014，第 237 页。
② 梁鹤年：《西方文明的文化基因》，生活·读书·新知三联书店，2014，第 23 页。

古代的高级教育常常在修辞学与哲学之间二选一，要么两者都学。哲学本身像修辞学一样，可能被随意说成是［古希腊哲学的］延续或复兴"①。从这个角度看，古罗马通过共和国接纳了希腊化的文明成果，又通过帝国法律将其进行整合。在罗马帝国时期，能够产生大学的组织因素已经具备。当时已经有类似于中世纪行会的"公会"，这些"公会"在公元 2 世纪就已经发展得相当完备，"城市生活的重要因素是公会（collegium，sodalicium）。公会是在远古时期产生的，它们在帝国时期获得了特别的发展。属于同一职业的人们的地方团体或是具有一个共同目标的盟会都称作'公会'。参加公会的必须不少于三人（tres faciunt collegium）。我们知道有极其多种多样的公会：商人公会、手工业者公会、船主公会、老兵公会、渔人公会、公告人公会等等"②。如果照此发展下去，早几个世纪产生 universitas（行会）是完全可以实现的。

在古罗马的帝国时期，虽然已经有了诸多可以导致大学产生的条件，但是高级学术机构最终没有能够保存下来，而是被付之一炬，消失在人类历史长河中。本已极度繁盛的古罗马文明，在几个世纪之内就急转直下，偏离了原本强大的帝国兴盛的轨迹。在古罗马皇帝戴克里先（Gaius Aurelius Valerius Diocletianus）王朝之后，罗马帝国在文化上一蹶不振，不仅无法延续和复苏来自古希腊的智识成果，而且也无法阻止各类正式学校的毁灭，"帝国的政治动乱、士兵的横行、野蛮人的入侵和日趋严重的专制政府，都是对天才，甚至对钻研学问极为不利的。一连串伊利里亚皇帝的继位者恢复了帝国，却并没有恢复科学"③。随着内忧外患的增加，原有的社会结构逐渐被毁坏，商业和农业的发展都受到了重挫。到了公元 395 年，基督教已经取代希腊和罗马的多神宗教崇拜成为国教。当时的皇帝狄奥多西一世将帝国一分为二，由两个儿子阿卡迪乌斯和霍诺里乌斯分别执掌两个帝国，也就是后世所称的东罗马（拜占庭）和西罗马帝国。两个帝国的不同命运造成了智识生活不同的道路，西罗马帝国在公元 480 年的覆

---

① 安德森：《第二代智术师——罗马帝国的文化现象》，罗卫平译，华夏出版社，2011，第 18 页。

② 科瓦略夫：《古代罗马史》（下册），王以铸译，上海书店出版社，2011，第 132 页。

③ 爱德华·吉本：《罗马帝国衰亡史》（上），黄宜思、黄雨石译，商务印书馆，2013，第 236 页。

亡造成了帝国内语言和民族的分化，随后新生的诸个王朝虽然都有崇尚智识生活的表现，也延续了罗马帝国重视教育的传统，但新的学术机构最终还是没有获得恰当的时机。拉丁传统最终被王朝的更替淡化，并催生了以阿尔卑斯山脉为界限的南北大学的两种风格。东罗马帝国则形成了新的希腊文化聚集地，虽然君士坦丁堡一度恢复了古希腊和罗马重视智识生活的传统，但无奈在十字军东征和波斯人的两次大入侵中毁坏了。所以在东罗马帝国内也没能更早地产生大学这样的智识机构。

回顾历史可以发现：在罗马帝国强盛的时间里，其具备了同 12 世纪大学的产生极为相似的因素。统治者的支持、经济发展的成熟以及智力资源的汇集，一切现象似乎都表明大学有可能先于基督教会产生在欧洲大陆上。但是最终这些先期积累起来的优势随着帝国的崩溃而瓦解。人们需要从废墟中重新获得智识资源的火种，而且还要面临狂风暴雨的侵蚀。一时间，欧洲能够组织起成规模智识生活的政治力量屈指可数。即使是那些沿用罗马名称的国家，原本的知识与人才资源也随着中世纪黑暗的到来而烟消云散。在公元 10 世纪的神圣罗马帝国，其领土包括了德意志、奥地利、意大利北部和中部。其在 12 世纪之前已经有许多优秀的法律学校，但是它的第一所大学直到 1346 年才出现在布拉格，比巴黎和博洛尼亚的时间更晚。由于罗马帝国的崩溃，大学产生的时间没能提前，对于智识生活的发展来说，罗马帝国衰落后的影响一直持续了好几个世纪。

（二）帝国的衰落与文明火种的保留

罗马帝国虽然衰败了，希腊—罗马文明体却并没有陨落。相反，正是在这个文明体的刺激和影响之下，欧洲文明的整体秩序被保留下来。在历史中我们发现欧洲文明体系中的顽强的生命力。吉本就认为罗马帝国虽然衰落，但文明的种子却得以生根，如果没有这一文明体的延续，就不会有大学顽强的生命力，"即使得胜的野蛮人能使自己的奴役和破坏的铁蹄直踏到大西洋岸边，也会有 10 万只船装上那文明社会的残余部分逃脱他们的追赶；而欧罗巴将又会在现已到处是她的殖民地和机构的美洲世界复兴和繁荣起来"[1]。罗马文明的历史穿透力是巨大的，尽管它遭遇过衰败和陨

---

[1] 爱德华·吉本：《罗马帝国衰亡史》（下），黄宜思、黄雨石译，商务印书馆，2013，第 147 页。

落，却能将欧洲的社会生活有序地组织起来，形成了一套流传至今的法律与知识体系，"我们应感到奇怪的，不是罗马帝国怎么会毁灭了，倒应该是，它怎么竟会存在得如此长久"①。新的社会格局、政治形态和人的思维在时代更替中有可能出现创新。古罗马帝国衰落后，人们保存智力资源火种的欲望反倒增强了。

从历史来看，公元 5 世纪的西罗马帝国覆灭后，原有的社会机构多数遭到了破坏。延续了很多个世纪的西欧奴隶制崩溃了，人的自主和自由天性被释放出来。随着大量奴隶转为手工业者，社会成员的自由权利和流动机制被建立起来，这不仅在某种意义上刺激了知识的传播，更是形成了一个新的社会阶层，"西方纪元开始时，逐渐出现流动的手工业者。没有了他们，基督教的传布或许是不可能的"②。知识的火种只有在流动的环境中才能被人们以各种形式带动、交流和保存。帝国的衰落没有阻止不同文化的穿插与交流，罗马人得以领略蛮族的武力，但蛮族人最后也被整合进罗马文明的体系中，"到公元前 2 世纪中叶的时候，在罗马便已经奠立了社会思想的基础，而内战只是促使这些基础充分发展的最强有力的推动罢了。社会矛盾的最大尖锐化，阶级斗争的大大加强，政治生活的活跃，国际关系的复杂化——凡此种种都是罗马精神生活一切方面迅速发展的有力刺激物"③。随着帝国原有体制的崩溃，各种文化的交流更加频繁，古罗马文明接触到来自伊斯兰的文明形式，军事行动在某种程度上刺激了与之相关的知识和手工业的发展，"在和平时期，由于有那么多敌对势力互相争强斗胜，因而刺激了知识和手工业等进步：在战斗期间，欧洲军事力量在较为缓和、不分胜负的战争中得到了锻炼"④。但无论如何，只有在人们的自由权利被刺激出来并得到保障的时候，智识生活才有重新生长出来的可能。

在帝国衰落之后虽然有长期的战乱，智力成果的传播并没中断。早期

---

① 爱德华·吉本：《罗马帝国衰亡史》（下），黄宜思、黄雨石译，商务印书馆，2013，第 142 页。

② 马克斯·韦伯：《经济与历史；支配的类型》，康乐等译，广西师范大学出版社，2010，第 106 页。

③ 科瓦略夫：《古代罗马史》（下册），王以铸译，上海书店出版社，2011，第 34 页。

④ 爱德华·吉本：《罗马帝国衰亡史》（下），黄宜思、黄雨石译，商务印书馆，2013，第 147 页。

希腊的文明成果随着亚历山大的东征被从雅典带到巴格达，公元 760 年伊斯兰内战将这些智力成果在阿拉伯文明中扩散。在 12 世纪早期又由基督教收复失地的军事行动将这些成果带入西班牙，君士坦丁堡遭受十字军的侵袭和 1453 年被土耳其人攻陷又刺激了文化资源的西迁。东西罗马帝国的分裂引发的是两种不同文明的交替与碰撞，各类不同的知识在相近的几个世纪中交融，并触发了翻译运动的开关，"随着罗马帝国逐渐分裂为西罗马帝国（罗马）和东罗马帝国（君士坦丁堡），我们可以区分出两次翻译浪潮。一次是从希腊文翻译成拉丁文，它始于公元前 1 世纪，持续到公元 6 世纪。由此产生了一种彻底的重新编排和简化，它与其说是直译，不如说是拉丁文的意译。另一次是从 4 世纪到 6 世纪，被从君士坦丁堡驱逐到波斯的基督徒把希腊文译成了叙利亚文、波斯文或者这两种语言。由此产生了一些准确得多的翻译，它们仍然保留着雅典或亚历山大文本原初的'认识结构'"①。正因为有翻译运动保存的来自古希腊和阿拉伯文明智识生活的火种，后来的大学才有机会接触到文明融合下的智力成果，教育活动才不至于枯竭。

罗马帝国的衰落刺激了文明的重建。智识生活的方式变得更加多样和丰富。罗马帝国对学术资助的重视使后世王朝进行了多方面的模仿，不少皇帝通过宫廷学术的方式一点一点复苏着智识生活，"查理曼（Charles the Great）首要的雄心壮志之一是在其幅员广阔的野蛮王国中恢复学术之光。他有可能纯粹从实际考虑着眼：即一个有效率的政府需要有文化的官员。但是也很明显地，他还对隐藏在由先前时代学者所写的书中的知识抱有真正的好奇和热情"②。东西罗马的分裂虽然造成了两种不同的文化处境，但总有地方在保留希腊和拉丁文明的火种，在西罗马帝国灭亡之后，东罗马君士坦丁堡承担起了保存希腊文明的责任，并且直接影响到了后世的文艺复兴，"在这里，出人意料地，希腊文明竟能延绵下去，坚韧地保存其古代宝藏，最后传递给文艺复兴时期的意大利及西方世界"③。君士坦丁堡作为希腊文明的

---

① H. 弗洛里斯·科恩：《世界的重新创造：近代科学是如何产生的》，张卜天译，湖南科学技术出版社，2012，第 24 页。

② 布莱恩·佩尔尼、西德尼·佩因特：《西欧中世纪史》（第六版），袁传伟译，北京大学出版社，2011，第 137 页。

③ 威尔·杜兰特：《世界文明史：信仰的时代》，台湾幼狮文化译，华夏出版社，2010，第 4 页。

保存地与西欧保存拉丁文明的几个蛮族王朝遥相呼应，后者留下了拉丁文明的种子，两股力量一起，在知识上与精神上刺激了人们不懈的探索。

从后世大学的产生时间和地域来看，罗马帝国的衰落起到了改变大学生命进程的作用。源自古希腊—罗马帝国的西方文明几经周折，最终容纳了不同民族的文化，使得孕育大学的资源更加丰富，"西罗马帝国式微，但是现代欧洲国家诞生了。在基督之前的 1000 年，北方的入侵者进入了意大利，征服它并与当地人民混居，借用他们的文明，经过 8 个世纪后，共同建立了一个新的文明。基督之后 400 年，这一过程重复发生，历史的轮子转了整整一圈，始末实在是一样的。但是，结束永远意味着开始"①。文明变迁过程中的某个瞬间，智识生活和智力资源与新文明恰好相遇，大学的魅力才能展现出来。

三 基督教的兴起能否保存文明的火种

欧洲文明在西罗马帝国灭亡之后进入一个完全不同的时代，也就是人们观念里的中世纪。不少历史典籍中记载的中世纪充斥着黑暗、混乱、无助与痛苦。罗马帝国的崩溃造成的是权力上的真空，封建割据带来的战乱打破了之前的安静，社会生产力遭到战争严重破坏，科技和智识生活的发展基本上陷入了停滞。因为前期古希腊—罗马文明所积累的种种优势已经在战争、疾病与混乱中消耗殆尽，人们极为渴望在精神上能有其他力量来作为凭借。于是，借着宗教的形式来寻求灵魂解脱就成为当时人们精神活动的主要方式。这种状况下，基督教赢得了人们的支持，因为其教义解释方式的先进性超出了古希腊和罗马的多神宗教。基督教自公元 2 世纪开始了教会建制，之后在几个世纪内赢得了大批的信众，到了 4 世纪，在著名的"米兰敕令"颁布之后，其影响进一步扩大，开始一点一点弥补古希腊—罗马文明丧失后的损失。最主要的是基督教的崛起过程逐渐形成了一个新的文明体，不仅有利于稳定社会秩序，更起到了对于混乱时代的精神引领作用，正如丹皮尔所言："一个新的文明须从混乱中演化出来；具有一定理想和明确性的民族必须从信奉大一统主义的腐败帝国多种多样的种

---

① 威尔·杜兰特：《世界文明史：信仰的时代》，台湾幼狮文化译，华夏出版社，2010，第 42~43 页。

族中发展出来，而这些民族也必须先在社会秩序的改造以及文化特质的判定和专业化方面有很大进展，然后才能成为新的科学和科学哲学萌芽与成长的适当温床。"① 基督教不仅是信仰上的需要也是西方文明发展的必然选择，教会及修道院还保留了古希腊和罗马的智识生活仅存的火种，为后世知识探究和学术发展提供了空间。

（一）基督教崛起对智识生活的重新组织

基督教能够在中世纪几个百年中赢得从上至下的信仰，其精神号召力无出其右。但基督教崛起的过程极为坎坷，一度遭遇被禁止传播以及教徒被屠杀的命运。在大学身上，有着许多源自基督教的影子，不论其研究的知识及思想，还是其实体的机构、内部的规则、沿用的仪式，都能从宗教中找到可以追溯的原型。基督教要求每个信徒有相对统一的信仰，执行一致的宗教规则，建立统一的仪式系统，并且对其宗教思想进行哲学上的探究，这些构成了早期学者行会运行的制度体系。正如希尔斯所言："大学的有效性，部分来说取决于它们的集体自觉意识，取决于它们对自身作为这样一个单一的、协调一致的实体的认识：它强制实行一套规范和规则，并制定个人成员必须遵守的标准。"② 这些规则与意识，表面上看是大学以高深知识赢得了人们的尊重，实际上是基督教赋予智识生活运行的行为规范与规则。

基督教诞生的环境处于罗马帝国走向衰落的时期，在西罗马帝国消亡之后，传统的帝国文化逐步被不同民族和阶层文化取代，普通人不知道如何选择，更找不到心理上的归属感。长期的战乱又无法使人持续接受教育，所以人们将心灵寄托在新的宗教上面。此时，宗教的兴起起到了精神启蒙作用。加入教会，人们重新有了社会组织与情感上的归属，"对数以百万计的人们而言，教会带来了足以鼓舞从容就死的信仰和希望。此种信仰变成了他们最宝贵的财富，他们可以为之牺牲或杀害其他生命；在希望的磐石之上，教会建立了起来"③。教会承担起原来帝国政府的职能：一方

---

① 丹皮尔：《科学史》，李珩译，中国人民大学出版社，2010，第 85 页。
② 爱德华·希尔斯：《学术的秩序——当代大学论文集》，李家永译，商务印书馆，2007，第 85 页。
③ 威尔·杜兰特：《世界文明史：信仰的时代》，台湾幼狮文化译，华夏出版社，2010，第 15 页。

面，重新将人们组织起来，构成新的社会生活形态；另一方面，为人们在黑暗中指出方向，起到精神上的引领作用。"在更为黑暗的时期，牧师的权威具有有益的解毒药的作用：他们阻止了文化的彻底灭绝，缓和了那一时代的残暴活动，使穷苦无告的人有个安身之处，并维护或重建了文明社会的和平与秩序。"① 正是有赖于基督教对社会与人的心理带来的慰藉，整个西部欧洲的大环境才能够在被打破之后逐渐恢复。

一直以来，在人们的印象里，中世纪的黑暗来自教会的压迫。实际上，这种历史观并没有清晰地呈现宗教的面貌，正是教会扫除了大学产生前的诸多障碍，才给了12世纪的诸多学校一线生机。基督教在中世纪所做出的主要努力在于在恢复传统文明的同时又有所创新，最主要的是改变了世俗社会的格局，"宗教社会脱离了贵族统治而进入纯粹君主制，这就是罗马教廷凌驾于宗教会议和欧洲教会贵族之上这一事实的含义。世俗社会完成了同样的革命，君主制摧毁了贵族权力而得以盛行并主宰欧洲"②。在后来大学兴起的政治环境中，教廷和王权是两股主要的支持力量，也是重要的博弈力量。由于宗教的感召力，不同的人种能以相对平等的身份加入信仰体系中。教育的推广变得更加普及，人们可以在宗教的名义下接受平等的教育，"不像希腊和罗马，只有来自社会上层的男童能接受教育，基督徒教育对来自不同社会阶层和种族背景的人都一视同仁，尤其在预备成为教会成员的学习中，更是丝毫不带种族和阶层偏见"③。只有在相对平等的环境中，教育才有扩大的机会。

（二）基督教修道院对智识成果的恢复

12世纪产生的大学有相当一部分与修道院和教会有千丝万缕的联系，正如海斯汀·拉斯达尔（Hastings Rashdall）所言："作为中世纪大学教育的前身，主教座堂学校的教会性质首先决定了（至少在欧洲北部）最终诞生出大学的中世纪思想运动的形式，其次也决定了大学制度的建构方式。"④ 随着战

---

① 爱德华·吉本：《罗马帝国衰亡史》（下），黄宜思、黄雨石译，商务印书馆，2013，第555页。
② 基佐：《欧洲文明史》，程洪逵、沅芷译，商务印书馆，2010，第227页。
③ 阿尔文·J. 施密特：《基督教对文明的影响》，汪晓丹、赵巍译，上海人民出版社，2013，第143页。
④ 海斯汀·拉斯达尔：《中世纪的欧洲大学——大学的起源》，崔延强、邓磊译，重庆大学出版社，2011，第17页。

乱的破坏，不少古希腊的智识成果或被毁坏殆尽，或已经流失到其他大陆。同时，当政者封闭了不少世俗学校，使得修道院变成了保存知识的仅有机构，"查士丁尼于 529 年封闭雅典城各学院之后，各学派均已失去朝气。各学派的工作只停留在一再演练古代各学派宗主的理论上，他们受到强大的传统的压迫和窒息，唯一的出路是借助基督教较不正统的神秘主义。查士丁尼封闭了修辞学家和哲学家的学堂，没收其财产，严禁信奉异教之人授课"①。在这种局面下，不少世俗学校都被关闭或破坏了，西欧社会面临的是智力资源匮乏的局面，基督教要发展自己的思想，提升社会普遍的文化程度，就必须建立起自身的教育形式与教育机构。正因如此，许多修道院学校与主教座堂学校才出现在人们的视线中。从另一个角度讲，基督教的迅速扩大需要借助知识的力量。为了获得更多的社会支持，教会也需要承担起一定教育责任，为此教会通过各种方式激起人们对于教育的重视，"基督教教堂早在公元 4 世纪就开始对扩大教育投入感兴趣，这可以从君士坦丁堡的教会理事会公元 381 年的教令中得到验证，该条令要求教堂在所有的城镇和村庄建立学校，让孩子们接受免费教育"②。当时文化流通需要具备的语言基础——拉丁文的逐渐普及为基督教传播塑造了环境。基督教的广大修道院已经形成了一个个学术中心，它们有的成长为后来的大学，有的则没有。"在基督教草创时期，使徒向大众灌输和宣传的是一种救赎和爱的信仰，他们关注的是受众，而不是理论本身，但理论问题随着基督教的发展日益突出。基督教受到来自四面八方的攻击和批评，这使得使徒后的教父们不得不起而捍卫基督教。在护教的过程中，基督教逐渐形成了自己的学术中心和教育中心。"③ 许多修道院的修士们在大学产生前就做了知识资源的储备工作，他们尽一切可能去搜集当时极为稀缺的书籍和文献，通过手抄和游历的形式在欧洲各地的修道院散布。出于对这些文献的研读、解释、翻译和保存需要，欧洲北部和西部（特别是西班牙）逐渐形成了一批学术机构，"修道学校和主教辖下的学校负责教育，但传授的知识主要是宗教，部分是古典文学；瓦克拉那（Vaclara）、托莱多、萨拉戈萨（Saragossa）及塞

---

① 威尔·杜兰特：《世界文明史：信仰的时代》，台湾幼狮文化译，华夏出版社，2010，第126 页。
② R. 弗里曼·伯茨：《西方教育文化史》，王凤玉译，山东教育出版社，2013，第 94 页。
③ 王凯：《西欧中世纪修道院教育研究》，内蒙古大学出版社，2012，第 17 页。

维利亚（Seville）等地相继成立高级学术机构"①。正是有了这些学术机构和修道院学校，智识生活才有了重新恢复的希望。

除了传播信仰，修道院的另一个作用是传播高深知识。从公元 6 世纪起，在欧洲的北部和中部，教育事业在基督教的领导下，在社会中重新恢复的力度更大，"甚至在屡经浩劫的法兰西，修道院学校亦照亮了这黑暗的时代。900 年，奥塞尔的雷米（Remy of Auxerre）在巴黎创立了一所公共学校。10 世纪时，奥塞尔、科尔比（Corbie）、兰斯和列日亦纷纷设立学校。大约 1006 年，佛伯特主教（Fulbert，960~1028 年）在沙特尔开设了一所学校，后来成为阿贝拉德（Peter Abelard）以前法兰西最负盛名的学校"②。由于修道士群体艰苦卓绝的工作，他们努力保存着古希腊和古罗马的文献典籍，之前被毁坏的智识生活正是在修道院中得到了延续，能为更多的人所了解，"修道院成为学术与教育中心。加洛林王朝的文化复兴政策不仅为修道院将智力活动纳入宗教生活提供了依据，而且还通过圣马丁和富尔达等修道院造就培养了一批学者和教师，为更多的修道院和教区输送了人才，播撒了学问和教育的种子"③。在当时皇帝的倡导下，基督教修道院又开启了对智力活动和高级精神生活的探索，最为著名的恐怕就是加洛林王朝的查理"大帝，他在公元 8 世纪至 9 世纪推动的文化复兴对大学的产生更为直接，他任用神学家及教育家阿尔琴（Alcuin，约 735~804）做主要文化顾问，兴办宫廷学校、修院学校及图书馆，组织人力大量抄录古典文献，从当时西欧文化最发达的爱尔兰修院中聘请一批学者到学校中任教，在学校中开设'七艺'：即语法、修辞、几何、算术、天文、音乐七门课程。查理曼的努力，使自 6 世纪以来因蛮族入侵遭到破坏的欧洲文化得到一定的复兴，史称'加洛林文化复兴'"④。作为最初在中世纪兴起的王朝，加洛林的君主通过基督教的感召，使不少古希腊智力果实重新生长出来。除了在欧洲大陆上的知识传播之外，在公元 6 世纪到 8 世纪，欧洲还处于相对黑暗的时期，在爱尔兰的修道院中已经有云游的僧侣将罗马和古希腊的

① 威尔·杜兰特：《世界文明史：信仰的时代》，台湾幼狮文化译，华夏出版社，2010，第 97 页。
② 威尔·杜兰特：《世界文明史：信仰的时代》，台湾幼狮文化译，华夏出版社，2010，第 498 页。
③ 王凯：《西欧中世纪修道院教育研究》，内蒙古大学出版社，2012，第 78 页。
④ 王美秀、段琦、文庸、乐峰等：《基督教史》，江苏人民出版社，2008，第 83 页。

文学作品传入并进行研究和抄写，"当西方教会对希腊和罗马文学茫然无知和怀疑的时候，爱尔兰僧侣们却热心地加以研究，远在岛上居住的人们对于含蓄在古典著作中的异教的颠覆作用并无半点畏惧，而是就其本身的文学价值予以评判……足足两百年，宗教信仰和文化学习在爱尔兰寺院中协调发展，一派繁荣"①。后来，在英国的大学出现之前，不列颠岛上的修道士也在进行高深知识的研究活动，他们同大陆的修道院一样，用保存下来的知识和教育铺垫产生大学的土壤。

　　大学的史前史与基督教会修道院的精神生活密不可分，正因为他们对传统知识与文化的保存，学术机构才能吸收知识养分。在某种程度上，甚至可以将大学看作精神活动的传播机构，正如勒戈夫所言："它首先是个宗教组织。虽然它的成员很久以来就不全都属于一个教团，虽然它的队伍里纯世俗教徒的数目越来越多，大学的成员仍全部被当作教士看待，接受教会的管辖，并且更要受罗马教廷领导。"② 大学的出现在某种程度上就是修道院教育和学术研究的持续。基督教是继古希腊、罗马帝国文明之后，在欧洲兴起的另一种文明。在社会生活的恢复中，基督教教会和修道院承担起知识传播与保存的责任，从4世纪到9世纪，欧洲早期遗失的知识和学术研究方法逐渐在修道士对宗教知识的整理中被重新呼唤出来，"现在许多最好的古典书籍，就是来自9世纪这些修道院的抄书室。事实上，卡图卢斯（Catullus）、狄巴拉斯（Tibullus）和普罗佩提乌斯（Propertius）之外所有拉丁诗歌，和瓦罗、塔西托、阿普列乌斯（Apuleius）之外几乎所有拉丁散文，都是由加洛林王朝的僧侣保存下来"③。经过几个世纪，修道院对知识和人才的储备到达了顶峰，于是其后产生的大学才有了能够利用的资源。这些大学如同早期的修道院学术发展一般，相互呼应，彼此影响，在历史中获得了立足的根基。在原本被称为蛮族区域的欧洲北部也因为修道院的传播作用而产生了大学，"9世纪中期，不仅在凯尔特和拜占庭帝国这些欧洲的边境地区，而且所有遍布整个高卢和日耳曼的修道院中，都存

---

① 威廉·博伊德，埃德蒙·金：《西方教育史》，吴元训译，人民教育出版社，1985，第108页。

② 雅克·勒戈夫：《中世纪的知识分子》，张弘译，商务印书馆，2002，第65页。

③ 威尔·杜兰特：《世界文明史：信仰的时代》，台湾幼狮文化译，华夏出版社，2010，第488页。

在着这样的学者社团，他们能够阅读和书写拉丁文，他们能够欣赏古典文学，并懂得古典神学。加洛林时代的修道士吸收和传存了古拉丁文以及早期基督教文化的全部遗产，就这一个工作而言，他们做得相当成功"①。加洛林时代的文化复兴正是凭借了基督教的力量，才恢复了智识生活的秩序。

四　基督教的普及：信仰与理性的交融

现代社会里我们为大学赋予的角色越来越多。除了作为社会的智识机构存在之外，大学也被视为有灵魂的生命体或精神引领者，被看作存放真理和信仰的机构，"这些中世纪大学的教学和学位受到整个基督教世界的承认，而不受任何国界的限制。他们全心全意地信奉由关于上帝和世界的信仰、知识和思想所构成的经久不变的传统：真理被认为是上帝一劳永逸地赐予的，并通过教学代代相传"②。中世纪大学的出现看似是社会机构和智识生活的创新，实际上是一种制度累积演进的结果。在欧洲大陆，这种制度的积累与创新由基督教教会的引导，宗教在传播过程中逐渐引发了人们在信仰上的共鸣。在对神学的研究从信仰上升到科学化的进程中，基督教主张利用理性去保存和探究学问。欧洲文明正是有了基督教的普及与传播，才能有相对平等的制度环境，大学才能获得制度的基因，基督教虽然不直接生产科学，但为科学塑造了精神环境与制度，这种独特的文化与具有创造力的环境，最终催生出作为制度的大学。

（一）信仰重建：从基督教到大学的精神传承

大学是一种精神的产物，这种精神最初来源于古希腊学者们对于知识和真理的不懈追求，大学的诞生除了要在知识和组织机构上有一定准备之外，最关键的是要有精神的准备。很多时候，追求真理和探究未知的精神类似于宗教信仰，很多科学发现就是在这种宗教信仰的驱动下才实现的。大学的合法性不完全来源于中世纪的学者行会拥有多少专业知识生产的特权，还有学者群体一致信仰的精神与真理，"大学之为大学，即在其拥有

---

① 布莱恩·蒂尔尼，西德尼·佩因特：《西欧中世纪史》（第六版），袁传伟译，北京大学出版社，2011，第139~140页。
② 赫尔曼·外尔：《德国的大学和科学》，载杨东平主编《大学二十讲》，天津人民出版社，2009，第170页。

一种学术没有疆界的世界精神"①。但是大学毕竟不是一开始就存在的，本身需要借助一定精神母体才能培育独特的组织气质。

在精神来源上，大学有相当大的一部分来自基督教。基督教赋予学术探究先验性，学者以真理的名义追求知识，从对上帝负责的角度去建立严谨的态度，以信仰的名义来塑造知识伦理。不论在教育上还是在学术上，基督教最先赋予了人自觉意识，使其从昏暗无助的时代中挣脱出来，并使每个人都有接受教育和研究知识的勇气。在大学产生之前，基督教实际上承担了大学的"精神助产士"的职责。不论何种机构和人，其精神世界都在宗教的维护下保持了完整，人能够进行反思与内省，以个体的力量去探求知识的奥秘。另外人又需要遵守宇宙与世间万物的规则，需要建立起充分的责任意识和伦理观念，以原罪来提醒自己，"这两条思路有共同之处：追求永恒的真理、强调宇宙的秩序、重人类的灵性、轻物欲的满足（特别强调道德）、超越个人的价值观"②。在基督教的文化"引产"过程中，大学追求自由也注重伦理责任，学术自由和大学自治与基督教所提倡的个体自由是密不可分的。基督教的普遍理念使得大学关注外部世界，用知识去追求真理。

大学的形成不仅来自机构演变，也不仅是学者行会建立组织那样顺其自然，而是在于其精神领导力超越了普通的社会组织。虽然它有别于基督教的宗教信仰精神，但大学却带有宗教精神的影子。正是基督教为大学提供了精神上的"子宫"，智识生活的精神才得以孕育和发展，并使得大学在产生之后迅速赢得了各种权威尊重和认可。正是有了这种前期的准备和积累，大学体现出不同于其他新的社会机构的独特性，能够产生超越宗教的精神力量。

（二）理性的张力：宗教与科学的制度性互动

在西方，宗教与科学自古以来就是一种持续互动的关系，这种关系影响到大学和后世科学的发展。宗教强调信仰，而科学追求真知，二者在发展过程中彼此冲突，却又相互利用。西方文明中的宗教与科学并不完全是我们看到的压制关系和排斥关系，大学是基督教文明与科学相互需要的结

① 金耀基：《大学之理念》（增订版），生活·读书·新知三联书店，2008，第 68 页。
② 梁鹤年：《西方文明的文化基因》，生活·读书·新知三联书店，2014，第 69 页。

果，"在 12 世纪晚期和 13 世纪的拉丁基督教世界，新兴的'大学'成了传播科学和医学理论的载体。来自伊斯兰世界的新思想不是大学兴起的唯一原因，甚至不是最重要的原因（教会和政府对神学家和律师的迫切需要，至少也是大学兴起的重要原因之一），但新知识构成了'文科'学院本科课程和医学院研究生课程的主要内容——医学与神学、教会法、民法（罗马法）一样，也有了研究生院"①。在亚洲，佛教对科学的发展并未产生任何阻碍，但它也没能带来积极的效果，二者是两条平行线。伊斯兰教虽一度非常渴望来自古希腊的科学知识，但结果事与愿违。在这两种宗教环境下，科学都没有得到持续生长的空间，科学的创新不足又使得宗教进一步地封闭保守。只有宗教与科学良性互动，知识的运行才不会在统一观念中陷入无尽循环。

基督教能够立足于世界许久，其魅力并不在于教义的力量，而是理性探究推动的结果，这种理性从科学而来，使后世社会不断认识到上帝和人之间的距离。因为基督教教义本身并不赞成一切皆神的观点，而是希望塑造一个理性的神的形象，正如伯明翰大主教曾经说过的："在我看来……任何形式的泛神论都是要不得的，因为人真是上帝的一部分的话，那么人的邪恶也就是上帝的邪恶了。"② 科学并未被排斥在宗教之外，基督教神学在演进过程之中逐渐被科学化。在后世许多科学家看来，科学发现就是对神启示的赞美，如果没有基督教建立的这种信仰体系，诸多科学发现可能很快就会沦为技术而消逝。在基督教的关照下，科学活动区别于一般的技术发明，体现出高深知识的特性。基督教是一种充满理性的信仰，科学理性在修道院里就渗入了人们对基督教教义的解读，"与其他世界性宗教如伊斯兰教和佛教相比，只有在基督教中，才有充分发展起来的神学和神哲学，而理性和信仰之争也是贯穿中世纪文化思想史的一条主线。这份理性资源恰恰是来自古典文化的遗产，正是由于对希腊罗马的理性文化精神的某种接纳、利用和改造，并使之与基督教教义相结合，才形成了独具特色的中世纪信仰文化"③。科学理性中的宗教产生的是一种稳定的制度规范，其中既有

---

① 威廉·E. 伯恩斯：《知识与权力：科学的世界之旅》，杨志译，中国人民大学出版社，2015，第 43 页。
② 罗素：《宗教与科学》，徐奕春、林国夫译，商务印书馆，2013，第 108 页。
③ 田薇：《信仰与理性：中世纪基督教文化的兴衰》，河北大学出版社，2001，第 24 页。

宗教改进和发展的空间，也为科学在大学中留下了位置。

　　大约从 6 世纪起，在领导欧洲文化缓慢复兴的过程中，基督教就努力引入其他学科的知识用以充实和修正自己的学说，"实验性研究第一次出现是在中世纪的修道院，这里没有把体力劳动和脑力劳动视为一对矛盾"①。在东西罗马分裂之后，拉丁地区的修道士们一直认为：只有保存相关文献，基督教的有关学说才能够传播下去。他们以宗教名义建立起统一规范的学术观，并推动知识间产生流动互通。信仰是一种真实的感知存在，不能仅凭借心灵和思维过程来实现。在基督教学术的推动下，信仰成为一个科学知识问题，只有建立起对上帝感知的知识系统，才能够体会到神性意志的伟大。在基督教会的支持下，规模化、常态性的智识活动被重新组织起来。科学使人们打破世间的神秘，并使基督教更加接近心灵上的需要，而不是将上帝与人相隔开来。历史上被视为最保守的经院哲学中也强调从现实需要去研究神学问题，而不是一味地笃信经义。唯有在科学的把握中，上帝的真实性才能够为人所获知。大学正是在这种宗教理性的推动下出现的。

　　基督教在大学产生前后从未实现权力的一手遮天，相反，崇敬科学是一种宗教般虔诚的信仰。只有这种近乎宗教般的虔诚，才使得人们有了为科学献身的勇气。在文艺复兴之前的许多科学家的著作题目中，不乏献给上帝和教皇这样的字眼，"科学的先驱们并没有认识到科学方法的这些含义，虽然他们实行了追求真理的新方法，但是他们仍然同自己的神学对手一样绝对地看待真理本身"②。在不少中世纪学者看来，只有在基督教信仰的帮助之下，精神活动才能逃离世俗社会的拘束与保守。基督教的平等和世俗理念要求科学普及而不是封闭，中世纪的教会就认为科学一直在努力逃脱大多数人的控制，而变成少部分人的特权。正是有了教会的推动，科学才能为整个社会服务。

　　世俗科学知识与宗教知识之间是相互补充的关系，它们共同塑造了西欧文化的演变路径，也为缔造大学制造了土壤，"为人所赞赏的知识是世俗的知识，它延续着宗教性知识的使命，并且补充它、导向它和取代它。

---

　　① 阿尔文·J. 施密特：《基督教对文明的影响》，汪晓丹、赵巍译，上海人民出版社，2013，第 155 页。

　　② 罗素：《宗教与科学》，徐奕春、林国夫译，商务印书馆，2013，第 6 页。

基础性的、系统获得的知识，被认为在某种程度上是迈向救赎的一步"①。基督教为科学赋予了伦理的职责，并通过大学组织加以强化，即使是今天充满自由意志的科学从业者，也没有轻易否定大学中宗教式的教养带来的成效，"自由意志的信徒们在另一个精神领域里总是相信意志是有原因的。例如他们认为，美德可以通过良好的教养来培养；宗教熏陶对修身是非常有用的"②。正是在这种科学与宗教的融合与斗争中，大学的组织伦理才能被培养出来，知识创新力才能被一直保持。在科学与宗教之间人们很早就制造了一种理性的制度性张力。这种张力维护了智识生活在文明中的地位。只有在这种制度性张力中，知识生产的步伐才不至于停滞不前，基督教为大学赋予伦理上的使命，为科学知识的生产灌输人格上的修养。有效制度所引发的激励效应要强于一个对科学漠视的宗教，这在历史的对比中已经表现得极为明显，它也逐渐从大学身上拉开了东西方智识生活发展的差距。

罗马帝国的兴衰影响了西方大学的命运。兴起的罗马帝国推动了教育的普及，渐渐从普通教育中发展出社会对高等教育的需要。在帝国统治者的推动下，资助智识生活与智力活动变成了西方的历史传统，如果没有这个传统，中世纪大学只能"顶天"而不能"立地"。罗马时代的专业教育推动了知识与教育的再次分工，规模化的智力活动开始产生在欧洲大陆。然而，衰败的罗马帝国却又重创了好不容易积累起来的智力成果，蛮族的入侵与社会的衰落使得原本能够产生大学的时代变得黯淡无光。伴随着基督教的兴起，欧洲大陆的精神生活才逐步被组织起来，随着稳定的社会秩序和大量教会学校的设立，教育的普及率逐渐提高。倘若没有修道院对那些来自古希腊与古罗马的智力资源的保存，后世出生的大学即使存在也必然是屡弱的。所以宗教信仰将学术研究的真理信仰统一起来，成为延续至今的学术理念。

第三节　古罗马文明与中世纪大学的知识准备

在 11~12 世纪之内，欧洲文明完成了文化的复兴，大量的知识在几个世纪之内被开发出来。数量如此之多的知识需要有专门的人进行研究、教

---

① 爱德华·希尔斯：《学术的秩序——当代大学论文集》，李家永译，商务印书馆，2007，第 22 页。
② 罗素：《宗教与科学》，徐奕春、林国夫译，商务印书馆，2013，第 95 页。

授与传播，所以就诞生了最早的一批大学。尽管有不少观点认为意大利是由于商业发达，人们为了处理商业纠纷才产生了对法律的研习，但这种说法经不起推敲。法学知识从公元6世纪起就开始积累和传播，而且罗马法和教会法的研究早在这段时间发展成熟，在博洛尼亚，由欧内乌斯开始教授法律完全取决于个人的知识声誉。而比博洛尼亚商业发达的城市在威尼斯、北非和阿拉伯半岛不胜枚举，却并没有一个城市率先诞生大学。所以，与其说大学是人们实际需要的产物，不如说大学是知识演变的需要。此外，当时的高等学府有区别于一般学校的专业知识，"最古老的现代大学——巴黎大学，萨勒诺大学（Salerno），博洛尼亚大学（Bologna）和牛津大学——的起源始于12世纪，并且可以在各种因素的结合中找到，如教堂学校的传统，城市的兴起，行会组织，以及科学的普遍发展。这些机构大都因为它们所专攻的某项学科而驰名天下。由于巴黎和牛津拥有最好的神学教职人员，所以13世纪的西方神学，总是以这两所大学为中心"①。经过蛮族王朝的复苏和知识回流，西欧社会重新进入知识勃发的状态，最终得以出现大学。一些专业知识在罗马文明中被孕育成了可供大学研讨的高深学问，实现了完全的制度化。

一 法律传统与法学知识的积累

在罗马文明中，新知识体系以更专业的划分的形态扩散出来，社会成员被纳入与知识有关的职业中，"在历史上，罗马代表秩序，就如同希腊代表自由。希腊人留下的民主与哲学，成为个人自由的依据；罗马留下的法律与政绩，则成为社会秩序的基础"②。罗马文明孕育出的法律秩序及法学知识成为与大学的产生关系最为直接的成因。崇尚法律是古罗马社会的传统，在当时的社会中，虽然没有专业的法律机构与法律人员，但是人们开始有运用法律的意识，使用并尊重法律被视为罗马公民的身份象征，正如西塞罗在其《论共和国》中所说的："如果一个公民能够利用自己的行政权力和法律惩处迫使所有的人去做那些哲学家们以自己的演讲只能说服

---

① 胡斯都·冈察雷斯：《基督教思想史》第二卷，陈泽民、孙汉书等译，江苏译林出版社，2010，第226~227页。

② 威尔·杜兰特：《世界文明史：恺撒与基督》，台湾幼狮文化译，华夏出版社，2010，第401页。

少数人去做的事情，那么这样的公民理应受到比探讨那些问题的学者们更大的尊敬。"① 专业的法学知识并不是凭空产生的，而是经历了西罗马帝国覆亡后的波折，在 1075 年教皇的敕令下才得以保留下来。西罗马帝国灭亡后，以基督教修道院及学校为主的一支力量保留了从古希腊流传下来的仅有的哲学知识，而东罗马帝国从查士丁尼皇帝起则整合了古罗马的法学知识体系。源自古罗马的法律传统对中世纪大学产生的影响来自两个方面：首先，法律理念的普及使一切社会组织的权利受到保护；其次，法学知识在几个不同阶段的传播引发了社会对其的重视及需要。罗马帝国崩溃后几个王朝都需要建立自身的法律体系，需要相应的法律人才。教会崛起之后同样需要用法律来治理社会，在这两个因素的催生下，中世纪最早的大学之一——博洛尼亚大学才得以作为一所研究和教授法学的学校产生。

（一）罗马法的变迁与知识观念的塑造

在法律文化的影响上，古罗马文明开创了法律史和教育史上的两个先河。一是平民参与立法，以成文法的形式确立了法律在社会生活中的重要地位，用法律来保障个体的权利。二是法学成为高等教育的一门专业知识。在西塞罗的《论法律》中，学习法律被视为理智的智识生活的重要组成部分，"当这种理性确立于人的心智并得到充分体现，便是法律。我认为我们的'法律'一词源自'选择'。希腊人赋予法律以公平概念，我们赋予法律以选择概念，实际上我个人一般也这么认为——那么法的始源应导源于法律，因为法律乃是自然之力量，是明理之士的智慧和理性，是公正和不公正的标准"②。公元前 5 世纪，最著名的莫过于公元前 451 年开始的《十二铜表法》。《十二铜表法》作为重要的教育内容也被纳入早期罗马人的学习中，虽然这个学习体系非常复杂，但已经逐渐可以看出其知识发展的专业性和实用性，"包括了早期希伯来人教育的摩西准则，斯巴达人克莱格斯的教育法则，索伦为雅典人制定的学习荷马史诗的内容，还有罗马早期的《十二铜表法》等内容"③。所以他们需要先接受基本的知识教育，由此文法学校和论辩术在古罗马大量出现，渐渐地这些学校也开始使用"七艺"当中其他学科的知

---

① 西塞罗：《论共和国》，王焕生等译，上海人民出版社，2006，第 21 页。

② 西塞罗：《论法律》，王焕生译，上海人民出版社，2006，第 33 页。

③ Paul Monroe, *Source Book of the History of Edcuation for the Greek and Roman Period*（New York：The Macmillan company, London：Macmillan & Co. Press, 1921），p. 328.

识进行教学。

"七艺"是中世纪高等教育的基础阶段，当这个阶段完成之后，就可以进行专业学习，例如神学、法学和医学。学习法学人数的增多，又促使人们对现有的法律框架进行不断的完善。由此，法学知识就变成了新的智识生活内容。在法律的规范下，人们开始重视个人权利，注重保护私有财产。这个观念一直流传到了 12 世纪的欧洲，学者行会从群体组织逐步走向制度化，在很大程度上就应用了来自早期罗马时代的法人制度。城市以法律来规范学者行会的治理规则，"对个人权利的尊重使得作为外来人士的学生应该接受他们自己校长的司法管辖这一观念成为自然现象。另外，意大利城市中流行的由年长者统治行会的观念，也使得学生行会得到了城市的认可"①。个人权利在知识传授的推动下实现了穿越时代的延伸，变成了大学成员普遍接受的观念。

法律的作用在于提升社会治理的效率，并能够规范其他社会秩序的有序建构。从罗马到中世纪，这种社会治理通过知识的形式完成了欧洲大陆地域间的传播。法律制度所展现出的魅力是穿越时代与地域的，正如博登海默（Edgar Bodenheimer）所认为的："一个真正伟大的法律制度将具有这种性质，即它能使法律制度超越民族性的局限，而且至少在某种程度上它能使该法律制度在精神价值和实践价值方面具有普遍的意义。"② 虽然西罗马帝国崩溃了，但是罗马法律的精神被带到了东部，从皇帝到平民都认为其有必要对已有的法律进行汇总与整合。公元 6 世纪由皇帝查士丁尼组织人员编纂的《罗马民法大全》更是从形式与知识上统一了法律条文，"随着东罗马帝国的势力渗透至意大利，罗马法回到了它的故乡。在即将到来的几个世纪中，罗马法在意大利不同城市中的法学学校里是基础学习的内容，直到其在学术和政治上的功能达到一个顶峰。但是这也有矛盾的地方，罗马法的灵魂是希腊元素。所以，这也促使学者们加快对这些矛盾进行梳理工作，仅在公元 530 年到 534 年四年的时间里，学者们做了大量的研究工作，展现出西罗马帝国衰亡后东罗马拜占庭式的学术

① 孙益：《西欧的知识论传统与中世纪大学的起源》，北京师范大学出版社，2012，第128 页。
② E. 博登海默：《法理学：法律哲学与法律方法》，邓正来译，中国政法大学出版社，2004，第 220 页。

崛起的实力"①。西罗马帝国灭亡之后，蛮族王国也继承了罗马法的不少内容，法律知识的脉络并未完全中断。到中世纪大学产生之前，作为整体的罗马法实际上已成为一个多元民族法的集合，"罗马法是一个汇聚了欧洲不同民族法律的集合，最开始以拉丁文明的习惯法律为基础，后来汇集了不同民族的习惯法，在将这些习惯性的法律收集和整理的过程中逐渐产生了欧洲最早的一批法学家。经过了公元 506 年之前许多法学家和主教的研究之后，在西哥特国王阿拉里克二世（Alaric Ⅱ）的推广中被应用于西哥特时代的高卢地区"②。蛮族王国还有许多有关罗马法的抄本流传了下来，被后世的法律研究者采用。

对 12 世纪的大学产生最重要影响的知识事件来自 1075 年由教皇格列高利七世（Gregory Ⅶ）颁布的敕令，这项敕令将之前置于皇帝和国王手中的教会权力统一收归到教皇手中，教皇变成了世俗社会和宗教领域最大的法律权威，在教皇的推动下，"专职法院、立法机构、法律职业、法律著作和'法律科学'，在西欧各国纷纷产生。这种发展的主要动力在于主张教皇在整个西欧教会中的至上权威和主张教会独立于世俗生活。这是一场由教皇格列高利七世在 1075 年发起的革命，为此，教皇派和皇帝派之间进行了约 50 年的血战一决雌雄，在随后的世纪里，欧洲各民族的民俗法几乎消失得无影无踪。新的、复杂的法律体系——教会法、城市法、王室法、商法、封建法和庄园法——先后为教会、世俗政治体所创立"③。教皇革命就是法律的革命，当教会权威在 11 世纪成为欧洲的主导之后，罗马法被重新编纂、注释和传播，人们开始接受由教皇领导的法律变革。随着教会法庭、法院的建立，法律开始分化成独立的社会行业，法律顾问、法学著作开始为人们所重视。在教皇革命的激励下，西欧社会完成了法律变革与知识变革的第二次接力。

（二）法学知识的分布与体系化

从知识上说，大学的诞生是知识不断走向世俗化和社会化的结果。古

---

① Olaf Pedersen, & Ric hard North, *The First Universities*：*Studium Generale and the Origins of University Education in Europe*（Cambridge, Mass：Cambridge University Press, 1997），p. 37.

② Olaf Pedersen, & Ric hard North, *The First Universities*：*Studium Generale and the Origins of University Education in Europe*（Cambridge, Mass：Cambridge University Press, 1997），p. 55.

③ 哈罗德·J. 伯尔曼：《法律与革命——西方法律传统的形成》，贺卫方、高虹钧、张志铭、夏勇译，法律出版社，2008，第 46 页。

罗马在共和国时代就致力于高深知识的推广，将法制观念尽量覆盖到最基层的人身上，"公元前 280 年，考伦卡留斯（Coruncanius）开始公开讲授《罗马法》，法律的通俗化又进了一步。自此之后，支配罗马人的意识与生活的就不再是祭司，而代之以律师了。不久，《十二铜表法》又成为教育基础，直至西塞罗时代，则要求所有学童都要默记"①。知识受众群体增多的结果就是传播的渠道增加，法学知识通过教育进一步推动了更多的人参与其研究，当这种知识有了一定规模的从业者和实践者时，法律就变成了一门学问，在大学中表现为独立的学科。法学知识在大学产生之前完成了体系化，且社会普及度更高，所以学者们将法律的复兴作为推动大学出现的重要方式。

在古罗马的共和国时代，法学家的活动已经十分频繁，形成了诸多流派，比较著名的有保罗（J. Paul）、帕比尼安（Aemilius Papinianus）、盖尤斯（Gaius）、莫迪斯蒂努斯（Modestinus）和乌尔比安（Domitius Ulpianus）。他们著书立说将法律知识进行传播，"从罗马共和国末期到罗马帝国末期，法律理论发展成了一套学说，从此以后，在西方历史上，这套学说在更为宽泛的政治理论框架内，一直保持着一个相对自足的学科地位。学说的变化是无尽的，但是思考的焦点则保持着相对的稳定"②。随着西罗马帝国的灭亡，不少人认为罗马的法律知识在蛮族入侵中流逝了。实际上，不少蛮族王国继承了古罗马的法律体系，从知识上留下了拉丁系的种子，"506 年由西哥特人国王阿拉里克二世颁布的《西哥特王国境内罗马人的法律》（*Lex Romana Visigothorum*，因此又称《阿拉里克法提要》，*Breviarium Alaricianum*）。这部法典曾经有许多抄本保存下来，其中包含了罗马帝国宪法的条款（取材于 438 年颁布的《提奥西多法典》），还节选了一些古典时代学校课本以及通俗组中的部分内容"③。虽然在东罗马帝国由查士丁尼编纂和整合了罗马法的知识内容，但最终继承并发展出学问的是西欧的拉丁语地区，这也是第一批大学出现的主要区域。法学知识随着拉丁文化的传播逐渐分散到了西欧大陆上，法律条文、法学知识和法律实践在这些地区最先复苏。

---

① 威尔·杜兰特：《世界文明史：恺撒与基督》，台湾幼狮文化译，华夏出版社，2010，第 34 页。

② 沃格林：《希腊化、罗马和早期基督教》，谢华育译，华东师范大学出版社，2007，第 249 页。

③ 理查德·詹金斯：《罗马的遗产》，晏绍祥、吴舒屏译，上海人民出版社，2002，第 478 页。

公元 13 世纪之前，西欧已经形成了普罗旺斯地区、伦巴第各城市、意大利北部的拉文纳和博洛尼亚四个大的法学知识研讨中心。

对中世纪社会产生最直接影响的是查士丁尼时代所编纂的法律典籍。罗马法知识在查士丁尼治下完成了体系化整合，可以算是形成了最早规模化的法学知识研究。在公元 528~534 年，查士丁尼皇帝组织人员，先后编写了三部法律汇编，其统一名称是《罗马民法大全》，具体包括了四个部分《学说汇纂》（公元 533 年发布）、《查士丁尼法典》（公元 529 年发布）、《法学阶梯》（公元 533 年发布）、《新律》（公元 534 年之后的 30 年）。这些法典被认为是中世纪大学重要的教育和研究文献。随着《教皇敕令》的发布，以教皇格列高利七世为首的教会开始加强对早期法律知识的收集和研究工作。宗教生活对世俗生活的接管推动了知识上的革命，也兴起了最初一批研究和教授罗马法的法律学校。其中，《学说汇纂》在 1070 年的重新发现触发了人们研究法学的热潮，"《学说汇纂》是对罗马法学家在数以千计法律等命题上所表达的意见的一份庞大的汇集，这些法律命题不仅涉及财产、遗嘱、契约、侵权行为以及其他属于今天所谓的民法的法律部门，也包括刑法、宪法以及其他管理罗马公民的法律部门"①。最终大量早期查士丁尼时代的法学知识被发掘出来，并流入中世纪的大学中。

大学产生之前的法学知识准备经历了四个特殊时期。首先是共和国时代对罗马法律知识的普及和教育，推动了法律从规则到学术的进阶。第二个阶段是由拜占庭王朝皇帝查士丁尼组织的法律知识的编纂工作，这完成了罗马法知识上的初步体系化。第三个阶段这些法律知识和之前西罗马帝国的法律一起，随着拉丁文化渗透到蛮族王国中。第四个阶段是 11 世纪教皇革命之后掀起的法律研究与教育的复兴，主要是对《罗马民法大全》的恢复与发掘，并逐步确立了新的法律知识体系，直接推动了博洛尼亚大学的产生。罗马法在知识和实践上的影响力促成了西部帝国覆灭后文明的复苏。其传播地域与大学分布差不多，除了意大利之外，最初产生大学的欧洲中部和西班牙地区大多都是罗马法覆盖的地方，"这一区域非常大。它

---

① 哈罗德·J. 伯尔曼：《法律与革命——西方法律传统的形成》，贺卫方、高虹钧、张志铭、夏勇译，法律出版社，2008，第 123 页。

首先覆盖意大利南部，在那里拜占庭帝国（Byzantin Empire）维持着它的权威，直至萨拉森人（Saracens）和诺曼人（Normans）到来。在那里，法院不仅适用《国法大全》确定的罗马法，而且适用查士丁尼继承者的立法。在中部，形成所谓罗马纳（Romagna）的地区具有直接适用《查士丁尼法典》的特点。第三，在法国南部和西班牙北部，《阿拉里克简编》具有最高统治地位"①。罗马的法律体系不仅在知识上向大学注入了知识养料，而且塑造了大学的组织与权利。从这两个内容来看，罗马的法律拯救了在西欧濒临灭亡的拉丁文明。

二 翻译运动与知识回流

从知识的角度看，翻译运动造就了西欧的高深知识在特定城市的聚集，进行翻译的学术机构分布也影响到大学出现的地域。源自古罗马文明的几次翻译运动对大学的兴起带来了革命性的影响，伊斯兰文明在公元830年前后开始，掀起了一场将古希腊文献资源翻译为阿拉伯文的运动。这场翻译运动由阿拔斯王朝兴起，持续了将近100年的时间，将伊斯兰文明的智力资源积累送上了一个顶峰。公元8世纪开始，西欧部分城市的学者通过种种途径，在几个主要的地区又兴起将阿拉伯文翻译为拉丁文的翻译运动，使得高深知识重新回流进入欧洲。有学者认为，"大学在1100～1200年的兴起是新的知识流入西欧的结果，部分是通过意大利和西西里岛，部分是通过西班牙的阿拉伯学者。新的知识流入被描述为西方知识实现突破的结果，有大量的哲学和科学知识通过阿拉伯语翻译为拉丁语，也可以说阿拉伯人早期的研究推动了知识最终在西欧的伟大复兴"②。可以说，翻译运动是欧洲大学诞生的催化剂。

（一）前期翻译运动的知识流向

最早的翻译活动出现在公元前3世纪，在著名的学术圣地亚历山大里亚，有学者对早期《圣经》进行翻译，虽然规模还很小，但是引发了人们对于接触新的知识与文明的兴趣，"在亚历山大里亚，所有的编辑和学术

① 保罗·维诺格拉多夫：《中世纪欧洲的罗马法》，钟云龙译，中国政法大学出版社，2010，第17页。

② George Makdisi, *The Rise of Colleges-institution of Learning in Islam and the West* (Edinburgh: Edinburgh University Press, 1981), p. 225.

活动就是把《旧约》（*Old Testament*）翻译成希腊文，被称之为希腊文《旧约全书》（*Septuagint*），因为这本书是大约 70 位学者在公元前 3 世纪和公元前 2 世纪经过几年时间完成的"①。相对成规模的翻译运动发生在公元5 世纪，主要是由希腊语翻译为其他东方文明的语言，这也是东西方展开希腊知识流动的第一个阶段，并大量分布于波斯、叙利亚等地。伴随着希腊学者从公元 5 世纪的流亡开始，古希腊的各种知识最先被带入中东地区。公元 529 年，由于罗马皇帝查士丁尼下令关闭位于雅典的柏拉图学园，学园中的学者携带着希腊文献又一次前往波斯。还有不少亚历山大里亚的学者前往波斯及叙利亚等地，他们将大量的希腊知识传入东方，"在伊斯兰席卷中东之前不久，希腊流亡学者、教徒在叙利亚和伊朗定居、同化，并为本身需要而展开希腊文和叙利亚文之间的翻译工作，已经有百年以上的历史了"②。第一次流出是希腊文化中大量的科学知识流向了中东地区，医学、数学、天文等方面的文献被大量翻译为当地文字。

希腊知识流向东方的第二个时期出现在公元 8 世纪，阿拔斯王朝大量接受了来自古希腊的知识资源。由于阿拔斯帝国的哈里发对于文化的重视，其大量吸纳了不同的知识，来自希腊、古代波斯、叙利亚等地的知识皆汇聚至此。最著名的是公元 7 世纪开始建设的位于巴格达的"智慧宫"，这可以视为世界上最早的专门翻译机构，"阿尔－曼苏尔、阿尔－马蒙及穆尔瓦基勒等哈里发都派遣使者到君士坦丁堡和其他希腊城市——有时候甚至到他们传统的敌人希腊国王处——去搜求希腊书籍，特别是数学和医药方面的著作；在这种情况下，欧几里得的《几何原理》传入了伊斯兰教国家。在 830 年时，阿尔－马蒙哈里发耗资 20 万第纳尔（约合 95 万美元）在巴格达建立了一座'智慧之宫'（'House of Wisdom'）作为科学院、天文台和公共图书馆；他还延揽了一批翻译人才，由公库支付他们的薪水"③。大约在公元 850 年，包括天文学、哲学、数学、医学和部分法律的著作被翻译并整理出来。当时有大量的知识在其中被翻译为阿拉伯语，并

---

① R. 弗里曼·伯茨：《西方教育文化史》，王凤玉译，山东教育出版社，2013，第 56 页。
② 陈方正：《继承与叛逆：现代科学为何出现于西方》，生活·读书·新知三联书店，2011，第 404 页。
③ 威尔·杜兰特：《世界文明史：信仰的时代》，台湾幼狮文化译，华夏出版社，2010，第253 页。

且制作了译本，"智慧屋是最早的翻译中心，把数以百计的希腊哲学、科学、医学和注疏，以及古代叙利亚、印度的著作，都译成了阿拉伯语。除了托勒密、伽林、亚里士多德，几何学的欧几里得、医学的希波克拉底和植物学的迪奥斯克里季斯（Dioscorides）的作品也都被译成了阿拉伯语，还有大量希腊人对亚里士多德的评注也被翻译。智渊阁也是复制译本的中心，复制新译本是手抄时代非常重要的工作"①。这次持续时间较久的翻译运动完成了知识的重新组合，也就是完成所谓的"希腊—阿拉伯化"。来自古希腊的自然哲学同伊斯兰文明中原有的科学知识进行了很好的结合，这场翻译运动也成为大学和近代科学重要的知识契机。

翻译是知识交流的重要形式，不同文明的知识通过学者们的翻译工作在几个地方得到体现，后来这些具有翻译传统的地区大多都能够产生著名的学术机构。在早期的罗马帝国就有将各种知识翻译为拉丁文的翻译高潮，最初体现在对古希腊的文学作品进行翻译，后来集中在对亚里士多德和柏拉图著作的翻译上。但与其他地区掀起的有成规模的学者参与的翻译不同，古罗马早期的翻译工作主要由个人完成，"古罗马学者波爱修斯（Boethius）开始了对柏拉图和亚里士多德作品的翻译工作，在他的工作中，有算术、音乐、几何这类的文献从希腊文被翻译为拉丁文，并且他的作品一直流传到中世纪。他在翻译亚里士多德的《范畴篇》的过程中做了大量的评注，在随后拉丁世界的几个世纪中都没有人将其超越。此外，他还翻译了托勒密的《天文学大成》、阿基米德的《力学》等书籍。在个人成就上，波爱修斯撰写了一部平衡科学与哲学发展潜能的宗教哲学著作《哲学的慰藉》，这部作品在学术成果相对黯淡的中世纪被奉为经典"②。从公元4世纪起，西欧境内的翻译运动逐渐开始。古罗马人的翻译规模虽然不大，但是开创了罗马文明认识外界知识的先河，完成了最初的知识整理和储备，也为后世基督教修道院有组织的翻译工作创造了条件。

（二）后期的翻译运动对大学产生的影响

从翻译运动的历程来看，前期的翻译运动以知识的流出为主，由于罗马

---

① 威廉·E. 伯恩斯：《知识与权力：科学的世界之旅》，杨志译，中国人民大学出版社，2015，第31~32页。

② Olaf Pedersen, Richard North, *The First Universities: Studium Generale and the Origins of University Education in Europe* (Cambridge, Mass: Cambridge University Press, 1997), p. 42.

帝国的震荡与变局，智识生活开展得有限，西罗马帝国境内经历了多个蛮族王国的统治，而东部的拜占庭王朝则恪守着希腊传统，没有进一步吸纳外部的知识。这样一来，欧洲大陆上就存在了不少知识真空。在一个混乱的时代，人们可以借助宗教寻求解脱，但宗教自身也要寻求知识上的解释，在西罗马帝国仍存在时，基督教就努力通过对希腊知识的翻译形成自己的宗教语言，"如果基督教指望改变雅典和亚历山大里亚大学教授的信仰，或者改变罗马元老院贵族豪富的信仰，教会就必须通过把福音译成哲学家的术语来进入哲学家的理智领地"①。在西罗马帝国崩溃后的几个世纪里，修道院的文献保存和翻译工作，刺激了 12 世纪文艺复兴时期人们对于希腊知识的渴望，修道院的学术更是中世纪学术发展的重要准备阶段，"有充分的证据表明从公元 5 世纪开始的修道院学术运动保持了西方知识发展的活力，它使得罗马在接下来的几个世纪内成为这个世界在精神和智识上影响最为深远的地方"②。翻译运动在一个混乱的时代为大学保留了最珍贵的知识资源。

翻译运动经历了前期知识的外流之后，到了公元 9 世纪以后，逐渐开始回流。东西方在知识上就像是天平的两端，但是在这个天平中间必须存在一个流动的通道。虽然伊斯兰文明通过早期的翻译运动积累了大量的古希腊知识，也发展出了特有的科学技术，但最终却没有将这些知识留在本土，也没有和生产与传播这些知识相匹配的新机构。虽然在公元 8 世纪至 14 世纪有诸多智慧成果，也获得了来自阿拉伯帝国上层的支持，但伊斯兰文明始终没能将这些外来的和本土的知识实现推广和普遍化。"伊斯兰科学则始终是君主、藩王、贵族所鼓励、赞助、扶持的学问，在一般高等学院中并无稳固地位——即使它后来成为正规课程的一部分，也只是占很轻分量和地位，没有发展余地"③。相对于伊斯兰文明出现的性质较为单一的知识机构，欧洲大约在公元 10 世纪已经有了知识研究的机构系统，形成了多样化的知识中心，而且这些机构都不同程度地受益于翻译运动。这些知识机构的存在丰富了知识的种类和藏量，也正是这些机构促进了知识回流之后的保存工作。

---

① 阿诺德·汤因比：《一个历史学家的宗教观》，晏可佳、张龙华译，上海人民出版社，2014，第 100 页。

② Olaf Pedersen, & Richard North, *The First Universities: Studium Generale and the Origins of University Education in Europe* (Cambridge, Mass: Cambridge University Press, 1997), p. 48.

③ 陈方正：《继承与叛逆：现代科学为何出现于西方》，生活·读书·新知三联书店，2011，第 539 页。

对大学产生直接影响的翻译运动来自公元 10 世纪，这时的知识开始回流，从东方向西方流动，并在西欧大陆的几个重要地区建立起大批翻译学术中心。这次翻译运动以西班牙、西西里和意大利的机构最为著名，其中，西班牙由于伊斯兰王朝的影响，以科尔多瓦、萨拉曼卡为代表的城市纷纷成了当时著名的学术中心。10 世纪西班牙的译者至少翻译了 70 部来自古代的作品，包括盖伦的《医技》、拉齐（al-Razi 或 Rhazes，？～925）的《医学大全》、阿维森纳（Avicenna）的《医典》，这些作品构成了中世纪医学研究的核心。托勒密的《天文学大成》、亚里士多德的《物理学》《论天和世界》《论生灭》《气象学》《后分析篇》、欧几里得的《几何原本》、阿尔·花刺子模（Al-Khwarizmi）的《代数》以及《三兄弟几何学》等作品。① 西班牙因此也成为大学产生之前最主要的知识资源中转站。10 世纪的科尔瓦多是人文学者的荟萃之地，医生、诗人和法学家大量集中在托莱多、格拉纳达和塞维利亚一带。当地的基督教修道院受益于这些城市的学术资源，将大量的医学、天文学等著作翻译为拉丁语，并逐步传回西欧，"早在 10 世纪中叶，将阿拉伯文译成拉丁文的工作就已经在西班牙北部比利牛斯山脉山脚下的里波尔圣玛利亚修道院（Monastery of Santa Maria de Ripoll）展开了。这些译著主要涉及几何学和天文仪器，热尔贝也许知道它们"②。后来，随着基督徒收复西班牙，1058 年占领托莱多，11 世纪收复意大利和西西里之后，大规模的翻译运动有了适当的条件。西班牙由于其地理位置优越，接触到丰富的阿拉伯—希腊知识，所以获得的学术资源最多，"西班牙穆斯林文明的辉煌，处于两种文化中介位置上的穆斯林与基督徒的文化联结，加上少数双语或三语重要人才（犹太人、摩萨拉布人）的存在，使来自西班牙的东方手抄本数量最多"③。11 世纪还有一个重要的事件造成了知识的流动，那就是十字军东征。拜占庭帝国作为希腊知识的重要保存地，存有大量希腊的自然哲学的知识，同阿拉伯人对科学技术的重视不同，拜占庭的基督徒保留的是自然哲学知识。在战乱开始

① 爱德华·格兰特：《近代科学在中世纪的基础》，张卜天译，湖南科学技术出版社，2010，第 34 页。

② 爱德华·格兰特：《近代科学在中世纪的基础》，张卜天译，湖南科学技术出版社，2010，第 32 页。

③ 李工真：《大学现代化之路》，商务印书馆，2013，第 5 页。

时，这些知识也实现了从东向西的流动，最终在意大利境内由修道院的修士们翻译为拉丁文，"它忠诚地珍爱并充分地传播了古希腊留下的文学、科学和哲学重抄本，直到 1204 年为十字军所侵占。为逃避战乱，僧侣们把希腊抄本带到了意大利南部，并在那儿恢复了希腊文学的知识。希腊文教授为了躲避伊斯兰教徒和十字军，离开君士坦丁堡，移居意大利，成为古典希腊文学的媒介，如此意大利年复一年地重新发掘着希腊，直到人们开始在知识自由的泉源中醉饱为止"①。表 3-1 列举了翻译运动中的主要文献。

表 3-1　翻译运动中的文献

翻译运动（阿拉伯）		翻译运动（10 世纪开始的西方）	
作品	原作者	作品	学科
《物理学》		《物理学》	
《论天》		《论灵魂》	
《论生灭》		《论生成与毁灭》	
《气象学》		《论天》	
《动物志》		《天文学大成》	
《论灵魂》	亚里士多德	《地理书》	
《形而上学》		《光学》	自然哲学
《伦理学》		《天体论》	
《政治学》		《蒂迈欧》	
《诗学》		《动物学》	
《问题篇》		《医典》	
《政治家篇》		《医学大全》	医学
《法律篇》		《医技》	
《国家篇》		《医学大全》	
《智者篇》		《代数》	算术
《辩解篇》		《几何原本》	几何
《高尔吉亚》	柏拉图	《三兄弟几何学》	
《蒂迈欧》		《费多篇》	
《斐多》		《美诺篇》	
《普罗泰戈拉》		《哲学的慰藉》	哲学
《泰安泰德》		《伦理学》	
《巴门尼德》		《政治学》	

① 威尔·杜兰特：《世界文明史：信仰的时代》，台湾幼狮文化译，华夏出版社，2010，第465 页。

续表

翻译运动（阿拉伯）		翻译运动（10世纪开始的西方）	
作品	原作者	作品	学科
《解剖学》	盖伦	《分析后篇》	逻辑学
《小技》		《工具篇》	
《天文大集》	托勒密	《范畴篇》	
《光学》		《新逻辑》	
《几何原理》	欧几里得	《论主题》	
《光学》		《论反驳》	
《现象》		《修辞学》	修辞学

　　资料来源：根据陈方正《继承与叛逆：现代科学为何出现于西方》、威尔·杜兰特《世界文明史：信仰的时代》、爱德华·格兰特《近代科学在中世纪的基础》等文献整理而来。

　　从11世纪开始，随着文献回流到欧洲过程的逐步完成，西欧的修道院开始组织人力对阿拉伯—希腊的文献进行翻译，较为著名的是意大利中部的萨莱诺的修道院。它通过将阿拉伯的医学文献翻译为拉丁文，最终使萨莱诺成为集聚了医学知识的教育圣地，并促成了大学的诞生。更大规模的翻译活动出现在12世纪，此时文献已经足够充分。因为地理上相接近，意大利南部的西西里也加入翻译运动中，"西西里在12世纪闻名，不仅是经济的繁荣，也在于其真正以三种语言（拉丁语、希腊语、阿拉伯语）为基础的原始文明，从而使之成为翻译家活动的重要区域。巴勒莫的阿里士底卜（Aristippe），埃米尔（Emir）的欧仁尤其致力于科学手稿的翻译。但西班牙提供了最大数量的译作。10~11世纪西班牙穆斯林文明的辉煌，以诸多研究古希腊的学者和哲学家而凸显"①。这样一来，来自西班牙、拜占庭的知识开始在意大利汇集，最初的希腊—阿拉伯化的知识变成了希腊—拉丁知识。借助拉丁语和基督教在西欧的普及，这些经过翻译的知识迅速在西欧的各大城市中展开传播，这些知识的回流最终打开了触发大学产生的机关。

　　翻译运动本身就是一种高级知识生产活动，以西班牙和意大利作为知识的主要接受地，实现了学问生产的拉丁化。翻译运动并没有明确的自上而下的组织者，其过程都是自下而上的，在欧洲星星点点分布的修道院

---

　　① 雅克·韦尔热：《中世纪大学》，王晓辉译，上海人民出版社，2007，第13页。

中，人们孜孜不倦地吸收着来自异教文明的文本，最终将其变成特定文明的知识并长久地保留了下来。通过翻译运动，欧洲开始出现大量的知识中心与学术中心，正是在这些规模化的知识中心的推动下，人们对于智识生活的积极性被激发出来，这才有了大学的诞生。

三 罗马—基督教知识制度的演进

知识的制度化意味着知识的开发者和传授者拥有较为一致的价值观念，他们建立起相对规范的知识交流体系，高深知识的受众面因而得以进一步扩大。对于大学而言，知识制度化的重要性不言而喻，唯有从一种混沌逐渐走向有序的状态时，人们才能从对新知识的需求中建立起稳定的教育形态。正如涂尔干所认为的："所谓教育，就是在一个特定的文明里，有那么一整套知识与信念，当时被视为那个文明的基本内容，在代与代之间薪火相传。"[1]翻译运动为大学产生后的智识生活内容和方式设置了框架。早期罗马教育体系的建立、基督教修道院、蛮族王朝的宫廷学术和翻译运动，共同构成了知识制度化的体系。从后世来看，这种知识制度化的影响不仅产生像大学这样的新型知识机构，而且还为后世诞生的知识革命留下了触发的开关。正是在这种文明体内，人们完成了对古希腊和东方文明知识的整合与传播，为知识赋予了精神和制度上的发展动力，所以才能够为知识在欧洲赢得越来越多的受众。

（一）"七艺"的初步形成

从严格意义来说，"七艺"的名称是一个特殊文明体中的概念，虽然知识雏形来自古希腊，但将其作为教育内容并在学校中教授则来自古罗马文明。"七艺"的教育是中世纪大学自由学科的组成部分，在大学引入科学教育之前，艺学教育一直占据着教育的主要内容。在科学教育引入之后，传统的"七艺"教育又成为中世纪大学人文培育和自由教育的主要组成部分。"七艺"不仅是产生大学的知识基础，也是产生新学科的基础，在大学产生之后，意大利人学习其中的文法和修辞部分，丰富了其法学研究；而法国人则从逻辑学和辩证法中发展出了新的神学体系，"在希腊—阿拉伯科学和自然哲学被引进之前，中世纪的'艺学'教育以七艺为基

---

① 爱弥尔·涂尔干：《教育思想的演进》，李康译，上海人民出版社，2006，第165页。

础。随着亚里士多德的著作和希腊—阿拉伯科学在 12 世纪末和 13 世纪的引入，传统七艺不再占据首要地位，而是成为通向哲学或（更确切地说是）自然哲学的门径，新的学术改变了自由技艺。旧的四艺中有三门学科——算术、几何和天文——被希腊—阿拉伯科学大大丰富了。七艺中的三艺也被拓展了，特别是逻辑或辩证法领域"①。人们通过"七艺"可以将各种知识进行编辑和汇纂，并在其中发展出知识研究组织。

　　将"七艺"作为课程内容进行传授要追溯到古希腊，但是当时还没有实际的命名，人们只是根据柏拉图的理念对教育有了分科课程的观念，"按照柏拉图的说法，基础教育与高等教育主要是以课程的分化来区分的，也就是以七门自由教育课程的三科和四艺来划分"②。前者的教育内容大致上指音乐、体育和文法，后者主要指哲学、修辞学、政治学的教育，但具体的数目是不清晰的，只是人们知道当时的教育需要学习这些内容。在希腊化时代之前，"七艺"的知识内容已基本形成，特别是高级科目算术、几何、天文和音乐，已是相对独立的授课科目，这些科目加上初级阶段的阅读、修辞等内容一起被赋予了"自由教育"的概念。相对于体育和技艺训练来说，只有包含了诗歌、文法、算术、几何等内容的哲学教育才是与自由的灵魂相联系的。按照亚里士多德的观点，只有接受了全面教育的公民才能够称得上获得从身体到灵魂的自由，但是完整的人不应放弃身体的健康和对美的欣赏，所以最初希腊人的教育科目中还包括体育和绘画。在罗马共和时代到来之前，人们只是明确了教育形态在初级和高级阶段的划分，并没有人明确提出"七艺"的教学科目。

　　罗马时代是一个将"七艺"从理念提升到概念，并将教育内容加以制度化的阶段。最主要的是，"七艺"概念的形成也标志着教学与研究科目的制度化。有了这些学科才诞生了学院组织，这一点表现在 12 世纪阿尔卑斯山以北的诸多大学中。在共和国末期的恺撒时代，瓦罗（Marcus Tierentius Varo）提出了教育中应该包含的科目数量问题，这些初级和高级的科目最终需要向专业化方向发展，所以还应该包括建筑和医学，因为这符合当时罗马

---

① 爱德华·格兰特：《近代科学在中世纪的基础》，张卜天译，湖南科学技术出版社，2010，第 55 页。

② Paul Monroe, *Source book of the history of edcuation for the Greek and Roman period* (New York: The Macmillan company, London: Macmillan & Co. Press, 1921), p.133.

教育实用主义的特征，"他寻求建立了 9 个希腊学科，作为受教育者必学的科目。这些科目包括：文法、修辞、逻辑、算术、几何、天文、音乐、建筑以及哲学。非常有趣的是，他放弃了希腊课程里所包含的体育和绘画，而加入了建筑和医学"①。塞涅卡（Lucius Annaeus Seneca）进一步明确了这些科目存在的必要性，这些科目包含对自由生活的向往，是培养自由人的主要内容。属于自由艺术，"自由艺术（liberalarts）通过对智慧的追求使人获得自由……人们认为它们值得自由民去学习'"②。就这样，教学的科目与研究随着知识制度化被进一步明确下来。

明确将"七艺"在数量和科目上确定下来的是公元 4 世纪的迦太基人马提亚努斯·卡佩拉（Marrtianus Capella），他在富有影响的寓言概论《语言学与墨丘利神的联姻》（*Marriage of Philology and Mercury*）一书中将知识提升到神性的阶段，在他描述的天堂婚礼中，"七艺"被视为墨丘利（Mercury）与菲劳勒嘉（Filolga）的婚姻中的七位伴娘。他最终将自由科目的数字缩减到七，之所以去掉医学和建筑是因为其神学建构的需要，"他把数字缩减到'七'，就是因为他只想保留那些会引起一群天人和圣体兴趣的自由学术。他删除医学是因为圣体没有凡世的疾病，他删除建筑是因为圣体不需要实体的居住场所。换句话说，他没有包括身体和机械科学，因为他们与物质和现实的利益相关，而不适合心灵和思想，所以，也不适合自由人"③。由此，"七艺"才最终在数量和科目上成型。共和国时代的罗马在其文法学校中已经开始初步实施这些科目的教育了，西塞罗列举的当时学校所教授的各种课程就已经具有明显的分科教学特性，"西塞罗列举了当时学校教授的各种艺（arts，或译作'学科'）：哲学、数学、音乐、文法、修辞术。其他地方清楚地提到，几何和天文学是数学科目的一部分，由此，中世纪的七门自由之艺（artes liberales）就完整了"④。但是在具体划分上，"四艺"（quadirvium）的最早提出者是公元 5 世纪至 6 世纪的波爱修斯，而"三科"（trivium）的出现时间更晚，大约在加洛林王朝时代。如果说古希腊提出了自由教育的理念和知识形态的话，罗马时代则将

---

① R. 弗里曼·伯茨：《西方教育文化史》，王凤玉译，山东教育出版社，2013，第 106 页。
② 钦文：《七艺探源》，《北京大学教育评论》2006 年第 3 期。
③ R. 弗里曼·伯茨：《西方教育文化史》，王凤玉译，山东教育出版社，2013，第 106 页。
④ 葛怀恩：《古罗马的教育——从西塞罗到昆体良》，黄汉林译，华夏出版社，2015，第 64 页。

其在实践层面予以实施，这种实施是一个被当时的社会环境和知识环境接纳的过程。表 3-2、3-3、3-4 代表了从罗马时代到中世纪的学科制度化过程。

表 3-2 古罗马学科设置

早期罗马	后期罗马					
自由学科	"七艺"学科			其他学科		
	学科	研修内容	来源	学科	研修内容	来源
文法	文法	《文法初阶》	多纳图斯	医学	《希波克拉底的元素》	盖伦
修辞		《文法》	普利西安		《论解剖过程》	
逻辑		《埃涅依德》	维吉尔		《论身体各部器官功能》	
算术		《拉丁文通俗版圣经》	圣杰罗姆	法律（罗马民法大全）	《法学汇纂》	查士丁尼组织编写
几何	修辞学	《论演说家》	西塞罗		《查士丁尼法典》	
天文		《论题篇》			《法学阶梯》	
音乐		《雄辩术原理》	昆体良		《新律》	
建筑	逻辑学	《亚里士多德逻辑学》	波尔菲里			
医学	算术					
	几何					
	天文	《论天》	亚里士多德			
	音乐	教堂音乐				

资料来源：根据葛怀恩《古罗马的教育——从西塞罗到昆体良》、沈文钦《西方博雅教育思想的起源、发展和现代转型：概念史的视角》、R. 弗里曼·伯茨《西方教育文化史》等文献整理而来。

表 3-3 中世纪大学基本学科设置

自由学科	研修内容	来源	自由学科	研修内容	来源
文法	《初级文法》	亚里士多德	修辞学	《论创新》	西塞罗
	《高级文法》			《论风格》	
	《文法汇编》			文书法	
	《分析前篇》			听写法	
	《论动物》			《修辞学》	亚里士多德
	《形而上学》		音乐	《论音乐原理》	毕达哥拉斯

续表

自由学科	研修内容	来源	自由学科	研修内容	来源
逻辑学	《范畴篇》	亚里士多德	算术	《量的计算》	
	《解释篇》			《论算术原理》	波爱修斯
	《新逻辑》			《十进制》	萨克罗波斯科
	《分析前篇》		几何	《几何原理评注》	波伊修斯
	《分析后篇》			《光学》	欧几里得
	《论主题》			《反射光学》	
	《论反驳》			《光学》	托勒密
	《范畴篇导言》	波菲利		《透视法》	威特罗
	《评论》		天文	《计算》	萨克罗波斯科
	《论不同的主题》			《行星理论》	
	《蒂迈欧篇》	柏拉图		《原理》	
	《哲学的慰藉》	波伊修斯			

资料来源：根据海斯汀·拉斯达尔《中世纪的欧洲大学——大学的起源》、希尔德·德·里德-西蒙斯《欧洲大学史·第1卷》、贺国庆《欧洲中世纪大学》和宋文红《欧洲中世纪大学的演进》整理而来。

表3-4 中世纪大学专业学科设置

专业学科	研修内容	来源	专业学科	研修内容	来源
医学	《格言》	希波克拉底	神学	《基督教教义大全》	圣奥古斯丁
	《预后学》			《圣经》	
	《医术》	盖伦		《格言大全》	彼德·隆巴德
	《实用医学》			《神学历史》	彼德·科曼斯特
	《论解剖术》			《自然论》	亚里士多德
	《诊断学入门》	约翰提修斯		《神圣论》	
	《医典》	阿维森纳		《神学大全》托马斯·阿奎那	
	《罗马民法大全》	查士丁尼组织编写			
	《标准注释》	阿库修斯			
	《民法大全》注释				
	《教会法大全》注释				

法学

续表

专业学科	研修内容	来源	专业学科	研修内容	来源
法学	《教会法大全》	阿方十世	神学		
	《七篇法典》				
	《法律大全》				
	《教会法纲要》				
	《格列高利九世敕令集》				
	《博尼费斯八世敕令》				
	《教皇圣言汇编》				

资料来源：根据希尔德·德·里德-西蒙斯《欧洲大学史·第 1 卷》《欧洲大学史·第 2 卷》、查尔斯·霍默·哈斯金斯《十二世纪文艺复兴》《大学的兴起》、贺国庆《欧洲中世纪大学》等文献整理而来。

"七艺"教育的理念形成在古希腊文明，但到了罗马时代，"七艺"才成了一种教学和研究内容被确定下来。"七艺"知识之所以能够对大学产生影响，是因为其能够发展出一种被希腊和罗马时代两个文明体接受的价值体系，并能够在当时的学校中被广泛使用。"七艺"的形成过程是渐进的，经历了科目数量和内容上的确定，最终决定了七种学科的位置。在实践中，罗马完成了将"七艺"从概念向实体，从理念到教学实践上的转换，"七艺"在文法和修辞学校中被广泛地学习，并且成为确定的教育制度延续到大学中。

（二）基督教确立的知识传播秩序

"七艺"知识在基督教会的组织下，变成了课程传授和研究学问的主要载体。在中世纪大学开始分化出四大学科之后，"七艺"非但没有被放弃，而且被作为通识教育的课程设置保留下来。基督教对高深知识需求更旺盛，因为教会不仅需要高深知识对教义和信仰进行理性化改造，而且需要更科学地解释世界体系。基督教最早帮助人们用知识对无知进行了"祛魅"。罗马帝国灭亡之后，仅有的知识和教育火种被保留在修道院及其附属的学校中。基督教教义渴望建立一套理性的信仰，强调人的无知需要高深知识来弥补。尽管带领人走出迷茫的是信仰上帝，但其必须要通过知识来实现，"知识是对人类处境的理解，对我们的过去和未来的理解。这样，我们可以从物质世界的束缚下得到解放。但从另一方面来看，由于我们与物质结合而受到奴役，我们不能依靠自己的力量认识永恒的真理，因此，必须由超在的精神世界派出一位使者，把解放的启示带给我们"①。圣奥古斯丁从信仰的角度为"七艺"知识的传授确定了一种规范化的路径，也使其获得了延续。同时，基督教的学者们还不断对与"七艺"相关的内容进行收集和整理，例如公元6世纪至7世纪塞维利亚的主教伊西多（Isidore，约560~636年）就编纂了中世纪最著名的百科书——《语源或起源二十册》，其中从不同的层次讨论了当时学问的排列状态。他认为，人们接受的基础教育科目应该包括文法、修辞逻辑，高级的科目是算术、几何、音乐和天文。此外，他还讨论了医学、建筑、历史、神学等诸多内容，这本书成为后世学者了解古代知识状态的主要著作。

基督教认为神学的作用在于利用科学知识探究最高的神性智慧，这个过程需要将知识生产制度化。对此，教会的重要贡献是建立了大量的修道院学校，"当时，属于教会的教育机构有三种：一是修道院学校（Monastic School），二是座堂学校（Cathedral School），三是教区学校（Paris School）。这些教会办的学校主要是培养神职人员，但教区学校也向一般世俗群众开放"②。有人称基督教垄断了当时的教育，实际上这个说法是不准确的。在一个普遍文化水平相对低下的情况下，传统的罗马世俗学校都毁于战乱，唯有基督教的学校能够组织起社会教育并实现知识保存。在没有压制其他教育机构的前提下，其不存在对教育的垄断。当时的基督教会需要受制于地方政府和蛮族国王，这种局面直到1075年教皇革命后才发生了反转。基督教非但没有垄断独占知识，而且还通过其所举办的学校传播知识，加速知识的传播和制度化。因为宗教不是迷信，其教义的存在需要建立在社会普遍拥有一定知识水平的基础上，如拉斯达尔所称赞的："教会学校，尤其是阿尔昆时代的变革所创造出来的新式学校，这些从未停止运转的教育机构开始拥有越来越高的效力和越来越大的影响力。"③ 通过学校组织的力

---

① 胡斯都·冈察雷斯：《基督教思想史》第二卷，陈泽民、孙汉书等译，译林出版社，2010，第121页。
② 程德林：《西欧中世纪后期的知识传播》，北京大学出版社，2009，第27页。
③ 海斯汀·拉斯达尔：《中世纪的欧洲大学——大学的起源》，崔延强、邓磊译，重庆大学出版社，2011，第20页。

量，基督教的平等博爱教义观念在知识扩散中有了进一步的体现，古代"七艺"的课程正是在这些学校中有了延续生命的机会。后来中世纪大学采纳"七艺"作为基础教育的内容就是因为其中所体现的普遍精神能够影响到每一个人，"1179 年的第三次拉特兰宗教会议颁布，为了使穷孩子不被剥夺读书与进修的机会，应该在每一座教堂拨出一笔足够的圣俸给专业教师，让他免费教授同一教堂的办事员和贫苦的学生。这些教堂学校开设的课程一律用拉丁文讲授，主要内容有文法、修辞、逻辑、数学、几何、音乐、天文学，传授古典文化和世俗知识"[①]。可以说，教会学校在组织上稳定了知识的传播方式，并使其在精神和制度上能被各方接受，且由于其规范性和领导力，"七艺"知识体系最终得到了大学的承认。

"七艺"是中世纪大学课程和研究学科的重要基础，也是在大学产生之前知识上的主要来源。在罗马文明中，"七艺"得以通过制度化的形式完成了向大学的延续，在世俗和宗教层面有了立足的空间。这个制度化的过程离不开基督教的推动，正是基督教在一个黑暗的时代里承担起了教育的使命，将包括"七艺"在内的诸多知识进行了有序的编排、整理并加以传播。事实上，基督教学校也是许多中世纪大学诞生的前身和基础。从历史上看，罗马—基督教文明用知识、制度与组织共同塑造了大学的雏形，其文明的影响直至今日。

---

① 田薇：《信仰与理性：中世纪基督教文化的兴衰》，河北大学出版社，2001，第 91 页。

第四章
中世纪大学的诞生与扩散

　　大学的组织形态诞生于11世纪末，高等教育机构的出现如同在一片贫瘠的土壤里零星出现的几株幼苗，"它是文化与学人的集中地，从世俗社会脱胎而来的大学注定了它是社会的反对者。它冲破了地域限制、语言限制、权利限制以及精神限制而走向自己的追求。正是凭着那为数不多的图书、那一张斜面桌、那一盏油灯和烛台、那漏斗式的墨水瓶、那轻飘飘的鹅毛笔、那把直尺和教鞭，学者们将文化传之久远"①。大学不仅能够在"黑暗的中世纪"诞生且存活下来，而且能够成为延续至今的制度、理念和精神系统。从另一个方面看，在中世纪千余年的时间内，宗教、政治、文化都有了卓越的发展，显示出更为强劲的生命力。中世纪塑造了各种文化产生的制度空间和秩序，教会与君主纷纷登场，在大学诞生的前夜扮演着各种角色，如涂尔干所认为的："大学这个巨大的法团，与国家有着频繁而直接的接触，而它的根源又直抵中世纪社会的最深处，原本就该被这种有序的精神、组织的精神、严格管制的精神所促动，因为这样的精神是普遍渗透在那个时代所有的机构中的。"② 中世纪文明的发展形态是呈现波浪形的，西罗马帝国崩溃之后，蛮族王国的崛起拨动了文明的琴弦，这些王朝掀起的几次小规模文艺复兴就好比在黑夜中鸣奏起激荡的曲调。相对于其他文明在文化上的波澜不惊，从公元5世纪法兰克人建立的墨洛温王朝开始，文艺复兴就不时出现在西欧大地上。正是有了诸如墨洛温王朝、加洛林王朝所发生的这样的小型文艺复兴所引发的联动效应，

---

① 黄春高：《精粹世界史——西欧封建社会》，中国青年出版社，1999，第426页。
② 爱弥尔·涂尔干：《教育思想的演进》，李康译，上海人民出版社，2006，第134页。

最终才能产生 12 世纪文艺复兴这样大的浪潮，这场浪潮最终将大学推到了历史的潮头。

第一节　中世纪：黑暗世纪抑或中古盛世

一般来说，人们定义的中世纪起自公元 476 年，终结于文艺复兴和航海时代兴起的 1453 年。事实上，"中世纪"这个词出现的时间更晚，大约在 15 世纪晚期才被学者使用。不少人认为中世纪充满着战争、堕落、衰退和无知，还有教会对"异端"学说的封杀和镇压。因为大家都援引圣奥古斯丁的说法：人类处于《圣经》中所预言的历史第六个阶段，也就是所谓的末日和黑暗阶段。按照彼特拉克的观点，中世纪在文化、艺术和文学方面的 900 余年历史完全是停滞的，即使是那个时代诞生的大学，也被视为教会手中的玩物。由此观之，中世纪似乎就是充满黑暗的漫长时代，人们看不到丝毫进步的曙光。然而中世纪本身又在不断打破这种"黑暗论"的论调，诸如墨洛温王朝、加洛林王朝等蛮族王朝发生的文艺复兴持续积累，最终促成了 12 世纪的文艺复兴，在古希腊和古罗马几乎陨落的智识生活在中世纪最终完成了井喷。人们比历史上任何一个时期都渴望求知和接受教育，这种热情从君主、教皇一直延伸到普通百姓。恩格斯在《路德维希·费尔巴哈和德国古典哲学的终结》中曾说："中世纪的巨大进步——欧洲文化领域的扩大，在那里一个挨着一个形成的富有生命力的大民族，以及 14 世纪和 15 世纪的巨大的技术进步。"[1] 在理解中世纪的历史上人们有巨大的分歧，这也造成了大学历史的不清晰。对于大学和中世纪之间的关系也是众说纷纭，因此只有客观理解中世纪的历史，才能真正理解古代西方大学的源起过程。

一　格局纷乱的西欧大地

一般来看，人们将中世纪分为三个阶段。从罗马帝国的晚期即公元 500 年到公元 1000 年为早期阶段，集中的表现就是衰落、战争、蛮族王国

---

[1] 《路德维希·费尔巴哈和德国古典哲学的终结》，《马克思恩格斯全集》第二十八卷，中共中央马恩列斯著作编译局译，人民出版社，2018，第 337 页。

的兴起、政权更替、再次衰落以及其他非欧民族的入侵，封建制度开始初步建立。到了第二个阶段，也就是公元 1000～1300 年为中期阶段，这个阶段欧洲社会表现出复苏状态，教会在公元 11 世纪之后成为社会的权威主导，但是王权、诸侯和领主纷纷崛起，大学正是在这个阶段发展壮大起来。第三个阶段是中世纪晚期，时间是公元 1300～1500 年，这个阶段又是西欧的衰退期，不少地区遭到饥荒，瘟疫肆虐，黑死病造成了欧洲人口的大面积减少，好不容易集聚起来的文明优势又几乎化为乌有，如勒戈夫所言："中世纪西方文明是各个孤立地区的文明，是中世纪'沙漠'中的文化绿洲，是森林和田地重归荒芜的文明，或者是深受修道院文化影响的乡村文明。交通网络的混乱无序以及与古代世界的关系已经使西欧的大多数地区回归到几乎没有受到基督教影响的扎根于史前时代的传统农业文明的原始世界。"① 中世纪有多数时间处在衰退和不稳定状态，社会经济的倒退也无法保证教育和学术生活的维持。所谓的黑暗在中世纪早期的纷乱格局中显露无遗，因为没有几个蛮族国家或者教会建立起来的领土得到巩固，"一个不受皇帝支配的独立的教会；代替皇权的封建君主和封建领主；代替罗马时期奴隶种植园，分别开垦荒地的自治的采邑；以城市为根据地，在反对贵族、高级教士，最终是君主的过程中有效地行事的新兴商人阶层"②。这些都左右着大学诞生之前的政治环境。

（一）衰退的中世纪对大学的影响

历史的每个环节都是紧密相扣的，每个阶段都会对后来的文明进程产生重要影响。从中世纪理解大学诞生的成因涉及两个方面：一个方面是大学诞生的时间，另一个方面是出现的地域。需要做出结论的是：大学应该被视为整个中世纪的产物，而不单纯是 12 世纪文艺复兴和城市生活繁荣的结果。学术生活正是经历了中世纪前期的社会衰退与经济衰落，有了政治格局的分崩离析和多种力量的介入，才在大学身上显得更加多彩纷呈。社会衰退给人们的精神生活带来的影响是黯淡的，在一个衰退的社会中，无理性的习俗成了人们生活的主要内容，而这种习俗大多都对知识生产和教

---

① 雅克·勒戈夫：《中世纪文明（400—1500 年）》，徐家玲译，格致出版社，2011，第 122 页。

② 斯塔夫里阿诺斯：《全球通史：从史前史到 21 世纪》（第七版），吴象婴等译，北京大学出版社，2006，第 227 页。

育发展造成了阻碍，就像亨利·柏格森（Henri Bergson）所认为的，蒙昧
与无知充斥在社会的空气中，"我们在那里只发现习俗，有些习俗是真实
需要的，而更多的习俗只是源于偶然性，或源于真实需要的无理性的扩
张。这样，所有的习俗性事物都变成了义务性事物，因为社会群体的凝聚
现象不是被浓缩于律令，也不是被提升为准则，而只是所有人毫无分辨地
全面接受那些习俗"①。在这种社会环境中，知识仅能被人们有限地使用，
经济状况的衰退和生活水平的下降也不足以支撑智力运动或革命的兴起。
从这个层面上讲，衰退的中世纪将大学的诞生时间延迟了数百年。

　　中世纪的黑暗表现为社会生活退化和无序，人的精神空间被严重压
缩。蛮族的入侵使得在长达一个世纪的时间内的西欧社会处于混乱状态。
在基督教尚未发展成熟的环境中，来自战争的破坏对世俗社会的学术生活
是毁灭性的。在公元4世纪末，西欧罗马帝国的版图已经分崩离析，社会
正常生活无法得到保障。西罗马在蛮族人的入侵之下被分裂为诸多小国
家，其中日耳曼人占据了绝大多数土地。他们的文明还处于相对原始的阶
段，大多数民族还处在部落生活中，游牧、少量的农业耕种和军事征讨构
成其社会生活的主体，并无多少商业活动的气息，自然也就缺乏相应的文
化要求。大多数蛮族部落没有对城市生活的向往，他们在战争中更多地带
来对城市的破坏，"和罗马人不同的是，他们很少建立城市。相反，他们
的社会和政治组织依靠两个基础：宗族和战争联盟（war-band）"②。没有
城市，就谈不上教育的组织和制度化的培育。蛮族部落中的生活还相对原
始，没有成文的法律条文，只是用部落习俗来维系社会秩序，军事忠诚是
部落统治的主要方式，而且他们还不同程度地排斥来自罗马的法律系统。
传统的拉丁文明不断面临着蛮族部落的侵蚀，他们每次进抵城市都是一次
大的劫掠。

　　从公元410年西哥特人对罗马城的烧杀掳掠开始，不断有其他蛮族部
落将完整的拉丁文明进行切割。令现代欧洲人提起仍会颤抖的"上帝之
鞭"——匈人领袖阿提拉对欧洲的劫掠和侵犯，成为压垮西罗马帝国的最

---

① 亨利·柏格森：《道德和宗教的两个来源》，王作虹、成穷译，译林出版社，2011，第
　93页。
② 朱迪斯·M.本内特，C.沃伦·霍利斯特：《欧洲中世纪史》，杨宁、李韵译，上海社会
　科学院出版社，2007，第38页。

后一根稻草。"在阿提拉的金戈铁骑之下，罗马重镇梅斯沦陷。图尔斯的格雷戈里主教写道：'就在那复活节之夜，铁骑来袭。熊熊大火吞噬了整座城市，寒光利刃杀害了无数男女老少，就连牧师也未能幸免于难，在教堂圣殿之上惨遭屠杀。'"① 蛮族王朝建立起的国家政权又不稳定，权力更替、谋杀夺权整日上演。没有稳定的社会状态，人们所能追求的仅仅是安全和温饱。虽然 6~8 世纪有了几分宁静，但刚刚积累起来的文化资源又被随之而来的混战打破了。从 9 世纪起，西欧不少领土又被战火吞噬。

西欧大陆的衰退引发的是经济退步和城市生活的退化，教育活动完全没有资源支持。基础教育的普及极为有限，高等教育基本上只是奢望。战争毁灭了人口，削减了接受教育人群的基数。农田大量的荒芜，加上一系列的灾荒对社会造成的打击，公元 7~8 世纪，不少阿尔卑斯山附近的城市都消失了。城市的消失使人们只能将教育放在遥远的修道院中进行，这样一来受教育的人更少，知识传播的速度更慢。虽然城市不能算作大学产生的绝对必要条件，但没有城市是无法出现行会组织以及相关制度的。除少数几位君主外，人们很难有社会空间去自行组织教育和对知识的学习。更主要的是，文明退化后的西欧无法获得资源上的交流渠道。公元 11 世纪之前，西欧与外界的贸易渠道被游牧民族封锁，"萨拉森海盗不断侵犯里昂湾沿岸、热那亚港湾以及多斯加尼与卡塔洛尼亚沿岸。他们在 935 年及 1004 年两次劫掠了比萨，又于 985 年毁灭了巴塞罗那。11 世纪初期以前，这些地区与萨拉森人在西班牙及非洲的港口没有丝毫交通的痕迹。沿岸地区的不安情况如此严重，以至马格罗勒的主教署不得不迁往蒙彼利埃。大陆本身也未能免受侵袭。……846 年，萨拉森匪帮甚至进抵罗马，围困了圣·安格乐堡垒。在这种情况下，萨拉森人的接近，给西方基督教徒所带来的除了一片灾害之外，不可能有别的东西"②。在这样的情形下，智力活动已经近乎崩溃。

西欧大陆的衰退不仅在整个欧洲的历史上绝无仅有，而且同其他文明相比也显得更加恶劣。如果说在公元 541 年之前，西方社会的发展速度还领先东方的话，到了这一年之后，情况就发生了反转。按照美国人伊恩·

① 苏珊·鲍尔：《中世纪世界史》，李盼、杨莎译，北京大学出版社，2013，第 86 页。
② 亨利·皮朗：《中世纪欧洲经济社会史》，乐文译，上海人民出版社，2014，第 2 页。

莫里斯的计算,在 541 年之后,"东方的社会发展速度超越了西方,结束了长达 14000 年的旧格局,并且一举否定了所有简单化并且长期僵化的关于西方统治世界的理论。截至公元 700 年,东方的社会发展程度比西方高了 1/3"①。西欧产生了特有的封建庄园经济,农业生产方式的落后和灾害频发导致生产率极其低下,采邑制下的农业经济又只能供给庄园和封建领主。虽然在后世看来中世纪西欧的封建制度更具有特色,但是从经济文明进步的角度来说,这实际上是一种退步,"事实上,9 世纪西欧封建制度的出现,不过是社会退回到纯粹农业文明时,在政治领域中的一种反响而已"②。这种状况下的智识生活性质必然只会是单一的,想象力只是被限制在这种经济生活中而无法得到扩展。同早期在地中海的商业贸易相比,落后的农业经济不仅无益于财富的交换,最主要的是封闭了原本开放的精神世界,"9~10 世纪,伊斯兰教势力之攫取地中海东端和南端港口,垄断该地区贸易,伊斯兰教徒、维京人和马札儿人的袭扰,查理曼继任者治下政治的混乱失序,凡此种种,陷欧洲于黑暗,它的经济和精神生活都降至最低点"③。与中世纪西方的衰退相反的是,阿拉伯人的贸易扩展到更远的东方,一度主导了世界商业贸易的进行。公元 7~8 世纪的外部世界已经纷繁无比,精神活动高度发达,当时的阿拔斯王朝用自身的力量吸引了大批的学者,西班牙的穆斯林在科尔多瓦建立了学术交流中心,东部的君士坦丁堡也有了自己的学术研究基地,在这些西欧大陆的邻居们于知识的发展上一片欣欣向荣之时,欧洲还是一片沉寂。

我们所熟知的大学虽然从 12 世纪起开始出现并逐渐繁盛,但如果将中世纪的历史连起来看就会发现,12 世纪之前漫长的几百年中的教育就好比在暴风雨中摇曳不定的蜡烛。战争的破坏,国家的更替,社会的衰退,文明的孱弱,每一项都发生在西欧大陆上,漫长的混乱使得人们无法去想象文化哺育和知识的美妙。长期的混乱和不稳定使得人们无法进行教育和求知,更无法获得新的知识。在西欧大陆周边则呈现出相反的形态,由于社

---

① 伊恩·莫里斯:《西方将主宰多久:东方为什么会落后,西方为什么能崛起》,钱峰译,中信出版社,2014,第 210 页。
② 亨利·皮朗:《中世纪欧洲经济社会史》,乐文译,上海人民出版社,2014,第 5 页。
③ 威尔·杜兰特:《世界文明史:信仰的时代》,台湾幼狮文化译,华夏出版社,2010,第 638 页。

会的进步和稳定，新知识也得以在这些文明中孕育，任何一种文明都可能埋藏着大学的种子。

（二）西欧疆域格局动荡对大学的影响

虽然在西罗马帝国崩溃后，西欧大部分国家使用的仍是拉丁语，但各个蛮族国家内部还充斥着大量本民族的语言。蛮族割据引起疆域的混乱，缺乏有序的社会组织。以产生大学数量较多的意大利为例，社会的衰退使其人口数量锐减，社会下层人接受教育的程度更低。修道院虽然极力用统一的拉丁语保存知识，但这种知识在缺乏外部需求和刺激的环境中无法传播得更远。同时，孕育大学的地理环境在王朝更替、邦国林立的西欧大陆中是混乱的。即使是在西欧影响一时的加洛林王朝，其存在的时间也不过两个世纪，分裂与征伐不时弥漫在大学产生之前的土地上。更为不利的是，公元1054年基督教教会正式分裂，东部的东正教和西部的天主教各占一方，随即形成了欧洲东西部两个完全不同的地域。而这些也对大学的产生地域造成了不同程度的影响，"当大学体系逐渐掌握在教皇和皇帝权威的手里时，'大学馆'（studium generale）的身份和普适教学权的获得必须具有更加合法化的基础。这影响了没有权威认可、约定俗成的'大学馆'的地位"[1]。大学虽然诞生了，但发展极其艰难，仅能以行会和教会学校的身份获得栖身之地。

在公元5世纪后，人们一度认为基督教填补了罗马帝国崩塌之后的权力真空，事实上这一点并不准确。在11世纪之前，教会拥有的领导权力是相当有限的，"教会提供了另一种形式的统一，虽然基督教世界——信仰和臣服于基督教的教区——还只是纸上空谈，远远没有成形。阿里乌斯基督教徒和罗马的基督教徒的不和仍然使得一部分地区动荡不安；另一些地方的蛮族人要么对基督教不感兴趣，要么干脆没有听说过它"[2]。大学产生数量相对较多的亚平宁半岛，从公元5世纪开始先后经历了东哥特王国、拜占庭的重新占领、伦巴底人入侵等多次政权更替。到了公元6世纪中期，亚平宁半岛在北部伦巴底和南部罗马教皇统治的反复争夺中不得平息。以比利牛斯山以北的欧洲西部地区，也就是后来产生法国诸多大学的地区为

---

① 孙益：《西欧的知识论传统与中世纪大学的起源》，北京师范大学出版社，2012，第49页。
② 朱迪斯·M.本内特、C.沃伦·霍利斯特：《欧洲中世纪史》，杨宁、李韵译，上海社会科学院出版社，2007，第52页。

例，在公元5世纪到8世纪，经历了墨洛温和加洛林两个王朝时代。在不列颠半岛上，虽然没有遭遇大的入侵，但在公元5世纪到8世纪也是盎格鲁-撒克逊诸国林立，并且还在公元793年之后遭遇了维京人的入侵。其中对中世纪大学距离最近，影响最深的是加洛林王朝，但是这个王朝也没有延续太久，在公元9世纪之后遭到了分裂，"公元9世纪，在维京人（Vikings）、穆斯林（Musilims）和马札尔人（Magyars）等诸多外族的重重侵略下，帝国崩溃了。在这次长时间的侵略过程中，一些地区诞生了一些强大的王国，比如盎格鲁-撒克逊人（Anglo-Saxons）在英格兰的王国，日耳曼人在曾经的查理曼帝国统治之下的东法兰克（East Francia）建立的王国。这些王国的兴起，一部分原因也是战事所迫。在西法兰克（West Francia），即法兰西（France），君主政体向来势单力薄，因此，保卫家园的任务落到了公爵和伯爵们的头上"①。地理边界的频繁更替使得人们很难寻求到国家与民族的认同，纷乱的政治格局终究无法让学术安定下来。

在后世人眼中大学属于城市。实际上，对大学产生影响的因素还有宗教与世俗权威。大学在产生之初比我们想象的弱小。10世纪之前，欧洲人在智力上的联系极为单薄，社会秩序的不稳定使得教育只能在有限的空间内进行，"中世纪在这个历史过程中属于一个特殊的阶段：它一方面是相对静态的农耕环境和原始的交通方式；另一方面是存在一种社会结构，它需要各个类型相同，并互相分裂的社会单元之间存在某种联系"②。虽然到了公元1000年时，英国和神圣罗马帝国的政局相对稳定了一些，也有了文艺复兴和恢复教育的机会，但纷乱的环境终究无法使这种复兴变成一种普遍的现象，也没有产生有组织的教育和知识探究机构。当民族国家的政权逐步稳定下来，公元11世纪时又开始了教皇与神圣罗马帝国的权力冲突。在12世纪中期，教皇们控制了亚平宁半岛中心的大片区域，第一所大学博洛尼亚大学的诞生地就处于教皇国的控制范围内。但是此时的意大利北部和西西里岛都没有出现其他大学，教皇国的空间在1194年就被其他世俗国家压迫得所剩无几。作为中世纪最早大学之一的巴黎大学，其所在地当时处于神圣罗马帝国的势力范围内。法国其他地域仍群雄并起，学者行会组

---

① 朱迪斯·M.本内特、C.沃伦·霍利斯特：《欧洲中世纪史》，杨宁、李韵译，上海社会科学院出版社，2007，第6~7页。

② 查尔斯·霍默·哈斯金斯：《大学的兴起》，梅义征译，上海三联书店.2007，第86页。

织也只是各自为政，在公元 1300 年之前产生大学的地域中，意大利北部的分散国家占据的数量相对较多，与之能够相比的是欧洲西部的伊比利亚半岛，当时属于勃艮第王国。到了公元 1300 年之后，在日耳曼诸国和意大利中部与北部的诸侯国才有了较多数量的大学。但是在 10 世纪之前，不断变化和反复的疆域中没有一所大学产生。在 12 世纪到 13 世纪大学数量激增的时代里，国家之间的疆域变化太大，这在某种程度上限制了大学的扩散。

实际上，中世纪前期并不是一个适合学术发展的时期，正是经历了极为漫长的黑暗，人们才能在 10 世纪爆发出对知识极大的渴望。纷乱的战争与衰退的社会使本能够产生大学的时间向后推移，也使得西方在一段时间之内落后于其他文明，所以才有人认为："这 1000 年是人类走过的一段漫长而愚蠢的弯路，这 1000 年的贫穷、迷信和黑暗横亘在罗马帝国古老的黄金时代和意大利文艺复兴的黄金时代之间。正如一位著名的历史学家在 1860 年所说，在这些年里，人类的意识'有如梦游，至多只是半醒'。"[1]对于大学来说，虽然 12 世纪是大学的勃发期，但在此之前却难以觅其踪迹。社会的衰退与环境的变化为文化的衰落付出了巨大的代价，从中我们也可以发现学术与智识生活的演进在西欧是多么的艰难，在某种意义上，在中世纪的黑暗之中，最终能够产生影响至今的大学也可以被称为一种历史的偶然。

二　拜占庭帝国的文化兴衰

教育机构可能产生在任何文明中，但其兴盛与传播则依托于特定的社会结构、宗教信仰以及政治形态。考察历史发现：在西欧经历中世纪初期的黑暗与衰落的时候，欧洲东部的拜占庭文明（Byzantium）并没有沉寂。这股文明兴起于公元 4 世纪末，属于西方文明体的重要组成部分，延续了来自古希腊的文化传统。而且在鼎盛时期积累了大量的学术文献资料，成为自伊斯兰文明之后又一个对大学产生直接影响的文明体。拜占庭帝国一度挽救了濒临灭绝的基督教文明，占据了欧洲东部和中部的大量土地，并在公元 5 世纪到 7 世纪重新将地中海变为欧洲人的内海。在学术上，这个

---

[1]　朱迪斯·M. 本内特、C. 沃伦·霍利斯特：《欧洲中世纪史》，杨宁、李韵译，上海社会科学院出版社，2007，第 1 页。

帝国的首都在鼎盛时期吸引了大量的人才前往，也创办了一所当时意义上的大学，并成为公元 8 世纪时仅次于西班牙穆斯林的科尔多瓦以及西亚巴格达的另一个文化中心，在公元 8 世纪至 9 世纪产生了"马其顿文艺复兴"。相对于西欧大陆在 10 世纪之前的动荡不安，这个帝国完成了保存文化的重任。然而，其首都在 11 世纪被第一次十字军东征攻破之后，这个文明体就走向了衰落，军事、商业和文化优势在几个世纪内丧失殆尽，最终被土耳其人于公元 1453 年所灭。这就是著名的拜占庭帝国带给我们的整体印象，"从 5 世纪到 12 世纪，拜占庭文明在行政、外交、财政、礼节、文化和艺术方面，领导着整个基督教的欧洲"[①]。拜占庭帝国阻挡了来自东方穆斯林的对欧洲的进一步入侵，保存了欧洲大陆文明的火种。公元 425 年建立的"君士坦丁堡大学"也成为当时高等教育机构的典范。但遗憾的是，这所高等学府并没有成为现代大学的典范，也没有形成扩散与传播。拜占庭帝国与西欧的文明关系是如何影响大学的，需要进一步探究。

（一）拜占庭帝国的兴盛及文化影响

拜占庭帝国也称东罗马帝国，其文明来自公元 4 世纪末的 395 年，罗马帝国分裂为东西两个部分，西部继续将罗马作为首都，主要语言为拉丁语，而东部以君士坦丁堡为首都，主要语言为希腊语。双方都信仰基督教，但是在公元 1054 年东西方教会大分裂之后，西部主要以天主教为信仰，而东部则信仰东正教。拜占庭文明作为一个研究概念产生在 16 世纪早期，"1526 年，德国学者赫罗尼姆斯·沃尔夫（H. Wolf）在最初奠定《波恩大全》编辑基础工作中，首次使用'拜占庭的'一词，以示这部丛书的内容有别于古希腊和近代希腊的历史文献"[②]。在地理上，拜占庭文明一般是指位于博斯普鲁斯海峡的以君士坦丁堡为首都的文明体。

拜占庭帝国经历了前后两个发展时期，延续了一千余年。前期为帝国文明的上升期，在公元 8~9 世纪政治、军事、文化和经济实力达到顶峰。但是随着外部战争和内部动乱，在公元 10 世纪之后，拜占庭文明迅速走向衰落，并最终在 1453 年为奥斯曼帝国所灭。在历史上，中世纪西欧的衰退反衬出的是拜占庭文明的光辉。拜占庭帝国的疆域虽然不断变动，但保持

---

① 威尔·杜兰特：《世界文明史：信仰的时代》，台湾幼狮文化译，华夏出版社，2010，第464 页。

② 陈志强：《拜占庭帝国通史》，上海社会科学院出版社，2013，第 27 页。

了一定稳定性。在经济和军事占据优势的前提下，以君士坦丁堡为主的城市逐步发展成熟，吸引了大量的学者前来，并最终引发了两次著名的学术复兴，"拜占庭帝国 1453 年陷落之前，至少出现了两次明显的学术复兴，一次是 11 世纪，另一次是在帝国的最后两个世纪"①。正是拜占庭全面的复兴，使得其成为中世纪重要的文化和政治中心，还产生了当时欧洲最具规模的高等学府。

从公元 4 世纪末，拜占庭帝国开始在历任皇帝的领导下迅速发展。帝国在政治和经济上的兴盛也推动了学术研究的崛起，相对于西欧的学术仅能在修道院和少数世俗学校中苟延残喘，东部则不断创造着历史的奇迹，"拜占庭国家在 330 年已经形成比较完整的政治实体。3 世纪危机是罗马帝国历史发展的转折点，这场危机使罗马帝国陷于全面的社会动荡和政治混乱。在动荡的局势中，相对稳定的东罗马帝国（即后人所称的拜占庭帝国）逐步发展，其作为帝国统治中心的政治地位逐步超过帝国西部"②。拜占庭帝国先期的兴盛主要是伴随着帝国疆域的开拓而产生的，今天的希腊、土耳其、保加利亚、马其顿、阿尔巴尼亚都是帝国领土的主要组成部分，帝国还纳入了意大利南部的一部分地区。历任皇帝的努力避免帝国遭到蛮族劫掠的悲剧，其内部的各项生活相对稳定。领土的扩张迎来的是拜占庭政治上的发展。前期尤其以查士丁尼皇帝带来的文化影响最为深刻，其组织编纂的《罗马民法大全》成为中世纪大学法学学习的知识来源。在稳定的政治环境和成熟的城市生活中，帝国的高等教育得到了发展，"425年，狄奥多西二世（Theodosius Ⅱ）或其摄政改组了君士坦丁堡的高等教育，并正式成立一个拥有 31 位教授的大学；1 位担任哲学课程，2 位担任法律课程，其余 28 位担任拉丁和希腊文法与修辞，这 28 位教授还负责拉丁文学和希腊文学的讲授。这些教授中有一位叫普里西安（Priscian），他在 526 年左右写了关于拉丁文和希腊文的巨著《文法》，该书成为中古时代最著名的教科书之一"③。君士坦丁堡成为公元 5 世纪起欧洲重要的知识

---

① 爱德华·格兰特：《近代科学在中世纪的基础》，张卜天译，湖南科学技术出版社，2010，第 228 页。
② 陈志强：《拜占庭帝国通史》，上海社会科学院出版社，2013，第 28 页。
③ 威尔·杜兰特：《世界文明史：信仰的时代》，台湾幼狮文化译，华夏出版社，2010，第127 页。

和文化中心，帝国的文化生活不断在皇帝的指引下得到提升。

拜占庭帝国精神生活的繁荣有一条主线，那就是人们对于希腊文化的崇敬。从皇帝到百姓，希腊语是官方语言，希腊的艺术、哲学和知识体系在君士坦丁堡得到了保留。在当时的"君士坦丁堡大学"中，希腊语教师的职位占据了大部分，"在君士坦丁堡大学，一共为教授拉丁文的老师准备了十三个教席，希腊语则有十五个，这是因为杰罗姆（Jerome）翻译的《圣经》还在西部帝国得到广泛使用，所以教授希腊语的教席比拉丁文的教席要稍多一些"①。相比西欧宗教与蛮族在融合过程中的冲突，拜占庭帝国在皇帝的领导下实现了宗教与世俗文化的稳定过渡，"拜占庭教会完整地维持了 4 世纪时艺术与信仰和谐相处妥协共存的局面。遵奉正统教义的皇帝们穿戴起毁灭圣像的盔甲。文化最终赢得了战胜野蛮无礼的伊苏里亚皇帝的胜利，帝国秩序战胜了散漫狂热信徒的革命精神，他们曾拒绝与大主教沟通交流，而且还宣布皇帝不能高于法律之上"②。一切迹象表明，拜占庭文明正在向可能出现更多的学术机构的道路上迈进，12 世纪时君士坦丁堡就以著名的翻译中心同其他的学术胜地齐名了。在拜占庭帝国的首都，普通人能够接受教育的机会很多，布瑞（J. B. Jury）就曾经说："在东部帝国'其父母能够支付起学费的每一个男孩和女孩都受过教育'，这与西部形成鲜明对比，在西部的黑暗时代，书本知识是从修道院的渠道获取的。当然，王子公主们都能得到教师提供的服务，因为教师职业属于公职。"③ 虽然雅典大学被查士丁尼下令关闭，但是在君士坦丁堡发展出希腊式高等教育体系。相对于 12 世纪的欧洲来说，这一创举已经领先了好几个世纪，特别是那所吸引人们前来的君士坦丁堡大学，更是中世纪高等教育得以延续的长明灯，"5 世纪时，在这所大学任教的教授有 30 人，分别主持希腊文、拉丁文、法学、哲学等 30 个讲座。学生修业 5 年，'七艺'为教学的基础科目，在此之外，还有哲学、法律学和修辞学三门学科。7 世纪前，不仅君士坦丁堡设有高等学校，而且各省的大城市也设有高等学

---

① 苏珊·鲍尔：《中世纪世界史》，李盼、杨莎译，北京大学出版社，2013，第 67 页。
② N. H. 拜尼斯：《拜占庭：东罗马文明概论》，陈志强、郑玮、孙鹏译，大象出版社，2012，第 97 页。
③ N. H. 拜尼斯：《拜占庭：东罗马文明概论》，陈志强、郑玮、孙鹏译，大象出版社，2012，第 179 页。

校"①。从这些可以看出，一切似乎都在向着东部罗马帝国可能兴起大学的天平的一端倾斜。

从拜占庭帝国兴盛的历史中我们可以发现，其帝国内部自上而下的文化氛围都呈现出勃发的姿态。拜占庭帝国在公元 12 世纪之前是中世纪文化传播的重要基地，知识界人士迅速在拜占庭帝国境内特别是君士坦丁堡集聚，"君士坦丁堡以其安全和繁荣吸引了整个罗马帝国的知识界人士，原先积聚在故都罗马的文人学者和分散在地中海世界各个角落的艺术工匠纷纷涌向帝国新都。他们带来了大量的图书文物、艺术杰作，丰富了首都的文化生活，他们对古典文化的狂热追求促进了新国家崇尚古典知识的文化氛围"②。在经济与政治发达的环境中，拜占庭帝国抵御住了来自各方的侵略，在公元 8~10 世纪诞生了著名的"马其顿王朝文艺复兴"，其创造的文化成果丝毫不亚于加洛林王朝。但拜占庭王朝的历史终究还是被终结了，文明之花还是没有在这个帝国内绽放得更久。同很多文明体一样，拜占庭文明也在走上鼎盛期后，迅速衰落下来。

（二）大学为什么没有在拜占庭兴起

在文明的源流上，拜占庭和西罗马有着诸多的相同之处。拜占庭并非一个完美王朝的代表，而是同不少专制王朝一样，有着天然的缺陷和不可克服的弊端，这些看似不起眼的因素最终变成了杀死学术延续的毒药。因为在继承罗马文明光荣的文化的同时，拜占庭也被植入了来自罗马帝国的黑暗基因，"拜占庭的法律和官僚机构是从罗马晚期的政治制度直接演化而来的：拜占庭的独裁传统来自对晚期罗马皇帝的颂扬，如戴克里先和君士坦丁大帝；皇帝在拜占庭教会中占有重要一席的传统则可回溯到君士坦丁大帝（303~337 在位）和狄奥多西一世（Theodosius Ⅰ，378~395 在位）；拜占庭的税收制度则延续着罗马晚期的种种苛捐杂税"③。反过来，西欧在经历了衰败后吸纳了大量包括拜占庭文明在内的智识资源，也吸取了其灭亡的经验，在高等教育机构留在拜占庭帝国的时间里，两者并没有构成一种良性的互动关系。

---

① 顾明远编《世界教育大事典》，江苏教育出版社，2000，第 7 页。
② 陈志强：《拜占庭帝国通史》，上海社会科学院出版社，2013，第 81 页。
③ 朱迪斯·M. 本内特、C. 沃伦·霍利斯特：《欧洲中世纪史》，杨宁、李韵译，上海社会科学院出版社，2007，第 75 页。

智识生活虽然在拜占庭帝国中受到尊重，最终却没有实现制度化。知识分子们并没有独立并成为社会不可或缺的组织，而是依附于权力，这成了宫廷学术命运的通病。在西欧的加洛林王朝，公元 7~8 世纪的阿拔斯王朝，这样的现象也曾经出现过，知识的研究和教育完全按照君主的意志来进行，倘若这种意志中断了，学术就断代了。由于缺乏精神活动的自主性，拜占庭王朝在一开始就葬送了高等教育机构扩散的机会，"拜占庭王朝的思想家们发展出一种心态，他们拒绝建立独立自主的不依赖政治的智识机构。拜占庭王朝政治的跌宕起伏使得其文化生活无法得到平稳的发展，当军事被当作优先发展的内容时，智力上的追求只能被君主作为廉价的商品对待"①。拜占庭帝国在地理上的优势造就了其智力资源的集聚，其联结地域的广泛性，使得不同的知识资源都能够在此地聚集。但拜占庭在政治上的保守和僵化又毁掉了这种优势。由于缺乏相对自由的制度环境，拜占庭帝国的大学在公元 10 世纪之后就逐渐开始走向消亡了。帝国上层还在不断加强对民众生活的管制，"自 11 世纪起，拜占庭政府就没有能力保护小土地持有者了，我们可以想象，随着时间流逝，国家官员们本身就腐败了，国家通过他们不断干涉工商业，其造成的危害更甚。另一方面，税收对修道院和权势贵族越来越放宽，而对广大民众却越来越沉重"②。正是因为外部环境的逐渐恶化，拜占庭帝国的学术也就没有了生长的空间。

拜占庭帝国奉希腊文化为正宗，更崇拜希腊哲学中那些含有神秘主义的内容，其主要目的是从中寻求皇帝与宗教结合的合法性，以巩固中央集权的统治。帝国后期，拜占庭排斥除希腊之外的其他文化，也拒绝其他文化的进入，"除了少量法律学校的学生之外，很少有人能够知道拉丁文化。正规教育越来越局限于讲希腊语的修道院学校中，而这些日趋保守的学者很少有人能够对传统希腊文化之外的文明产生兴趣"③。在拜占庭帝国，宗教与政治紧密纠缠在一起，皇帝借助宗教势力向执政者提供合法性。高等教育很难逃脱被控制的命运，并最终走到了排斥异端思想的狭隘洞穴中，

① M. Colish, & L. Marcia, *Medieval Foundations of the Western Intellectual Tradition*: *400-1400 Yale Intellectual History of the West* (New Haven: Yale University Press, 1997), p. 113.
② N. H. 拜尼斯：《拜占庭：东罗马文明概论》，陈志强、郑玮、孙鹏译，大象出版社，2012，第 61 页。
③ M. Colish, & L. Marcia, *Medieval Foundations of the Western Intellectual Tradition*: *400-1400 Yale Intellectual History of the West* (New Haven: Yale University Press, 1997), p. 113.

"在1040年中期，君士坦丁堡的高等学校被命令进行改革，只允许教授法律和哲学，学校的课程体系和教学人员要受到帝国高层的审查。那些毕业后从事法律职业的人们需要有帝国的资格证书才能从业，虽然哲学的学习需要的学费相对少一些，但也是必须要置于帝国官方的控制之下的。柏拉图和亚里士多德的哲学可以被教授，但是有着严格的等级区分，学生们需要在长者的主持下进行辩论，而且还必须向统治者汇报持有异端思想的人"①。这样一来，拜占庭文明葬送了大学可能扩散的外部文化空间。

拜占庭文明在智力创造上的优势被帝国后期的封闭与保守逐渐稀释。强有力的中央集权虽然在一定时期内发挥了作用，但最终变成了一部巨大而僵化的机器，学术发展最需要的自由空气被这部机器耗尽。拜占庭的君主对学术机构的严苛管制使得学术机构的发展寸步难行，没能在文化上创造出超越西欧的动力，"拜占庭帝国的'高压政府'具有复杂的王室仪式、庞大的官僚机构和严厉的政府管理，最终超过了罗马帝国时期的规模。拜占庭统治者的这种繁琐复杂、时而显得曲折的治理方式远远超过罗马政治的防御理念，甚至在今天，'拜占庭'（Byzantine）这个词仍是'僵化、繁琐的政治策略'的同义词"②。从这一点来看，拜占庭最终没有能够留住并发展出真正的大学是有充分理由的。拜占庭文明有自身发展的辉煌时期，也创造了诸如君士坦丁堡这样的学术圣地。但是其在政治和宗教上的保守最终扼杀了学术发展的空间，这使其最终只能将智力上的优势让给西欧原本贫瘠的土地。

三　西欧文明的复苏与重建

从文明演进的角度来看，西欧大学出现和扩散的历史环境无疑极其特殊。中世纪之所以被有些学者认为是中古盛世，最主要的原因就是它积累了丰富的文明资源，社会经济得到了恢复，教育普及程度提高，最关键的还在于其成功地孕育了一批延续至今的大学。12世纪的文艺复兴为大学创造了一个历史上绝无仅有的黄金时期，大学的兴起照亮了黯淡的历史，随

① M. Colish, &L. Marcia, *Medieval Foundations of the Western Intellectual Tradition*: 400–1400 *Yale Intellectual History of the West* (New Haven: Yale University Press, 1997), p.127.

② 朱迪斯·M. 本内特、C. 沃伦·霍利斯特：《欧洲中世纪史》，杨宁、李韵译，上海社会科学院出版社，2007，第75页。

之有了更大规模的文艺复兴和知识革命。其最直接的原因在于经济和社会的复苏刺激了人们对于高深知识的渴望，并能够将其变成一种制度化的需求，"教育的转型始终是社会转型的结果与征候，要从社会转型的角度入手来说明教育的转型。要想让一个民族在一个特定的时间环节上感受到改变教育体系的需要，就必须有新的观念、新的需要浮现出来"①。相比于其他文明对于知识和学术组织需求的过早枯竭，西欧持续地为人们创造了这种需求和智力上的好奇心。随着商业贸易的复兴和军事活动的开展，欧洲同亚洲和非洲的道路被打通，各种资源得以重新汇集。在西欧社会的发展模式上，出现了宗教与世俗的二元社会结构，它们都产生了对大学的制度性需求。正是在这些需求和社会复苏的推动下，大学完成了它最终的前期准备。

（一）高深知识制度性需求的勃发

大学在西欧的出现和成规模的扩散是因为它在公元 9 世纪之后迅速地赶上了一个文明上升期，"欧洲部分地区自由的'重生'有三个方面的原因：基督教的理想，小型的政治实体，以及多元化的和谐的利益团体的出现。在世界其他地方，没有这样的社会"②。在这三个原因的推动下，欧洲的整体环境得到改善，异族入侵得到减缓，基督教担负起领导欧洲复兴的责任。随之商业贸易得到恢复，生产技术得以平稳地运用到农业活动中，欧洲积累了几个世纪的社会资源在 9~11 世纪迅速投入社会生产力发展中。欧洲修道院中没有熄灭的学术烛光，重新点燃人们对于新知识的渴望。更重要的是，相对于世界其他地域稳定发展所呈现出的"需求饱和"，西欧在智力上的渴求是一种持续性的行为，百废待兴的欧洲社会比其他文明更渴望知识与科学的力量，从对商业的需求和对政治的需求中催生出对知识的需求，对知识的需求又推动了前两种需求的扩展。也就是说，人们在制度性需求的激励下，完成了从社会到智识生活的创新。如果没有社会为智识生活创造足够的需求，大学及其所生产的高深知识不可能迅速在西欧获得众多的受众群体。

在 9 世纪之后，满面疮痍的欧洲在军事、政治、商业资源以及知识的

---

① 爱弥尔·涂尔干：《教育思想的演进》，李康译，上海人民出版社，2006，第 178 页。
② 罗德尼·斯达克：《理性的胜利——基督教与西方文明》，管欣译，复旦大学出版社，2011，第 78 页。

积累下触底反弹，历史开始进入一个发展的黄金时期，大学就产生在这个阶段的顶峰，"面对外敌入侵的威胁，他们建立起一种新型的能够挫败外来攻击的政治和军事体制。面对饥饿的威胁，他们寻找到耕种土地的新方法，能够极大地提高农业生产。当其宗教在腐败中堕落，他们发动了强有力的新改革运动。凭借这些成就，9、10、11 世纪的人们为一种新文明创造了物质和精神的基础"①。市场经济的发达催生了市民阶层的迅速出现。商业的复苏带动了一大批身份平等的市民阶层的出现，也诞生了早期的资本主义生产方式。

从商业复兴的角度来看，十字军东征也扩展了西欧的经济需求。在几次十字军东征之后西欧的市场扩大了，欧洲可以借助市场经济的力量复苏其内部的各种事业，如皮朗（Henry Pirenne）所言："虽然十字军没有能够从伊斯兰教徒手中夺回圣地，虽然他们在小亚细亚沿岸及诸岛只保持着他们早期征服的极少数地方，可是他们不仅使西欧垄断了从博斯普鲁斯、叙利亚到直布罗陀海峡的整个贸易，并且在那里发展了严密的资本主义经济活动。这种经济活动逐渐传播到阿尔卑斯山以北的一切国家。"② 在对知识和资源无比渴求的状态下，基督徒通过十字军东征获得了来自拜占庭和阿拉伯的大量学术资源，原本干涸的西欧学术河床在几次军事活动中获得了来自东方的滋养，传统的修道院知识体系终于可以由新的知识体系来替代，"每当出现这种自然认识的移植时，总会有军事事件产生了意想不到的推动作用。第一次文化移植把希腊的自然研究带到了巴格达，它是早期哈里发的征服运动和第一次伊斯兰内战（公元 760 年左右）的结果；第二次文化移植发生在 12 世纪的托莱多，它源于西班牙的收复失地运动；第三次文化移植发生在意大利，源于土耳其人攻占君士坦丁堡（1453 年）"③。相比之下，东方的文明则没有抓住军事上的这种效果，大的军事行动只是扩展了疆域，并没有起到多少文化传播的作用。而且东方的高深知识需求空间并没有得到更多的扩展，一直处于封闭的循环状态。

---

① 布莱恩·佩尔尼、西德尼·佩因特：《西欧中世纪史》（第六版），袁传伟译，北京大学出版社，2011，第 155 页。

② 亨利·皮朗：《中世纪欧洲经济社会史》，乐文译，上海人民出版社，2014，第 23 页。

③ H. 弗洛里斯·科恩：《世界的重新创造：近代科学是如何产生的》，张卜天译，湖南科学技术出版社，2012，第 33 页。

（二）世俗与宗教的二元社会结构

西欧的复苏产生了一种特有的社会结构，世俗社会与基督教从 11 世纪之后变成了影响文明进程的两股社会力量，并对大学的命运产生了直接影响。受基督教影响，西欧的政治形态产生了显著的变化，"神权政治的、君主政治的、贵族政治的和平民政治的信条互相阻挠、斗争、限制和修改"①。基督教教皇通过 1075 年的教会改革，将原本并不清晰的世俗权力和宗教权力做了明确划分，融合了两股力量。格列高利七世著名的《教皇敕令》，明确将教皇定为"所有人的法官"，"在格列高利七世之后，教会具备了近代国家绝大部分的特征。它声称是一种独立的、分等级的、公共的权威。它的首脑教皇有权立法，而且在事实上教皇格列高利的继承者也颁布了稳定连续的一连串新法律；有时他们是以自己的权威颁布，有时他们是借助于他们召集的教会会议颁布。教会还通过一种行政管理等级制度执行法律，教皇通过这种制度进行统治，就像一个近代君主通过他的或她的代表进行统治一样"②。这样一来，教皇"依法治国"的理念开始产生，而且需要学者为宗教和世俗社会制定法律规则。世俗权力也不甘示弱，用更优越的特权来吸引社会成员的支持，赢得民众的支持也成为他们的主要选择。亨利四世与格列高利七世之间的纠葛影响到历史的进程，但是在他们的竞争中，谁的势力也没有一手遮天，大学则在世俗社会与教会的竞争中找到了一个相对平衡点。

从公元 10 世纪开始，在西欧的大部分土地上，由于古罗马的法律得到了继承，个人权利和自由都得到了保障，智力资源可以有秩序地积累和再分配。基督教会和世俗势力都可利用手里的资源加速社会的流动，这种流动的社会形态又推动了对社会秩序和自由的尊重。在资本主义观念的推动下，世俗社会一直尝试从知识上打破教会的权威，"世俗的兴趣不再具有（哪怕是间接地）宗教的意义：它们可能与宗教竞争，但是不可能充实它。关于行为的详细规则（一种基督教的是非鉴别学）既不需要、也不可靠。基督徒有《圣经》和他自己的良知的指引就足够了。在某种意义上，世俗

---

① 基佐：《欧洲文明史》，程洪逵、沅芷译，商务印书馆，2009，第 26 页。
② 哈罗德·J. 伯尔曼：《法律与革命——西方法律传统的形成》，贺卫方、高虹钧、张志铭、夏勇译，法律出版社，2008，第 109 页。

生活与宗教生活的区别已经消失"①。在世俗与宗教的相互作用中，社会的伦理和交往规范逐步建立起来，如果说 10 世纪之前的欧洲教育还零散地分布在修道院学校和部分主教学校的话，那么到了 11 世纪，教会权力的加强也意味着其有了更多用于支持教育的资源，"在第四次拉特兰会议（1215年）中要求凡属基督教领域的大教堂皆应设立文法讲座，并且要求每一位大主教去任哲学和宗教法律讲座。教皇格列高利九世（Gregory Ⅸ 1227～1241 年在位）的教令集中指示每一座教区教堂组织学校，传授基本教育；最近研究显示这类以致力宗教教育为主的教区附属学校，普遍存在于信奉基督教的国家"②。正是有了欧洲的复兴和智力资源的集中，基督教才能在不分国界的范围内推动教育事业的发展。

在推动教育事业发展的过程中，中世纪社会的各种势力不再单纯依靠权威和信仰来治理社会，城市的领导者们重新组织起教育和知识探究活动，是因为教育和知识的传播能够巩固统治者的权力，如基佐（Francois Pierre Guillaume Guizot）认为的："政府的精髓并不在于高压手段和使用武力，而首先在于有一套手段和权力，旨在发现适用于每种情况的真理，因为真理才有权统治社会，使人们的心都向它敞开并自愿地采纳它"③。在世俗社会普遍需求知识的环境中，人们发现从古希腊和古罗马流传下的论辩技巧有助于对知识的理解和交流，这要超出普通的基督教教义的学习。西欧社会的这种教育方式很快就在大部分地区的世俗社会中达成一致，对知识的辩证理解与研究逻辑的确立，被认为是超越宗教先验知识观的重要手段，"由于最终的真理超越了人类的理解能力，因此，学习和论辩式的探究才有助于在某种'先验'（a priori）的思想体制中加以阐明。掌握一门深奥的学科，使批判能力更强，能够进行逻辑思辨，以及认真消化已有的知识，这些都是普通大学教育的基本特征"④。因为教育，宗教与世俗可以在知识上实现平等，这也是教育在大学产生之前得以发展的主要推动力。

---

① R.H. 托尼：《宗教与资本主义的兴起》，赵月瑟、夏镇平译，上海译文出版社，2013，第69 页。

② 威尔·杜兰特：《世界文明史：信仰的时代》，台湾幼狮文化译，华夏出版社，2010，第951 页。

③ 基佐：《欧洲文明史》，程洪逵、沅芷译，商务印书馆，2009，第 96 页。

④ 艾伦·B. 科班：《中世纪大学：发展与组织》，周常明、王晓宇译，山东教育出版社，2013，第 185 页。

从历史来看，中世纪具备了黑暗和盛世两个特征。黑暗的一面体现在中世纪早期的社会衰退与文化凋零，在面对一波接一波的战争入侵时，商品经济无法得到扩展，这些都影响到教育活动的开展。此外，大学最后得以产生的环境依旧是混乱而不清晰的，早期人们也没有获得高深知识的需要。而从另一个角度来看，中世纪又是一个社会发展与学术演进的盛世，在东部有拜占庭帝国储备了大量知识，几次规模宏大的十字军东征和收复西班牙地区的军事活动，为后世获得了大量有关古希腊和阿拉伯的科学与哲学文献，填补了欧洲几百年没有新知识的空隙。基督教与世俗社会的二元社会结构创造出各自独立的知识空间，以此为基础诱发了人们对更专业知识与高级教育的需求，种种需求汇集在一起，最终就成为一种推动大学出现的制度和观念的力量。

第二节　12 世纪文艺复兴与大学的产生

普通人观念上的文艺复兴指的是 16 世纪末，从意大利涌现出的一场旨在打破腐朽教会对人的精神生活的禁锢，以复苏古希腊人文精神为目标的思想文化活动。事实上，16 世纪意大利的文艺复兴不是凭空产生的，而是在之前欧洲多次规模较小的文化复兴的基础上逐步汇集而成的。不论墨洛温王朝和加洛林王朝，还是 12 世纪的意大利与法国，这些时代的知识革命都为 16 世纪的文艺复兴积累了能量。历史发展到 12 世纪，欧洲的权力形态为基督教和世俗二元势力所共有。整个社会从上至下，进入一个对思想和知识普遍需求的时代，"12 世纪时，城市已经有了显著发展。在英国，城市人口也不断增加，甚至出现了商人公会和手工业行会。意大利则出现了城市国家，威尼斯、佛罗伦萨、比萨等城市初具规模"①。这次文艺复兴造就了一系列相关的优势：城市与行会的发展、罗马法与科学技术的回流、学者行会与同乡会加上主教座堂学校，最终共同促成了西方大学的基本形态。

一　制度与理念碰撞下的复兴

不少人认为 12 世纪的西欧仍处在衰退中，社会缺乏人性理念，甚至大

---

① 刘建军：《论 12 世纪西欧文化复兴运动》，《北方论丛》2003 年第 6 期。

学被想象为那个时代僵化、保守和落后的代表，如弥尔顿所言："几百年前，在这个大陆，包括大学在内，全部高贵的文艺都销声匿迹，而在那以前，文学艺术都是大学里的主要课程。现在文盲扩散，充斥在各个地方，学校里除了僧侣们喋喋不休的愚蠢说教外，再什么也听不到了。那些渎神和可憎的恶人及无知占据了我们的学校和教堂的讲台与讲坛。"① 在 14 世纪之前，即使产生了几次文艺复兴，今天的人们也认为那是偶然现象，在那之后，社会又重新复归黑暗之中。如果不是作者哈斯金斯在《十二世纪文艺复兴》中列举出诸多复兴场景，我们还对产生大学的时代一片茫然。

历史对于大学的需要来自两个方面：其一是社会认知在教育普及中获得了改变，人们需要新的理念来破除传统的意识形态格局；其二是社会在制度上产生了对高等教育机构的需要，在政治与经济制度的推动下，人们需要高级智力活动和相关机构对社会生产进行驱动，并提升效率。有人就曾说："大学，作为一种社会组织，是只属于西方而不属于阿拉伯文明的。阿拉伯文明没有创造出大学这样的社会组织。"② 西欧的拉丁文明传统和后世对于罗马法律制度的需要创造了这次文艺复兴。来自古代的希腊—罗马文明在 12 世纪与大众的精神需求发生了重合，大学正是这种重合的结果。12 世纪的文艺复兴是制度和理念碰撞下的一种必然反应。

（一）基于拉丁文明的知识复兴

在文明变迁和演进中，人们总能从以往的历史中寻找推动社会文化进步的机理，这似乎成为一种周期性选择。每隔一个阶段，当文明逐渐复兴时，那种求知的渴望会促使人们要求更高级的精神生活，通过对古代知识资源和教育活动的复苏，整个社会都能受益于精神资源的开发。16 世纪的文艺复兴有一个鲜明的朝向：由于当时文化与思想长期被禁锢在僵化神学和腐朽教会的统治下，人们希望借助古希腊人本主义的思潮，重新彰显人的理性与灵动。而与之形成呼应的是 12 世纪那场以恢复拉丁文明为目的的文艺复兴，"没有对拉丁文学习的恢复，古典文化的延续就失去了最根本的基础；12 世纪文艺复兴使古典文化回归，在对古典文化的学习和研究的

---

① 吴元训编《中世纪教育文选》，人民教育出版社，2005，第 562 页。

② George Makdisi, *The Rise of Colleges—Institution of Learning in Islam and the West* (Edinburgh: Edinburgh University Press, 1981), p. 224.

过程中建立了中世纪的大学，为学术和知识提供了栖身和衍生之地"①。文艺复兴不是陷入古籍中无法自拔，每一次复兴在思想上、知识上与社会制度上都是一次创新。

12 世纪的文艺复兴是基于拉丁文明的复兴，大学的机体就由这次复兴锻造出来，12 世纪为大学的诞生提供了一个最佳的时间。正是在罗马法、"七艺"和医学的知识丛林中，大学才找到了用以生长的营养。拉丁文明的影子在欧洲留了下来，在经历了欧洲散乱格局中各地语言的变迁之后，拉丁语构成了欧洲各处通行的语言，"拉丁语也是教育用语，这在当时的教材和演讲材料、学生之间的谈话以及学者之间的交流互动中得到了体现。……拉丁语还是当时的哲学用语、神学用语以及正统文学用语。13 世纪时，拉丁语几乎成了历史和法律（体现于当时的各种法规和记录上）以及契据、法院令状和国库收入账目管理（体现于地方司法官员或皇家财政记录上）的唯一语言"②。语言的统一打通了地域之间、宗教与世俗之间的界限，人们可以建立起相对一致的社会秩序。在十字军东征获得来自阿拉伯人的知识之前，西欧已经有了寻求拉丁知识的意识，"罗马文艺复兴，因为它早于十字军东征；……所有这一切都将在 12 世纪来得适逢其时。只有到 12 世纪，这场文艺复兴才成为一场拉丁文化运动，才是罗马法、拉丁古典作品、拉丁诗和根源于波伊提乌和拉丁教父们的哲学和神学复兴"③。文艺复兴在 12 世纪的西欧与古罗马之间建立起明晰的文明传承脉络，法律制度、文化方式、智识生活很快在当时的社会中找到了自身的位置。

10 世纪之后的西欧处在经济复苏的状态中，社会成员也渴望有不同的知识、更有效的制度规则能够支持各类事业发展。正如哈斯金斯所描述的那样，12 世纪的各个阶层都需要来自罗马法的规则系统，由于战乱和衰退，罗马法在公元 5~6 世纪被编纂后一直得不到应用的机会，但恰好到了 12 世纪，罗马法获得了新生。在缺乏制度与规则的 10 世纪，罗马法重新被整个社会接纳，"对阿拉伯的科学和哲学著作的翻译有赖于基督教徒对

---

① 王亚平：《论西欧中世纪的三次文艺复兴》，《东北师大学报》（哲学社会科学版）2001 年第 6 期。
② 查尔斯·霍默·哈斯金斯：《大学的兴起》，梅义征译，上海三联书店，2007，第 141 页。
③ 查尔斯·霍默·哈斯金斯：《十二世纪文艺复兴》，张澜、刘疆译，上海三联书店，2012，第 17 页。

西班牙北部的收复——1085 年收复托莱多，1118 年收复萨拉戈萨——由此迫切需要半岛帮助的北方基督教学者获得了撒拉逊人（the Saracens）的学术知识。对希腊著作的翻译得益于诺曼人对西西里和南意大利的征服，得益于意大利北部城市共和国与君士坦丁堡保持的商业和外交联系"①。罗马法的研修恰好可以应用在 10 世纪之后西欧的社会生活中，就像一块拼图拼在了正确的位置上。在以博洛尼亚为代表的城市中，成文法的复苏替代了长期以来蛮族王国所使用的习惯法，也解决了世俗与宗教上的部分冲突，"从 11 世纪下半叶以来，博洛尼亚就一直存在着私立的法律学校。虽然这些法律学校的起源模糊不清，但是它们出现的背景却十分清晰，这样就是意大利北部地区独有的早期城市生活的复苏和从 1075 年开始的、在那些罗马教廷和帝国发生重大政治冲突的主要地区成文法的复兴"②。大学正是在这种拉丁化制度与知识需求中逐渐被推上了历史的舞台。

（二）文艺复兴中的历史惯性

欧洲在多次文艺复兴中周期性地崛起，对于知识的热情因而得以被串接起来，其积累到一定程度之后，就出现了大学这种制度、组织与理念的智识结合体。人们对于知识和大学的兴趣绝不是一种突发行为，而是一种观念驱动下的持续活动，"中世纪展示了生命、色彩和变化，表现出对知识和美丽相当热切的追求，在艺术、文学和制度上取得了颇具创造性的成就。意大利文艺复兴之前存在多次类似的影响较小的复兴"③。历史证明，正是在多次小规模的文艺复兴之后，12 世纪和 16 世纪才有了更大规模的文化成就的勃发。

从公元 6 世纪起，阶段性小规模的复兴活动就一直在西欧的蛮族王国持续。西欧最先引领这种文艺复兴热情的是来自公元 6~7 世纪的法兰克王国，其间的统治被称为墨洛温王朝。墨洛温王朝虽然延续的时间不长，但在文化上还是有一些举措流传到后世，其最贤能的君主达戈伯特一世

---

① 查尔斯·霍默·哈斯金斯：《十二世纪文艺复兴》，张澜、刘疆译，上海三联书店，2012，第 7 页。

② 希尔德·德·里德-西蒙斯主编《欧洲大学史》第一卷，张斌贤等译，河北大学出版社，2008，第 50 页。

③ 查尔斯·霍默·哈斯金斯：《十二世纪文艺复兴》，张澜、刘疆译，上海三联书店，2012，"序言"第 1 页。

（Dagobert Ⅰ）于短暂在位期间，推动了罗马法律制度的地方化，史称"墨洛温文艺复兴"。由于这次复兴的时间太短，覆盖范围也很小，所以未能获得人们广泛关注。在 12 世纪之前，最著名的是"加洛林王朝文艺复兴"（The Carolingian Renaissance）。在查理曼的推动下，这次文艺复兴成为欧洲黑暗历史中的一束光辉，"这次文艺复兴主要是通过立法的形式开展，于公元 789 年由查理大帝及其继任者加以推广。然而，这些法令主要是出于保障法律学校及其学者的权利，建立多个重要的知识中心，从而实现教育和宗教的改革。这些举措的目的也在于振兴修道院和教堂学校的教育。这次复兴主要推动了新的观念以及新的艺术形态的产生"①。在查理曼和其后继者奥托大帝统治时期，拉丁文化的知识不仅被进一步发掘出来，而且得到了推广。奥托统治时期在公元 10 世纪，世俗知识借助基督教修道院完成了传播，"整个 10 世纪，正是德国最完好地保存了加洛林的文化传统，所以德国历史学家喜欢称萨克森王朝奥托诸帝时期为'奥托文艺复兴'"②。在这两位君主的推动下，欧洲延续了世俗王权支持教育的风气，1224 年诞生的那不勒斯大学就直接来源于腓特烈二世（Frederick Ⅱ）的支持。

　　12 世纪人们通过加洛林王朝复兴时期的知识成果完成了理念的传播。凭借一直积累下来的知识和智识生活方式，12 世纪的大学才拥有了攀登真理高峰的阶梯。虽然不少人认为，加洛林王朝的文艺复兴只是几个君主对于知识的一时热情，不如 12 世纪文艺复兴持续的时间长，也不如其带给大学的影响力直接。但需要指出的是，如果没有查理曼在欧洲北部的修道院和主教堂建立起的层次分明的学校，单凭学者行会不可能形成制度化的大学。加洛林王朝为 12 世纪的文艺复兴提供了知识探索的范式，而且加速了宗教知识的世俗化，"加洛林王朝的文艺复兴以发展宗教知识为基础，因为查理曼认为，所有的修道院和教堂都需要有一本公认的圣经。而且研究者们逐步修正了从公元 4 世纪至 8 世纪《圣经》中的那些错误，这次文艺复兴的一个重要核心在于对知识的传播，不论宗教层面还是世俗层面，许

---

① M. Colish, & L. Marcia, *Medieval Foundations of the Western Intellectual Tradition*: *400 - 1400 Yale Intellectual History of the West* (New Haven: Yale University Press, 1997), p. 66.

② 查尔斯·霍默·哈斯金斯：《十二世纪文艺复兴》，张澜、刘疆译，上海三联书店，2012，第 11 页。

多知识得以用书本的形式复制和流传"①。到了 12 世纪人们对这些知识有了进一步的兴趣，来自古代的知识被成熟地融入学术机构中。当大学出现的时候，它所面临的并不是一个知识完全匮乏的环境，而且有大量的知识在修道院学校的抄本中被人们发现，"加洛林文艺复兴之后，古典文献的流传大致包括如下的三个方面。第一，9 世纪的抄本从它们加洛林时代的家乡转移到 11、12 世纪的知识中心——学校。第二，由于人们兴趣的改变，或者纯粹是偶然，那些多年以来一直放在那里无人问津，或者至少是他们的读者在历史上没有留下痕迹的作家的作品，如提布鲁斯、普罗波提乌斯和卡图鲁斯等人的作品，又重新被人们发现。第三，随着本尼迪克特派和西妥修道院在 12 世纪的大量建立，古典著作的抄本数量大增，这种或那种古典著作的别本也出现了"②。在对这些知识重新发现并加以研讨的过程中，来自古罗马和基督教的知识理念在学者行会中完成了复苏，并得以被开发、再生产和传播，由此才推动了大学真正意义上的诞生。

西欧历史上几次文艺复兴完成了知识上的传承与接力。历史带给 12 世纪一种惯性动力，在这个基础上产生了最终意义上的大学。因此，我们不能将大学视为 12 世纪一个时代的产物，大学所获得的一切都来自文明的积淀。正是有了多次的文艺复兴，大学才能从胚芽发展到成型，最终破壳而出。

二　全面复兴中的大学生长

通常人们认为大学的诞生有必然的逻辑，有了城市和行会，似乎出现大学就是水到渠成的事情。但是这无法解释在世界许多地方产生的高等教育机构为何又走向了消亡，也无法解释为什么这些地域没有出现近现代科学。在 12 世纪之前，拜占庭帝国的许多地方和中东的城市发展甚至一度领先西欧，欧洲拥有行会的城市同样很多，但并没有证据证明有了行会就一定能够产生大学，"城市仅仅是大学产生的必要条件，而非充分条件。城市化也许为大学的发展和繁荣提供了重要母体，但很难说是它保证了这个过程得以发生。从古埃及和美索不达米亚最早产生的社会开始，人类经历

① M. Colish, & L. Marcia, *Medieval Foundations of the Western Intellectual Tradition*: 400-1400 *Yale Intellectual History of the West* (New Haven: Yale University Press, 1997), p. 67.

② 理查德·詹金斯：《罗马的遗产》，晏绍祥、吴舒屏译，上海人民出版社，2002，第 62 页。

了无数城市文明的兴衰，但没有一种城市文明产生过欧洲大学那样的东西"①。唯有在经济、城市、人口、教育和交通全面发展的基础上，人们才会对知识和制度产生浓厚的兴趣，大学是在欧洲文明全面复苏的基础上才得到释放机遇的，"全欧农业的推广、工商业的扩张、劳务和财富的集中，形成财富的增长，这才是造成这项事实的原因。经济的复兴，加上思想的自由沟通、大学的兴起、拉丁文学与罗马法的新发展、宗教法规的编纂、哥特式建筑的光彩、传奇故事的风行、吟游诗人的'行乐学'、纯科学的复苏、哲学的复活，引发了12世纪的'文艺复兴'"②。由此可见，一切社会活动与组织的创新都建立在普遍文明复苏的基础上，不论城市发展、行会设立还是大学的产生，都是这种全面复兴下的产物。只有城市制度与学者行会的组织在全面复兴下得到有力保障，大学作为一种组织和制度才能真正"兴起"。

（一） 城市制度与大学的兴起

人们在研究大学史时一般都认为西欧的城市是孕育大学的重要环境，欧洲大部分大学的名称就来自其所在城市的名字。公元1300年之前建立的16所大学都分布在不同的城市中。但在有的城市，例如意大利的维琴察、维罗纳，东欧的克拉科以及葡萄牙的乔姆布诺，不少地方都出现了大学消亡和重建的情景。我们所熟知的爱尔兰，在大学兴起之前一直以修道院学术闻名整个欧洲，却并没有在1500年之前产生一所大学。也有人认为11世纪的博洛尼亚能够产生大学是因为其商业发达，商人们出于商业交往的需要才推动了大学对于商法的研习。殊不知当时商业贸易最为兴盛的地域是威尼斯公国，比博洛尼亚的城市发达程度更高，而威尼斯市直到公元1500年之后才拥有了真正意义上的大学，之前的威尼斯共和国仅在形式上支持帕多瓦大学。公元8世纪之前的马赛早就以经济中心闻名遐迩，即使在欧洲地中海面临被穆斯林封锁的时间里，马赛也能够与外界有足够的贸易联系。但直到16世纪，我们在大学的地图上依然难以看到马赛大学的痕迹。由此来看，仅仅考察城市和商业发展的需要这两个条件并不足以解释

---

① 爱德华·格兰特：《近代科学在中世纪的基础》，张卜天译，湖南科学技术出版社，2010，第46页。
② 威尔·杜兰特：《世界文明史：信仰的时代》，台湾幼狮文化译，华夏出版社，2010，第986页。

大学为何在特定城市出现。真正使大学出现的原因应该是 10 世纪之后与城市共同兴起的一系列制度，因为发达城市是个别现象，但城市制度却是广泛的。12 世纪之前诞生的是作为机构场所的城市，而 12 世纪文艺复兴带来的是制度意义上的城市，"11 和 12 世纪的西方，不仅新创立的大学、财政部门、法院和法律制度被看作发展中的制度机构，甚至教会也逐渐开始被这样对待。诸如城市和王室政府这样的世俗组织也是这样"①。只有在制度的推动下，大学才是独立而不依附于城市的。

大学诞生与城市兴起几乎同时发生。在罗马时代的不少城市经历蛮族入侵和洗劫之后，教会承担了组织世俗与宗教生活的双重责任。人们围绕大教堂开始了城镇的兴建工作，特别是在教区内人们可以享受到一定人身保护，"在 9 和 10 世纪的混乱中，教会的权势因而未受触动，而且教会当之无愧。为了与王权无力压制的私人战争和灾难作斗争，主教们在他们的教区内建立了上帝的和平制度"②。除了围绕教堂建立的城镇之外，还有不少的城镇是在世俗贵族势力的城堡基础上发展而来的。这类城镇的军事作用更强，人们渐渐地聚集在这些得到保护的城堡周围，也就诞生了一批城市。推动城市发展的另一股力量是对法律的需要，城市与大学一样，都是法律塑造的产物，"在各自都依靠共同的城市法律意识和各具特色的城市法律制度而结合起来这一意义上，11、12 世纪的欧洲新兴城市和城镇也是法律的联合。事实上，大多数欧洲城市和城镇正是通过一种法律行为（通常是授予特许状）而建立的，它们不是简单地出现而是被设立（founded）。而且，特许状几乎不可改变地确立了市民的基本'特许权'，通常包括自治的各项实体权利"③。在某种意义上，城市先于大学刺激了每个与之相关的人对于罗马法的需求，也只有在这种需求的推动下，罗马法才能从学术层面走向现实。

在城市和法律的推动下，文化上的革命引发了欧洲城市制度的开放和智力活动的增长。城市不仅为 12 世纪的文艺复兴提供了机构上的支持，更

① 哈罗德·J. 伯尔曼：《法律与革命——西方法律传统的形成》，贺卫方、高虹钧、张志铭、夏勇译，法律出版社，2008，第 5 页。
② 亨利·皮雷纳：《中世纪的城市》，陈国樑译，商务印书馆，2013，第 9 页。
③ 哈罗德·J. 伯尔曼：《法律与革命——西方法律传统的形成》，贺卫方、高虹钧、张志铭、夏勇译，法律出版社，2008，第 355 页。

为其提供了保障智力活动自由的机制，"在城市出现以前，劳动是奴役性的；随着城市的出现，劳动成为自由的"①。在西欧的城市中，不论何种劳动都可以得到法律制度的保障，欧洲的城市兴起了一个新的群体——市民阶层，市民拥有自主独立的权利。市民阶层为大学开辟了一个介于王权和教权之间的中间地带。最主要的是，因为有了市民阶层的存在，法人的概念才能被其他的城市组织使用，大学最初的名称（universitas）其实就是市民社团的法人概念。可以说，城市为大学提供了制度框架和办学的场所，只等知识与学者们将其填满，"事实上在所有的城市中市民都组成一个社团——全城公会（universitas）、共同体（communitas）、公社，其全体成员互相依赖，构成一个整体不可分离的各个部分。所有中世纪的城市，都不是由一群乌合之众所组成。中世纪的城市本身是一个个体，但是一个集体的个体，即一个法人"②。由市民阶层组成的劳动者在身份上是没有依附关系的，他们所具有的是平等的身份和组织关系。只有在拥有独立权利的市民阶层中，才有可能出现知识分子，也只有市民才对 12 世纪复兴的罗马法充满兴趣和需要。

从世界范围来看，城市规模的扩大是公元 10 世纪前后世界各地的普遍现象，很多地域内都兴起过规模庞大的城市群。相比而言，西欧的城市兴起不仅时间晚，而且发展规模也只是区域性的。但是这些城市拥有无与伦比的制度和组织，正是这些制度的存在，使得其"软实力"在 12 世纪后开始逐步超越其他地方，不仅推动了大学的兴起，而且推动了近代科学的出现。市民阶层的出现为学者提供了栖息的土壤，也在世俗和宗教权力之间开辟出一块属于大学的"第三空间"。12 世纪后，西方的城市最终凭借制度上的优势完成了超越，迎来了成规模的大学与学者。

（二）城市复兴与学者行会的出现

大学最初的人员构成来自学者行会，同 11～12 世纪兴起的其他行会一样，学者行会也是自发诞生的。正是 11～12 世纪学者们的协作与努力超出了一般意义上行会的产品生产，使知识的生产、传播与研究带有了科学的意味，"一门科学，用近代西方赋予这个词的意义来说，可以依据三类标

---

① 亨利·皮雷纳：《中世纪的城市》，陈国樑译，商务印书馆，2013，第 66 页。
② 亨利·皮雷纳：《中世纪的城市》，陈国樑译，商务印书馆，2013，第 155 页。

准予以定义：方法论标准、价值标准，以及社会学标准。用所有这三类标准来衡量，12 世纪西欧法学家的法律科学乃是近代西方科学的先驱"①。从地域上说，虽然西欧各地都有行会，甚或产生了学者行会，但最终由行会发展至大学的却只有巴黎和博洛尼亚这两个城市。在最开始的时候，人们并未将学者行会单独看待，如拉斯达尔所言："与其他行会一样，这些学者行会在中世纪初期如雨后春笋般地涌现亦是一种自发的行为，并未得到国王、教皇、王储或者高阶教师的直接授权，它们是在 11、12 世纪那场席卷欧洲的行会组织本能集结大潮中自然诞生出来的。"② 11~12 世纪的学者行会是中世纪行会复兴浪潮中的一股强大的激流。

历史上，行会并不是中世纪独有的产物。在罗马早期，行会就能够拥有法人身份，当时被称为同业公会的组织体代表着罗马时代法人地位的确立，"自《十二铜表法》产生以来，罗马的劳动分工制比以往时代都取得了长足的进步，它的组织结构也发展很快。这个时期，产生了许多重要的有关公共事务的法人团体（如元老院议员、骑士阶层和教士公社等）和同业公会，同时，世俗观念也开始产生了"③。早在 12 世纪之前，欧洲的经济和社会生活就开始逐步从罗马帝国崩溃后的创伤中恢复。一方面欧洲航海和商业贸易的扩展为西欧带回了阿拉伯的自然科学与哲学知识，另一方面君士坦丁堡的希腊知识也通过十字军东征回流到西欧的几个主要城市中。此时，知识与商业的结合刺激了社会分工的进一步发展，人们更加需要特定规则和群体来保护自己的权益，法律和行会就成为 10 世纪之后中世纪城市生活的主要需求。中世纪的行会与早期有所不同，在 10 世纪之后行会的仪式性更强，行会也因为其宗教性质获得了诸多权力，"行会在某种程度上为人们提供保护，类似于兄弟会。不少行会有自己的祭礼仪式，其成员也被要求去参加他人的葬礼等其他宗教式的仪式。行会的规章鼓励人们按照一定的宗教方式去生活，也认为他们的学术活动都是以宗教标准为

---

① 哈罗德·J. 伯尔曼：《法律与革命——西方法律传统的形成》，贺卫方、高虹钧、张志铭、夏勇译，法律出版社，2008，第 147 页。

② 海斯汀·拉斯达尔：《中世纪的欧洲大学——大学的起源》，崔延强、邓磊译，重庆大学出版社，2011，第 9 页。

③ 埃米尔·涂尔干：《社会分工论》，渠东译，生活·读书·新知三联书店，2013，第 145 页。

基础来开展的"①。公会和行会的历史说明，群体自治有悠久的历史，有了城市自治的各类组织，也就不存在教育或知识依附权力的情形，这一切都意味着智识生活的独立性和自由，这是 12 世纪西欧乃至后世最显著的特色。

行会的出现意味着法人制度的完善和权利获得保障，"行会本身拥有完整的组织系统，作为'法人团体'，它拥有一定的内部司法权"②。从 10 世纪之后，虽然教会和世俗权力的二元趋势已经成立，但是新兴的城市与市民阶层在这中间成为左右政治的重要力量。不少城市有了自由发展的空间，所以各种社团与行会能够从中延伸出自己的力量，"11、12 世纪，社团思想影响下行会之风盛行，开始形成了横扫欧洲城市的社团运动。各种各样的社团或行会开始出现。市民、手工业者、商人自发结成行会，以保护自身利益不受侵害。借鉴行会这种组织形式，学者或学生组成行会（universitas）则是当时社会条件下很自然的结果"③。行会使学者获得了与市民一样的平等权利。

随着 12 世纪文艺复兴掀起的求知热潮，人们发现缺少了通晓法律和医学以及掌握"七艺"的学者们，社会的运行是有阻碍的。统治者们发现传统的宫廷学者与教会学校已经偏离了实际需要，产生新的集教育与研究功能于一体的学术机构已经是大势所趋，"12 世纪的知识分子是一种专门家，他是专业工作者，他具有自己的材料、古人的著作以及自己的一套技艺，其中最重要的技艺就是仿效古人"④。不同地域的学生和教师聚集在西欧的几个大城市，如果没有行会的保障，他们就会受到当地市民和其他行会的侵犯。最主要的是，学子们背井离乡来到巴黎或博洛尼亚，自身的社会地位与安全问题亟待解决，"我们已然看到，这种期望并不是对知识的渴望诸如此类的东西，而是教师和学生们不确定的社会地位，这才是早期大学建立的诱因。保护学者个体的权利是帝国法规之中向外国学生所保证的条款，但假如皇帝不能付诸实施的话，它们就变成了一纸空文。学者们在市

---

① A. Kieser, "Organizationgal, Institutional and Societal Evolution: Medieval Grafts Guilds and the Genesis of Formal Organizations," *Administrative Science Quarterly*, 1989, 34（4）: 553.

② 沈芝：《行会与市民社会》，中国社会科学出版社，2009，第 87 页。

③ 粟莉：《中世纪大学诞生与自治的思想渊源：中世纪的社团思想》，《高教探索》2011 年第 1 期。

④ 雅克·勒戈夫：《中世纪的知识分子》，张弘译，商务印书馆，2002，第 10 页。

政当局和教廷官员面前有组织地集体表达自己的利益，会在极端情况下发挥重要作用"①。只有运用行会集体的力量，学者们的身份权益才能获得保障。

中世纪西欧的行会发展出具有资本主义特征的一系列制度，但也带有传统宗教的仪式，是历史与当时现实结合的产物。行会的存在使学者们得以从市民、王权和教会手中获得更多的权力。但是在欧洲大学的产生过程中，从行会最终发展为大学的只有博洛尼亚和巴黎两个城市。其他城市的大学是这两座城市学者行会迁移的分支，并不是自发而生。借助专业知识的力量，学者行会获得了更多的合法性，也保障了不同地域学生在大城市的权利。

三　最早的大学如何诞生

回顾大学诞生的历史，寻找的是大学从理念到机构如何逐步呈现最初形态，其目的是使我们所知道的大学更接近于"university"，与中世纪那个最初的"universitas"的表述更为接近。大学的诞生需要一个过程，其经历了从民间行会到权威认可，从组织到机构的变迁过程。当最初的行会在欧洲的几个城市内有了最初的形态，学者们的尝试获得了一定成功之后，其他城市才逐渐开始了这种模仿行为。在西方的概念体系里，大学最初的表述是"studium"和"universitas"这两个词，例如有学者就认为："'大学这一概念'包含着两层含义：一是指大学的构成人员（教师与学生），二是指他们生活和学习的活动场所和设施。在中世纪的欧洲，这两层含义是由不同的词来表达的。在指从事教学活动的人员集团时，通常使用'行会'（universitas）这个词。在指场所时，通常使用'学苑'或'studium'这个词。"② 事实上，我们不能以现代视角去看待中世纪大学，刻意比较谁是最早诞生的大学并没有意义。世界上现代大学的章程、仪式、理念和知识形态都参照西欧中世纪大学建立，这是既定的事实。中世纪人们普遍认可的大学是博洛尼亚大学和巴黎大学，其他大学或迁移或由外界设立，基本上都是以这两所大学为范本的。

---

① 希尔德·德·里德-西蒙斯主编《欧洲大学史》第一卷，张斌贤等译，河北大学出版社，2008，第22页。

② 张磊：《欧洲中世纪大学》，商务印书馆，2011，第11页。

（一） 大学概念的诞生与确认

大学的出现是一个从泛指的社团概念逐步走向特指的组织概念的过程。中世纪大学的概念形成一直是一个演进的过程，拉丁语中的"universitas"直到 15 世纪才被人们最终认可为专指大学。在最开始，形容社团的词都是"collegium"。实际上，拉丁文"universitas"在一开始并没有特指大学，"在中世纪，大学一词早期仅意味着一群人、一大群人、关于人的一个总量。中世纪文件汇集中的一封写给一群人的信里，universitas vesra 的意思是'你们所有人'（the whole of you），更严谨地说，它的含义是指一个法律的社团组织或法人（juristic person）"①。直到 12 世纪末，"universtias"才开始跟学者社团有关，但仅仅是有关，因为其他团体和城市自治体一样可以使用这个概念。而只有在后来的概念传播和变化过程中，人们才逐渐认可了其知识和学术机构的特征，"依中世纪文献上的用法，大学所在地（Universitas vestra）是指一群人的意思，这群人可以说是老师，也可以说是学生，与社区（community）或学寮（college）没什么两样，皆是人聚集的意思，换句话说，那是'学者的聚集处'（University of Scholars）、'师生的相会所'（University of Masters and Scholars）或'研究的场地'（University of Study）"②。大学在出现时的身份是普通城市公会和行会，不论后世的人们如何看重大学，或者在当时大学被授予多大的特权，在起点上，大学就是从事特定职业的人员联合群体。

中世纪大学并没有在一开始就是学院和系科的组合。大学的机构化比人员组织化要晚，"中世纪大学的产生过程是逐步机构化的，其前期表现为个体自然而然的学习与教育行为，而后期则出现了学者们的团体，主要是因为学者需要团结起来反对教会和世俗权力对其的压迫"③。到了 13 世纪，随着新概念的出现，大学的形象才开始变得相对清晰起来，在"universitas"之外，只有拉丁语"stadium generale"与当时可能进行高等教育的学校相关。"stadium generale"一般指的是欧洲天主教覆盖领域内的学校，中文对其翻译的理解甚多，"广学院""总学""大学馆""学寮"都被人们使用过。

---

① 宋文红：《欧洲中世纪大学的演进》，商务印书馆，2010，第 88 页。
② 林玉体：《欧洲中世纪大学》，文景书局，2008，"绪论"第 3 页。
③ Matthew S. Kempshall, "Writing University History Ⅱ Universal or Particular?," *Oxford Review of Education*, 1997, 23 (2)：203.

但不管怎么说，这个词特指的是拥有一个或几个学科进行专业教育的学校，"广学院（studium generale）有三个特点：第一，这些学校有从不同地域而来的学生，其身份不限地域和城市；第二，这些学校教授高深知识，至少应该拥有法学、医学和神学中的一些科目才能开设；第三，这些学校应该有一些知名的学者，至少应该是特定学科的硕士来从事教学"[①]。"stadium generale"出现在13世纪，由于各类教育机构开始呈现出规模化发展的趋势，所以这个词用于表示世俗的高等学府，"13世纪上半叶不论是在教皇或非教皇文件中都使用studium这个词来指当时的一些高等教育中心，如博洛尼亚（Bologna）、巴黎、牛津、帕伦西亚（Palencia）、维切利、帕多瓦（Padua）、那不勒斯（Naples）、巴伦西亚（Valencia）、图卢兹（Toulouse）等，整个13世纪甚至之后都在使用studium，studium和studium generale的含义是难以严格区分的"[②]。在13世纪，教皇和皇帝对于高等教育机构的认定开始大量使用"stadium generale"一词。"stadium generale"有别于地方学校或基础学校"stadium paticulare"。在其内部，它符合当时高等教育机构教授高深知识的特征。每所"stadium generale"不仅教授"七艺"，而且至少包括神学、法学和医学几大学科中的一项。这就是人们所熟知的中世纪四大学院的源头。"七艺"的授课内容最早在雅典的学园中就开始进行了，所以在中世纪大学诞生之初，"七艺"就被吸纳进来作为自由教育的重要组成部分。而神学、法学和医学等高级学院则依照大学所在城市的特点来进行设置，例如博洛尼亚当地的法律学校就被整合为法学院，而巴黎则将教会学校的神学研究职能提出来组成神学院，萨莱诺则只有医学一种学科。在"七艺"和其他学科的组织下，中世纪的大学开始显露出基本的形态。

外部权威的认可和创办对于判断一所"stadium generale"是不是大学有着极其重要的影响。虽然"stadium generale"还不是现代意义上的大学，但其形态已经区别于普通的学校，被列入高等学府行列，"以皇帝之名，并且的确是所有条款都有明确法令依据的第一所大学是由神圣罗马帝国皇帝腓特烈二世于1224年在那不勒斯创办的；最早受教皇之命建立的大学是

---

① Marthellen R, & Van Scoyoc, "Origin and Development of the University," *Peabody Journal of Education*, 1962, 39（6）：322.

② 贺国庆等：《欧洲中世纪大学》，人民教育出版社，2009，第6页。

格列高利九世（Gregory IX）于 1229 年在图卢兹创建的；教皇英诺森四世也于 1244 年或 1245 年在罗马教廷创办了一所 'studium generale'。这些大学的产生使得只有教皇或者皇帝才有权建立 studium generale 的观点逐渐形成，到 14 世纪作为不成文的规定已被人们所接受"[①]。正是有了这个明确而特指的概念，大学作为学术和知识组织的特性才区别于一般的社团和普通学校。

"stadium" 却最终为 "universitas" 所替代，一方面是因为后者的社会认同度更高，人们使用起来更符合习惯。还有一个原因在于同其他社团相比，只有大学组织比其他的社会团体和行会拥有更长的寿命。在巴黎，"universitas" 最早被确立下来，其名称集中出现在教皇的信件和谕旨中。大约在 13 世纪中期，"universitas" 作为描述大学的概念在社会的交往语言中开始保持稳定，"人们发现，在 1208 年使用了 'universitas vestra'，1215~1222 年使用的是 'doctorum et discipulorum parisciensium universitas'，到了 1228 年之后，'universitas scolarium' 被使用得最频繁"[②]。对于巴黎大学的学者行会而言，"universitas" 在官方文件的表述中逐渐超过了 "studium"，且所表达的正规性更强，"如 1205 年英诺森三世的一封信中，提到给 '巴黎所有教师和学生'（universis magistriset scholar bus Parisiensis）。随后几年中，magistriet scholares 成为指称师生整体的名词。1208 年主教使节 Guala Bichierus 以及 1213 年巴黎宗教会议都使用过这个词。到 1215 年，罗马教皇特使 Robertde Courcon 颁布的法令中正式使用了 universitas 一词。这样 universitas 成为在巴黎大学常用来指学者和学生社团的词"[③]。最终的结果是 "universitas" 包含了行会和机构上的大学两个属性，最终为英语表述所采纳。

（二）大学出现的方式

一般来说，大学的生成方式无外乎从一个城市（巴黎、博洛尼亚、牛津、萨莱诺等地）自然产生，或由一所大学（主要是博洛尼亚大学和巴黎大学）中的学者迁移到另一个城市，还有就是由教皇或者世俗王权直接设立，例如那不勒斯大学。通常来看，不论那些最早的、约定俗成的大学，

---

① 贺国庆等：《欧洲中世纪大学》，人民教育出版社，2009，第 7 页。
② Gaines Post, "Parisian Masters as a Corporation, 1200－1246," *Speculum*, 1934, 9（4）: 421–422.
③ 宋文红：《欧洲中世纪大学的演进》，商务印书馆，2010，第 89 页。

还是后来由外界所设立的大学，能否被称为"大学"（universitas）的主要依据是看其是否得到了权威的认可，有无获得教皇或者世俗权力授予的特许状。中世纪大学的产生已经不是行会群体行为，而是一种影响当时社会生活状态和政治格局的社会行为，"11～12世纪大量的学校来自'studium'，但是这些教育机构更多地只能提供相对一般的教育，更高级的教育内容需要由那些设立专业学科的'studium'来提供。而对于教皇和皇帝来说，他们选择对自己有利的大学并授予其特许的权力，这些'studium'最终变成了接近现代意义的'universitas'"[1]。到了13世纪，没有获得特许的"studium"在高等学府中是没有位置的。由外部权威来认可大学的合法性，其目的在于规范大学的组建与扩散，将其纳入规范化的渠道。实际上，大学在中世纪的产生绝不只是大学自身和外界单方面意愿的结果，而是两股力量在几个世纪内碰撞出来的结果。

自发产生的大学基本上是由于知识汇聚和著名学者产生的吸引力而形成的，而教会或当地世俗政权都在一定程度上认可学者行会。不同于普通教会学校，12世纪的学者不仅从事知识传授，而且还进行知识的研修、生产和传播，这些活动构成了大学运行的基本逻辑。在博洛尼亚，当地贵族意识到著名学者的明星效应，在女伯爵玛蒂尔达的邀请下，欧内乌斯来到了博洛尼亚讲授罗马法。除了由欧内乌斯作为《民法大全》的集大成者在此讲学之外，博洛尼亚还存在诸多法律学校，来自欧洲各个地方的学生在此地学习罗马法，罗马法加上早期的"七艺"，构成了当时学校教学的主要内容。"1135年《罗马法全集》（*Digest*，或称为 *Pandects of Justinian*）重新出土，带给当时早已持续的法科教学一大教学资料。七艺中前三艺的'修辞'，分为三部分，一是'阐明'（demonstrative），二是'讨论'（delibertive），三是'判决'（judicial），尤其最后一项，正是法律教学的部分"[2]。除欧内乌斯个人之外，他的学生还组成了当时著名的"四大博士"，用评注的方式对罗马法的研修法则进行了创新，大学已经有了科学研究职能上的雏形。

巴黎大学与博洛尼亚大学产生动机类似，在阿伯拉尔之前，巴黎已经

---

① Ellen Perry Pridea, "The Origin and Growth of the Medieval Universities," *The Social Studies*, 1944, 35 (2): 71.

② 林玉体：《欧洲中世纪大学》，文景书局，2008，第10页。

有圣母院教堂学校。阿伯拉尔的个人知识魅力固然重要，但巴黎大学的诞生却并非如人们想象的那般顺利。阿伯拉尔个人在神学上的造诣在当时属于"异端"，在 12 世纪，大批教会学校的教学内容都充满神秘主义和独断主义，并不是一个阿伯拉尔就能够轻易打破的，更何况当时的学术知识在宗教气氛浓重的巴黎并不是一开始就获得欢迎。能够使巴黎成为学术之都的原因，在于那些教授世俗知识的修道院学校，这些学校给了阿伯拉尔的学术以安放的空间。"那些数量不大的修道士学生居住在巴黎，他们虔诚地学习，追求神圣的仪式，然而，他们也进入了学者的行列，并且在数学和其他科学的学习中有了长足的进步。直到今天，这种虔诚的宗教一般的学习方式依旧分布在我们的大学中。"① 在传授世俗知识的修道院学校的吸引下不断有新的学子到来，加上阿伯拉尔在神学和哲学上的贡献最终打动了教会，才使得当时的巴黎市接纳了大学，如拉斯达尔所言："如果说巴黎大学的诞生，几乎完全依赖一种在阿伯拉尔身上最能完美体现出来的自由探究之精神的话，那么后来每一次物质辉煌的累积，以及每一项教会特权的获得，都意味着他再一次背弃了自己必须置于神龛顶礼膜拜的自由探究之原则。"② 大学的传播来自那些著名学府的感召力，城市、世俗王权和教会都渴望拥有自己的学术机构，在博洛尼亚、萨莱诺、巴黎、牛津、蒙彼利埃等城市的影响下，大学在西欧逐渐开始传播和扩散。

由自发的大学开始，欧洲在 12 世纪中后期开始逐步出现了模仿或复制大学的活动。与现代意义上人们理解的大学迁移有所不同，在中世纪学者们从一个城市到另一个城市不仅需要一定规模的人群，还需要当地城市的一定学术基础，以及当地社会的支持，比较著名的例子是牛津大学。严格意义上说，牛津大学不完全是巴黎大学学者出走后的结果，而是在牛津当地学术群体汇集的基础上建立起来的。因为在牛津大学于 1168 年出现之前，当地已经汇集了相当数量的学者研修神学和法学，包括莫雷的丹尼尔（Daniel of Morley）和亚历山大·尼考姆（Alextnder Neckam）在内的这类学者也扩充了学术队伍，使其不同于修道院学校。在巴黎的学者们到来之

① Lynn Thorndike, *University Records and Life in the Middle Ages* (New York: Columbia University Press, 1944), p. 57.

② 海斯汀·拉斯达尔：《中世纪的欧洲大学——大学的起源》，崔延强、邓磊译，重庆大学出版社，2011，第 45 页。

后，牛津大学也并没有刻意模仿巴黎大学，而只是在不自觉发展的过程中实现了与前者的重合，"牛津大学的诞生有两个诱因，其一主要是 1167 年巴黎驱逐外国学者，其二是当时的英国国王亨利二世禁止英国国内的学者出境。它们使本来就聚集了不少学者的牛津有了更多的人汇集。根据 1192 年的记录，在英国其他城市，人们很难供养得起这么多的学者。但是不管怎么说，巴黎大学的影子在牛津身上重新出现了"①。迁徙并不是为了复制，而是学者们更想建设一个属于当地城市的新型大学。于是在原来两所大学城市环境、外部政策以及内部学术纷争等因素的刺激下，在 12~13 世纪又有多所大学开始出现，包括剑桥、雷吉纳、阿雷佐、维琴察、帕多瓦、奥尔良等大学基本上都是在这个时代从博洛尼亚大学、巴黎大学和牛津大学的迁移中产生的。

表 4-1 呈现了 12~15 世纪兴盛过的大学的名称、出现时间以及地域。

表 4-1 12~15 世纪繁荣的大学

大学名称	出现时间	所处地域	大学名称	出现时间	所处地域
博洛尼亚	12 世纪末	教皇国	里斯本	1290	葡萄牙
巴黎	13 世纪	法兰西王国	莱里达	1300	西班牙
牛津	13 世纪初	英格兰	阿维尼翁	1303	法兰西王国
蒙彼利埃	13 世纪初	法兰西王国	罗马	1303	教皇国
剑桥	1209~1225	英格兰	科英布拉	1308	葡萄牙
萨拉曼卡	1218	西班牙	佩鲁贾	1308	教皇国
帕多瓦	1222	威尼斯公国	卡奥尔	1332	法兰西王国
那不勒斯	1224	那不勒斯王国	格勒诺布尔	1339	法兰西王国
图卢兹	1229	法兰西王国	比萨	1343	神圣罗马帝国
萨莱诺	1231	神圣罗马帝国	布拉格	1347	捷克
奥尔良	1235	法兰西王国	佩皮尼昂	1350	法兰西王国
锡耶纳	1246	神圣罗马帝国	韦斯卡	1354	西班牙
安格斯	1250	法兰西王国	帕维亚	1354	米兰公国
巴利亚多利德	13 世纪末	西班牙	克拉科	1364	波兰

---

① Ellen Perry Pridea, "The Origin and Growth of the Medieval Universities," *The Social Studies*, 1944, 35 (2): 74.

续表

大学名称	出现时间	所处地域	大学名称	出现时间	所处地域
奥兰治	1356	法兰西王国	格拉斯哥	1451	苏格兰
维也纳	1361	神圣罗马帝国	瓦伦斯	1452	法兰西王国
卢卡	1369	教皇国	特里尔	1454	神圣罗马帝国
爱尔福特	1379	神圣罗马帝国	格赖夫斯瓦尔德	1456	神圣罗马帝国
海德堡	1385	神圣罗马帝国	弗莱堡	1457	神圣罗马帝国
科隆	1388	神圣罗马帝国	巴塞尔	1459	瑞士联盟
费拉拉	1391	威尼斯公国	英戈尔施塔特	1459	神圣罗马帝国
都灵	1404	神圣罗马帝国	南特	1460	法兰西王国
莱比锡	1409	神圣罗马帝国	布尔日	1464	法兰西王国
艾克斯	1409	法兰西王国	热那亚	1471	米兰公国
圣安德鲁斯	1411	苏格兰	萨拉戈萨	1474	西班牙
帕尔马	1412	米兰公国	哥本哈根	1475	丹麦
罗斯托克	1419	神圣罗马帝国	美因茨	1476	神圣罗马帝国
多勒	1422	法兰西王国	图宾根	1476	神圣罗马帝国
鲁汶	1425	荷兰	帕尔马	1483	米兰公国
普瓦捷	1431	法兰西王国	锡古恩萨	1489	西班牙
卡昂	1432	法兰西王国	阿伯丁	1495	苏格兰
波尔多	1441	法兰西王国	法兰克福	1498	神圣罗马帝国
卡塔尼亚	1444	那不勒斯王国	阿尔卡拉	1499	西班牙
巴塞罗那	1450	西班牙	巴伦西亚	1500	西班牙

资料来源：根据希尔德·德·里德-西蒙斯《欧洲大学史·第1卷》《欧洲大学史·第2卷》等文献整理而来。

中世纪大学诞生的第三种方式主要是世俗政权设立，最早和最具代表性的当属那不勒斯大学，"腓特烈在1224年设立一所那不勒斯大学，那是中世纪大学不受教会约束罕有的一个实例。他聘请在科学及各种艺术方面的学者任教，酬以高薪，并设立奖学金以使清寒而优秀的学生得以就学。他禁止在其统治下的两西西里的青年到别处去受更高等的教育，并希望那不勒斯能很快地成立一所法律学校，与博洛尼亚竞争，以训练公共行政的人才"①。除了

———————

① 威尔·杜兰特：《世界文明史：信仰的时代》，台湾幼狮文化译，华夏出版社，2010，第745页。

世俗权力，基督教的最高领导层当然也想通过大学影响社会，教皇也开始创办大学。这方面有 1245 年根据教皇敕令创办的罗马教廷大学，此外还有 1248 年的皮亚琴察大学、1308 年的佩鲁贾大学等学校。最主要的是，不少教皇本身就是大学教育出来的，他们对创办大学带有深厚的感情，"从英诺森三世（Innocent Ⅲ）到博尼法斯八世（Boniface Ⅷ），几乎所有教皇本人都在巴黎大学或博洛尼亚大学学习，甚至一些教皇，如英诺森四世（Innocent Ⅳ）或者若望二十一世（Jean ⅩⅪ）还曾担任教授。他们完全意识到其时代对知识分子的需求，也完全意识到大学发展神学、哲学、法学思考的力量"①。虽然这些由外部权威创立的大学看似带有政治目的，但在实际操作上，人们还是以"母大学"为蓝本。"母大学"在中世纪带来的影响是超过任何一个时代的，"博洛尼亚大学的学位，特别是民法和教会法的双博士学位被公认为当时世界上最高的学术荣誉。而 13 世纪早期，在巴黎获得执教权后便凭此享有在任何地方执教的权利。1321 年罗马教廷大学建立，教皇卜尼法斯八世明确指示，应效仿博洛尼亚大学的模式，1444 年卡塔尼亚大学创建时，教皇在批示中明确提出，该大学'必须效仿博洛尼亚大学的模式'"②。但是我们也要清楚一点：博洛尼亚大学和巴黎大学正是有了其他大学的模仿和当时一定规模的学者的追随，才能够称得上大学的"母体"。

大学的出现在中世纪各阶层中形成了一种共识：大学对于社会与时代都是有利的。随着博洛尼亚、巴黎、牛津、萨莱诺和蒙彼利埃等大学的兴起，大学的数量实现了迅速的增长，"博洛尼亚大学于 1158 年获得承认。在 13 世纪有 9 到 12 个大学，在 1200 年到 1250 年之间得到承认的。在 14 世纪大学超过了 25 个，在 15 世纪则有 30 个"③。正是基于这个原因，大学的产生在中世纪才成为一种普遍现象，并随之成为一种根植于历史的制度。同时，中世纪大学的地域分布从 12 世纪开始已经基本成型。

四 早期大学的组织化和制度化

中世纪大学是由行会或大的教堂学校演变而来，先建立组织再形成机

① 雅克·韦尔热：《中世纪大学》，王晓辉译，上海人民出版社，2007，第 64 页。
② 宋文红：《欧洲中世纪大学的演进》，商务印书馆，2010，第 81 页。
③ 石广盛：《欧洲中世纪大学研究》，博士学位论文，复旦大学，2007，第 31 页。

构。早期的大学并没有实体机构，仅栖身在租住的场所内。大学真正的机构化要到 15 世纪，民族国家形成之后才有了普遍意义上的大学建筑，"十五世纪末年时，大学建筑开始美化，大学成为公家机构"①。当大学组织形成后，如何在当时的社会中实现存续和发展就成为首要目标。这显然不是仅凭借知识上的影响力就可以实现的，大学需要迅速从早期的行会和教堂学校转变成一种能够与当时社会接轨的制度。只有当一个社会在制度和文化上享受知识带来的利益的时候，启蒙才能够发生作用，如科班（Alan B. Cobban）所言："大学的起源是与功利主义价值观密不可分的。大学的发展是作为对压力的惯性反应，利用教育的力量来满足社会职业、教会和政府的需求。"② 大学获得的权力使得来自异国的学子们的各项权利能够在一个陌生城市中获得保障，并逐渐构成了制度体系。正是在那些敕令、法律和章程中，大学逐渐实现了早期的制度化。

（一）大学权利来源的制度化

中世纪大学的权利来自学者行会同当地城市市民的斗争。随着矛盾的激化，世俗政权或教皇为了平衡各方的利益，授予行会一定权利。在巴黎和博洛尼亚学习的大部分学生都是外地人，当学生在居住、税赋、消费和司法方面遭遇来自当地主教和市民的干扰时，他们强烈要求高层对其学习生活进行特别保护。学生们同当地市民发生了多次冲突，后来当局逐渐将各项权利授予学者行会，"12 世纪后半，时人对学子特权之拥有也渐能接受。但南北大学学生之特权稍有不同，在南方（即意大利），学子是与市民有别的，也与教会人士有异；在北方（即法兰西），师生都被认定是教会中人，所以在宗教法庭上，巴黎的学子与他人没什么两样。但在意大利博洛尼亚，则因'红胡子'腓特烈一世（Frederick I, 1123 ~ 1190）赐予学生享有审判时的特权，因此在法兰西北部大城兰斯（Reims）的纷争中，有人就寻求比照办理，希望博洛尼亚学生特权也能为巴黎学生分享"③。这种当局对大学的权利授予不是个别的，不少大学在获得权威授予的特权时通常没有什么障碍，"巴黎大学曾受到巴黎市民的干扰，它求助于法王路

① 林玉体：《欧洲中世纪大学》，文景书局，2008，第 55 页。
② 艾伦·B. 科班：《中世纪大学：发展与组织》，周常明、王晓宇译，山东教育出版社，2013，第 9 页。
③ 林玉体：《欧洲中世纪大学》，文景书局，2008，第 75 页。

易七世（Louis Ⅶ），于 1180 年得到路易七世的保护。当该校受到法王
'奥古斯都'腓力二世的压迫时，又寻求教会的支持，1198 年，获得教皇
塞勒斯丁三世（Celestine Ⅲ）赐给的许多特权"①。在博洛尼亚和巴黎两所
大学的带动下，获得官方授权逐渐成为大学获得立足合法性的重要方式，
学者行会正是在获得一系列权利之后，才逐步由行会上升到组织意义上被
认可的大学。

大学是内外制度逐步塑造的产物。如果没有城市自治的惯例，就不会
有行会及官方特许状，所以大学诞生的制度基础非常重要。早期的大学获
得诸多的特权固然有同外部市民斗争的原因，但是我们不应忽视的是当时
社会关系的变化，中世纪的社会各阶层逐步走向了合作，"到了 11 世纪之
后，学者和当权者之间的距离已经大大缩短了。只有在这个基础上，来自
古罗马的市民法传统、中世纪的教会法和 1158 年由腓特烈一世颁布的
《完全居住法》（*Authentica Habita*）才能结合在一起"②。值得关注的是，
早期的大学固然获得了诸多特权，但这并不与当时社会的法律和制度相
抵触。在获得权利的过程中，不是社会在适应大学，而是大学在适应早已
存在的社会制度体系，"无疑他们所取得的特权倾向于定义大学学人的一
种特别地位（'研习者的身份'[status studentium] 或者'学者的地位'
[ordo scholasticus]），但这一地位与教士地位相近，适用于一些具体的社会
地位各不相同的人，对于许多人而言这一身份是含糊的，既不完全是教士，
也不完全是俗家人。'教士'（clericus）一词倾向于指称学者、文人，在一
些语言中甚至发展向公务员的意思（英文的'clerk'，法文的'clerc'），
这个词意义的演变反映出大学学人的存在的压力下词汇适应现实的努力"③。
因为有了传统罗马法的复苏，大学学者可以有明确的法律借鉴供自己使
用。从公元 10 世纪起，教皇革命之后教廷需要大学帮助制定治理世俗社会
的法则。此外，大学在神学上的创新也有利于解读教义，"早在 1215 年
起，教廷就发布了一系列的法令来规范大学和所在教区之间的权力关系，

① 张斌贤、孙益：《西欧中世纪大学的特权》，《北京师范大学学报》（社会科学版）2004 年
第 4 期。

② F. M. Powicke, "Scholarly Privileges in the Middle Ages by Pearl Kibre," *Medieval Academy of
America* Speculum, 1962, 37（4）：629.

③ 雅克·勒高夫：《试谈另一个中世纪——西方的时间、劳动和文化》，周莽译，商务印书
馆，2014，第 249 页。

因为从那时起，教廷希望将巴黎大学变成服务于最高统治者的大学"①。最终大学在多方的制度需求中赢得了认可，这是普通的修道院学校和行会所不具备的。

早期的大学因为有了足够的制度保障，才能摆脱普通行会的发展瓶颈。大学的制度化是学者同外部权威博弈的结果，在付出了争斗、罢课、迁校的代价后，大学才艰难地获得了属于自己的保障。有些中世纪的城市给予大学特权不是因为学术，而是因为其能获得重要的声誉，这种声誉成为某个城市唯一可以依赖的资本，"巴黎之成为一个国际都市，是由于它的大学，而不是由于它的贸易与工业"②。大学作为一种新的制度满足了最广泛的需要。

（二）大学法人地位的稳固

中世纪为行会提供保障的是城市制度和法人资格。大学通过与市民的斗争获得特权是偶然的，虽然他们施行迁校和罢课的措施来威胁当局，但实际上这是欧洲中世纪城市中市民获得权利最常用的方法，并不是大学的独创。迁校后能够存活下来的大学寥寥无几。只有在城市组织普遍法人化的基础上，才有大学的法人化和种种特权，"11 世纪下半期，帝国与教会的争执，使伦巴第的城市居民乘机反对买卖圣职的主教们。这个反对运动从伦巴第经过莱茵河，一直扩大到科隆。1077 年，康布雷城市发生了反对主教格拉德二世的暴动，建立了阿尔卑斯山以北最古老的'自治城市'。在列日教区也发生了同样的事情。1066 年，狄奥都主教被迫同意以自由宪章颁发给惠伊的居民。这是比帝国境内其他地方所保存下来的宪章还要古老的宪章。在法国，博韦大约于 1099 年，努瓦荣于 1108~1109 年，郎城于 1115 年都有暴动的记载"③。正是出于这种先例，外界才会授予大学诸项权利。大学通过斗争获得权利并无多少特殊，只是普遍意义上社会阶层与组织法人化进程的一个构成部分。

大学的制度化由当时著名的高等教育机构引领，集中体现在博洛尼

① Olaf Pedersen, & Richard North, *The First Universities: Studium Generale and the Origins of University Education in Europe* (Cambridge, Mass: Cambridge University Press, 1997), p. 170.

② 亨利·皮朗：《中世纪欧洲经济社会史》，乐文译，上海人民出版社，2014，第 107 页。

③ 亨利·皮朗：《中世纪欧洲经济社会史》，乐文译，上海人民出版社，2014，第 38 页。

亚、巴黎、牛津、帕多瓦这四所大学身上，Pearl Kibre 认为："在权利、特权和豁免权上，巴黎、博洛尼亚、帕多瓦和牛津享有的最多。"① 这些权利并不都是通过争斗这样的血腥方式来进行，博洛尼亚大学获取权利的方式就自然得多，"1158 年，腓特烈一世（Frederick I）颁布法令，承认了博洛尼亚的大学地位。学生逐渐获得各项特权，如组织行会的权利，免交市政税的权利。12 世纪末，学生们甚至赢得了在博洛尼亚建造房屋和确保他们使用权的许可"②。更重要的是，这种趋势逐渐蔓延到意大利其他城市的学生行会。学者和外界都认识到争斗不是解决问题的方式，只有提升学者们的地位，城市和大学才能被纳入统一的制度中，"在维护学生权利的过程中，行会经常与外界发生冲突，在冲突得不到解决的情况下，学生行会就以罢课甚至迁校作为威胁，如 13 世纪初就曾发生部分学生迁到维琴察（Vicenza）和阿雷佐（Arezzo）等地另组大学的事件。频繁地罢课和迁校对博洛尼亚和大学自身都造成了不良影响"③。利用一定法律和契约使大学逐渐稳定在城市中也成为欧洲城市的共识。

大学的特权并不存在利益排他性。由于人们在相同的法律框架内活动，大学的特权也逐步得到了其他社会成员的认可。早期的巴黎大学也是如此，由于受到当地主教和市民的侵扰，学者行会本身无法保证正常的学习，争取法律保障就成为学者行会一直努力的目标。教皇想要获取巴黎大学师生的忠诚，所以将罢课权和迁徙权授予了大学，"1228 年，在经历了市民与学生的争斗和大学罢课后，巴黎大学逐渐获得了诸多由教皇格列高利九世授予的特权。例如 1227 年的敕令中提出，本来属于地方主教管辖的司法审判权对巴黎大学是不适用的。艺学院的学生被授予了特别的权利，在遭遇外界的袭扰时，他们可以越过不同教区进行迁移"④。不论教皇还是皇帝，授予大学特权或特许状除了换取其忠诚之外，还能将处在动荡和不安时代中的学者群体稳定下来。1231 年是巴黎大学开始走向稳定的重要年份，"罗马教皇在 1231 年发布的一系列有助于巴黎大学的敕令帮助其从罢

---

① F. M. Powicke, "Scholarly Privileges in the Middle Ages by Pearl Kibre," *Medieval Academy of America Speculum*, 1962, 37 (4)：629.

② 贺国庆等：《欧洲中世纪大学》，人民教育出版社，2009，第 19 页。

③ 贺国庆等：《欧洲中世纪大学》，人民教育出版社，2009，第 46 页。

④ Olaf Pedersen, & Richard North, *The First Universities：Studium Generale and the Origins of University Education in Europe*（Cambridge, Mass：Cambridge University Press, 1997），p. 169.

课和迁移的潮流中回到了正轨。其中主要是对巴黎主教权力的限制，包括
保障大学研讨学术的自由、保证学生在居住方面的权利，大学在遭受侵害
时可以选择罢课与迁校的权利，以及由大学自己来授予授课许可证的权利
等"①。即使是赋予大学罢课或迁校这样的特权，最高统治者也希望以此换
得大学的长期稳定而不是动荡。从这个层面上看，特权是有助于早期大学
平稳与社会对接的。

　　作为新生的社会组织，大学的出现意味着对社会秩序的重新塑造，学
者行会自然会与外界产生矛盾，用迁校和罢课威胁其所在的城市成为 12 世
纪前中期新兴大学获取权利的主要方式。能否拥有特许状和来自最高统治
者的认可，成了承认一所教育机构是否是大学的主要根据，"1291～1292
年，甚至就连巴黎和博洛尼亚两所古老的原型大学也正式从教皇尼古拉斯
四世（Nicholas Ⅳ）那里获得了准许大学授予教师资格认证特权的谕令。
自此以后，普遍有效的教师资格认证便逐渐成为所有学科研习所的本体
功能；那些没有得到教皇或君主谕令授予认证特权的学校，便不能被称
为'大学'"②。法人地位规范了大学的组织形式和办学目标，授予特权逐
步使全社会从制度上尊重知识与学术机构。到了 13 世纪末期，大学所获取
的权利基本趋于完善，逐步开始了稳定发展的过程。

第三节　经院哲学与中世纪大学的兴衰

　　经院哲学（scholasticism）是 11 世纪伴随着基督教教皇改革逐渐兴起
的一种哲学思想与学术研究方法。从词源上看，经院哲学的拉丁文表述是
"scholasticus"，与其相伴随的英文词语是"scholar"，主要的意义是指修道
院所传授的有关对《圣经》解释的知识体系。经院哲学在自身知识体系建
构上要早于中世纪大学的其他学科，其历史最早要追溯到公元 4 世纪，是
基督教出现之后用来解释教义的一种思维和研究方法，最早也被称为"教

---

① Olaf Pedersen, & Richard North, *The First Universities: Studium Generale and the Origins of University Education in Europe* (Cambridge, Mass: Cambridge University Press, 1997), pp. 170–173.

② 海斯汀·拉斯达尔:《中世纪的欧洲大学——大学的起源》，崔延强、邓磊译，重庆大学出版社，2011，第 7 页。

父哲学"。早期的经院哲学只局限在修道院中，由神父们来解释信仰和
《圣经》中的要义。在公元 8 ~ 9 世纪，经历了查理曼宫廷学术的改造后，
这种结构性知识逐渐被引入教育中。在 11 ~ 12 世纪，对经院哲学的研究也
变得深入，人们发现信仰问题不是仅凭解释经文就可以解决的，而是需要
引入相对科学的研究方法。因为学者们发现，用传统知识无法解释信仰本
身，信仰上帝的方式和接近上帝的途径是多方面的，建立理性的知识体系
就是其中重要的方法之一。通过理性知识体系，人们可以建构出一个不同
于经义的信仰体系，这种知识体系还具有可教育性。

　　11 世纪与 12 世纪是一个知识复兴的时代，古典知识体系重新界定了
上帝与人之间的关系，神学家安瑟伦（Anselmus）率先开始了这方面的工
作，"11 世纪有一个著名的神学家，他就是被称为'经院哲学之父'的安
瑟伦，安瑟伦第一次试图对'上帝存在'这一教义进行系统的逻辑论证。
在此之前，大家对上帝的存在深信不疑，这是一个基督徒的基本信仰。但
是安瑟伦却认为，如果我们仅仅满足于信仰而不寻求进一步的理解，这就
是一种懒惰，懒惰也是一种罪过"[1]。在安瑟伦的开辟下，有诸多学者开始
投入经院哲学大厦的建构中，最著名的要数阿伯拉尔。后者将辩证法引入
了神学研究，使得神学开始逐步向科学的方向演进。大学引入这套研究方
法后，知识的创造力得到了提升，自然获得了宗教阶层的大力支持，"在
11 世纪经院哲学逐渐形成的时代，神学家们将理性引入信仰，使之成为论
证和支持信仰的工具，从而促成了中世纪鼎盛时代最高精神成果——经院
哲学的产生和繁荣。就此而言，经院哲学是理性主义在学术复兴背景下的
产物，是神学家试图运用理性主义解释和维护宗教信仰的成果，其实质是
要调和两者之间的矛盾"[2]。在神学家的调和下，经院哲学体系在 12 ~ 14
世纪发展到顶峰。正是因为经院哲学在欧洲北部的大学中最先完成了学科
化，神学院获得了来自教皇的长期支持。在神学和法学于欧洲南北各领风
骚的环境中，"七艺"作为这二者的基础训练科目组成了艺学院的学科体
系，而医学则是在意大利南部大学的带动下逐步蔓延到西欧大学中成为重
要学科。但经院哲学同任何知识的演进过程一样，如果没有革新的理念，

---

①　赵林：《基督教与西方文化》，商务印书馆，2013，第 180 页。
②　贺国庆等：《欧洲中世纪大学》，人民教育出版社，2009，第 203 页。

也会陷入僵化。到了中世纪晚期，经院哲学开始变得刻板与陈旧，其试图垄断一切学问的欲望将大学拖入了停滞的枷锁中。14世纪的文艺复兴成为中世纪大学由盛而衰的转折点，自然科学开始兴起，大学不再因为经院哲学而受到眷顾，反而因此成为后世学者讽刺的对象，大学进入了衰退的"冰河时期"。

一　知识生产中的范式确定

大学借助知识爆发的气流诞生，而且以城市制度为依托稳固了自身的地位。知识通过分科体现了研究的专业性，现代学科的概念形态逐步清晰，"西欧通过大学这个组织机构，归并、吸收和扩充卷帙浩繁的新知识，大学又是后人在智力遗产中耕耘播种的工具。新学术的引入使七艺为大量专业化的学科所取代。这些学科发展了各自独特的传统：神学、医学、数学、天文学和占星术、逻辑学和自然哲学等等"①。通过高深知识的学科化，高等教育开始同基础教育与职业教育区别开来。在12世纪之后，"七艺"的学习一直是西方教育的传统，在接受专业教育之前，来自各地的学生组织起同乡会，接受通识教育，这就形成了艺学院的雏形。艺学学习同专业学习结合在一起，又构成了法、神、医几大学院，最早的大学是学院的联盟，"第一所真正意义上的学院是大学在1257年建立的索邦学院。它是由路易九世的牧师罗伯特·索邦（Robert de Sorbon）为16名神学学生所创建。路易九世曾专门拨款给索邦学院。在巴黎，继索邦学院之后出现的是创立于1304年的纳瓦尔学院（college de Navarre），它有约70名学生分别学习语法、文科和神学"②。欧洲南北部的大学从12世纪中后期开始分出了两种明显的知识趋向，南部的大学继续以罗马法和医学为主，而北部则以神学学习为主。到了13世纪，作为研究范式的经院哲学开始覆盖整个欧洲，推动了大学政治影响的扩大。所以，经院哲学与大学是互为条件的关系，大学在引入了经院哲学的一系列方法之后，北方大学才能在传统而保守的神学中开辟一片天地，"七艺"在大学中的地位才得以稳固。而经院哲学也只有在专业化学科的发展环境中才有了一批集大成的著名学者诞生。

① 吴刚：《知识演化与社会控制——中国教育知识史的比较社会学分析》，教育科学出版社，2002，第238页。
② 贺国庆等：《欧洲中世纪大学》，人民教育出版社，2009，第153页。

（一）中世纪社会知识需求的创造

大学诞生的重要动力就是外界的知识需求，面对一个百废待兴的社会，大学用法律知识为社会构建了秩序空间。针对信仰，学者以神学来给予人一定解释，而面对生命，医学帮助人们寻求治愈疾病的科学方法。按照后世学者的分类："知识可以被分为两类，一类是技术知识，另一类是常识知识。"① 欧洲大学在兴起之后经历了知识范式的转型，人们从早期对常识知识的关注逐渐走向对于技术知识的关注。大学的兴起需要教育上的感召力，要求其用更规范的方法组织教育和研究活动。"七艺"在教育上的普遍性意味着人们不仅可以用其来思考世俗问题，也可以用其重新认识信仰问题，"圣经、语法、修辞学、数学和天文学被包括在学习的体系之中。旧式演说家训练的基本原理被作为一种教育的框架注入新的课程体系中。僧侣、传教士和牧师是这种教育下首批宣传基督教教义的演说家，但是基本的文法训练被作为通识教育的基础保留下来，成为中世纪大学艺学院的主要教育内容"②。"七艺"学习的主要作用在于理解更高深的学问。在学习内容上，博洛尼亚大学更关注古罗马的知识教育体系，西塞罗和托勒密等人的作品更受欢迎，文学院以"三艺"为主要的学习内容，医学院的学习以古希腊和阿拉伯的医学知识为主，法学院则从事民法和教会法研修，"1215 年的课程：拉丁语言教学只限定于'文法'一科，六世纪时拉丁文法学家普里西安（Priscians）的作品，必须研读或至少研读其中之一；逻辑是主要的教学科目，亚里士多德的老辩证法及新辩证法，即《工具》全书加上波菲利（Porphyry）的《入门》（*Isagoge*）是'共同读物'（ordinarie），修辞学及哲学留到庆典祭会时使用。十五世纪时《伦理学》（*Ethics*）也留到假日才读"③。最重要的是，兴盛一时的经院哲学正是在"三艺"的方法中获得了灵感，才由此推动了大学在知识上更上一个台阶。

12 世纪末巴黎大学获得最高特许权是因为其自身在知识上显示出足够的优势，正因如此，巴黎大学不仅在教皇授予的宪章上成为"知识之父"，而且成为法国国王的"大公主"，"从 12 世纪末至 1215 年，大学之机构基

---

① 陈洪捷：《观念、知识和高等教育》，安徽教育出版社，2012，第 157 页。

② Olaf Pedersen, & Richard North, *The First Universities: Studium Generale and the Origins of University Education in Europe* (Cambridge, Mass: Cambridge University Press, 1997), p. 50.

③ 林玉体：《欧洲中世纪大学》，文景书局，2008，第 345 页。

本形成，于 1215 年由教皇特使库尔松的罗贝尔（Robert de Courçon）所准；从 1215 年~1231 年，巴黎主教和总监对已经较好组织的大学行会发起了最猛烈的冲击，大学的胜利抗击导致格列高利九世（Grégoire Ⅸ）颁布'知识之父'谕旨，德尼弗尔称之为真正的'大学的大宪章'，并由至 1250 年为止的若干最高特许权所完善"①。12 世纪巴黎大学重视的是逻辑学。以亚里士多德的《工具论》为代表，还包括了波菲里的《导言》，文法学习使用的教材以亚里士多德的作品为核心。在亚里士多德学说的引导下，经院哲学和新的研究方法在大学中兴起。理性与辩证法交融下的神学摆脱了早期教父哲学的束缚。神学不再是培养牧师和神职人员的实用学科，而是变成了理解信仰的知识工具。新的研究和教学方法很快在欧洲北部的大学的神学院和艺学院受到欢迎，批判、辩证与大辩论的早期研讨形式开始频频在大学的课堂中出现，这也可以被视为后世德国现代大学"习明纳"教学的开端，"始于中世纪的唯实论和唯名论的大辩论也推进了当时的知识运动，以安塞姆为代表的唯实论作为捍卫既定秩序的哲学出现，而以罗塞林为代表的唯名论则作为怀疑和批判的哲学出现"②。基于辩证法的研修方式风靡一时，这让中世纪大学成为当时社会意见与信息交流最广泛的机构。通过对"七艺"的研讨，人们发现了更多的知识结点与研修方法。正因为如此，经院哲学才能进入大学并受到人们的尊崇。经院哲学所创造的辩论、思辨和批判的方法延续至今，中世纪大学逐步以其为基础进行了知识价值生产的创新。

（二）经院哲学驱动下的大学组织化

在经院哲学留下的历史印象中，有不少人认为那是对大学知识发展的禁锢，历史观点认为其由于僵化、强调权威，限制了大学的发展空间。但我们不禁要问：如果经院哲学的研究论辩僵化不变，那么为什么当初的学者们会将其引入大学中？如果仅仅是为了服务基督教宗教统治的需要，经院哲学的生长空间有诸多修道院及其附属学校就够了，为何又要将其引入大学中作为高等教育的知识研究内容？如果说经院哲学过于学术化，超出了世俗社会的接受范围，为何还能保留在大学中几百年之久？没有中世纪

---

① 雅克·韦尔热：《中世纪大学》，王晓辉译，上海人民出版社，2007，第 26 页。
② 宋文红：《欧洲中世纪大学的演进》，商务印书馆，2010，第 75 页。

对于信仰问题的研究，不论宗教社会的秩序还是世俗社会的秩序都无法正常运行。早期的大学靠法学、医学和神学等纯知识来赢得人们青睐，到了13世纪之后则必须要引入新的研究方法才能推动知识革命。有了大学和经院哲学这个系统组织对于知识的整合与培植，零散无序的知识才获得了尊严，"大学的出现，不但赋予了中世纪的法律知识和传统一门学术科目的尊严，要求所有的法律内容，从程序到决策都要有学术精神（mens legis），建立在证明的理性和原则的普遍性之上"①。在经院哲学家们的推动下，知识研究与大学发展才重新回到理性辩证的道路上。

经院哲学推动了欧洲大部分大学神学研究的组织化，学者们得以凭借经院哲学的组织化研究将行会升级为学院。13世纪是各类社会群体组织化的时代，也是文、法、神、医四大学院最终定格的世纪。大学的内部结构因知识的系统分布而建构起来，在著名大学的引领下，经院哲学成为13世纪最流行的知识生产方式，不同的知识得以被其统整分类。理性辩证的知识生产方式使高等教育的普及获得了更大的合法性，其对神学的影响自不必说，更推动了法学和"七艺"研究的进步，所以从事这些学科研究的人们希望在大学中联合起来，以学院的形式发挥知识生产的群体力量。14世纪之前，拥有完整四大学院的大学只有巴黎大学、牛津大学和剑桥大学。没有固定的校舍，行会又是一个统称，倘若没有这种组织化的发展，大学可能永远就停留在行会阶段。大学产生后，人们迅速从两个方面开始了这种组织化的进程：一是在学者行会当中建立各种同乡会；二是以专业知识的学习组建各自的群体，初步形成了以文、法、神、医四大学科为主的知识团体，并演变成了学院。

不同学科的研修者成规模地在城市出现之后，不少新兴大学就由法学、神学或医学等专业知识的从业者集合构成学院，再由学院的组合逐步取代行会成为大学。博洛尼亚大学最初只形成了三个学院，其中文学院和法学院是在最初的法律学校和文法学校的基础上发展而来，而医学院则模仿自萨莱诺。维持大学的组织是由学生构成的联盟，包括以阿尔卑斯山为分割线的山南与山北两个联盟，在两个联盟中，又有诸多同乡会。能够在欧洲引起群体模仿影响的是巴黎大学，其中又形成了法兰西、诺曼底、英

---

① 孙益：《西欧的知识论传统与中世纪大学的起源》，北京师范大学出版社，2012，第282页。

格兰和皮卡第等四个大的同乡会。由于同乡会最初都聚集学习"七艺"，也形成了最早的艺学院/文学院，所以巴黎大学的文学院也是中世纪大学中最早诞生的学院，"最直接的证据来自于 1235 年由文学院全体教师通过的一份关于课程提纲的文件，文件上印有该学院四个同乡会的印章，这表明至少在此时文学院已经形成了比较完备的内部管理制度。到 13 世纪后期，文学院的人员构成最终确立"①。文学院选出的院长能够获得普遍的承认，其作为基础学院的地位由此被确立下来，如科班所言："很显然，正是文学院院长才将复杂的大学组织在一起。文学院院长既是大学统一体的象征，又是大学统一体的体现。"② 巴黎大学的组织形式得到了诸多大学的模仿，特别是同乡会制度，以四大同乡会为主的内部组织制度传播到了布拉格、维也纳和莱比锡等大学中。

意大利的大多数大学由三个学院构成，法学院是最早出现的，世俗皇帝为其授予诸多特权，"1231 年颁布的《科学之母》法令中明确出现了'法学院'这一名词，但此时的法学院还仅仅以一种'模糊'的组织存在。直到 13 世纪 70 年代初，法学院在大学中的地位才得以明确，标志是学院拥有了专属印章，进而能够制定学院文件及相关规定"③。医学院出现于 1274 年，也是以法令上出现了医学院的印章为代表。学院化是推动大学兴起的组织力量，也成了决定大学发展命运的重要因素。能否具备两个以上的成熟学院，成为大学获得知识与社会认可的核心因素。虽然巴黎一开始就有四个学院，博洛尼亚大学也只有三个学院，但也有不少大学只有一个学院，比如萨莱诺大学，还有布拉格大学这样的松散学院联合体。在 14 世纪之后不少大学由于组织上的缺陷很快走向衰败。

经院哲学之所以能够在大学中掀起巨大的波浪，与大学发展出学院有密不可分的关系，经院哲学正是在学院制度与组织的携带下，完成了欧洲范围内的大学传播。巴黎大学在组织上的完善吸引了诸多大学的模仿，四大学院和四大同乡会的组织模式获得了诸多认可，也为其赢得了诸多声誉，"在 1200 年法国国王菲利普二世（Philip of Spain）所颁布的特许状中，巴

---

① 贺国庆等：《欧洲中世纪大学》，人民教育出版社，2009，第 78 页。
② 艾伦·B. 科班：《中世纪大学：发展与组织》，周常明、王晓宇译，山东教育出版社，2013，第 97 页。
③ 贺国庆等：《欧洲中世纪大学》，人民教育出版社，2009，第 78 页。

黎大学被授予了多项特权，并被誉为王冠上的宝石。这最主要还是因为其课程学习的标准是完全学术化的"①。在欧洲曾有一个著名的比喻来形容四大学院："教师们很快意识到他们自身的价值，把四个学院称做'四条天堂之河'，圣博纳旺蒂尔把文科比做建筑的地基，把法学和医学比做墙壁，把神学比做屋顶。"② 从这个比喻可以发现高深知识在中世纪人心目中排列的序列。

二 经院哲学点燃的知识革命

经院哲学解决的是神学领域的知识问题，其来源于古希腊的亚里士多德哲学体系，又在基督教兴起的年代利用了柏拉图哲学中的思辨理论。到了 10 世纪之后，伴随着神学的兴起，经院哲学作为一种新的知识生产方式被各个学科借鉴。然而，在人们的观念中，经院哲学陈腐且僵化，而且排斥新兴起的自然科学研究。但这种观念与历史逻辑显然不符，在神学得到发展的同时其他学科的地位并没有减弱，反而在整体上促进了大学的蓬勃。准确地说，经院哲学完成了最早的大学知识生产的"范式转换"，构建起一套相对普遍的公约准则，"有关'理念'这种'共相'（universals）之'实体性'（reality）问题，是高度冥思性的，也需运用逻辑这种工具。从逻辑（logic）到'物理'（physics）（形下），从物理到'形上学'（metaphysics），又从形上学往上推到'神学'（theology）"③。在 13 世纪的大学中，经院哲学第一次在不同的学科间建立起联系，通过词汇、语法、辩证法建立起各个学科共同的研究与传播制度。亚里士多德主义激发了中世纪的知识与大学间的活力，这也成为中世纪大学兴盛的文化条件。

（一）经院哲学的兴起与大学地位的稳定

经院哲学是一种使用辩证法教学和研究的方法论系统，应该被划入哲学领域，而不是神学。在经院哲学的组织下，知识开始呈现出序列的差异，人们的学习需要经过一定顺序才能最终上升到知识殿堂的顶端。这种

---

① Marcia L. Colish, "Scholastic Theology at Paris Around 1200," in Spencer E. Young, eds., *Crossing Boundaries at Medieval Universities*（Leiden: The Netherlands Press, 2011), p. 29.

② 希尔德·德·里德-西蒙斯主编《欧洲大学史》第一卷，张斌贤等译，河北大学出版社，2008，第 123 页。

③ 林玉体：《欧洲中世纪大学》，文景书局，2008，第 3 页。

哲学方法在西方文明中一直有广泛的社会基础，"大约在公元前 5 世纪，哲学开始成为受欢迎的追求智识的活动，哲学的学习开始进入一个由哲学家设计的体系中。并且，学习哲学和研究哲学成为一种群体活动"①。人们认为经院哲学在教育上的转折是公元 9 世纪之后，学者开始利用亚里士多德哲学对教权和世俗王权合法性进行论证。经院哲学利用了古希腊的哲学体系重新建构了神学，使之成为当时最先进的学科。12 世纪之后，当个人与自由精神在社会中逐渐散播时，人们渴望从知识深处和论辩的方法中重新建构起对上帝的认识，这是造成经院哲学流行的最主要原因。

经院哲学的运用范畴并不局限在大学和教会之间，其运用是为当时从萧条中复苏的社会树立起一个坚实的信仰系统。中世纪的社会生活与诸多问题都围绕着信仰问题展开，人们渴望有新知识对信仰的矛盾给出解释。"中世纪世界观的整体性，并没有保证它从矛盾中摆脱出来。永恒与暂时的矛盾，神圣与邪恶的矛盾，灵魂与肉体的矛盾，天堂与尘世的矛盾，等等，这些存在于世界观深层的矛盾深深地植根于这一时期的社会生活当中——植根于富有与贫穷、支配与服从、自由与奴役、特权与剥夺之间难以调和的对立之中。"② 这些矛盾可以用新的哲学调和，这使得经院哲学赢得了各方的认可。可以说，宗教和信仰问题被哲学化之后，人们更容易得到答案，"此时欧洲之内任何处所皆呈现出一种稳定的平衡。中古人类正可以其具有完美组织之生活方式而睥睨一世。哲学思想与体系达到完全发展，其光彩直追希腊极盛时代。在各种系统之中，以经院哲学最能与时代谐和，终于成为中世哲学之主流"③。

经院哲学在产生时间上要早于大学，最初是用来讨论有关基督教信仰引发的共相问题的。在当时的认知中，不可见的思想世界要比现实世界更能使人感觉真实，所以奥古斯丁在《上帝之城》中才构建起一个人们向往的神圣家园。在哲学家眼中，只有在信仰上同那个抽象的、理念上的上帝相接触，灵魂才能得到洗涤和净化，这是中世纪每个身负原罪的人得到解脱的方法。随着诸多学者哲学思想的深入，这种体系最终同社会要求构建

---

① James Bowen, *A History of Western Education-Volume One* (New York: St. Martin's Press, 1972), p. 67.

② 古列维奇：《中世纪文化范畴》，庞玉洁、李学智译，浙江人民出版社，1992，第 10 页。

③ 伍尔夫：《中古哲学与文明》，庆泽彭译，华东师范大学出版社，2005，第 11 页。

信仰的秩序相结合，"'经院'思想的目标和任务是建立一个令人们在各个方面感到满意的哲学-神学性的世界观，就是一个统一的世界观，在其中有信仰与知识、理性与启示，都形成一个和谐的整体"①。经院哲学以高深知识重新定义了世界。

经院哲学同教育的接触主要从 11~12 世纪开始，当时部分学校强调职业和技能性的教育目的已经影响了人们看待大学的目光："实际上，在 12 世纪时，人们对于当时教育的课程是不满的，在萨莱诺和蒙彼利埃学习医学的学生们的学习目的都只是发财。过于偏重应用和实用性质的学习对传统的'自由七艺'构成了巨大的挑战。而且在 1200 年前后从事'七艺'教育的教师已经有了相当的规模，在 1215 年巴黎的艺学院都已经享誉欧洲。但是当时的教师都在担心会有更多职业的、具有企业精神的学校开办，这会影响大学的声誉。"② 在利用知识重新追求信仰的过程中，人们认为大学也应该发展出一种相对独立的、真实的知识探究方法。在实用主义和理性主义之间，经院哲学的出现使得大学在理性与现实需求之间保持了一种平衡。经院哲学强调知识的唯一来源是上帝，也就是只有追求这种最纯粹的原创性，才能有新的真理产生。大量新知识在经院哲学家的主持中被激发或被开发出来，并很快获得大学中广大学生的欢迎，"自从 11 世纪以来，随着当时的宗教崛起的广泛传播和文化的提升，从这些早期的初步尝试形成了一个基本上是新的和有原创性的思想生活，其中有很多方向，但也保持了统一性，这就是所谓的 Scholastik（经院派，亦译'士林派'），本来的意思是'学院里的科学'（Schulwissenschaft）。'经院'这个名称表明，这种新的科学是从哲学/神学教育工作的需要而发展出来的，并首先要为学校中的教育而服务"③。大学在出现之后能够保持稳定发展的主要原因并不是为当时的社会提供了多少服务，而是在知识上保证了那种目的的纯正，这也是古希腊"爱智"精神在大学中的复苏。

（二）亚里士多德主义与知识的互动

早期的经院哲学非但不是人们理解中的保守僵化，反而成为推动大学教

---

① 毕尔麦尔：《中世纪教会史》，雷立柏译，宗教文化出版社，2010，第 215 页。

② David Luscombe, "Crossing Philosophical Boundaries C. 1150–C. 1250," in Spencer E. Young, eds., *Crossing Boundaries at Medieval Universities* (Leiden: The Netherlands Press, 2011), p. 14.

③ 毕尔麦尔：《中世纪教会史》，雷立柏译，宗教文化出版社，2010，第 215 页。

学与研究创新的关键力量。中世纪大学诞生之初尽管有着诸多实用的知识，有法学和医学这样应用的学科，但是大学的课堂却面临着讲授和学习方式陈旧，已有的知识构成无法得到更新的局面。在经院哲学引入亚里士多德学说之后，大学的知识体系才逐步完善，学者们的知识品位从实用主义转向一种理智和理性主义，"亚里士多德主义对中世纪大学的影响极其深远，不仅构成大学知识体系的主要内容，也在很大程度上形塑了大学的精神。亚氏哲学在知识追求的过程中起到了巨大的解放作用，打开了传统信念的缺口，展示了一个新的知识世界，大大刺激了学者们的求知欲"①。亚里士多德学术复苏不单纯是一种知识行为，而是一种社会行为。其中，基督教的托钵僧会起到了重要的作用。学说的复苏催生了个体在追求知识上的文化开放力，自然科学的知识伴随着经院哲学的完善开始被大学关注。

中世纪早期学者们用传统的唯实论来建构知识世界，特别是在信仰和理智问题上，所秉持的是新柏拉图主义。但到 13~14 世纪时，新柏拉图主义提倡灵肉分离、灵魂超越肉体的观点已经走向了穷途末路，在其观点中看不到个体精神的影子。宗教便开始求助于其他知识解释体系，信仰问题的研究往往都是在处理人与神之间的地位与关系，这是西方神学发展的核心。如果说高等教育不能将人与神区别开来的话，那么大学就无法为具体的、个体的人提供栖身之所。阿伯拉尔、罗瑟林（Roscelin）、罗吉尔·培根（Roger Bacon）等人开始以亚里士多德主义创造的唯名论向传统知识系统发起挑战。"相对于同时期在大学外部发展出的以亚里士多德学说为主的学习内容，在 12 世纪至 13 世纪中叶的欧洲不少大学中，人们不断改革着教学的内容，他们不仅探索出神学逻辑的理论体系，而且也发展出对柏拉图哲学的研究，人们使用吉尔伯特（Gilbert de la Poire）对波爱修斯（Manlius Boethius）作品的评注，并且对许多座堂学校的基督教哲学展开了激烈的辩论与批判。"② 大学内的知识空气正是在亚里士多德主义复苏的环境中焕然一新，学者们开始用辩证法进行知识研究，来颠覆传统观念中约定俗成的信仰问题和神性起源。9~12 世纪占主导的是唯实论，而 13~15 世纪则以

---

① 林杰：《西方知识论传统与学术自由》，北京师范大学出版社，2010，第 78 页。

② David Luscombe, "Crossing Philosophical Boundaries C. 1150-C. 1250," in Spencer E. Young, eds., *Crossing Boundaries at Medieval Universities* (Leiden: The Netherlands Press, 2011), p. 23.

唯名论为正统。正是在辩证法的逐步扩散下，知识探究的空间才被拓宽。

在亚里士多德学说的复苏和托钵僧团的庇护中，辩证法在中世纪大学掀起了知识研究的热潮。在早期的大学中，亚里士多德的学说是被禁止的，但阿伯拉尔开创了采用亚里士多德辩证法研讨知识与信仰的关系的先河，"阿伯拉尔的意思似乎是，信仰必须通过词语表达，如果词语未被理解，信仰也无法被接受，因此，只有通过理解词语才能接受信仰。辩证法是理解词语的必由之路。阿伯拉尔主张'理解导致信仰'的途径更符合亚里士多德的'辩证法'原意，即由不确定到确定的过程"①。而阿伯拉尔仍然为此付出了沉重的代价，亚里士多德的学说多次在教皇的谕令中被禁止，《形而上学》《物理学》在 12 世纪末到 13 世纪初还被巴黎的宗教会议命令要求不得研讨。阿伯拉尔的坚持使得当时的不少人看到了所谓的"异端"带给人们的魅力，但是当局的严控依然限制着大学知识的传播渠道，"早期在巴黎大学的课堂上，学者们就遭遇禁令，他们授课的内容会被巴黎主教随时抽查，讲授亚里士多德的辩证法需要限制在学校中，不得在学校外讲授，而且不能讲授亚里士多德自然科学的内容"②。然而让人感到惊奇的是，当时教皇乔治九世（George Ⅸ）发布的禁止在巴黎大学中讲授亚里士多德的禁令却没有被执行。这之中，托钵僧团的学者们起到了维护学术自由的作用，"与以往的修道僧团不同，托钵僧团的主要活动场所是刚刚开始兴起的一些城市，他们特别注重在城市里发展大学教育和开展慈善事业。在他们的推动之下，大学创办得越来越多，上大学的人数也不断增加。但是与此同时，大学的地位也逐渐变得独立，它的思想也变得越来越自由，最终竟然成为滋生'异端'的温床"③。

经院哲学逐渐由一种学说变为知识体系之树要到 13 世纪中叶才实现。1254 年，亚里士多德的著作和学说在大学中得到解禁。随着不同的知识开始补充进经院哲学的体系中，经院哲学的构成要素才完全形成，具体包括了古希腊柏拉图和亚里士多德哲学，伊斯兰阿威罗伊（Averroes）的哲学，犹太人的思想，早期基督教神学家圣安布罗斯（Ambrose·SAINT）、圣哲罗

---

① 赵敦华：《基督教哲学 1500 年》，人民出版社，2007，第 245 页。

② Lynn Thorndike, *University Records and Life in the Middle Ages* (New York：Columbia University Press, 1944), p. 28.

③ 赵林：《基督教与西方文化》，商务印书馆，2013，第 172 页。

姆（St. Jerome）、奥古斯丁等人的思想，中世纪的学者阿尔昆（Alcuin）、爱留根纳（Johannes Scotus Eriugena）等人的思想，最后就是《圣经》。亚里士多德学说的复苏带来的是唯名论与唯实论的神学论战，更使人们开始由关注神学问题逐步转向关注外部的自然世界，欧洲有不少大学悄然开始了对自然科学的研究，"从14世纪开始，巴黎大学在奥卡姆唯名论思潮的影响下兴起了对于自然的科学研究。约翰·布里丹（John Buridan）是自然科学精神的主要提倡者。他指出，自然科学的原则和结论必须以观察事实为依据，这样才能作出符合事物本性和自然进程的判断。科学的对象是心灵之外的个别事物，只有这些个别事物才能提供科学所需要的经验事实"①。由此可见，亚里士多德学说在13世纪的逐步复苏为当时的经院哲学提供了更加丰富的知识，最主要的是，它为大学提供了新的智识活动空间与新的知识材料。

亚里士多德学说的复兴促使经院哲学在大学中成为知识创造的主要力量。托钵僧团的进入则为大学与教会创造了缓冲的空间。"自从1217年第一批多米尼克会士被派往巴黎大学和博洛尼亚大学，1221年他们又出现在牛津大学，1229年被派往图卢兹新兴大学负责神学系。随后，弗兰西斯修会也效仿了多米尼克修会的做法。结果，托钵修会在中世纪大学的理智生活中，终于占据了主导地位，13、14世纪所有处于欧洲领先地位的神学家和哲学家，几乎全部都是多米尼克和弗兰西斯会士，他们创造出中世纪最高的精神成果——庞大而完善的经院哲学体系。"② 在亚里士多德主义和托钵僧团的推动下，经院哲学在大学中逐步完善，到了13世纪后期的时候，各大学具体的学科格局趋于完整，知识以金字塔的形状形成了序列。这个金字塔的最底端是自然科学，如天文学、植物学、动物学等，而第二层是哲学，分为理论哲学、物理学、数学和形而上学、逻辑学、伦理学等学科，最上层的知识是神学，包括教义性质的、理论性质的和辩证性质的神学，也包括神秘主义的神学。中世纪大学在经院哲学的推动中形成了完整的知识体系。

---

① 田薇：《信仰与理性：中世纪基督教文化的兴衰》，河北大学出版社，2001，第180页。
② 田薇：《信仰与理性：中世纪基督教文化的兴衰》，河北大学出版社，2001，第104页。

三 中世纪大学演进的曲折

早期的经院哲学带给大学的主要内容是规范与理性精神，也提供了辩证法这样的知识生产手段，还将规范的学术训练纳入课程教学中成为制度。但在大学史的研究上，人们对 14~17 世纪这段历史却着墨甚少，更有观点认为大学在这段时间内走向了停滞，这是西方大学史上最为黑暗的时刻，"大学的衰落和蜕变是伴随着 15 至 17 世纪初封建制度的衰落与解体和民族国家的诞生而出现的。其中文艺复兴和宗教改革是这个时期大学变迁时代背景中的两件大事，深刻影响了大学的变迁"①。究竟是什么的影响使本该兴盛的大学发生了历史转折呢？原因很多，但主要是因为经院哲学的保守和僵化使得神学失去了活力，"七艺"学习内容的日益呆板也限制了大学知识创新的出路。更主要的是，人文主义文艺复兴和宗教改革运动对于大学生存的环境造成了巨大冲击。

（一）经院哲学的停滞与人文主义的兴起

经历了 12 世纪文艺复兴的欧洲社会整体都呈现出向上的趋势，其在文化上原本可以走上一个高速发展的时期，但仅仅过了一个世纪，政治与宗教环境就发生了变化，各种矛盾接踵而至，大学就是在这个转折时期面临着转型的困境，"行将结束的中世纪是转折的年代。人口停止增长，接着由大饥荒和像 1348 年那样的瘟疫所加剧的衰退，造成了灾难性的后果。在为西方经济提供贵金属方面发生的麻烦，造成了现实对白银然后是对黄金的需求，战争又加剧了这一需求——这就是百年战争"②。这些外部环境的变化影响了大学的发展，为了保证自身的安全稳定，不少学者开始遁世，不关注社会的实际需要，仅关心信仰能否使人们得救。同时，在腐败与僵化的教会命令下，许多大学都禁止新知识的涉入，"中世纪教育的最大败笔可以总结说，教条太多且辩论也太多，也对亚里士多德及其他制定的权威太过依赖，几乎到了迷信的地步。自然的，学术上的邪恶就直接形成，此种邪恶并不因为文艺复兴或宗教改革而获得诊治，如施以不对当的诊治，则该邪恶将永无止息。十七世纪中叶，一位医学博士被迫在英国的医

---

① 宋文红：《欧洲中世纪大学的演进》，商务印书馆，2010，第 307 页。
② 雅克·勒戈夫：《中世纪的知识分子》，张弘译，商务印书馆，2002，第 107 页。

生学院（College of Physicians）上收回一项命题，因为该命题是违反亚里士多德定论的，如不收回则将有被囚禁之虞"①。与此同时，欧洲大部分的城市开始产生严重的阶级分化，修士、贵族和世俗的教士结合成占据大量财富的特殊阶层。在这些人看来，大学只需要教授和研究经院哲学，维护信仰的唯一性就足够了，大学在动荡的环境中被限制住，无法前行。

经院哲学虽然为中世纪大学带来了辉煌，但也改变了大学的命运，因为经院哲学本身有不可克服的弊端。在强势教会的支持下，在13世纪中期，阿威罗伊主义者秉持亚里士多德研究方法，与神学教师所持的奥古斯丁主义产生了冲突，前者获得了胜利，而后者被巴黎主教坦普艾尔惩处，这些教师被逐出大学，"1252～1261年间的冲突（世俗教士反对托钵会修士）标志着大学自治的局限性，1270～1277年的惩处则标志着大学知识自由的局限性。从此之后，神学院便严格地依附于教会权威，承担着教会所期待的角色：阐释正统、贬斥异端。至于其科学使命，神学院，首先是巴黎神学院，增加了知识监督与镇压职能，并且这一职能愈显重要"②。自此以后，亚里士多德主义完全占据大学，成为统治诸多学科的方法论体系。虽然有不少修道院和其附设学校也在探讨新出现的哲学，但13世纪之后的大学还是经院哲学的主要领地。为了维护这种领地，经院哲学排斥一切新的知识，尤其对新兴而起的自然科学知识形成抗拒，14～15世纪的经院哲学则成为大学的一种强势价值观。随着14世纪文艺复兴中对人文主义的复苏，坚持以僵化神学为主体的大学开始由盛转衰，逐步退化。

14世纪文艺复兴是促成欧洲大学命运改变的关键时期，它呈现出大学发展史上的两种分化趋势。一方面欧洲北部和中部的不少地方在文艺复兴的影响下，有新的大学和新的学科诞生，意大利作为文艺复兴的主要阵地，其大学的创新力最强，"文艺复兴时期的大学在研究创新领域并不保守，他们带来了医学、数学、自然和科学、人文学科和较小程度的法律学科的创新，在引领创新上，意大利的大学功不可没"③。另一方面，一些老牌的大学特别是巴黎大学和牛津大学则开始转向保守，依然固执地沿用

---

① 林玉体：《欧洲中世纪大学》，文景书局，2008，第427页。
② 雅克·韦尔热：《中世纪大学》，王晓辉译，上海人民出版社，2007，第80页。
③ P. F. Grendler, "The Universities of the Renaissance and Reformation," *Renaissance Quarterly*, 2004, 57（1）: 12.

"七艺"和经院哲学作为绝大多数课程教学的内容。"事实上，意大利在文艺复兴时期对人文知识的学习和研究都在当地大学之外兴起了，传统的大学占据着文、法、神、医四大学科的教授与研究地位，并且愈加依赖公共财政对这些学科的资助"[1]。14 世纪的文艺复兴主要发生在大学之外，特别是意大利成立了诸多学园专门从事自然科学的研究。这些新知识系统、知识观和机构的出现改变了大学的历史进程。

在 14 世纪文艺复兴的影响下，大学的数量还出现了增长，"文艺复兴期间出现了许多新大学，尤其是欧洲中部，在 1400~1625 年，西班牙增加了 8 所大学，法国 9 所，荷兰与比利时有 3 所，瑞士 2 所，意大利 7 所，德国出现了 14 所，苏格兰在中世纪没有大学，现在有 4 所。只有英格兰在文艺复兴期间没有产生新的大学，但是牛津和剑桥增加了 7 个新的学院"[2]。这些新大学引入了诸多新知识，笛卡尔的二元论在这些大学中受众颇多。但在那些已经有一两百年历史的大学中，情况并非如此，亚里士多德主义已经在这些大学中一统天下。在奥卡姆这样的唯名论主义者的坚持下，理性被剔除出经院哲学的论域，而只有启示和直觉在对信仰的研究中起作用。这样一来，经院哲学就不是一种学术方法，而变成了一种意识形态霸权。在教会已经接受自然科学知识，逐渐允许人们进行相关研究时，那些老大学仍然拒绝新知识的渗入。伊拉斯谟在《愚人颂》中这样讽刺那些腐朽的经院主义者们："那些空想的神学家们，不管他们怎样受到别人冷静判断的谴责，他们自己还是大为高兴，一心一意想继续他们的晦涩难解的研究，以致没有时间去读一读圣经中任何一卷的一章。他们一方面这样白费时间说废话，一方面却以为他们用命题和三段论式的支柱支持着天主教会，其效果并不差于诗人们杜撰的阿特拉斯肩负摇摇欲坠的世界的重负。"[3] 由于自我封闭，新知识进入大学的数量和规模有限，也因为学生和教师都不愿意冒险完全引入自然科学，所以大学无法进一步产生新学科。古典学派和司各脱学派的学者们拘泥于神学术语的层面，离现实的社会越

---

[1] Wills Rudy, *The Universities of Europe, 1100 - 1914* (London: Associated University Press, 1984), p. 41.

[2] P. F. Grendler, "The Universities of the Renaissance and Reformation," *Renaissance Quarterly*, 2004, 57 (1): 2.

[3] 吴元训编《中世纪教育文选》，人民教育出版社，2005，第 78 页。

来越远。

14 世纪和 15 世纪是大学的转折时期，在外部大环境变化的情况下，古典大学依然故步自封，不敢贸然开辟更广阔的知识空间，不少臣服于教会的学校遭到了禁令，禁止讲授新知识。老大学和新兴大学之间已经在知识上产生了分水岭。同早期经院哲学兴起借助的亚里士多德学说一样，14~15 世纪的文艺复兴主要迎接的是柏拉图的思想，其中人文主义成为当时的主流。在意大利不少人文主义发达的城市中，那些新兴大学甚至实现了从知识到学科的制度创新，"在博洛尼亚、帕多瓦、比萨、皮亚琴察、帕维亚、那不勒斯、锡耶纳、阿雷佐、卢卡等地，法律、医学、神学和文艺——包括语言、文学、修辞、哲学——的教授都局限在中古的传统中，不容许重新强调古典文化，他们至多让人文主义者教教修辞学而已"①。不过，新人文主义和自然科学在大学外的影响要更大，新的知识体系能够迅速转变为探索世界的技术并被传播。

（二）大学的政治角色及其影响

大学虽然是知识的机构，但也是政治意识形态的角力场。从 13 世纪起大学就开始参与政治，当时欧洲大陆上的几股政治力量包括神圣罗马帝国、教会和自治城市领主以及大小贵族都在利用大学扩大自身影响。早期这种趋势是有利的，教会能够包容大学的智识生活，并为其赋予特权，保证办学的稳定，罗马法与医学的研究也与世俗权威的需要相契合。而在更长时间里知识被人们作为政治交易的资本，大学的创新活力自然就会陷入低谷。

在 13 世纪之后亚里士多德学说在神学知识领域独占鳌头，但是其自然哲学的作品却被基督教会禁止进入课堂。1231 年格列高利九世在"科学之母"的布告中要求巴黎大学禁止亚里士多德自然科学的学说。教会由于担心大学引入新知识会动摇其政治权威的地位，所以为不少老大学戴上了镣铐。作为欧洲大学领导者的巴黎大学遭遇神学上的禁令和争议最多，"冲突的热点在巴黎大学，这是当时欧洲传授人文科学和神学的重要大学。巴黎神学家们恳请巴黎主教埃蒂安·唐皮耶（Etienne Tempier，1279 年去世）采取措施，保护大学免于新思想的威胁。唐皮耶为了对付阿威罗伊学派，

---

① 威尔·杜兰特：《世界文明史：文艺复兴》，台湾幼狮文化译，华夏出版社，2010，第 81 页。

于 1270 年谴责亚里士多德的许多思想，视之为反基督，随后于 1277 年又进行了更大范围的谴责"①。到了 15 世纪，除了意大利的部分大学之外，经院哲学主导下的欧洲北部大学已经很难再接受其他的知识进入。在英国的老大学中，宗教考试甚至一直延续到 18 世纪才被取消。许多欧洲北部的学校只有通过强化神学教育和提高经院哲学的地位才能获得教会的持续支持。

经院哲学既能成为成就大学辉煌的利器，也能变成遮蔽光辉的尘霾。在欧洲，大学的扩散一直受到一两所著名大学的影响，意大利有博洛尼亚大学，法国有巴黎大学，英国有牛津大学，它们在当时成为欧洲的"标杆"。而这些大学遭遇的困境在 14 世纪也像传染病一样蔓延开来。1378 ~ 1418 年的教会大分裂看似是宗教领域的权力争夺，却对古典大学的命运造成了最大规模的摧残。由于巴黎大学的大部分人支持其国内阿维尼翁的教皇，支持罗马教皇的部分学者出走，促成了当时德国境内的布拉格大学、海德堡大学和科隆大学的建立，但损害了巴黎大学的利益，"与以前其他任何形式的学术驱逐相比，巴黎大学学者的迁移和出走——主要是德国背景的，对大学生活产生了更为严重的影响和后果，因为这些学者不仅到那些已经建成多年的大学中去，而且他们对于一些新大学的建立和组成做出了巨大的贡献"②。政见不同导致的学者出走对当时正处于上升期的大学来说是重大打击。

巴黎大学还试图影响世俗社会的政治，以神学院学者为主的学者们对 1413 年发动起义的卡博什党人（Cabochiens）的支持引发了轩然大波，不少学生和教师公开谴责当时的执政者，大学的学术性已经逐渐被这些过于频发的政治风潮掩盖了，古典大学正是在多次的政治危机中走向了衰落，"作为一个法人社团，巴黎大学对卡博什党人的支持是毋庸置疑的；不仅如此，巴黎大学那些杰出的在俗教士们应当也参与编纂了著名的'卡博什党人法令'。……当勃艮第派于 1418 年暂时取得内战胜利之后便立即对许多教师首领执行逮捕或剥夺他们的参政权利，同时纳瓦拉学院还遭到了一

---

① 威廉·E. 伯恩斯：《知识与权力：科学的世界之旅》，杨志译，中国人民大学出版社，2015，第 48 页。

② 希尔德·德·里德-西蒙斯主编《欧洲大学史》第一卷，张斌贤等译，河北大学出版社，2008，第 486 页。

群勃艮第暴徒的劫掠"①。到了 14 世纪，身处法国和意大利的大学多次使自己陷入争斗中，正常的发展频频遭到破坏。

　　大学之间容易产生模仿行为，尤其是那些政治地位较高的学校，它们拥有大批的追随者。中世纪中后期，有不少地方看到了神学院在政治影响中的地位，于是开始大规模组建神学院。这样一来，大学的传统就被改变了，神学院成了知识金字塔的顶端，虽然一时间这些大学获得了来自教会的支持，但从长远来看，这些神学院的建立已经是强弩之末了，大学已经开始被神学院的保守知识体系拖累。意大利的不少地方在 15 世纪仍在扩建神学院，在博洛尼亚、比萨、佩鲁贾、帕多瓦等地，扩大神学院的规模成了互相攀比的行径。此时建立的神学院对新知识就产生更大的排斥，他们对于《格言大全》的学习热情甚至超过了《圣经》，不少大学在大学章程中禁止使用人文哲学和逻辑的方法，"维也纳大学的章程依据和参考巴黎的惯例不断地做着变化，它也规定那些《圣经》讲座或者《格言大全》讲座不必讨论哲学或者逻辑问题……科隆大学的章程中也做出了同样的规定"②。在这种趋势下，加上巴黎大学的渲染，欧洲多数大学都弥漫起一种纯神学的空气，许多跟神学相抵触的观点和学说逐渐被排除在外。到了 15 世纪 70 年代，唯实论再一次占据了大学经院哲学的制高点，巴黎大学再次被禁止讲授唯名论。《神学大全》取代了《格言大全》在大学中的位置，进一步强化了经院哲学的统治地位。殊不知，当信仰问题不再成为全社会关注的对象时，一味地强调神学的地位只会招致人们的反感。相反，在世俗权威支持下，新人文主义和自然科学知识迅速结合在一起，成为人们新的选择，当教会的地位被新兴的民族国家撼动时，那些保守僵化的大学的地位就会被轻易撼动。由于在 14~15 世纪大学过于热衷宗教和世俗的政治事务，其在发展过程中偏离了正常的轨道，地位随着政局的波动开始摇摆不定。随着部分高等教育机构因参与政治而失势，不少大学被剥夺了特权，其本质还是因为人们对大学的知识功效失去了信心，这使得已经黯淡的大学越发走向昏暗，很快陷入停滞之中。

---

① 海斯汀·拉斯达尔：《中世纪的欧洲大学——在上帝与尘世之间》，崔延强、邓磊译，重庆大学出版社，2011，第 163~164 页。
② 希尔德·德·里德-西蒙斯主编《欧洲大学史》第一卷，张斌贤等译，河北大学出版社，2008，第 485 页。

四　古典大学的衰落与近代大学的复兴

古典大学的发展过程远非一帆风顺，它们随时面临着被新的知识机构替代和被社会淘汰的命运。大多数人看到大学的衰落来自经院哲学的僵化和人文主义的强势，衰落似乎是一个知识问题。但回到当时的社会环境中，我们会发现大学的衰退实际上是一个社会问题。到了中世纪后期，有不少大学已经成为自然科学发展和新知识生产的负担。在新的科学知识于大学外扩散时，大学却成为亚里士多德陈旧思想的堡垒，仍旧以讲解、注释、讨论经典文本为主要授课方式，日益增强经典权威。科学的功能在大学中相对于"四艺"而言只是附带的、从属的。在此情况下，秉承中古传统的大学不能为科学提供突破性发展的条件实不足为奇。① 到了 15~16 世纪，大学自身的运行还停留在当年被教会和皇帝佑护，为教会培养神职人员和行政人员的时代，对新世界的知识需求浑然不知。到了宗教改革的年代，不少大学站在了大众需求和新教的对立面，偏离了历史的潮流。

（一）大学的贵族化

如果说早期的大学生多是求学的贫困学生，高等教育能够帮助其改变阶层命运的话，到了 15 世纪后期，学生则主要来自有钱人和贵族，这些阶层的学生毕业后会进入教会，这加大了社会成员间的差距。宗教的信仰气质逐渐被追逐财富和利益的动机取代，大学也退化为神职人员的训练所，"神职人员在当时是最好的职业，教会里面那些穿黑袍的神职人员都受人尊重，不仅在精神上高人一等，而且物质方面的实惠也很多。所以，从这个意义上说，大家都希望能够通过大学这个阶梯进入教会，很多穷人子弟也愿意上大学。但是情况后来却发生了变化，富家子弟也开始慢慢进入大学了，大学生的成分发生了变化"②。由于大学成员在社会阶层的来源上产生了变化，教师和学生们也渐渐偏离了最初纯正的知识旨趣，不少的教授成为当时富裕程度仅次于教士的人。大学教师和教士纷纷占有了大量财富，而整体的大学机构却日益贫穷，"1413 年佛罗伦萨大学遭遇严重的财政危机，大学的公共预算被城市管理者缩减，佛罗伦萨大学的招生数迅速

---

① 陈方正：《继承与叛逆：现代科学为何出现于西方》，生活·读书·新知三联书店，2011，第 784~785 页。

② 赵林：《基督教与西方文化》，商务印书馆，2013，第 172 页。

下降，那些有钱人把自己的儿子送往帕多瓦或是博洛尼亚大学。像佛罗伦萨这样的大学很快就遭遇有史以来最大的危机"①。财政上的差异很快形成了大学间的马太效应，许多大学由于缺乏公共资助，很快就停办了。

大学从前的主要资助者是教会，到了16世纪后则逐渐由王侯公爵、机构所在地的领主来提供办学资金，而这些资助通常都是不稳定的，因此很多大学就加大注册费和考试费的收取比例。特别是当学者开始争夺世俗社会殊荣的时候，大学已经脱离了知识与真理的高贵特性，变成了庸俗的利益交换机构，"1533年，法国国王弗朗索瓦一世（François I）宣布巴黎大学的博士为骑士——当时地位高贵的身份。与贵族一样，博士是'显赫的'，他是成熟大人物中的一员。正如14世纪一位博洛尼亚伯萨诺的博士西蒙所言，因博士比普通的爵士拥有更大的权威，所以他必须被授予优先权，必须享有与他的尊严一样的豁免权与特权"②。不少大学自此开始成为贵族俱乐部，逐渐远离了真实的学问。

15~16世纪人们的求知热情转移到了新兴的自然科学身上，新人文主义刺激了社会对僵化知识系统的批判，而大学的贵族化趋势加速了知识与最优秀的学者远离它。在一个世纪内，虽然大学的数量还在增长，但衰败的迹象已经显现出来，"欧洲依然有约80所大学。1600年增加到了105所，但是大学的内在危机以及衰落还是日益显露"③。其中外部社会格局的动荡也起到了一定作用，从14世纪开始，在多次的战争、饥荒与疾病暴发下，已经没有太多的财富用于支持闲暇的人们来思考学术问题。文艺复兴时期带来的人文知识变成了贵族手中的玩物，智识生活进一步向贵族化和特定阶层萎缩，"生活似乎成为高贵的游戏。但只有少数贵族能够参与这一艺术性的游戏，而不是每个人都能去模仿英雄或哲人。没有闲暇和财富，一个人不可能给自己的生活涂上英雄或田园的色彩。在社会生活中实现美好的梦幻这一向往就像原罪（vitium orginis）一样从一开始就带有贵族式的孤高"④。正是这种脱离大众的状态，让高深知识进一步远离了社会。

---

① Wills Rudy, *The Universities of Europe*, *1100-1914*（London：Associated University Presses，1984），p.41.
② 刘河燕：《宋代书院与欧洲中世纪大学之比较研究》，人民出版社，2012，第160页。
③ 宋文红：《欧洲中世纪大学的演进》，商务印书馆，2010，第307页。
④ 约翰·赫伊津哈：《中世纪的衰落》，刘军、舒炜译，北京大学出版社，2014，第27页。

对古典大学造成沉重一击的是宗教改革。新教在民族国家兴起后要求取缔那些坚持天主教传统的大学,大学的天主教背景让其难以逃脱这些浪潮的冲击。特别是在新教兴起之后,有许多天主教背景的大学被查封,例如萨莱诺大学 1811 年被查封,位于意大利南部的安格斯大学 1793 年被查封,法国的阿维尼翁大学在 1793 年也被查封,此种在宗教革命斗争中被关闭的学校还有很多。从 16 世纪第二个 10 年开始,大学的注册人数也锐减,这使得许多大学失去了赖以依存的资助和学费来源,"当局在很多方面没收了教会的捐赠,而这些捐赠是用于资助大学里的牧师的。一些大学甚至赶走了贫穷的学生。而且,随着教士的名声扫地,父母们不再愿意为他们的儿子支付昂贵的神学教育费用。例如,在罗斯托克大学,注册学生数从 1517 年的 300 人降到 1525 年的 15 人;在埃尔福特大学,注册学生数则从 1520 年的 311 人降到 1525 年的 15 人;在巴塞尔大学,1525 年只有 5 名学生注册"①。逐渐兴起的民族国家又加强了对高等教育的干预,18 世纪之后许多大学发生了文学院和其他学院的分裂,在荷兰、法国等地的许多老大学不得不重组与合并。在法国和北欧,专门学校的建立挑战着老大学的地位,"在 1790 年前后的巴黎,有学校、学院或学园,它们都讲授高水平的文科、外科学、自然史、军事科学、采矿学和土木工程学。1795 年多科性工艺学校的建立甚至可以看作高等教育的可供选择观念的决定性胜利,因为正是在这两个日期之间,法国大学被废除了"②。最早建立起来的一批大学已经走到了末日黄昏。在新教与天主教的斗争中,不少天主教老大学在新教国家中失去了身份。人文主义的再次复苏引发了一批学术机构的出现,也在冲击传统大学的知识生产,"在新人文主义的推动下,法国和意大利产生了一大批新的学术中心,但它们都在大学之外,成立了诸多个体的学术团体。这些个体学术组织没有固定的教室与课堂,在研讨方式上具有极大的开放性,很快就扩散到意大利的大多数城市。在佛罗伦萨、米兰、维琴察、罗马和那不勒斯等地都有这类新的学术团体兴起"③。相对于

---

① 宋文红:《欧洲中世纪大学的演进》,商务印书馆,2010,第 315 页。
② 希尔德·德·里德-西蒙斯主编《欧洲大学史》第二卷,贺国庆等译,河北大学出版社,2008,第 61 页。
③ Wills Rudy, *The Universities of Europe, 1100–1914* (London: Associated University Press, 1984), p. 49.

新的学术团体的开放，古典大学变得保守而排外，由于以上诸多的问题，传统大学的地位逐渐被其他新机构取代，走向全面的衰退。

（二）古典大学的动荡与近代大学的崛起

自诞生起，欧洲古典大学经历了数量和规模上的起伏。按照学者的统计，意大利和法国在早期产生大学的数目是相对比较多的。在12世纪之前，意大利有3所大学，13世纪新增了8所，14世纪新增了7所，15世纪则新增了2所。法国的大学在12世纪有2所，13世纪增加了3所，14世纪增加了5所，15世纪增加了8所。英国12世纪只有牛津大学，13世纪增加的是剑桥大学，15世纪才又增加了3所大学。对于德国、波西米亚和低地国家来说，它们在12世纪和13世纪都没能产生大学，直到14世纪才一下子产生了5所大学。到了15世纪这些国家迎来了大学数量的井喷期，仅一个世纪内增加了11所大学。① 到了17世纪和18世纪，由于宗教改革的影响，不少天主教大学遭遇了查封。大学在数量上的波动分为两个阶段，早期的大学大多数因为条件不够成熟或者发展过程中缺乏相应的支持而衰败；后期则是有经院哲学僵化、民族国家兴起、大学的贵族化、外部专业学院的挑战等因素。这一切使得不少大学丧失了权利和吸引力，成为普通的社会组织，并逐渐衰落。

中世纪大学遭遇的坎坷多于前进路上的坦途，在不同发展时期都出现过大学消失的情形。有的大学只有一个建设的计划，却因为种种因素没有得到实施，还有的大学只留下了一个名称。不应忽略的一个事实是，中世纪大学在演进的过程中并不都是按照博洛尼亚大学、巴黎大学和牛津大学的逻辑来进行的，一度有成功而辉煌的历史却中途消亡掉的大学也绝非少数，例如萨莱诺这样的大学也曾赢得过众多人的关注，到了14世纪却因为学科过于单一而被其他兴起的大学替代。一所大学兴起的背后可能是多所大学的消逝与毁坏，"包括阿雷佐大学、布达大学、格勒诺布尔大学、帕伦西亚大学、佩奇大学、皮亚琴察大学、帕塞尼大学、雷吉奥大学、塞维利亚大学、特里维索大学、维切利大学、维琴察大学、维尔茨堡大学等。已知的、有过组建大学计划的地点有：卡拉塔尤、奇维达勒、都柏林、费尔莫、日内瓦、赫罗纳、格雷、库尔姆、卢卡、吕讷堡、曼托瓦、奥尔维

① 宋文红：《欧洲中世纪大学的演进》，商务印书馆，2010，第121~123页。

耶托、帕米耶、普福茨海姆、雷根斯堡、维罗纳等。细数起来，前后两者相加已有近30项，与成功组建的中世纪大学之比几乎达到了一比二。也就是说，平均每3所中世纪大学中，就有1所最终以失败告终"[1]。这些大学衰败的原因非常复杂，大致总结一下有这样一些方面。第一个原因是教皇、皇帝、贵族支持者的兴趣变化，例如帕伦西亚大学（1208年建立）早期获得阿方索八世的支持，但后期皇帝的兴趣转移到萨拉曼卡大学身上，帕伦西亚大学就在1250年前后消失了，而这样的大学即使有了特许状也难以获得发展。第二个原因就是那些没有获得特许状的大学，由于缺乏相应的权利，自然也就无法在当地城市中立足。第三个原因是许多大学拥有的迁移特权膨胀遭到了抵制，频繁的迁徙过程中又面临着教师授课资格证数量不足的问题，这些大学就逐渐消失了。原本建立的大学受教师和学生反复迁移的影响，而像阿雷佐这样的大学则是经历了反复的消亡与重建，"在1215年建立之后，在1260年前后消失了，1355年又得到重建，1373年再次消失"[2]。这种现象在中世纪是非常普遍的。而12世纪早期的维琴察大学、1255年左右的维切利大学和1252年的锡耶纳大学，这些学校在早期大学的历史上都是昙花一现。

　　到了中世纪后期，许多大学面临的财政危机更大，像帕伦西亚这样由于资金拮据而倒闭的大学也并非少数，"德国维尔茨堡大学也遭受过同样的厄运。它由维尔茨堡的主教于15世纪初发起组建。由于当地教会无力负担大学的费用，主教将自己的所有收入注资给了大学，用于支付教师们的薪金，才使大学得以初步运转。而当这位慷慨的主教去世以后，大学的资金来源再无保障。存在了不过10年之后，维尔茨堡大学便黯然伤退"[3]。教皇、当地教会和贵族、国王等权威最初建立大学的目的并没有人们想象的那样长远，所以很多大学在没有自主收入的前提下很难维持经营。另外，在1500年之后，欧洲在新教逐渐兴起后所引发的大学的重建热潮对不少老大学都造成了影响，这些大学不是被查封、关闭，就是被合并和重建。特别是1793年的宗教改革，对于大多数天主教大学来说完全是一场灾

---

① 张弨：《中世纪大学之殇》，《光明日报》2014年12月10日，第16版。
② 希尔德·德·里德-西蒙斯主编《欧洲大学史》第一卷，张斌贤等译，河北大学出版社，2008，第66页。
③ 张弨：《中世纪大学之殇》，《光明日报》2014年12月10日，第16版。

难。由于其神学教授和研修的职能，许多大学都加入了宗教改革活动中，却遭到当时政权的极力打压，"从 16 世纪开始，全欧洲的大学都有人参与到宗教改革的浪潮中，在法国和瑞士的大学中也有加尔文的众多信徒，由此这些大学受到当局的干预也就越多"①。所以后来学者们所谈到的大学的"冰河时期"主要是指这个阶段消失的天主教大学。巴黎大学因为其天主教的身份，在政治上的影响巨大，但是在 1431 年~1449 年的巴塞尔宗教会议之后，巴黎大学就再难因"国王的大公主"的身份受宠了。随后，巴黎大学在 1793 年被查封。大学衰亡的原因还来自当时逐渐兴起的近代科学，新科学产生时，大学已经不能成为知识的寡头了。

16 世纪中后期，在老大学之外产生了诸多实用性极强的科学共同体。此外，相对于传统的天主教大学来说，新教大学带动了近代大学的复兴潮流。那些在 15 世纪之后建立起的大学迅速接纳了新人文主义。新建立的大学在形态和组织上突破了传统的政权限制，扩散到欧洲大陆的许多地方。由于欧洲各个城市都建立起属于自己的大学，这些新大学很快便能够赢得当地人的欢迎。这些新大学更多地属于当地的世俗权力机构或市民，不用接受天主教会的宗教控制，在一开始时就显示出较大的灵活性。在 15 世纪之后，大学纷纷拥有了属于自己的固定机构，在地方政权的支持下，很快显示出扩张的优势。随着民族国家制度进程的加快，这些国家授予了本国境内大学新的法人资格，使大学的发展与近代国家的兴起列入同一轨道。

在新大学和科学共同体引发的竞争中，老大学由于没有新的知识优势而败下阵来，这些新科学共同体或新大学几乎就建立在古典大学校址附近。1657 年齐曼拓学院在佛罗伦萨成立；英国在 17 世纪 40 年代成立了"哲学学会"，主要成员都是当时著名的自然科学家。1660 年英国皇家学会成立，法国在 1666 年成立了巴黎科学院。德国在 1700 年成立了柏林科学院。另一些科学院例如哥廷根、博洛尼亚、都灵和慕尼黑科学院大约在 18 世纪 50 年代之后成立。老大学的地位在这些新的科学机构掀起的风浪中被撼动了。在动荡中，那些老大学大多数由于其宗教身份与新教的要求不符而遭遇查封。许多天主教大学过去受耶稣会的控制，在信仰上与当地的新

---

① Wills Rudy, *The Universities of Europe, 1100 – 1914* (London: Associated University Press, 1984), p. 61.

教相抵触，当新教教会崛起后，这些学校被当地政府和教会强行关闭，学生和教师都被遣散。被查封的天主教大学经历了几个世纪的历史断代期，到近现代之后才复建，而且复建的大学依然与最初的形态有了天壤之别。例如萨莱诺大学被查封之后，在1968年才得到重建，但后来的大学只是使用了萨莱诺这座城市的名称。消亡掉的大学大多数由于人员和经费不足，无法继续维持下去，例如维琴察这样的大学在消亡之后基本就找不到踪迹了。表4-2为我们呈现了那些经历动荡和消亡的大学。

表 4-2　中世纪经历动荡和消亡的大学

大学名称	成立年代	变动年代	变动结果
雷吉纳	1188	14 世纪初	消亡
巴黎大学	13 世纪	1793	查封后重组
维琴察	1204	1209	消亡
阿雷佐	1215	1260~1273	重建后消亡
那不勒斯	1224	1793	查封
维尔切利	1228	14 世纪	消亡
图卢兹	1229	1793	查封
萨莱诺	1231	1811	查封
锡耶纳	1246	1357	重建
安格斯	1250	1793	查封
里斯本	1290	1537	外迁
莱里达	1300	1717	外迁
罗马	1303	14 世纪末	1431 年重建
特雷维索	1318	14 世纪末	消亡
卡奥尔	1332	1751	查封后合并至图卢兹
格勒诺布尔	1339	1542	1565 年后外迁
比萨	1343	1360	15 世纪初重建
佛罗伦萨	1349	1472	外迁至比萨消亡
佩皮尼昂	1350	1793	查封
帕维亚	1361	1398	外迁后重建
奥兰治	1364	1793	查封
克拉科夫	1364	1370	消亡，1379 年重建

续表

大学名称	成立年代	变动年代	变动结果
卢卡	1369	1552	停办后消亡
爱尔福特	1379	1861	查封
科隆	1388	1798	查封
布达	1389	不详	消亡，1379年重建
费拉拉	1391	1394	1430年重建
布达佩斯	1395	1400	查封
维尔茨堡	1402	1413	消亡
都灵	1404	1558	查封后重建
艾克斯省	1409	1793	查封
帕尔马	1412	1512	重建
多勒	1422	1691	外迁
鲁汶	1425	1797	外迁后查封
普瓦捷	1431	1793	查封
卡昂	1432	1793	查封
波尔多	1441	1793	查封
瓦伦斯	1452	1793	查封
特里尔	1454	1793	查封
格赖夫斯瓦尔德	1456	1527~1539	关闭后重建
南特	1460	1793	查封
布尔日	1464	1793	查封
布拉迪斯拉发	1465	1492	停办
普雷斯堡	1465~1467	15世纪末	消亡
萨拉戈萨	1474	1542	重建
哥本哈根	1475	1537	重建
美因茨	1476	1792	外迁后查封
乌普萨拉	1477	1515	查封
斯古恩萨	1489	1807	查封
法兰克福	1489	1811	查封
威腾堡	1502	1817	与哈勒大学合并
托莱多	1521	1807	查封

续表

大学名称	成立年代	变动年代	变动结果
撒哈干	1534	1550	外迁
奥尼亚特	1540	1807	查封
巴埃萨	1542	1807	查封
甘迪亚	1547	1807	查封
兰斯	1548	1793	查封
墨西拿	1548	1678	查封
图尔农	1548	1626	撤销
奥苏纳	1548	1807	查封
埃拉克	1550	1807	查封
阿尔马格罗	1550	1807	查封
托尔托萨	1551	1717	外迁
奥利维拉	1552	1807	查封
布尔戈斯·德·奥斯马	1555	1770/1807	两次被查封
埃武拉	1558	1759	查封
尼斯	1559	1793	查封
杜埃	1559/1560	1793	查封
蒙多维	1560	1719	查封
安科纳	1562	1739	查封
蓬塔姆松	1572	1768	外迁
塔拉戈那	1574	1717	外迁
黑尔姆施塔特	1575/1576	1810	查封
阿维拉	1578	1807	查封
巴勒莫	1578	1767	查封后重建
奥尔泰兹	1583	1620	查封
弗拉讷克	1585	1811	查封
赫罗纳	1587	1717	外迁
扎莫希奇	1594	1784	查封
索米尔	1596/1604	1685	查封
迪	1601/1604	1684	查封
埃克斯省	1603	1763	合并

大学名称	成立年代	变动年代	变动结果
帕德伯恩	1614/1616	1818	查封
潘普洛斯	1619	1771	查封
林特尔恩	1620	1809	查封
斯特拉斯堡	1621	1793	查封
阿尔特多夫	1622/1623	1809	查封
曼图亚	1625	1773	查封
奥斯纳布吕克	1629/1632	1633	查封
多尔帕特	1632	1710	关闭
哈尔德韦克	1647/1648	1811	查封
杜伊斯堡	1654	1804	查封
奈梅亨	1655	1679	查封
利沃夫	1661	1803	查封
蒙贝利亚尔	1671	1677	关闭
贝桑松	1691	1793	查封
第戎	1722	1792	查封
波城	1722	1793	查封
卡梅里诺	1727	1808	查封
富尔达	1732	1803	查封
雷恩	1735	1793	查封
阿尔塔姆达	1748	1799	查封
卡蒂	1765	1768	查封
南锡	1768	1793	查封
斯图加特	1781	1794	查封
穆尔西亚	1783	1804	消亡

资料来源：根据希尔德·德·里德−西蒙斯的《欧洲大学史·第 1 卷》和宋文红的《欧洲中世纪大学的演进》的内容统计而来。

大学的消亡过程分为前期和后期两个阶段，以 1500 年为限，前期受到大学建立根基不稳、学者迁移以及缺乏相应的特许状和资金支持的影响，不少大学的历史都极为短暂。而后期则是因为宗教斗争和大学的国家化，众多大学因其宗教立场被查封或重组，这些都对大学的传播与扩散造成了严重的冲击。在外部社会近代科学兴起的背景下，传统大学没有足够的空间接纳新的科学知识，这使得新成立的科学共同体绕开了大学组织生长起来。这些新兴科学组织或大学更能适应当时社会的知识发展趋势，这造成传统大学被外部权威逐渐放弃，不少大学也因此消亡。

第五章
欧洲大学的凯旋及其世界意义

重新回顾历史，西方古典大学曾经能在神权与王权制度间实现纵横捭阖，成为各方势力竞相争取的对象；也有过黯淡，在中世纪后期教会的僵化控制下走入"冰河期"。但是欧洲的大学，在经历了沉沦后随着现代文明的崛起实现了凯旋，成为人类生活牢不可分的一部分。欧洲大学形成了一个机构、知识和制度的中心，今天世界上遍布各地的大学都是由对这个中心的效仿扩散而来的，如菲利普·G.阿特巴赫（Philip G. Altbach）认为的："中心大学几乎都无一例外地位于中心国家，即那些人均收入高、技术发展水平高、学术传统深厚的国家，那些使用主要的世界性语言并拥有知识生活的所有基础设施的国家。"① 欧洲大学随着欧洲人的探险、商业贸易、传教与殖民运动逐渐传播至世界大多数国家，实现了从知识、仪式、理念、制度再到机构的扩散，其历史已经为世人所公认，"没有哪个国家可以置身于世界知识系统之外。现代高等教育的基本结构、科学与知识的基础以及知识结构在本质上都是西方的，而且已逐渐在世界上占据了主导地位"②。在某种意义上可以说，西方大学这种文明创造了现代人的时间与生命状态。

第一节　为什么是西方？为什么是中世纪？

今天世界上各国的大学在追溯源头时都有西方大学的基因。欧洲不仅

---

① 菲利普·G.阿特巴赫：《比较高等教育：知识、大学与发展》，人民教育出版社教育室译，人民教育出版社，2001，第27页。
② 菲利普·G.阿特巴赫：《比较高等教育：知识、大学与发展》，人民教育出版社教育室译，人民教育出版社，2001，第186页。

产生了大学，还出产了一系列影响世界进程的文化与制度体系。在历史的锻造下，大学得以持续探究知识与真理，形成"学以致知"的独立品格。欧洲不仅孕育了古典大学的制度与组织，而且使其在现代社会到来时获得了新生。大学被纳入西方文明体系中意味着其影响力是持续而普遍的，西方大学的兴起不仅意味着其拥有一套完整的机构和制度形态，并成为各国模仿对象，而且意味着大学精神也能够实现向外输出，"西方的高等教育机构在输入广大发展中国家后，迅速成为在当地扮演重要角色的社会机构，对当地的社会生产结构产生了革命性的影响"①。从大学身上我们可以发现西方文明变迁的必然性。从时间上看，公元前 2 世纪、公元 5 世纪、公元 10 世纪和公元 15 世纪是西方文明发生重大转折的几个节点。在 12 世纪前后，欧洲各地都有出现高等教育组织的机会。中世纪又是一个黑暗与光明交织的时刻，基督教信仰的覆盖与传播几乎到了狂热的境地，但很少有人想到宗教信仰在到达文明的顶峰时却孕育了大学的萌芽，"1100 到 1300 年这一时期是欧洲中世纪文明的顶峰。在这一时期，人们修建大学并出于对信仰的表示和对上帝的虔诚而广修教堂。基督教徒的虔诚近乎狂热，这使得成千上万的人们加入到十字军东征的队伍中去，以期在对穆斯林作战中取得神圣的胜利"②。然而，历史总是充满着变化与反复，大学看似在一片欣欣向荣的环境中生长，却遭遇了寒冬，不少大学最终凋零在城市中，这一切又充满着历史的偶然。所以，西方与中世纪交织构成了产生大学的经纬线，而其中的必然与偶然则影响着大学波动的脉搏。

一 自由与制度：地域经纬线上的大学

从文明的起点看，欧洲在一开始就孕育着高等教育与智识生活的种子，虽然经历了中世纪前期的黑暗，但历史有一根细线将大学与西方的命运联系在了一起，从古希腊流传下来的探究精神与追求真理的气质流淌在文明的长河中。今天看来，在这种精神的驱动下，欧洲实现了知识研究与建立信仰的理性结合，并造就了大学的辉煌。大学的出现意味着古希腊学

---

① Wills Rudy, *The Universities of Europe, 1100 - 1914* (London: Associated University Press, 1984), p. 138.

② 佩里·罗杰斯：《西方文明史：问题与源头》（第 6 版），潘惠霞等译，东北财经大学出版社，2011，第 114 页。

术精神的回归，并使其有了实际的载体，"等到西元十二世纪末叶，若干著名的大教堂学校由于拥有博学的大师，讲学优良，吸引学子日聚，在教育上的地位也日益重要，于是也就进而取代了过去的修道院学校，成为学校教育的主力。更重要的是潜伏在基督教教义深层已久的古希腊学术精神，在博学的大师讲学之主导下，促成了研究精神的抬头"①。当后世大学在寻根觅祖时，最先发现的是这种绵延不绝的精神气质。中世纪大学是 12 世纪前后两种历史对撞的结果，源自希腊—罗马的文明精神与现代西方文化理念在 12 世纪产生了交会，这才有兼具古典与现代特色的大学的出现。在西方有两条经纬线将大学编织在文明系统中，一条是持续不息的自由理念，一条是维护权利的制度规则。一经一纬两条线让人们理解了大学为何能够从现象成为文明的构成部分并延续至今。

（一）自由理念造就的大学

大学是传统与现代的混合体，其传统体现在理念和精神上，智识生活探索的目的就是使人获得自由、自主与独立。这些理念从一开始就在古希腊确立起来，并不受外部权威的制约。崇尚自由的理念从古希腊神话时代延续至今，正是在自由理念的推动下，欧洲人才被激发出持续不断的好奇心。在海洋文明中，欧洲人从一开始就探索外部世界的奥秘，寻求更多的自由空间。自由是激发想象力的前提，当年希腊人在处于希波战争时期，以有限的力量抵挡波斯人入侵时，对自由、勇气、权利与荣耀的维护产生了巨大的激励效果，对此黑格尔说过："'物质'的实体是在它自身之外，'精神'却是依靠自身的存在，这就是'自由'。"②正因为有维护自由的传统，智识生活的创造力才能被激发出来，学者们自由探究的权利才有所凭借，这是历史赋予中世纪大学的财富，"大约在公元 1384 年，巴黎大学的一位硕士——来自爱尔兰的托马斯宣称巴黎大学已经具备了四个学院的配置，也就是后来人们所见的文、法、神、医四个学院，它们的历史几乎和当时巴黎大学的生命一样长，而这一切则有一个更为久远的源头，首先出现在雅典，然后是罗马，最后从罗马来到了巴黎。这被称为一种在自由推动下的学术迁移，其在整个中世纪也被视为所有学

---

① 卢增绪：《高等教育问题初探》，南宏图书公司，1992，第 66 页。
② 黑格尔：《历史哲学》，王造时译，上海书店出版社，2006，第 16 页。

者的权利之一"①。在精神上有了获取自由的需求，才能在行动上争取属于知识的特性，不为外界权威所屈服，这是西方学术发展史上的特有现象，"今日的大学是昔日学术自治、宗教等级与今日的官僚体系的混合体，而这种官僚体系本身又是在学术自治和宗教等级的相互融合中形成的"②。由此来看，大学的理性基因就是在西方文明自由传统的影响下形成的。

大学是文明传统塑造的产物，这种传统是大学独特的价值取向的源头，希尔斯曾这样认为："在人类有机体、心智系统的既定性质之下，信仰传统和行为传统产生于人类生存的基本需要。这些传统之所以形成并且维持下来，是因为人类生活的自然环境产生了种种问题，需要人类的心智作出回答。"③ 不同文明对于传统的理解不一样，在东西方文明的对比中，西方尊重的是理性传统，而东方古代传统在形成过程中则逐渐使知识向实用的方向靠拢。虽然西欧的历史几经波折，其文明传统却没有受到多大破坏。人们一如既往地维护自由的理念与权利。正因为如此，文明积淀下的传统为智识生活的发展创造着不竭的好奇心与想象力，这种好奇心不以某个君主的喜好为转移，而是成为所有社会成员所秉持的信仰。

西方文明虽然依靠传统，但并不因笃信权威而走向僵化。中世纪后期的教会禁锢过大学自由探究的权利，但理性并没有被从学术探究中剔除出去，反而成为神学推理演绎的主要手段，康德观念中的"理性大学观"也正是来自这种传统塑造。即使是基督教的教义中也鼓励人们自由理解和探究上帝的奥秘。在智识活动与对理性的信仰相结合时，古典与现代大学竟然能殊途同归，产生自由的荣耀。"耶稣没有留下一个字，从一开始教父们就必须分析所收集的耶稣语录的含义——《新论》不是一部统一的经典，而是一部选集。就这样，演绎推理的神学和神学进步的理念，在保罗时代出现了，他说道：'我们的知识和预言是不完善的。'"④ 同样是宗教典籍，留给后世发挥的空间并不是一样的，也足以见得自由传统对于智识

① Olaf Pedersen, & Richard North, *The First Universities*: *Studium Generale and the Origins of University Education in Europe* (Cambridge, Mass: Cambridge University Press, 1997), p. 40.
② 约翰·布鲁贝克：《高等教育哲学》，王承绪等译，浙江教育出版社，2002，第140页。
③ 爱德华·希尔斯：《论传统》，傅铿、吕乐译，上海人民出版社，2009，第43页。
④ 罗德尼·斯达克：《理性的胜利——基督教与西方文明》，管欣译，复旦大学出版社，2013，第7页。

生活的生长有多么重要。

　　大学的存在使得西方在宗教、社会与各种政治权力之间开辟了一个相对独立的空间。自古希腊开始，古希腊和罗马的诸多活动——包括社会生产、战争和教育活动，都是在对自由的信仰下进行的，康德曾说："服从自由同服从道德在意志上是相同的。"①但康德并没有告诉人们服从自由的代价在何处，因为自由和服从之间充满矛盾，所以在智识生活上整合自由理念和权利用了几百年。能否拥有自由的心智被视为区别公民与奴隶的主要标准。当城邦崩溃，保留自由就成为许多智者和知识分子的主要责任，"自从城邦分崩离析，庞大的希腊化王国及随后的罗马帝国粉墨登场起，哲学家们便在注重隐退，仅专注于思辨，远离广场、讲坛和朝廷的私人生活之范式及强调'介入'政治的柏拉图范式之间你争我夺"②。当历史变迁时，统治者总希望将民众手中的自由权利收回来，而学术机构往往难以抗拒这种外力的强势，查士丁尼大帝关闭一所拥有近千年历史的阿卡德米学园就是例证。古希腊的爱智自由早已变成了一种奢侈品，查士丁尼大帝虽然组织编纂了中世纪大学知识的主要来源《民法大全》，但其法令中的不少内容甚至是反自由权利的。在这部法律中，绝对的皇帝权威与教会利益被放在了首位。在现代人看来，中世纪城市的兴起基本就是违背《民法大全》主旨的，因为市民最渴望的就是摆脱封建领主和皇帝，获得自主发展的自由，"中世纪的城市，市民在所享有的所有特权和权利中，最渴望需要的是自由"③。而只有在学者行会的推动下，理念和制度才落到了实处，以法律和社会规则的形式被 10 世纪之后的欧洲确定下来。

　　自由的培育需要传统，更需要特殊的地域文明提供生长的土壤。西方智识生活与历史传统、社会制度以及好奇心结合在一起才能产生这种自由，这种基于特殊群体与活动的自由为全社会所认可，并在历史的血液中流淌。只有始终为知识探究赋予权利，在理念上拓宽空间，创造力才能被

①　Kant Immanuel, *Fundamental Principles of the Metaphysic of Morals*, trans. by J. K. Abbot (New York: Macmillan Press, 1949), p. 64.

②　菲利普·内莫：《民主与城邦的衰落——古希腊政治思想史讲稿》，张竝译，华东师范大学出版社，2011，第 179 页。

③　A. Harding, *Medieval Law and the Foundation of the State* (Oxford: Oxford University Press, 2002), p. 215.

激发出来。当然，自由只构成了产生大学的经纬线的一条，如果没有大学用权利来保护理念，任何一所高等学府在诞生之后都会陷入迷茫。

（二）制度平衡中的大学

历史上，能够产生高等教育和类似大学机构的环境分布在不同的文明体中，虽然某些国家的高等教育机构也曾赢得一时的辉煌，但其生命并没能延续到现代，古代文明体瓦解，这些学术机构也就随之烟消云散了。究其原因，消亡的学术机构缺乏稳固的制度生态环境，学术研修仅有组织而缺乏制度，知识生产不确定性随之增加。所以说大学的诞生是以诸项制度的相互配合、共同协作运行为前提的。大学的制度性传播并没有发生在一个大一统环境中，反而是在西欧宗教与王权分立时，于各个独立的城市中实现的。社会制度、经济制度、宗教制度和政治制度在经历过融合之后，最终使大学实现了从形态到制度的稳固。

西方大学身上的各项制度的张力更加突出。早在公元前 3 世纪，东西方就形成了不一样的制度文化，制度在历史中的性质与形态也确定下来，如波特兰·罗素所言："在亚洲，统治者的权威来自法律，他们的法律是神授的；而希腊人认为法律是人制定的，而且是为人服务的，如果某项法律不再符合时代的需要，就可以通过一致同意的方式加以修正；但是，只要这项法律得到了公民的共同支持，那就必须遵守。"[1] 在知识探索的制度化进程中，理性知识的传播因制度而得以畅通无阻，所以学者们才拥有对各类知识进行批判、修改和调整的权利。而东方则过早地确立了一种凝固的知识制度体系，使得学术上的创造力较早地被遏制住了。

如果我们将中世纪大学的产生视为一场社会行动的话，推动这场行动成为西方文明一部分的动力是制度，"社会行动并不是背景无涉的，而要受到背景的制约，而且行动的结果要受到它们所处背景的影响，其中特别重要的是，行动者由于制度化的强制所产生的承诺或忠诚，对于行动者的行动会产生极大的制约作用"[2]。不论古希腊还是近代资本主义的发展，通过制度都可以建立起相对一致而规范的认知体系。对于大学来说，制度的源头是古希腊城邦时代的一系列规则，从城邦制度到城市制度，西方文明

---

[1] 波特兰·罗素：《西方的智慧》，伯庸译，电子工业出版社，2013，第 30 页。

[2] 理查德·斯科特：《制度与组织——思想观念与物质利益》，姚伟、王黎芳译，中国人民大学出版社，2010，第 28 页。

的繁盛依靠制度优势展开。因为有了这种制度，大学所展示的行会管理、章程设定、学院分类和学术仪式才更稳定。城邦、大学和城市制度一起被纳入西方社会制度的演进中，"希腊思想、艺术、文学和制度始终是西方文明的一套规范，虽然在后来的时代中有过个别修正，但从未被完全抛弃"①。从这个意义上说，大学完全是西方社会制度的需要创造出来的。

一般认为，大学是教会和世俗权力斗争产生的结果，双方都为了争夺高深知识及其开发者对权力的支持而资助大学。实际上，大学身上的种种特权是中世纪诸项权利契约化的结果。不仅大学获得了相应权利，人们也愿意以共识性制度解决新生社会机构与外部群体的冲突。1231 年当时的教皇在为牛津大学颁布迁移和居住特权的法律时，就特别注明了这些权利需要有当时英格兰国王亨利三世的首肯才能够施行。学者行会并不因具有天然的优势而得到外界的宠幸，但是这些行会符合当时的社会制度和权力结构的需要。

按照以往研究成果，学者行会是发达的城市和商业贸易驱动下的产物。但对比下来，相对于欧洲的商业贸易，中国在唐宋两朝的陆海丝绸之路所展现的商业优势更明显。相比较而言，欧洲肮脏而混乱的城市环境对大学并不具有优势，中国的城市在秩序上似乎更具有吸引力。在阿拉伯的城市中，东西方的物质和文化成果在公元 7 世纪到 10 世纪都在这里汇集，中东的不少大城市一时成为商品贸易的重要中转地。阿拉伯的地理优势也能获得两个不同文明文化的精华，而吊诡的却是这一文明并没有成规模地影响世界的高等教育机构，"专制集权的强大进一步减缓了亚洲和伊斯兰城市的发展进程。甚至像西班牙的科尔多瓦和中国长安这样宏伟的城市，也随着统治王朝的倾覆而衰落。专制体制也特别使得东方城市更容易受到伊本·赫勒敦所描绘的政体的自然'生命周期'的破坏"②。在西方，自上而下的人都将大学视为社会发展的新动力，智识生活所带来的积极效应激发了所有社会成员更强的好奇心。所以说，大学不仅是知识分子的需要，更变成了宗教、政治与社会的制度性需要。大学的诞生不只是自发的学者行会的行为，也是皇帝和教会的政治行为，"1391 年 4 月，教皇博尼费斯

① 威廉·麦克尼尔：《西方的兴起：人类共同体史》，孙岳、陈志坚等译，中信出版社，2015，第 256 页。
② 乔尔·科特金：《全球城市史》，王旭等译，社会科学文献出版社，2014，第 99 页。

九世（Boniface Ⅸ）下令建立费拉拉大学，虽然教皇敕令的语言有些夸张，但这却是中世纪人们普遍接受的大学的使命：大学应该培养能够为社会提出成熟建议的人，能够被道德加冕，应该通晓不同的学术领域。更进一步说，大学应该为社会中那些渴望学习科学和文法课程的人提供知识的源泉"①。一时间，各地兴办大学成为一场制度模仿活动，即使经历了王朝更替和战乱，大学的精髓并没有被动摇。东方的学术机构虽也呈现出一定规模，但其制度的扩散效应是有限的，即使是在一个稳定而大一统的国家，能够出现智识机构的地方也是有限的。西方的知识制度化过程则要漫长得多，制度化往往又与多元的知识观结合在一起，大约在 12 世纪之前才逐步定型。西方大学之所以能够产生和扩散，最主要的原因还是文明整体制度环境的发达。这种制度环境推崇多元和特殊，并不追求统一。大学恰好位于复杂制度网格的交织点上，成为制度需要孕育的产物。

二　渐进与突变：大学演进的时间节奏

通常而言，人们会用确定的、规律的视角去看待文明变迁，并没有关注到历史展示出的多样性。已有的研究认为大学天然产生在中世纪的欧洲，演进的道路一帆风顺并一直延续到现在。这就造成了一种错觉：大家认为大学的出现乃至兴起带有纯粹的必然性。虽然现代科学产生在 16～17 世纪，但其根源在古希腊的自然哲学。到了公元 8 世纪之后，自然哲学是在同伊斯兰科学结合之后才最终完成了向现代科学的转型。现代人看待大学兴起采用的是线性视角，而忽略了不同文明与地域交融对高等教育活动的影响。实际上作为文明产物的大学兴起是一个渐进与突变交替出现的过程，在特定的时间点上，这种交融迸发了革命的效果。

（一）　智识生活方式的时间重现

虽然世界上的不同地域在同样的时间涌现出文化思想，但各种思想对文明的影响是不一样的。比如在公元前 5 世纪的希腊和公元 12 世纪的西欧，智识活动表现出高度的相似性。时间总像一个蓄水池，文明复兴活动会多次上演，并在文明几近干涸的时候给西欧带去精神上的慰藉。令西方

---

① P. F. Grendler, "The Universities of the Renaissance and Reformation," *Renaissance Quarterly*, 2004, 57 (1): 2.

人自豪的不仅有两希文明，还有多次文艺复兴和启蒙运动等思想革命的爆发。大学的发展是这种历史水流聚集的结果，它在西方历史对古典传统的模仿和延续中产生，"从那时起一直到一个世纪以前，欧洲历史曾有过两个伟大建设性的时代。在中世纪，思想的中心问题关注于神学，因此哲学问题产生于对神学的反思并且关注着上帝与人的关系。从 16 世纪到 19 世纪，思想的主要努力关注于奠定自然科学的基础，于是哲学就把这种关系作为自己的主题，即把人类心灵作为主体而把它周围空间中事物的自然世界作为客体这两者之间的关系"①。正因为这几次大的思想储备，大学不仅有了知识上的积累，而且完成了理念上的承接。

本质上，欧洲大学的传统跟科学的传统密切相关，虽然几经风霜摧残，传统的脉络依旧存在，"首先，这传统并非一堆孤立观念、学说、发明、技术、人物的集合，而是从某些共同问题和观念所衍生出来的一套理论、观察、论证、方法，它们互相结合，成为具有发展潜力与方向的有机体系，在此体系下又产生不同流派。其次，这传统有强大的延续性：它不但在某些时期内蓬勃发展，而且经过移植或者长期中断之后，仍然能够凭借其前的观念、理论，而重新萌芽、滋长"②。欧洲的智识生活传统并没有中断，而是随着时间渗透由一种类型的群体行为变为社会所尊重的现象，当这股力量积累到一定程度的时候，产生大学就是自然而然的事情。

雅斯贝斯曾提出，在公元前 500 年世界几大主要的文明体进入了一个思想勃发的高峰时期，"犹太教、希腊哲学、儒家学说、道教、佛教和耆那教都出现于公元前 600~前 300 年间，当时社会发展水平超越了公元前 1200 年西方核心崩溃时所达到的水平（大约 24 分）。实际上，这些教派和学说的相继出现回应了当时先进国家的重组以及世界的觉醒。第二波轴向宗教起到了某种镜像作用：随着第一次东西方交流不断发展，先进国家的统治根基不断动摇，于是人们发现第一波轴向思想有所欠缺，而推崇救赎的宗教适时地填补了空白"③。在最早的轴心时代思想的推动下，宗教的痕

---

① 柯林伍德：《历史的观念》，何兆武等译，北京大学出版社，2010，第 6 页。
② 陈方正：《继承与叛逆：现代科学为何出现于西方》，生活·读书·新知三联书店，2011，第 773 页。
③ 伊恩·莫里斯：《西方将主宰多久：东方为什么会落后，西方为什么能崛起》，钱峰译，中信出版社，2014，第 206 页。

迹开始显现，这意味着人们认知状态的升级，其脱离了原始的迷信，进而步入对世界更高级的认知方式中。宗教对于智识活动的促进是显而易见的：柏拉图学园产生在公元前387年，当时的欧洲人已经受到希伯来人宗教的影响，古印度的婆罗门教育推出了古儒学校，古埃及还有大量的寺院学校，中国的高等教育机构产生在公元前7世纪，存在时间也大约持续了150年。汉代的最高学府太学的产生时间在公元前124年，持续的时间也长达好几个世纪。然而有所不同的是，东西方宗教对精神活动影响的时间逻辑是不一样的，东方是宗教和权力驯服了知识，教育成为宗教活动的一种，早期轴心时代思想被宗教的强势稀释殆尽。而在欧洲，人的理智与知识创造出了宗教信仰。到了中世纪，基督教被高深知识的魅力吸引，渴望用新知识去感知上帝的奥秘，所以西方的智识活动同宗教形成良性的互动关系。

虽然轴心时代人类文明呈现出多样性，但这种多样性在各地的命运归属却不同。在轴心时代产生几个世纪之后，人们都没有继续生产新思想的动力，依然在凭借旧的思想体系维持智力活动，对第一波轴心时代思想的依赖已经让人们难以创造新的智力资源，前期的知识资产已经成为社会的负担。只有进行思想文化创新，传统才能被继承下来。对于古埃及、美索不达米亚、古印度这些古代文明来说，缺乏创新使得这些土地上的智识生活抱残守缺。只有古希腊和华夏文明从轴心思想中还产生了新的生产方式和哲学，使得智识生活的火种保留了下来，"相对于其他文明来说，在古希腊和中国，旧的生产关系和观念不断被新观念和生产关系消解与替代，而且这些新的内容建立在货币经济发达的基础上，它们完成了自身的抽象化。这就是哲学起源的成因。在这两个国家中，新的生产关系和观念也曾持续地遭到遏制，但特别是古希腊，在纯粹理性的推动下，反映货币经济的关系实现了其塑造社会阶层的构想。在这种进程中，这两个国家的人，在主观方面将自身从外部世界抽象出来进行理解，而在客观方面能够第一时间发现决定自然进程的规律是独立于人自身的意志的"①。但即使是这样，欧洲随着中世纪黑暗时代的来临还是断掉了大多数古希腊精神生活的脉络，其基因仅被封存在少量的修道院学校中。唯有华夏文明在智识上还

---

① George Thomson, *Studies in Ancient Greek society-The Prehistoric Aegean* (London and Southampton: Camelot Press Ltd., 1949), p. 341.

在维持着轴心时代思想的体系。实际上到了公元 5 世纪后，第一波轴心思想产生的影响力已经开始走向枯竭。对于古埃及和古印度来说，轴心思想实际上只变成了一种时间现象，并没有深刻融入文明发展的核心。而对于欧洲来说，虽然轴心思想走出了单纯的时间现象，但对于大学来说其效果仍然是不明显的。大学的孕育需要新的智慧成果的加入才能继续向前发展。

进入公元 1 世纪后，欧洲有了罗马文明替代希腊文明，而在罗马文明走向末路时，基督教的出现实现了对相应地域的文明覆盖。从古希腊而来的轴心时代思想同基督教教义结合，开启了一种以理性宗教为核心的新型智识生活。这种生活方式获得的社会合法性更高，时间与地域延伸度也更广。当基督教与哲学、科学相结合，最后产生一套知识体系时，新的时代思想也在欧洲进行传播。基督教与科学、哲学形成了时间上的互动关系，"宗教是主要的因素，或叫做自变量，而科学则是应变量。种种宗教观念（我们将会更清楚地看到）肯定与成为当时的科学和哲学的基础的那些思想感情连成一个整体：从头到尾都存在着一种互惠的相互影响"①。正是各类知识能够迅速融为一体，使得欧洲人在几个世纪之内可以一方面进行智识生活的恢复工作，另一方面建立起一套吸引文明体外部知识的系统。在公元 5 世纪到 10 世纪之间，欧洲大部分地区对知识的需求进一步扩大，所以才会有后来的翻译运动和罗马法的复兴。而在公元 14 世纪到 17 世纪，新知识生产形式又能冲破经院哲学的束缚，使得自然科学知识进入人们的生活中。

西方大学的产生是轴心时代思想开启后的一种渐进式的时间积累。相对于其他文明，欧洲高等教育机构的知识积累更悠久，其中产生创新的机会更多，支配文明的轴心时代思想经过几个世纪完成了新的崛起。欧洲在第一次轴心时代思想接近枯竭的时候，借助古罗马文明和基督教开启了新的知识纪元。这使得古希腊的轴心时代思想在新的时间中焕发了生机。更主要的是，这种时间状态带给大学稳定性和创造性的双重机遇，使欧洲大学在产生之后保持一个较为稳定的扩散状态。

①　罗伯特·金·莫顿：《十七世纪英格兰的科学、技术与社会》，范岱年、吴忠、蒋效东译，商务印书馆，2011，第 114 页。

（二）"新普罗米修斯革命"驱动下的知识组织变迁

按照雅克·勒戈夫的说法，历史是变化和转移的，之所以有中世纪这样一个特殊的时间阶段，完全是因为历史在转移过程中引发了一系列突变现象，"各文明的历史是一系列的'转移'（translationes）。对于'转移'（translatio）这一概念，有两个侧面是人们非常熟悉的：有这样的理论，在智识上，科学从雅典传到罗马，然后到法国，最后到巴黎，在这里从那些城市学院中诞生出大学：即阿尔昆在加洛林时代已经认为能够觉察到的'知识的转移'（translatio studii）——而现在，历史学家们更加普遍地认为正亲临一种文明从东方向西方的运动"①。正是在知识的转移过程中，大学最终在 12 世纪开启了序幕。

值得关注的是，在智力生活兴盛的古希腊没有出现大学，在专业教育流行的古罗马也没有诞生大学，最容易被忽视的 12 世纪却盛开了大学的花朵。因为在此之前，在欧洲，创办高等教育机构被局限在少数几个地方，它们中很多寿命也不长。直到 10 世纪之后，西欧大部分土地还处在黑暗的笼罩中，学术生活几乎找不到落脚的根基，内乱和衰退的破坏力还在持续。从现代人的视角看，那时的欧洲根本不具备产生大学的条件，似乎唯有在君士坦丁堡和加洛林王朝的城市中才能有群体性的学术活动的踪迹。12 世纪文艺复兴在哈斯金斯的笔下貌似是一片繁荣，然而在其他史学家的眼中，这场复兴在黑暗的边缘徘徊，"这场复兴几乎被 9 世纪和 10 世纪初的北方人、匈牙利人以及阿拉伯人的入侵和劫掠所毁灭。这些入侵可能会将西方的复兴推迟了一个或两个世纪，就像 4 世纪和 5 世纪的入侵曾经加速了罗马世界的衰败一样。我们可以比较容易地感觉到 8 世纪和 9 世纪贸易复兴的某些征兆。弗里斯兰的贸易和杜尔斯特德港口达到了它们的顶峰"②。有了复兴的征兆不代表就能够产生成果。在此之前欧洲所保留的知识是非常有限的，面对东罗马帝国在发展上的高歌猛进，欧洲西部还处在一个孱弱的幼年期。然而，10 世纪的到来突然就改变了西欧知识生产的逻辑。对知识的追求达到了前所未有的高峰。

除了既定的历史积累，大学的诞生需要特定的时间机遇，缺乏机遇不可

---

① 雅克·勒高夫：《试谈另一个中世纪——西方的时间、劳动和文化》，周莽译，商务印书馆，2014，第 62 页。

② 雅克·勒戈夫：《中世纪文明（400—1500 年）》，徐家玲译，格致出版社，2011，第 52 页。

能造就智识生活的再次创新。欧洲社会的渐进与突变之间产生了几次文艺复兴，又出现了教皇革命和翻译运动，这些偶发的时间现象为智力活动创造了新的活力。从整部欧洲史来看，中世纪本身就是一个多变的时代，大学在这个时间段内的兴起也是带有更多偶然性的。欧洲的领土在罗马时代结束后就处于分裂状态，促成了每个国家和民族拥有独立的发展状态。东罗马帝国很快进入一种平衡稳定的状态，而西罗马则不断产生着纷争与衰退。即使是到了基督教覆盖整个欧洲时，欧洲西部仍然不能走上一条稳定的道路。正因为这种分散的地理与政治状态，欧洲西部的基督教会才有机会重新组织起知识生产。然而罗马法的复兴和亚里士多德知识的重新发现打破了教会对知识的垄断，使之不得不进入需要理性信仰的时代，"亚里士多德著作在 12~13 世纪的重新获得向大学的神学家们直接提出了这个问题。例如，亚里士多德认为世界是永恒的，这种说法断然违背了《圣经》的创世教义。在 16~17 世纪，人们对新科学方法的信心不断增强，对绝地知识的说法普遍持有怀疑批判态度，这使学者们找到了处理这些问题的新方式。"① 对理性信仰的需求超过了宗教话语的营造，新知识都在理性信仰的保护下被开发出来。

大学来自由知识革命点燃的组织革新。其中有数次知识革命的爆发，大学正是抓住了其中之一才有了破土而出的机会。从教育上说，西方的这种历史状态并不是无序的，其始终没有超出以逻各斯为中心的历史规律，基于这种循环，在欧洲的历史中似乎有这样的特点：历史在一定时期的演进后会发生类似于"知识革命"的巨大变化，这些"新普罗米修斯革命"造就了更发达的社会制度与组织，这种革新在欧洲历史中发生过四次。知识革命成为欧洲智识生活发展的一种传统，并触发了公元前 4 世纪~公元 5 世纪的柏拉图学园的建立："毕式学派与柏拉图学园的结合导致了西方第一次科学革命，那可以很恰当地借用柏拉图对毕达哥拉斯的美誉，称之为'新普罗米修斯革命。'"② 从"新普罗米修斯革命"的频繁变革中，又产生了欧亚大陆之间知识中心不断转移的现象。从最早的小亚细亚、米利都、雅典、亚历山大里亚、巴格达、君士坦丁堡到公元 9 世纪之后的西班牙科尔多

---

① 玛格丽特·奥斯勒：《重构世界：从中世纪到近代早期欧洲的自然、上帝和人类认识》，张卜天译，湖南科学技术出版社，2012，第 46 页。
② 陈方正：《继承与叛逆：现代科学为何出现于西方》，生活·读书·新知三联书店，2011，第 197 页。

瓦、意大利的萨莱诺再到整个意大利、法国、英格兰，似乎知识在做一场时间的旅行，而每到一处停留的时间或有长短。推动大学产生的还有公元11世纪的教皇革命，后者带来了西欧政治及社会组织方式的变化，这使得所有人开始对古罗马的知识产生巨大的需求，由此才会引发意大利城市中学者组织的诞生。欧洲的这种时间突变下的知识革命逐渐成为一种传统，中世纪成为大多数知识革命爆发的聚集时期。第一次知识革命带来的组织革新出现在柏拉图学园，随之也有了后来人们所谓的雅典大学和亚历山大大学，包括君士坦丁堡大学也是第一次知识革命带来的。而第二次知识革命只有西欧部分城市抓住了，所以有了古典大学的诞生。第三次知识革命出现在15世纪文艺复兴时期，产生了对古希腊自然哲学知识的回流。虽然文艺复兴以人文主义的旗帜来引导知识的革命，但最主要的是，它迎回了以数学为主的科学方法的浪潮。17世纪产生了第四次知识革命，也就是所谓的"牛顿革命"，自然哲学知识开始正式成为自然科学知识，也出现了对"普罗米修斯革命"的叛逆现象。大学最终没能留住科学，反而是以自然科学为主的研究院、专科学校和学术团体在大学外兴起了。

从欧洲历史的本质上看，不同的知识对于时间的解释方式不同，在冲突中产生了知识与时间的裂变现象，正因为如此，欧洲在多次时间裂变中产生了多次"普罗米修斯革命"和"反普罗米修斯革命"。大学的生命在这些知识革命中充满着不确定性，12世纪对于新生的大学来说，也是一个偶然的时间状态。但不管怎么说，这些知识革命引发的时间裂变给大学提供了产生和发展的动力。

三 浮士德现象：宗教与城市张力中的大学

歌德有一部流传甚广的作品《浮士德》，其中描述了一种矛盾的现象："有两个灵魂在我胸中，它们总想分道扬镳；一个怀着一种强烈的情欲，以它的卷须紧紧攀附着现世；另一个却拼命要脱离尘俗，高飞到崇高的先辈居地。"① 作品中的浮士德本人敢于同魔鬼博弈，向往真理与自由，用实践来追求新知。西方文化中产生深远影响的文化遗产就是不懈努力、破除束缚、不断实践的浮士德精神。某种意义上，西方大学的兴起就是浮士德

① 歌德：《浮士德》，钱春绮译，上海译文出版社，1984，第76页。

精神的体现。表面上看，似乎只有大学是"浮士德精神"的代表，实际上西方社会的思想印刻在这种生活方式之内。从本质上说，这种精神"是一种浮士德式的心灵和精神的表现，这种心灵或精神最典型的特征就是对无限的渴望，对深度经验的执着，其象征体现在政治中，就是以贵族为主导的王朝政治，体现在科学中，就是数学中的微积分和物理学中的动力学，体现在建筑中，就是贵族的城堡和僧侣的哥特式教堂，体现在绘画中，就是透视法的发现和肖像画的盛行"①。不管 18 世纪之后大学在英国、法国、德国的形态有多大的不同，这种浮士德精神始终是所有大学的精神根源。

（一）现代大学与清教主义的互相塑造

从西欧"浮士德精神"的演进过程可以发现：人们的心中都有一颗反对专制权威，打破禁欲主义和僵化腐朽统治的心灵。在这种精神的推动下，大学被这种追求自由向往真理的气质引导走入了现代世界。事实上，宗教文化的崛起也使得大学从中获益。从文化视角看，中世纪并不是由单一文化塑造的，它是一个完全不同的新文化体，是欧洲权力文化最多样化的阶段，也是精神力量得到释放的时期，"西欧中世纪是以蛮族入侵并彻底砸碎西罗马帝国高度文明为开端的，它造成了拥有两种巨大落差文明之间的冲突与融合，进而形成王权、神权、贵族权等多元权力并存、斗争和妥协的格局"②。已有的研究往往认为大学的兴起离不开权力的支持，但如果对比其他文明的历史，古代埃及和古代苏美尔人的神庙学校拥有的权力更大，甚至达到了影响国家日常决策的程度，但最终也没有被传播开来。所以，对大学来说，权力仍然只是一个条件。塑造大学的也不完全是学术文化，而是西方社会中独有的精神气质。

10 世纪大量知识涌入时，每个人都有求知的需求，学者们用高深知识建立起新的精神世界。如果没有这些著名学者引发的"卡里斯玛现象"，可能欧洲大学出现的时间还要推迟。所以说"浮士德精神"背后的驱动因素来自那种最淳朴的宗教文化——清教主义精神。虽然真正的清教组织产生的时间要晚许多，但这并不影响清教文化在中世纪扎下根基，正如莫顿所认为的："清教主义和科学最为气味相投，因为在清教伦理中居十分显

① 奥斯瓦尔德·斯宾格勒：《西方的没落》第 1 卷，吴琼译，上海三联书店，2006，"译者导言"第 26 页。

② 马长山：《国家、市民社会与法治》，商务印书馆，2005，第 47 页。

著位置的理性论和经验论的结合，也构成了近代科学的精神实质。"① 这种
文化在早期欧洲的修道院中开始孕育，在欧洲处于黑暗时代时，仍旧有那
样一批修道士能够安于清贫地在恶劣的环境中坚持储存知识，甚至能够在
公元 5 世纪掀起一场从南至北的欧洲修道院学术运动。"浮士德精神"在
大学产生之前就在推动着西欧的启蒙，在智力生活贫弱的时间内，人们拒
绝魔法与巫术，而以知识来寻求心灵的自由，"有充分的证据表明在公元 5
世纪开始掀起的修道院学术运动保持了西方知识发展的活力，它使得罗马
在接下来的几个世纪内成为这个世界在精神和智识上影响最为深远的地
方"②。在当时的时间里，能够体现"浮士德精神"的就来自这些修道院的
学术从业者们。

清教文化是欧洲基督教产生的一种独有文化，它产生在大学出现之前
的几个世纪，又分阶段影响着大学的发展。

第一个阶段是教会和城市的汇合，这为系统地利用拜占庭和伊斯兰文
明中的知识元素，并使这份遗产适应西方特定条件和利益提供了基础。这
一阶段突出的活力中心是法国北方，就是在这里最先产生了欧洲封建主
义、经院哲学和哥特式建筑。

到了第二个阶段，教会和市民之间的紧张关系取代了之前的和睦相
处，教会企图控制文化活动的努力，成为一种束缚，而不是动力。一种比
较纯粹的世俗精神开始在城市居民中表现出来。在阿尔卑斯山以北，这个
关系紧张的过渡阶段持续了整个 15 世纪。

第三个阶段在意大利到来的时间相对较早。意大利城镇比阿尔卑斯山
脉以北的欧洲城镇强大，它们与非基督教世界也有比较密切的交往。因
此，一种日益远离基督教教义和实践的世俗化的生活方式，早在渗入更为
北部的欧洲之前，就已开始流行于意大利。到 15 世纪末，这个"文艺复
兴"文化深入教廷内部的核心部分，而它对北欧的宫廷和首都的影响早在
此之前就已经开始了。③

---

① 罗伯特·金·莫顿：《十七世纪英格兰的科学、技术与社会》，范岱年、吴忠、蒋效东译，
　商务印书馆，2012，第 135 页。

② Olaf Pedersen, & Richard North, *The First Universities*: *Studium Generale and the Origins of
　University Education in Europe* (Cambridge, Mass: Cambridge University Press, 1997), p. 48.

③ 威廉·麦克尼尔：《西方的兴起：人类共同体史》，孙岳、陈志坚等译，中信出版社，
　2015，第 573~574 页。

　　在这三个阶段中，前两个阶段直接影响了大学的出现，欧洲的封建主义锻造了骑士精神，其慷慨、忠贞与崇高的气质为西方学术精神注入了重要的力量，也构成了清教文化的组成部分。在大学出现后也能看到西方学者捍卫真理与学术自由的身影。在早期阿伯拉尔等人的建构中，经院哲学的理性主义色彩加强了清教文化对于哲学和科学发展的影响，"神学体系形塑了作为人和自然之属性的理性和合理性概念，这些形而上学假设尤其有助于激发科学思想"①。只有在科学思想驱动下，科学技术与知识体系才能以规模化、规范化和组织化的形式传播。

　　欧洲8~9世纪逐步兴起的资本主义文化也驱动了大学的出现，中世纪欧洲的城市和宗教之间形成了一种合作与对抗的张力关系。资本主义发展所秉持的新的社会风格不仅要求打破传统封建生产力的束缚，也要求建立属于自身的解释世界方式。所以在韦伯看来，资本主义文化和自然科学文化天然地捆绑在一起，成为影响大学命运的脉络，"资本主义独特的近代西方形态，乍一看好像一直受着各种可能性技术的强烈影响。现在，它的理智性取决于最为重要的技术可靠性。换言之，就是它最终取决于现代科学，尤其是数学和以精确的理性实验为基础的自然科学。反过来，现代科学和以现代科学为基础的技术，又通过其实际应用从资本主义利益中获得了重要的发展"②。从文化的视角来看，大学在中世纪的诞生是在"浮士德精神"与资本主义文化的互相渗透中实现的。大学追求自由，向往真理，积极实践，成为中世纪精神的巨人。这同戏剧中浮士德与魔鬼搏斗，最终实现自我升华的过程类似。而清教主义又造就了追求科学的精神。清教主义文化大约在罗马崩溃时期开始孕育，在那黑暗的环境中人们坚持追求学术，掀起几次文艺复兴的潮流，那些从事学术的人没有被物欲征服，而是以追求心灵的纯净为己任，这才完成了欧洲人在大学产生之前精神世界的建构过程。如果没有这个庞大而坚实的精神世界，大学是没有容身之地的。

————————

① 托比·胡弗：《近代科学为什么诞生在西方》，周程、于霞译，北京大学出版社，2010，第3页。

② 马克斯·韦伯：《新教伦理与资本主义精神》，郑志勇译，江西人民出版社，2010，第14页。

（二）新"浮士德精神"的诞生与大学的衰落

人们对于大学兴起的逻辑已经形成了一种思维定势，喜欢用因果关系来解释其历史。在这种逻辑中，大学天然从中世纪产生，并一如既往地自然生长起来，然后就有了从古典大学到现代大学的过渡。如果回到真实的历史场景中就可以发现，推动大学发展的文化逻辑在文艺复兴前后是存在差异的。从大学诞生到文艺复兴之前，欧洲智识生活的范式是以德谟克利特、阿那克萨戈拉和亚里士多德等人构建的世界为核心展开的，这个世界不受因果原则的影响，具有自足性。而到了文艺复兴和启蒙运动之后，这个自足的世界被打破，取而代之的是一个由科学逻辑主导的因果原则的世界。大学对这样一个不同文化的世界显得措手不及。退回历史的深处，大学的衰落遭遇的恰好是新"浮士德精神"，也就是资产阶级要求打破教会腐朽统治、完成文化更新代谢的新精神的崛起。在新"浮士德精神"的影响下，大学外部掀起了崇尚实用知识的潮流，对于世界的解释突然就发生了变化。而欧洲北部以神学和经院哲学为主导的学校，还没来得及对这场潮流做出应对就被世人放弃。大学受到因果逻辑的推动则要等到 17~18 世纪引入自然科学之后，后者同城市文化相结合才有了撼动经院哲学的力量。

精神世界的变革通常发生在知识革命中，当传统的精神世界已经陈腐，开始束缚社会生产力时，人们就会有创造新的精神世界的需求。就像歌德的戏剧中浮士德脱离"小世界"而走向"大世界"的必然性一样，新"浮士德精神"也是西方历史推动的必然。当时的普通教育已经开始受到这种精神的影响，尤其是对新的知识的需求更体现出精神世界的创造力，如维夫斯在《论教育》中论述的："就是上帝的意图也是使知识趋于有用。它激励着我们和吸引着我们。现在，让我提出警告，由于人类罪孽已遍及全世界，灵魂的堕落情感如此强烈，因此有必要让科学更纯洁更单纯地传下去，让它们很少受到诡计和无能的影响和传染。只有用这种方法，信奉基督教的人们才能回到真正的有知，才能在所有知识的各领域里很少有被错误燃烧着的头脑所散布的火花——过多地考虑他们自己，和那强烈残酷的情欲火焰。"① 旧大学到了中世纪后期已经落后于新的精神创造速度，由追逐知识文化变为崇尚权力文化。

---

① 吴元训编《中世纪教育文选》，人民教育出版社，2005，第 245~246 页。

一般认为，相关权利的获得对于新兴的社会组织来说尤为重要，特别是大学这样的组织，而且从既往的大学史来看，权力文化变成了大学诞生文化的组成部分。按照这个逻辑，大学拥有极大特权不会走向衰败的冰河期。但事实却恰恰相反。到了中世纪后期，自由与真理的特权被制约，旧大学在精神世界单一的氛围中走进了历史的沙漠。说到底，是僵化的权力文化造就了14世纪之后僵化的大学，"14世纪末，巴黎大学虽然保留了许多特权，这种特权以前是与教师们的创造力相连的，而此时则扮演了正统思想中心的角色，其使命就是限制自由。巴黎大学神学系接替了原宗教裁判所的职权，它负责监视巴黎及法国北部的异端邪说，在神学事务中扮演国际仲裁人的角色"①。从这时起，整个欧洲北部的大学所起到的作用只能是为教会做脚注，旧大学已经脱离了传统的城市活动，成为宗教活动的一部分了。

正是因为大学将自己纳入教会僵化的权力体系内，传统的大学自治反而使得大学拒斥一切外来知识的进入。到了17～18世纪，旧大学的寒冬就在工业与科学革命的热潮中到来了，而此时新教支持下的大学开始崛起，加速了天主教大学的衰落。此时民族国家已经接二连三地诞生了，城市文化同新兴的国家文化一起，将真正的清教主义制造了出来。此时不少天主教大学已经成为众矢之的，旧大学在经院哲学上的繁文缛节无法迎合民族国家的需要。而最主要的原因则在于旧大学所处的封建主义文化已经瓦解了，新兴的资本主义文化和清教精神构成了新的"浮士德现象"，所以对于旧文化的驱离就变成当时人们最主要的使命。"一名率直的清教徒，诺亚·比格斯，以他对当时的大学的尖锐抨击，例证了这种态度。……它们〔大学〕究竟在哪些方面对发扬或发现真理做过贡献？机械化学这个通过它倍增的实在经验而超越了其他哲学分支的自然之婢，在什么地方才与我们有关呢？哪里才有对实验的考察和推理？哪里才存在对一个促进、完善、激励着新发明的新知识世界的鼓励？在哪里我们读到生者或死者的解剖学，或有关草药的直观演示呢？是在那些考察旧实验和旧传统，倾泻着垃圾危害知识之庙宇的地方吗？"② 传统意义上中古大学的宗教气质被资本主义和民族国家注入的特性取代，在天主教的权力被分解之后，很多地区

① 林杰：《西方知识论传统与学术自由》，北京师范大学出版社，2010，第102页。
② 罗伯特·金·莫顿：《十七世纪英格兰的科学、技术与社会》，范岱年、吴忠、蒋效东译，商务印书馆，2012，第136页。

的教会已经无力保护其大学。这样一来，不少大学遭到查封也就是在所难免的事情了。

　　衰落的大学所面临的是一个多种文化崛起的时代。其衰落恰好处于欧洲文化转型的真空期。当新兴的自然科学和人文主义击打大学的大门时，曾经的高等教育机构却选择了封闭和保守，只能在精神的枷锁中越陷越深。而当僵化的宗教知识体系无法对新的社会与自然现象做出解释时，大学身上的知识光环自然也就不存在了，人们对旧的大学指责不休。虽然从表面上看是大学的僵化与保守使得其落后于时代，但实际上却是欧洲兴起的新"浮士德精神"放弃了旧大学。而这一切都是在中世纪中后期发生的，旧大学正是在这种文化冲突中与时代渐行渐远，走向衰落也是情理之中的事情。

　　研究大学的兴起关键在于回答两个问题：大学为何产生在欧洲，以及为何是在中世纪。这中间包含着一定文明的宿命与历史的偶然。首先，作为确定的一面，欧洲在自由和制度上具有其他文明不可比拟的优势，中世纪的大学本身就是在自由和制度的经纬线中编织而成的。有了自由，大学就获得了诸多的权利，拥有了制度，相关权利就能得到保障。大学先有制度，后产生组织，最后才有了实体机构。相对于其他文明体产生高等教育机构的单一和短暂，欧洲的大学正是凭借这两条脉络逐步成为其文明体中不可或缺的一部分。其次，大学的兴起是一种时间状态。这种时间状态充满渐进性，从古希腊开始，智识生活的发育在欧洲就没有停息，到了中世纪，对高深知识的需求开始发生突变，古希腊和罗马知识再次获得了新生。公元 10 世纪前后欧洲历史发生了不同于黑暗时代的显著改变，由此也造就了大学的扩散。最后，大学是欧洲文明"浮士德精神"的体现，如果没有欧洲人努力构建那个自由、真理的精神世界，高等教育机构是不可能在出现时就获得人们认可的。在"浮士德精神"所创造的文化中，大学符合了欧洲人精神目标的需要。早期的大学成为照亮中世纪人心灵的光芒，它恰好出现在中世纪宗教与城市政治稳定的时期。在宗教与城市的互动中，大学能够符合当时社会的实践逻辑，因而得以迅速扩散。到了中世纪后期，僵化和保守的大学逐步被带有人文主义和科学精神的新"浮士德精神"抛弃，这实际上是因为古典大学的精神资源已经匮乏，无法同新的精神世界结合，故而古典大学走向了中世纪的寒冬。

第二节　大学的欧洲性与世界性

作为一种使命驱动的组织，大学身上带有欧洲文明的特殊性。而大学更是世界的，因为其生产的知识、培养的人才和创新精神蔓延在今天世界上任何一所高等学府内，"大学自产生以来已经持续了几百年，并成为全世界汇聚知识成果、人文主义以及担当学术社会责任的中心。尽管大学诞生在欧洲，但在亚洲、非洲和美洲文明的共同努力下，大学才能帮助世人领略最高深的精神财富"①。大学在现代化的过程中产生了类型分化。不仅欧洲内部的现代大学在种类上有了明确的区分，而且欧洲之外的大学有了多种现代组织的形态。大学的欧洲性体现的是古典大学的荣耀，而世界性则展示的是现代大学的多样特色，"大学是一种欧洲建制（institution）。……在漫长的历史进程中，没有其他任何类型的欧洲建制能像传统大学一样，在世界各地广泛传播与发展……大学发展和传播了科学知识以及创造知识的方法，这些知识植根于欧洲的一般性学术传统"②。从大学的欧洲性到大学的世界性的延伸并不是孤立的，而是建立在资本主义发展和基督教传播的基础上。历史上，大学从欧洲向外部扩散借助的通常是殖民主义的侵略与暴力。世界其他文明对大学的认识也都经历过从排斥到承认再到本土再造的曲折过程。

一　大学的欧洲性格

大学具有欧洲性格不仅是因为其诞生在欧罗巴，更重要的是它代表了欧洲文明的精华。不论古典的还是现代的，人们在创建新的大学时，都在有意无意地模仿欧洲大学的形态。大学的种子可能是多元化的，但基因与生长土壤却带着欧洲颜色，其活动方式与制度架构充满着欧洲文明的特征。同地理上更大范围内的西方相比，欧洲就像一个化学凝固器，大学在这个凝固器内被提炼和结晶，最终散发出灿烂的光芒。欧洲文明在进入 10

---

① Wills Rudy, *The Universities of Europe*, *1100 – 1914* （London：Associated University Press，1984），p. 138.

② 马尔凯姆·泰特：《高等教育研究：进展与方法》，侯定凯译，北京大学出版社，2007，第 143 页。

世纪之后爆发出极强的创造力，大学欧洲性格的遗传开始于 12～13 世纪，社会生产力在这两个百年内突飞猛进。所以说只有在欧洲，大学的制度机能才能得到体现，并得到知识、宗教和社会三重意义上的凝聚力。也只有在欧洲，大学开创了历史，塑造出属于知识制度和大学组织的传统。欧洲独特的政治格局既塑造了古典大学的形态，也使得现代大学呈现出如英、法、德三种不同的形态。如果没有早期欧洲的城邦政治与封建政治的环境，大学的权利就只会停留在纸面上，更不必论那些至今仍写在大学章程中的特权。将这些归结为一点，欧洲的文明为大学这种机构赋予了耀眼的光彩。

（一）大学—欧洲认知体系的建立

大学与欧洲是一套完整的认知体系，在这个意义上，二者不是从属关系，而是并行连接的关系。欧洲文明的多样化造就了大学的多重性格。在古典大学的身上，我们看到的不只是智识上的独特，而且发现了充满宗教与世俗、政治与社会多元品质的结合。以大学为中心，能够画出整部西欧历史的图形。智识生活将欧洲特有的多元环境和自由结合起来，激发了欧洲人特有的好奇心与自由探究知识的勇气。也因为有了奥古斯丁开创的宗教关怀，人文主义才能被植入大学当中。虽然今天的人们强调大学应该提供服务融入社会，可是开创这种理念的是欧洲古典大学，"到奥古斯丁的时代，一种属地中海西部、罗马式的积极进取的世界观开始形成。它的观念形态是现实主义的人本主义，特别重视密切的社会关系和社会生活中的常识观念……西欧的本体论，它在根本上的乐观主义和它的探险进取精神，可以说都是奥古斯丁对天地万物的肯定态度带来的回音"①。大学作为古典的自由气质与宗教精神的结合，随着时间的流变成为不同社会中人们共同的认知，这种独特的精神结构也是大学全球传播后多样化的起点。

欧洲大学的演变充满着宗教与知识、社会不同阶层之间的复杂关系，"'没有大学，就不会有革新。'意大利的大学教授在科学奖励资助的激励下完成了创造性的学术成果，而德国的大学教授通过宗教改革也实现了对传统的改变"②。在欧洲大学身上，我们看到的是对传统的创造、继承与背

---

① 弗里德里希·希尔：《欧洲思想史》，赵复三译，广西师范大学出版社，2007，第 18 页。
② P. F. Grendler, "The Universities of the Renaissance and Reformation," *Renaissance Quarterly*, 2004, 57 (1): 14.

叛。当现代大学被国家整合而趋于同质的时候，古典大学却能表现出完全不同的组织气质，如金子元久所言："中世纪的大学并不是朝着培养专业人士这一目标的有条不紊地运作的社会组织，知识活动本身吸引了很多人。"① 欧洲的古典大学并不一定以职能将自己与其他社会机构相区别，而是将知识活动作为唯一的职能，进而满足社会的知识需求。以知识活动为核心，将社会需求与个体的精神发展相统一，是古典大学最直接的功能。

从古希腊时期开始，欧洲的智识活动在制造需求中获得创新的动机，自然哲学与人文知识在古希腊创立，恰好迎合了城邦时代公民的自由精神追求，并直接推动了人们对于高等教育学校的需要。从那时起，学校既能满足知识生产与传播的需要，也能满足社会或国家发展的需要，这跟同时代其他地域的学校仅能满足一种需求截然不同。从那时起，智识生活作为精神活动与社会活动的结合体被印刻在欧洲文明传承的基因中，"不仅学校一词源于希腊，学校这个概念也是希腊人提出的，因为，只有在需要传承科学之处才有设立学校的价值。仅仅在一门非应用的、'自由的'科学——脱离了一切技术活动以及体育活动或军事活动的唯精神活动——出现之时，才产生了创办一所旨在把科学传承给青年人的专门机构的需要"②。智识生活在城邦时代就成为社会公民积极参与的活动，对于知识人们趋之若鹜却又能各取所需，知识和教育没有被垄断在少数的阶层内，而成为区别自由人格与奴性人格的标准。

以现代人的视角去解读历史，往往会带着认知上的偏狭。比如今天的人们认为古代智识活动只有在专门知识机构成立后才能实现。但是，东西方的智识生活在古代最初都是以公共生活的形式展开，中国在春秋时代有各个学派开坛授业，西方有公共对话的空间和领域，城邦公民都能够在公共空间内发表意见和辩论，这个公共的空间又受到法律的支持，知识生产在城邦的公共空间中表现出强烈的独立性。最主要的是，这个体系后来被古罗马的法律制度予以强化，"因为发明了私法，罗马人创造了人类个体，一个自由的、有内心生活的自我，一个有着无法缩减为其他任何人的绝对特别的命运

① 金子元久：《大学教育力》，徐国兴等译，华东师范大学出版社，2009，第 20 页。
② 菲利普·尼摩：《什么是西方：西方文明的五大来源》，阎雪梅译，广西师范大学出版社，2009，第 15 页。

的自我。罗马法因而成为西方人文主义的源流"①。从古希腊到中世纪,智识活动看似带有纯知识和培育心智的特征,实则与所有人的社会生活密切相关。语法学、辩证法、修辞术、伦理学和政治学等社会学科的雏形正是在这个公共空间中得以形成,欧洲的大学在一开始就充满公共性。利用公共的空间培育人,用公共的视角来选择和生产知识,最终通过公共的价值体系来传播知识,这种趋势从古代的欧洲开始,一直延续到现代大学的身上。

在公共性的驱动下,古典大学在行为上带有影响社会发展与政治环境的取向。欧洲社会与宗教格局的反复变化,在各种权力的博弈中造就了大学多重复合的性格,即使到了教会最腐败黑暗的时期,仍有大学依然在坚持引入和讲授自然科学知识。不论教皇革命还是屡次掀起的社会改革,大学都是改革的承担者与成果的推广者。正因为如此,欧洲大学的目标和发展模式虽不是唯一恒定的,但这些大学创造了后世唯一可以模仿的理念、组织与制度形态。欧洲变化的历史形态为高等教育的发展设立了变化的目标,这与东方国家高等教育目标的高度稳定性有很大差别,"知识、美德和实用,即推动知识的进步,促进社会、道德和宗教行为规范的遵守,以及为高级职位或专业培养人才是大学在整个历史上最主要的三个目的,高等教育外貌的不断变化以及欧洲诸大学地图的不断改变都在很大程度上与这种侧重点的改变有关,与这三种目的的重要性的变化有关,以及与社会(或者更确切地说社会主导的经济、社会和文化集团)对于每一种目标的优先考虑有关"②。古代东方社会和近代的大学努力将学术政治化,而欧洲历史上恰恰相反,有许多大学将宗教政治活动逐渐学术化。人们达成了一种共识,即只有宗教和社会生活被统一的知识重新建构,其合法性才能得到高度认同。

在欧洲,很多政治、宗教和社会事务开展形式虽不同,但最后结果都导向了文化上的创新。查理大帝创立宫廷学院的目的是使阿里安教派信徒、异教徒能够统一到政教合一的国家体制中来,但没有人预料到这会掀起一场规模不小的文艺复兴。欧洲大学参与宗教与政治事务的热情是世界其他文明所没有的,也获得了不同政治权力的承认,而恰好在某个特定的

---

① 菲利普·尼摩:《什么是西方:西方文明的五大来源》,阎雪梅译,广西师范大学出版社,2009,第29页。
② 希尔德·德·里德-西蒙斯主编《欧洲大学史》第二卷,贺国庆等译,河北大学出版社,2008,第45页。

时间，智识生活在欧洲实现了制度化，"大学之所以可能，是因为中世纪拉丁社会的演进允许教会与国家分离，两者都愿意承认大学这样的团体的独立存在"[①]。最主要的是，科学、自然哲学和逻辑只在欧洲的大学中完成了统一，并以课程的形式规定下来。在同政治与宗教的接触中，大学非但没有被政治或宗教机构同化，反而保持了其独立性，成为后世效仿的典范，"在 1414 至 1418 年康士坦茨公会议时，巴黎大学屹然独立，与教皇委派的官员、国王的咨询顾问、大公会议运动的领导人持不同意见，这是巴黎大学真正凯旋的光荣时刻。在整个 13 世纪，巴黎大学使巴黎整座城市成为全欧洲开明人士心中神往的'祖国'（patria）；甚至直到 1870 年普鲁士大炮轰击巴黎时，维克多·雨果还以巴黎的历史荣誉来鼓励法国人民保卫祖国"[②]。保持知识的严格区分和独立性在中世纪始终被大学作为一条准则来对待。

大学的欧洲性格充满着变化，但又保持了一定稳定性，基督教的神启观念、古希腊的理性、罗马时代的个体权利以及近代科学理念都能被融入大学的性格中。从古希腊起，公共空间的存在为智识生活创造了充满张力的结构，知识发展沿着古典精神的传播轨道来到中世纪。科学得以用自由的面貌注入大学的细胞中。欧洲的多元使得大学的流变具有更多的偶然性，但这并不影响大学从可能成为一种事实。而在其他文明体中，大学仅仅停留在可能的阶段，没有这些复杂多元性格的锤炼，最终只能成为虚妄。

（二）大学的城市化传播

大学最早在欧洲的几个主要城市中燃起火焰，随后由附近的城市开始效仿，而且这种传播趋势随之蔓延到欧洲各国，以地中海为核心，其分布地域最北到瑞典的乌普萨拉，最南到意大利的卡塔尼亚，最东到波兰的克拉科，最西是葡萄牙的里斯本。如果说从巴黎到博洛尼亚可以用一条直线连接起来的话，欧洲的大学基本上都是围绕这条轴线散播开来的。到 1500 年时，在意大利、德国、法国这几个中世纪的国家中，大学的分布密度最高，每个国家基本上都拥有 10 所以上的大学。中国也曾出现过这种学术机

---

① 爱德华·格兰特：《近代科学在中世纪的基础》，张卜天译，湖南科学技术出版社，2010，第 210 页。
② 弗里德里希·希尔：《欧洲思想史》，赵复三译，广西师范大学出版社，2007，第 152 页。

构发展的规模效应，其中在数量上急剧上升的时代是宋代，其数量超过了
600 所，到了元代，经历了毁坏和复建的书院也达到了 296 所。① 从地域上
看，东西两大文明的学术机构都取得了数量上的优势，大学在欧洲的地域
内、书院在中国的地域内进行传播，其共同的特点是著名的学术机构在设
立之后都能够引发一连串的跟随效应。按照这个趋势发展下去，伴随军事
活动的扩展和对外部世界的探索，书院和大学都能够传播到文明的外部。
然而蒙古人的骑兵到了欧洲时，却将中华文明的知识体系和学术机构留在
了原地，在欧洲人的坚船利炮打开东方国家的大门时，大学被随之嫁接到
东方的学术文化中。由此可见，大学之于世界文明带有生长的共性基因。

欧洲大学的传播过程实际上并不如人们印象中的那样顺利。到了中世
纪后期，对于大学社会地位的认可成为设立高等教育机构的主要标准，尤
其是政治权威的认可至关重要：一方面大学在制度与地位上有了确定的依
据，另一方面当时毕业的学生只有取得学位和教师资格证，才有资格到其
他地方授课。在设立相对统一的制度规范时，大学的传播才是有意义的。
正如烽火台释放的信号代表固定的意义，大学的功能也在这种传播中保持
了稳定，如威廉·弗里霍夫（William Freehoff）所言："高等教育机构的建
立应该是由拥有法定资格的官方认可的，而官方之所以认可它，要么是由
于它引领着教育制度等级，要么是由于它与某个传统模式是一致的，如把
大学的各学科分成系这种传统模式。"② 除了早期的几所大学如博洛尼亚大
学、巴黎大学、萨莱诺大学等是由自发的学者行会形成的，不少大学都是
由政治当局为了地方或宗教利益 "栽种" 的。最著名的是腓特烈二世在
1224 年创办的那不勒斯大学，还有 1229 年法国的由地方贵族设立的图卢
兹大学。真正动用迁校特权设立并延续下来的大学屈指可数，算得上迁移
诞生并延续的也只有英国的剑桥、1222 年的帕多瓦这样的大学，大多数大
学在迁移到其他城市后很快由于重组和人员结构等消亡了。到了 14 世纪以
后，教皇和神圣罗马帝国皇帝开始介入大学的传播过程，决定什么样的机
构能够成为大学，"自 14 世纪起，我们基本上就可以明晰大学的分类范
畴——根据法理学家们的分析，除教皇与罗马君主创建的高等教育机构

---

① 苏鹏：《中国古代书院发展之解析》，《渭南师范学院学报》2013 年第 3 期。
② 希尔德·德·里德-西蒙斯主编《欧洲大学史》第二卷，贺国庆等译，河北大学出版社，
2008，第 54 页。

外，其余一切学校都不应纳入'大学'之列"①。14 世纪后期，大学的传播实际上就变成了一个教会统治与罗马法双重覆盖下的欧洲现象。

从整个欧洲来看，以最早的巴黎—博洛尼亚为轴心，在意大利北部的城市形成了最早的大学群落。奥尔良、卡昂、兰斯以及图卢兹则是因为巴黎大学的声誉影响建立了自己的大学。不列颠岛上虽然最早只有牛津大学和剑桥大学两所大学，但在北部的苏格兰则兴起了阿伯丁大学、格拉斯哥大学和圣安德鲁斯大学三所大学。大学与城市构成了欧洲学术发展的最初轴心，不断被创造的新思想开启了新的轴心时代，后来的科学革命也主要依据这些轴心来展开。更重要的是，每个中心城市或城市轴心形成了较为统一的学科特色，这颇似今天各国集中精力建设强势学科的行动。欧洲的大学之间、城市之间是一种竞争关系，正是竞争在大学的传播过程中实现了优胜劣汰，"以意大利北部的伦巴底平原为中心的区域形成了一个城市群。法学教育最为繁荣的城市无疑是博洛尼亚，但拥有法学学校的城市不仅博洛尼亚一家。在若干竞争对手（摩德纳、帕维亚等城市）中，博洛尼亚显得更为出色。在法国，巴黎也是在与其他城市（夏特尔、兰斯等）的相互竞争中发展起来的。在西班牙，在把东方文化吸收、中转并传播到西欧的过程中起过巨大作用的科尔多瓦和萨拉曼卡等都市也是不可忽视的。在英国，到 12 世纪末牛津剑桥形成气候之时，历史上的学术都市也就开始形成了"②。后来近代科学的兴起也正是依托这些有大学的城市群展开的。14 世纪欧洲的许多大学都在这种城市群里诞生，并最终形成了一场创建大学的运动，"到了 14 世纪中期，除之欧洲南部以外，其他地方也兴起了一场创办大学的运动。1347 年，布拉格大学的建立则成为这场运动的转折点。1347 年，在新皇帝查理四世（他曾是一位热衷于法国文化和极力赞成建立大学的王子）的帮助下，大学运动盛行起来了"③。德国大学形成集群虽然较晚，但也形成了这种城市大学群。德国早期产生的大学主要得益于经院哲学的传播，在科隆大学、美因茨大学、海德堡大学和图宾根大学中，亚里士多德主义是推动其发展的主要力量；而到了 16 世纪之后，新诞

① 海斯汀·拉斯达尔：《中世纪的欧洲大学——大学的起源》，崔延强、邓磊译，重庆大学出版社，2011，第 8 页。

② 张磊：《欧洲中世纪大学》，商务印书馆，2010，第 265 页。

③ 刘河燕：《宋代书院与欧洲中世纪大学之比较研究》，人民出版社，2012，第 107 页。

生的大学的主要目标是对抗前者，在不同教派的推动下，城市之间的竞争和效仿构成德国大学传播的主要基调，"1694 年，哈勒大学（University of Hale）成立，它很快成为虔敬派反对形而上学的中心。1734 年，哥廷根大学成立，这使西欧形而上学在德国走到了穷途末路，因为哥廷根大学引入了英国自然神论思想，它的课程里还讲授历史神学、帝国历史和统计学。1746 年，柏林学院成立，也参加了这个队伍的行列"①。从表面上看，大学在城市间的传播是随机现象，实际上这是以知识、城市和大学之间建立的密切联系为基础的。只有在欧洲，这三者才能建立起联系。

欧洲的大学在几个世纪内形成了规模效应，而且其传播的教育理念与知识逻辑都是一致的。欧洲的大学虽然形态各异，但其制度、组织与仪式是统一的。大学的传播是在自发与外力的双重作用下展开的。到了中世纪后期，新教的崛起又掀起了一场创办大学的运动，大学的烽火开始从法国、意大利传到了德国，"新大学遍布 16 世纪的整个欧洲。仅在德国，就新建了 9 所大学，其中，路德派建立了马尔堡大学、耶拿大学、柯尼斯堡大学等。在瑞士，茨温利组建了苏黎世大学，加尔文派则于 1558 年创建了日内瓦学院，荷兰建立了莱顿大学（1575），苏格兰建立了爱丁堡大学（1583）、爱尔兰则建立了都柏林大学（1591）"②。由此，欧洲就形成了诸多大学城市群，意大利、法国、英国、西班牙和德国则成为欧洲规模宏伟的"大学国家"。

二 世界文明浇灌下的大学

大学虽然诞生在欧洲，但现代大学却是在世界文明的浇灌下成型的。按克拉克·克尔（Clark Kerr）的说法，现代大学的复杂性超过了同时代其他的社会机构，同地理意义上的世界不同，大学世界的国家和公民特性共通性更强，"（大学世界）有着学生、教师、校友、校董、公共团体等若干'国家'。每一个都有它的领土、管辖范围、政府形式。每一个都能通过多数票解决自身问题，但它们都没有形成单一的选区。这是一个具有多种文化的多元社会。共存比统一更有可能。和平是一个优先项目，进步是另一

---

① 弗里德里希·希尔：《欧洲思想史》，赵复三译，广西师范大学出版社，2007，第 437 页。
② 李工真：《大学现代化之路》，商务印书馆，2013，第 29 页。

个优先项目"①。从古代起，大学的孕育、发展、形成和传播本身就是一个世界性的过程。正如近代科学在西方的诞生一样，人们只是看到了 14 世纪之后的理性主义和实验科学在大学之外的兴起，倘若没有古希腊—阿拉伯的科学与自然哲学知识经由大学的传播，科学革命是不可能被触发的。大学能接纳属于异教的知识体系，这与东西方文明屡次的碰撞不无关系，"希腊—阿拉伯科学和自然哲学在 12、13 世纪的引入被认为对思想生活至关重要，到了 1255 年，亚里士多德的著作已经成为巴黎大学课程的基础，这要早于牛津很久"②。现代化是全球趋势，借助这股趋势，大学先与民族国家同构为一体，在展现出更大的组织与技术优势时，才变成一种全世界都能接受的组织。

（一）现代化进程与大学的扩散

大学之所以能够被不同文明接纳，一方面是因为现代化造成了各文明社会发展的巨大差异，另一方面则是因为大学恰好能帮助落后国家实现现代化。从精神上看，世界各地的人都能从大学中获得精神源泉，而在功能上，大学无一例外地将各地的社会功能整合进现代化进程中，由此成为世界的选择，"就思辨面而言，中世纪大学是'现代精神的学府'（the school of the modern spirit）；因为大学教导人们运用理性进行思辨，产生怀疑并予以探究底蕴，从中就可以找到两种智识乐趣，一是本身就是乐趣，二是在生活上有实际用处，扫除了黑暗时代的含混不明作风（oscurantism）。从另一种实用的角度看之，中世纪大学提供给人类最大的服务，就是把人间事务的行政工作，及各地政府职责，置于受过大学教育的人手中，如此而已。真正的统治者如国王或贵族集团，本身容或是个目不识丁的文盲，他们的教育程度或许比现代民主社会政治人物低，但他们的治国却得仰赖一批受过高等教育的人"③。在大学这面镜子中，各种文明的人们都能照出自己的样貌，西方人可以看到遥远的古希腊，中国人能够将其与书院气质相联系，阿拉伯人可以在其中追溯古代智慧的根基。

---

① 克拉克·克尔：《大学之用》，高铦等译，北京大学出版社，2008，第 21 页。
② 爱德华·格兰特：《近代科学在中世纪的基础》，张卜天译，湖南科学技术出版社，2010，第 212 页。
③ 林玉体：《欧洲中世纪大学》，文景书局，2008，第 430 页。

对现代化进程中的不同文明而言，大学的出现带来了当时最先进的知识生产范式。在公元前9世纪~公元3世纪，人类的物质条件逐渐丰富起来，却不能使精神世界的疆域变得更广阔。于是人开始寻求精神上的突破，改变生存状态。对此，早期的思想家对社会关系、发展方式、谋生手段、政治组织的变化方式等问题提出了自己的见解。最早的智识生活也就从这些问题中开始产生，早期的智者们通过自己和学生来传播对这些问题的见解。从这些也可以看出在世界不同地域内，人们思考的问题几乎是相同的，"约公元前6世纪前后，整个欧亚大陆到处都在提出、探讨以上这样的问题。中国的孔子、印度的佛陀、波斯的琐罗亚斯德（Zoroaster）、希腊的理性主义哲学家，都是同时代的人，这并非巧合。这些文明的独特的哲学观念和社会制度正是在这一时期里发展起来的，并在以后数世纪中成为它们各自的特征而一直持续到现在"①。何种文明能够率先创造出自由的机遇，新的知识与思想就会打破文明均势局面，在竞争中赢得先机。

进入现代世界之后，推动智识生活发生进步的原因不在于早期轴心思想的创造力，开放的地域环境与宽容的社会心灵才能容纳更海量的知识与思想，封闭保守的社会最终会被历史遗忘。古代的东方拥有更开放和丰富的智力资源，也诱发了西方向其学习的动机。否则，在希腊思想的形成期就不会有来自东方的踪迹，从公元前4世纪开始，世界两大文明体从平行孤立开始走向初步的融合。在东方智慧的注入下，古希腊开始形成影响大学乃至整个世界的哲学观，"公元前5世纪末到前4世纪，希腊哲学出现了三个完整的、完全是独创性的哲学体系：留基波和德谟克利特的唯物主义体系；苏格拉底和柏拉图的唯心主义体系；亚里士多德的哲学理论。后来，这三个哲学体系成为世界哲学发展的基础"②。从这个意义上看，智识生活的来源至少并不是西方一个方向的，而是在早期呈现出一种世界性的趋势。

当第一波轴心时代的思想光芒逐渐消逝的时候，人们就开始寻找建立新的轴心。此时，东西方文明开始以竞争的状态展开。从东方的华夏文明

---

① 斯塔夫里阿诺斯：《全球通史：从史前史到21世纪》（第七版），吴象婴等译，北京大学出版社，2006，第86页。

② 库济辛：《古希腊史》，甄修钰、张克勤等译，内蒙古大学出版社，2013，第289页。

来看，在秦朝覆灭之后，汉开始建立了独尊儒家的思想体系，其知识体系的发展被限制在单一学说之内，并与统治权力实现了合谋，智识生活从此被权力接管，难以产生独立的创造力。而西方在希腊城邦灭亡后则开始以基督教、罗马法和古希腊的哲学体系构建自身的思想形态。自然哲学体系则流出了欧洲，散布在西亚和非洲的民族当中。在这个过程中，本属于希伯来文明的基督教融入了西方的认知体系。文明体内部也充满破坏与重构，大学虽然有直接的源头是通向古希腊时代的，但是其在演进过程中被加入了来自不同文明的基因。东方的技术、西方的思想、中东的宗教和本土的制度都是构成大学的基因。

现代大学是世界多元文明流动的产物，虽然在大学出现之前这种趋势不明显，但其现代化的土壤就是在这种文明间的互动中逐渐形成的。虽然与大学有关的智识成果并非西方的原创，但其在流动的文明中被保留并传播开来。西方不仅接纳了其他文明的知识、技术，还接受了其艺术、思想以及语言风格，不同文明的成果都能在西欧的大学中找到踪迹。大学在世界性的文化与思想中被孕育，智识生活在世界范围内的移动过程中，正好遇到了西方的这种已经具备了世界性的土壤条件的地方，故而才落地并生长出了大学，如斯宾格勒所言："西方的心灵以其异常丰富的媒介——文字、音调、色彩、图画透视、哲学体系、传说、哥特式主教堂的空间性、函数公式——所表现的东西，也就是它的世界感，古代埃及的心灵（它与所有理论和学问的野心格格不入）几乎唯一地只直接借助石头的语言来加以表现。"[1]世界性的心灵意味着其表现形式的多样化和文明的开放，所以西方才有产生新机构与制度的机会。从这个意义上看，西方形成了文明流动的一个旋涡，不同的水流在此交汇并被吸入其中，大学最早的世界性也就在这里形成。

现代化为全世界带来了大学，从今天的任何一个拥有大学的国家中，我们都能够找到其能够结合的接口。越是现代化彻底的民族国家，越拥有较高水平的大学机构。不论大学是后来嫁接还是移植抑或自然生长的，在大学的根部，我们都能找到古代世界几大发达文明体的踪迹。现代国家追求高水平大学的历程同样是建立在世界视角下的，谁能创造开放和智力成

---

[1] 奥斯瓦尔德·斯宾格勒：《西方的没落》第 1 卷，吴琼译，上海三联书店，2006，第 180 页。

果的流动，谁就能拥有顶尖的大学体系。

（二） 成为想象共同体的大学

今天的一流大学已经成为全世界的共同想象与需求。大学的传播需要一定动机，只有当人们从内心需要一流大学时，才能用制度去尊重高深知识的研究。在对于大学的认识上，全世界表现出高度的一致性，不论基于好奇心的驱使还是出于救亡图存的需要，进入现代社会之后大学成为一种世界性的需求。在这个需求的推动下，世界各地相对独立的竞争关系得以成为合作关系，东方也能够使西方重新认识自己。大学是推动民族国家现代化的重要动力，也是使国民参与国家现代化的主要途径。然而需要认清的是，要使大学诞生并常驻于一片土壤且最终能结出一流大学这样的硕果，对土壤的培育力度要更大，贫瘠的文化与制度是不可能产生一流大学的。

欧洲大学在近代的崛起并不是因为其本身多强大，而是刺激了整个世界对高深知识与先进制度的需求。建立现代世界需要将各地域的知识与制度成果联合为一体，谁能最先将发达文明的智识成果吸收进来，谁就能率先实现现代化。西方大学的出现并没有封闭知识，而是将全世界的知识联结了起来，麦克法兰（Alan McFarlane）曾说过："事实上，导致现代世界诞生的所有因素几乎都悉数来源于欧洲以外：1400 年以前的伟大技术发明差不多都是中国人贡献的；许多最伟大的科学发现是在希腊首创的，然后在伊斯兰诸文明之内发扬光大的。经由几条贯穿欧亚大陆的贸易通衢，1300 年的欧洲已经吸收了世界各地的许多知识。"① 欧洲本土只提供了产生大学的制度和生活方式，而激发其活力的是外部的现代世界。欧洲正是在同外部世界的接触中创造了持续的需求，最终完成了大学从古典向现代的转型。

在亚历山大东征和罗马帝国崛起之后，中东和北非的阿拉伯人与波斯人接受了大量来自古希腊的知识，才建立了一系列影响当时世界的学术机构。在公元 4~9 世纪，伊斯兰文明拥有当时最发达的知识机构。亚里士多德、柏拉图、阿基米德、托勒密等人的学说在罗马帝国崩溃之后几乎就没有多少人熟知了，仅有的文献都被阿拉伯人保存了，如果没有这种观察和

---

① 艾伦·麦克法兰主讲，清华大学国学研究院主编《现代世界的诞生》，管可秾译，上海人民出版社，2013，第 18 页。

发现世界的目光，阿拉伯不会在 7~8 世纪完成崛起。化学与数学早在近代科学出现之前就已经埋下根基了，与中世纪昏暗的西欧相比，同时期的阿拉伯国家几乎就是当时世界的统称。"在人们通称的'中世纪全盛时期'（High Middle Ages）初期，一个开明的伊斯兰知识分子曾说过：'一个完人应是东波斯人种，信仰上是阿拉伯人，教育上是伊拉克（巴比伦）人，敏锐灵巧如希伯来人（犹太人），处世为人如基督徒，虔诚有如叙利亚修道僧，科学知识上像希腊人，探究奥秘如印度人；最后，也是最主要的，在灵性生活上是苏菲派。'"① 在世界性需求的驱使下，阿拉伯人容纳了大量古希腊的知识，一度将古希腊的精神生活方式变成当时的文明特色。其在哲学、医学和天文学方面的造诣对中世纪的大学造成了直接的影响。尽管我们说中世纪大学的传承是由古希腊开始的，但我们不应忽略的是古希腊的知识体系是经过阿拉伯人的修订之后才回流至西欧的。此时的古希腊知识体系已经不单纯是西方的，而是变成了世界意义上的。欧洲对于世界的需求引发了人们对于理性世界的向往，"12 世纪，伊斯兰学者伊本·路世德（Ibn Rushd）和麦蒙尼德（Maimonides）已复兴了亚里士多德哲学，但没有得到伊斯兰教博学之士的关注。他们继续坚持自己久经验证的思维模式，尊崇其他权威"②。

古典大学在中世纪的兴起是当时世界文明汇集的产物，只要地域之间在交通和文化上能够实现开放，知识的交流就是必然的事情。从过程上看，中世纪如果只有拉丁文明一种文化生活的话，就不会有对阿拉伯知识的崇拜和翻译运动的诞生。关键是如何创造这种对外部世界的精神需求，才能引发知识的革命。从世界性需求的创造，到知识机构的制度化，欧洲经历了大转型，"要想在中世纪创造一种社会环境，使得科学革命能够在17 世纪最终发展起来，至少包含三个重要的前提条件：1. 希腊—阿拉伯的科学和自然哲学著作被译成拉丁文；2. 中世纪大学的形成；3. 神学家—自然哲学家的出现"③。西方大学的兴起是世界性需求的一部分。大学

---

① 弗里德里希·希尔：《欧洲思想史》，赵复三译，广西师范大学出版社，2007，第 98 页。
② 威廉·麦克尼尔：《西方的兴起：人类共同体史》，孙岳、陈志坚等译，中信出版社，2015，第 578 页。
③ 爱德华·格兰特：《近代科学在中世纪的基础》，张卜天译，湖南科学技术出版社，2010，第 210 页。

的传播需要很多的独特条件，但最主要的是每个文明体中对于知识和外部世界的持续好奇心。

三　大学的现代化与世界传播

从历史演进来看，大学是欧洲文明不可或缺的组成部分，但其现代化却是在扩散中实现的。正是因为有了大学，对世界的解释方式丰富了，真理的认定才开始由高深知识来实现。欧洲通过资本主义、基督教和大学，最终将东西方联系起来，而东方民族国家也通过大学和自然科学了解世界。今天社会中的大学牵动着社会全员的利益，从传承文明的角度来看，它属于全人类，如赫钦斯所言："大学是人格完整的象征，保存文明的机构，探究学术的社会。"① 在全球化过程中，西方的宗教、意识形态和制度均遭遇本土化的抵抗，唯独大学的传播畅行无阻。从这个意义上讲，大学给了民族国家认识和解释世界的最佳方式，满足着全世界人们的智慧需求。正是因为大学走出了欧洲，使世界上绝大多数人能够接受它的价值，大学才成为全人类共同的物质与精神生活方式。北美在尚处于殖民地状态，还未建成民族国家时就率先建立了大学。美国又承担了将欧洲文化的传统中转、移植到新大陆的使命，在这些国家和民族看来，建立大学教育国民、开启人们的智慧是一个国家从封建社会通往近代化的必由之路。而我们在了解这些事实的同时不禁会产生疑问：从欧洲到全世界，在不同民族文化差异巨大的环境中，为何大学能够在传播过程中畅通无阻？有学者认为，大学并不是西方主动送到东方的，反而是在西方殖民运动和军事活动中附带被传到了世界的很多地方。这些问题都是需要我们回到当时的历史环境中才能弄清楚的。

（一）　大学如何从欧洲传到世界？

欧洲在大学向外输出之前经历了巨大的变化。在 15 世纪文艺复兴时期，以基督教《圣经》为基础的世界观已经逐渐被新人文主义和近代科学替代。文艺复兴本身就是打通欧洲内部地域格局的一场文化运动，通过对人文主义的追求，人的主体地位被释放出来，虽然当时的人没有直接挑战教会的能力，但已经开始挑战自己身边的环境。文艺复兴解放的是人的心

---

① 赫钦斯：《教育形式与前瞻》，姚柏春译，香港今日世界出版社，1976，第 110 页。

灵空间，真正的物理空间的解放需要经验实践来完成。所以，在 14 世纪之后，欧洲的历史发展开始分出两条演进的线路。第一条是以实践探索为目的的活动，其开创者就是麦哲伦，他于 1519 年到 1521 年完成首次环球航行，这个创举打开了欧洲人探索世界的眼睛，欧洲人从此以伊比利亚半岛为开端，开启了大航海运动，欧洲的地理边界从地中海逐渐扩展到世界的另一边。第二条是自然科学家提出的新的观察与解释世界的方式，以实验和数学为基础的自然科学挑战了传统的自然世界观。真理的解释权正在从教会向自然科学家们倾斜。随着 1453 年君士坦丁堡被土耳其人攻陷，欧洲人与东方的贸易方式被切断，这逼迫欧洲人必须寻找新的航路。在教会再也无力组织起十字军东征这样大规模的军事活动时，人们都在以新知识重新开发世界，"就像人文主义在纪元前已取得相当成就，以及像哥白尼发现了天文之奥秘一样，探险与贸易亦在基督教之外揭开了许多新的领域。一旦证实亚里士多德及其他希腊哲人所知的世界是那么的小之后，他们的权威就一落千丈。文艺复兴时代对希腊自然哲学的崇拜就衰退了，人们由于新发现所获之信心使其知识与贸易之领域日益扩张。现代科学及哲学兴起，开始其重新勾画新世界之工作"[1]。在新的探索和认知的驱动下，不同板块的大陆逐渐被欧洲的航线串联了起来，人们可以获得其他文明的资源与物质成果。由此，商业活动开始从欧洲内部扩展出来，近代资本主义也渐渐形成。

商业活动和航路的开发构成了大学对外传播的条件，早期的殖民运动也构成了客观上的因素，但这些都不是动力，真正推动大学向外传播的动力是资本主义、科学和宗教的世界性传播。最早开辟新航路掀起航海运动的伊比利亚半岛的两个国家——西班牙和葡萄牙，不仅没有率先发展起资本主义体系和工业文明，也没有将大学传播出去。最终世界各国效仿的是英国、法国和德国这几个发达资本主义国家的大学体系。资本主义天然地同科学结合起来，在探索新的市场和未知世界上，二者一拍即合，这是传统的宗教社会所不能实现的，"在一个神圣化的世界中，人类敬畏和崇拜自然，资本主义是不可能存在的，就像在一个社会中，交换价值被视为一

---

[1]　威尔·杜兰特：《世界文明史：启蒙运动》，台湾幼狮文化译，华夏出版社，2010，第882 页。

种共同的平均使用价值，那么，敬畏和崇拜的态度在这样的社会中不可能出现一样。在自然对人类活动的漠不关心中，资本主义要求并且产生了一种信念，以科学观概括的一种观念"①。在资本主义全球扩张中，更多时候需要的不是殖民与被殖民的掠夺，而是平等地位的合法贸易。在平等状态下，一切文明成果才能被各国接受。

资本主义的传播需要以科学来塑造合法性，因为只有科学可以打破传统宗教世界观的符号认知，建立起一种跨越语言的对话渠道。历史证明，通过零散的技术和文献进行科学的传播是不能为输出国带来实际利益的。科学的传播有如通信电波一样，需要在输入土地上建立相应的接收机构，这样的传播才是有效的。资本主义和科学发展的需要在欧洲的大学身上找到了逻辑，虽然有过沉沦，但大学能够以变革来完成二者赋予的任务，大学的历史地位和多样性证明了其具有"可传播性"，"变革一直在塑造着大学，并赋予它特有的风格，同时大学也在寻求保留和传播其学术成就、文化观念和人类文明的价值。大学在近一千年里保持了它重要的社会地位"②。正因为如此，大学才成为文明传播的重要内容。

推动大学向外扩散的还有一个重要因素就是基督教传播，在人们的印象中，中世纪的教会僵化而腐败已经成为事实。但不应忽略的是教会在欧洲教育中所起到的组织作用，黑暗时代中除了教会，没有哪位国王能够在全欧洲境内组织起时间长达几个世纪的教育活动，至今欧洲人引以为傲的文明传统不是在于创造了多少文明的奇迹，而是教育始终没有被中断，人们的求知欲被保留了下来，"无论是初期的修道院、大教堂以及附属学校或后来的大学、罗马教廷、教会法庭；无论是它的初期代表——修道僧或教区神职人员，或后来 12、15 世纪的人文主义学者、教会法专家、有文化素养的廷臣、罗马公教会的学者或者路德派的教授，有一件事是清楚的：从 9 世纪知书写字的神职人员到 18、19 世纪的学者和受教育阶层，其间没有中断"③。对于教会在教育上的作用人们有目共睹，出于传教的目的，人们希望将教会的教育理念、方式，以及上帝的关怀真正播撒到新世界的土

---

① 罗伯特·海尔布隆纳：《资本主义的本质与逻辑》，马林梅译，东方出版社，2013，第104 页。

② 詹姆斯·杜德斯达：《21 世纪的大学》，刘彤等译，北京大学出版社，2005，第 7 页。

③ 弗里德里希·希尔：《欧洲思想史》，赵复三译，广西师范大学出版社，2007，第 47 页。

壤中，而这只有通过教会的学术机构进行知识上的推广。所以不论在中国还是在美国早期建立的大学中，教会大学所发挥的作用更大。涂尔干认为，教会设立的学习和相关机构能够使知识传播的方式更稳定，并且能围绕其知识生产建立相应的秩序，"机构的外在形式一旦形成，往往就会借助某种惯性的力量，或是由于成功地适应了新的情势，而长久延续下来"①。在实际对社会的影响上，教育组织比宗教组织更有利于赢得社会成员的认可，所以自诞生以来，教育组织一直是教会用于传播教义的重要机构。

大学的输出不是无意的，而是欧洲与外部世界文明交流的结果。从 15 世纪文艺复兴之后，欧洲开启了探索外部世界的旅程，新的科学和航海运动推动了欧洲文明向世界扩张的步伐。在这个前提下，大学有了向外传播的可能性。与世界各地涌现的需求相衔接，大学的传播获得了世界各地广泛的认可。科学需要探索新的未知，资本主义需要建立稳定而平等的沟通关系，而宗教需要传播教义，正因为这些需要在特定的时期形成了交会，大学的传播才从可能变成现实。

（二）作为制度传播的大学

从西方引入近代大学的国家有很多，而具有世界影响的主要有两个地方：其一是北美，其二是亚洲。而这两个地域引入大学的原因又不一样。美国，欧洲的移民到达后，发现当地没有教育体制和学校，所以移民们引入了自己家乡的教育体制和学校组织。在东方，由于这些国家在 17 世纪之后处于落后地位，故而从民族自强的需要出发，引入西方的近代科学技术、教育组织形式以及社会制度。引入大学似乎是世界殖民史中被殖民国家的一种应激反应。这个逻辑在表面上看似乎是成立的，大学的输入更像是一个工业和军事技术的传播问题。而东方国家在引入大学之后并没有停留在建成学校组织上，而是将其纳入国家制度中。中国和日本在较短的时间里建立起一套相对现代化的大学制度体系。日本还致力于将西方的政治制度移植到本土，实现其"脱亚入欧""文明换种"的理想。中国也提出了"学术兴国"的近代高等教育理念，注重科学与大学的制度性结合，"所谓学术兴国，指将科学和大学视为国家兴盛的根本力量的信

---

① 爱弥尔·涂尔干：《教育思想的演进》，李康译，上海人民出版社，2006，第 3 页。

念"①。中日在输入大学时虽然以近代大学为目标，但不约而同地接受了欧洲的古典大学观。

从本质上看，地域间输入大学所引发的结果也不同。从欧洲到美国具有地缘上的优势，早期移民越过大西洋就到了北美大陆。移民对教育的需求出于两个方面：首先是移民者自身的教育问题，北美大陆需要建立起与欧洲相似的文明秩序；其次是人们到了新大陆之后，信仰环境已经发生了巨大的改变，他们需要寻求精神上的启示才能理解新环境。新的教会也需要重新培养神职人员，在这两种需求的催生下，欧洲大学的组织形式与教育内容就成为他们必然的选择。布尔斯廷评论道："殖民者来到新大陆时还没有一套现成的制度供他们遵循。因此，他们必须确立新的政治制度和教育制度。所有殖民地学院都秉持这样一种理念，即通过教育帮助年青一代适应文化的需要，通过教育传承人文知识，不仅把年青一代培养成为神职人员，而且也培养成为国家的公职人员。"② 虽然北美在设立学院的形态上有别于欧洲，但核心理念并没有发生太大变化。欧洲的大学传统就这样被带到了美国。

在北美由新的教派成立学院成为一种主流趋势，例如哈佛学院是由清教徒建立，达特茅斯学院和耶鲁学院由清教徒分离出来的公理会教徒建立，新泽西学院由长老会建立，皇后学院由荷兰归正宗建立，罗德岛学院由浸信会教徒建立，国王学院由英国国教徒建立，只有费城学院是由殖民地非教派机构建立。课程内容并不是当时最需要的生产技术，被放在重要位置上的是欧洲古典传统的希腊文、拉丁文，古典文学、修辞学和辩论，"当新的教会形成时，随之而来的就是建立自己的学院，以便对年轻一代进行适当的教育。每一块殖民地都是这些人所建立，他们在欧洲大学接受了大量的文科教育，自他们踏上北美大陆土地的那一刻起就希望重现这种文明。"③ 对于理智的培养就来自欧洲传统。虽然在 17～18 世纪欧洲的大学已经走向了冰河期，大量专科学院兴起，但引入古典大学仍然成为北美的首选，这个现象十分耐人寻味。

对于亚洲国家而言，需要从长远历史的角度看待大学的输入问题。历

---

① 陈洪捷：《德国古典大学观及其对中国的影响》，北京大学出版社，2002，第 122 页。
② 转引自亚瑟·科恩《美国高等教育通史》，李子江译，北京大学出版社，2010，第 17 页。
③ 亚瑟·科恩：《美国高等教育通史》，李子江译，北京大学出版社，2010，第 18 页。

史上，中国实际上已经有开放的动机和意愿，在西方开始海洋活动前，中国的探索已经触及很远的地方了，"几乎在哥伦布航行之前 100 年，中国人就已经建造出了令哥伦布帆船相形见绌的巨型远洋航船，他们驾驶这些巨型船只从本土出发，绕着东南亚沿海行驶，一直到达印度，又穿过印度洋到达非洲。简而言之，当欧洲人还被伊斯兰国家挡在身后的时候，别国的贸易商就已经能够自由地穿梭于整个亚洲地区，进行贸易活动了"①。古代中国文明需要外部世界，在"开眼看世界"之前，中国人已经在"开眼找世界"了，只不过这种苗头在刚刚产生时就被保守的制度给扼杀了。从近代以来东方国家引入大学的积极性可以看出，这不是一时间的技术反应，而是本性被激发出来，如涂又光所言："自清代末年，中国高等教育走向科学阶段，完全是'逼上梁山'。'逼'，是帝国主义侵略者；'上'，则是中国人自己。"② 虽然在引入西方高等教育体制的时候也经历了体用之争，但其很快就被中西兼学的潮流取代了，在大学内可以同时容纳东西两种智力资源，而且实现了科学和人文的交会，这是古典学术机构所不具有的功能。

对于中日两国而言，西方高等教育制度和大学的引入还具有政治上的功能，作为后发的近代国家，如何避免最低限度的政治损失而最大地发挥大学的政治功能是最主要考虑的问题，而大学能够有效调和文明间的差异。伊藤博文在跟随劳伦斯·冯·斯泰因学习的过程中得到启示：大学机构与制度能够服务于近代化的国家，这是上下都能够满意的结果。"伊藤曾于幕末期留学英国，但他不是在英国，而是在德国这个君权主义国家找到了理想的国家体制，宪法和大学都是为其服务的。以培养国家官僚为中心建立一所为国家服务的大学，是从师斯泰因后的伊藤所描绘的理想大学。"③ 中国在甲午海战之后得到的启示是：可以仿效日本的国家体制，利用大学来完成自强图新，所以近代中国引入大学时的形态跟日本有相似性，正如许美德（Ruth Hayhoe）所言："京师大学堂起源是追随东京大学的模式，而东京大学本身则深受法国和德国大学的影响。当时政界的保守

---

① 杰克·戈德斯通：《为什么是欧洲？世界史视角下的西方崛起（1500—1850）》，关永强译，浙江大学出版社，2010，第9页。
② 涂又光：《中国高等教育史论》，华中科技大学出版社，2014，第181页。
③ 天野郁夫：《大学的诞生》，黄丹青、窦心浩等译，南京大学出版社，2011，第4页。

分子也显然被日本既引进西方制度和技术却同时保留了帝国的威望和儒家文化的至上地位这样的方式所吸引。"① 明治维新后，日本的留学生被有针对性地派往各国，在英国学习机械、冶炼等工学科目，去法国学习的是法律，去美国则学习的是农学和畜牧学等科目，去德国学习的则是政治、经济、物理、天文和化学这些具有欧洲古典学术传统的知识。

大学形成了人类历史上特有的认知体系，其机构、制度与知识状态都是在欧洲大陆文明的演进中逐渐形成的，唯有在城市间形成传播与竞争效应，高等学府才能拥有今天的地位。然而，大学又是世界性机构，只有在世界性的知识与思想流动中，大学的普遍性才能成长起来。大学的世界性传播正是在东西方都有文明交流且互相产生需求的过程中实现的。

第三节　作为共同价值的大学文明

到了今天，文明的概念突破了地域范畴，呈现出多元化的状态，例如政治文明、生态文明、物质文明。在多元化的世界中，大学已经成长为一种类型的文明，因为今天的大学已经是全世界人共同接受的共同价值。大学追求真理、培养人性，塑造合格的社会公民。通过大学人们学会了寻求智慧、尊重自由，并以制度的形式将这种文明特质固定了下来。共同价值并不是以"西方"或"东方"的地域来做判断的，而是为全人类所接受的价值属性，意味着不同民族之间可以用相对统一的精神、规则与方式统一起来，达到文明融合的目的。在哲学上，其包含的含义有如下三个方面。其一是客体被主体普遍共享，例如知识、科学、精神文明等人类共同创造并享有的成果；其二，指人们普遍追求的目标和结果，例如人类共同的伦理等；其三，指人类普遍遵循的规范和规则。虽然对共同价值的认同在不同国家之间存在争议，但还是有一些内容被全人类共同尊重，例如自由、人道、公平、正义、法治、多元等，是绝大多数国家所一致提倡的。共同价值具有时间和空间上的延续性、扩展性，代表的是人类文明的精华。在空间上，共同价值正在被世界上越来越多的国家接受，成为建立合作和沟

---

① 许美德：《中国大学 1895—1995：一个文化冲突的世纪》，许洁英译，教育科学出版社，2000，第 36~37 页。

通的桥梁。今天的大学已经成为一种文明的类型，因为其精神气质以及物质创造力惠及全人类。不论东方还是西方，人们都将大学视为铸造人类灵魂和带给人精神培育的机构，不同民族的人能够通过大学实现精神与制度的结合，正像希尔斯所认为的："大学被视为是继承下来的最好的知识传播者。"[①] 无论古代还是今天，大学总是使人们充满崇敬与想象。因为不论今天的大学如何变迁，每个人都认为那种理想的大学存在过，可以用同样的目光来看待和向往那种纯粹而高尚的理智生活。通过这些，人们曾经将大学视为通向理想生活与完善人性的机构，即使今天部分大学已经沦为职业训练的场所，人们依然不减那种对文明追求的热情。在这个意义上，作为文明的大学不仅是属于大学人的，而且是属于所有人的。

一 大学文明的历史根基

大学之所以能够成为一种文明类型，不仅是由于其悠久的历史沉淀在人类文明的长河中，最主要是因为其已经符合人类文明的特征。大学已经成为全人类共同的价值观、制度、物质和精神成果。从心理上讲，人们认定大学作为共同价值的意义在于帮助大学实现和坚守其本质。这种经典的本质成为今天大学机构所秉持的先验价值，正如康德所言："善良意志之所以为善，并不是因为它所促成的东西和它所实现的东西，也不因为它易于达到预期的目的；而仅仅是因为意愿而善，也就说，它是善本身。"[②] 同理，将大学视为共同价值并不是因为其为当代人创造了充分的物质成就，而是因为其将人类历史中的价值系统容纳和保留了下来，成为每一代人所秉持的信仰。

（一）大学文明历史价值

文明是人类历史各种价值体系和物质资源沉淀的结果，也是一种历史与社会的互动关系。通常人们理解的高等教育机构的价值是通过大学的责任展现的。实际上，这种看法扭曲了大学应表现出的价值。从学术职业在古希腊的分立开始追溯，大量智者的活动让高深知识学习成为一种社会化的行为，正是教育的独立提高了知识生产者和传播者的社会地位，"实际

---

① 爱德华·希尔斯：《学术的秩序——当代大学论文集》，李家永译，商务印书馆，2007，第 17 页。

② 伊曼纽尔·康德：《道德形而上学基础》，孙少伟译，九州出版社，2007，第 5 页。

上，到了公元前 4 世纪，正是那些诡辩家带给雅典人高级学习这种智识生活的方式，为他们提供了非常多的知识形态，而不仅仅是使他们取得社会和词汇上的成功，他们也训练人们进行对抽象事物的思考并且研究学术意义上的语法和数学。这些人还在希腊世界里设立了大批学校，改变了传统的游学方式，配有教授从基础文法到高级学习的教师"①。智识生活最终需要同社会产生关系，才能获得认同。这种制度带来了社会对于知识分子和智识生活的尊重，如果没有这种分立，欧洲大学就只会被视为普通的行会，而不是学者社团。没有学术的专业化与职业化，智识生活的社会价值也不能在各地城市中得到体现，"惟有凭借严格的专业化，学术工作者才有机会在有朝一日充分体认到，他完成了一些可以传世的成就，但是这种情形一生也许只有一次"②。从这个意义上看，智识生活方式被融入了西方文明的大体系中，并拥有深厚的历史底蕴。

大学之所以成为一种独特文明，是因为其容纳了不同类型文明的机能，大学既是精神机构，也是物质创造的场所，既能培养人性，又能培育每个社会的公民。最主要的是，作为文明的大学展示出其他文明类型所不具有的特征。大学文明以其精神屹立于世，对知识和真理的追求就是人类思想价值体系最精华的凝结，"在原则上，在理想上，为学术而学术，为科学而科学。这个信念所表现的正是上述的形而上学精神和科学精神，而在主体之中具体化为一种普遍的原则"③。大学具有的价值取决于人们心中的理性观念是否达到成熟。一方面这种观念来自学术机构的职能价值，高等教育机构不论如何变化，最终都要回到追求科学和纯粹的学术上面，这是大学有别于其他机构文明最本质的特征。大学可以通过人展示出灵动特征，并富有历史感情，这是其他教育机构和社会机构所不具备的职能。正如有学者认为的："大学作为一种学术制度，一种学术机构，它必定有一些内在的东西，正是这些东西决定了大学之所以是大学，而不是其他什么机构。"④ 另一方面大学的观念取决于社会制度和文化变迁。正是因为文艺复兴，人文主义

① James Bowen, *A History of Western Education-Volume One* (New York: St. Martin's Press, 1972), p. 91.
② 马克斯·韦伯:《学术与政治》，钱永祥等译，广西师范大学出版社，2010，第 165 页。
③ 韩水法:《大学与学术》，北京大学出版社，2008，第 55～56 页。
④ 韩水法:《大学与学术》，北京大学出版社，2008，第 33 页。

的思潮才得以进入大学，如果没有近代科学革命和工业革命，大学也就不可能将自然科学纳入自己机体中，而只有人文主义与自然科学得以调和起来，其才能成为最终的科学精神和真理精神，雅斯贝尔斯说过："大学的再度统一，源自对科学宇宙的自觉，不能够简单地理解为将局面恢复到中世纪的统一状况。现代知识和科研的整个内容必须加以整合，也就是说，扩展大学的视野必须推动所有学问分支的真正统一。"① 作为文明的大学意味着其历史具有完整性，而不是从断代中发育出来的，从人类文明的根源能够找到智识生活的痕迹，唯有作为文明的大学才能将人类历史完整地串接起来。

　　共同价值意味着大学跨越文明与国家，能够使人们建立起一致的认知形式。中国对"university"的命名是根据古代典籍《大学》而来。《大学》开篇的"明德、亲民、止于至善"同西方大学追求真理和自由、培养人性、塑造公民品质极为相近。尽管如此，从西方学说到儒家学说，虽然文化屡经调和，但还是存在一定冲突，"西方文化强调的是'重思辨、尚超越、学以致知'，而中国文化注重的是'重现世、尚事功、学以致用'"②。西方的知识发展取向是二元论的，而东方的儒家文化则统一到一元论上。在近代中国既需要西方的自然科学和技术，又需要保留传统的伦理和儒家思想精髓，所以人们选择了大学这种包容性极强的制度。表面上看，大学是不同文明的人的共同选择，深层来说，大学迎合了东方古典学术的传统，将古代学术所不能实现的功能用现代科学及制度的方式激发了出来。

　　通过历史，大学文明建立起一套持久的社会忠诚体系，不论社会如何发展，人们还是愿意去凭借高深知识建立社会秩序并改变时代，希望大学能够做时代精神的领导者。正像希尔斯所说的那样："它能够激发起人们对它的认同感和忠诚，以后的经历也不会使这种认同感和忠诚消失。它促进了教派的传统，这为它确立取得令人更广为称赞的成就的志向赋予了动机。"③ 这种忠诚和认同感从大学的历史而来，与现代相接，并跨越了民族

---

① 卡尔·雅斯贝尔斯：《大学之理念》，邱立波译，上海人民出版社，2007，第31页。
② 刘道玉：《论大学创造性人才培养体系的构建》，《高教探索》2011年第1期。
③ 爱德华·希尔斯：《学术的秩序——当代大学论文集》，李家永译，商务印书馆，2007，第11页。

与国家。从这些来看，大学的共同价值并不是大学的精神责任，而是大学的历史留给后人的遗产。

（二）大学如何产生对真理的信仰

真正使大学获得尊重的是其始终不渝的信仰。通常人们所理解的信仰是基于宗教层面的，信仰者用虔诚和修行获得灵魂的解脱，而大学将真理变成自己的信仰。"大学是一个不计任何条件追求真理的地方。"[1] 在西方，柏拉图认为要想从事哲学学习，必须要形成一些学习前的性格，只有在性格中刻下面向自由与真理的印记，人的理智与德性才能传到下一代，"一个人如果不是天赋具有良好的记性，敏于理解，豁达大度，温文尔雅，爱好和亲近真理、正义、勇敢和节制，他是不能很好地从事哲学学习的"[2]。在东方，智识生活需要遵循"志于道，据于德，依于仁，游于艺"[3] 的逻辑，"道"是儒家最高的真理，"朝闻道，夕死可矣"[4]。由此可见，东西方对于真理的信仰很相似。在东西方的本体论当中，真理都被当作一种形而上学的信念，是先天存在的。真理是超验的，深藏在人的天性之中，人需要做的是努力去维护这种天性。当追求真理的志向成为人类的共鸣后，思想汇集的潮流就开始在世界几大文明中升腾起来。在东西方历史中对真理的信仰并不完全是连续的，就如同科学的发展一样，很多时候仅仅是一丝细线在连接着古代与近代科学。中世纪的黑暗时期，信仰被藏在历史的深处，而大学的出现促成了真理的再次出世，在这个意义上，大学是真理的"助产士"。

对于每个渴望摆脱蒙昧的人来说，真理是可贵的，是一种稀缺品，正因为其可贵，孕育真理的环境才格外脆弱，真理不是常识，真正的真理高贵而深邃，只有高深知识才能使世人对真理保持敬仰，所以这个社会环境不仅需要学者们去面向真理追求知识，更为重要的是需要社会系统地、连续地去传播真理。大学与真理天然地联系在一起才使其作为文明立足于世间。在大学产生之前，智识生活时断时续，并没有连续性。罗马帝国覆亡之后，欧洲经历了几个世纪的不稳定。能够坚持真理的只有基督教，但其

---

① 卡尔·雅斯贝尔斯：《大学之理念》，邱立波译，上海人民出版社，2007，第 98 页。
② 柏拉图：《理想国》，郭斌和、张竹明译，商务印书馆，2012，第 235 页。
③ 《论语·述而》。
④ 《论语·里仁》。

终归还是宗教信仰的一部分，追求真理的实质活动并没有独立出来。直到11世纪，欧洲所面临的环境才有所改变，对真理的唤醒来自三个方面：其一是基督教对欧洲信仰的统一造就了社会生活的稳定，即使是从事宗教研究的学者，也能够以上帝之名去追求真理；其二是阿拉伯与古希腊知识被发现，使得支撑真理的知识体系不再枯竭；其三是西欧社会开始以罗马法规范社会行为，只有社会行为的规范才能带来对真理的认同。尽管在现代人看来，中世纪对于各种知识的翻译和恢复有迎合当时社会需求的目的，知识的高深性不够，实际上，这些学术是忠实于真理的。学术知识的出现推翻了当时以魔法与神秘主义理解世界的方式，用科学的视角对社会和自然给出了新解释方式。不论阿伯拉尔的经院哲学还是欧内乌斯在法学上的引领，都不完全是属于他们个人的魅力，而是来自当时社会对于高深学问的信仰，"高深学问忠实于真理，不仅要求绝对忠实于客观事实，而且要尽力做到理论简洁、解释有力、概念文雅、逻辑严密。此外，学者们对于真理的标准会有分歧。由于这些标准将不断受到审查，因此最重要的是这些标准的自我矫正。真理能够站得住脚的是它的客观性"①。正是有了高深知识的传播，人们才重新被唤醒真理意识。

真理是大学的"根"，也是文明的根基。无论其如何演变，传播至何处，作为文明的大学都能从这株"根"上生长起来。知识虽然随着时间而发生改变，但大学的信仰支撑着其高深学问的本质，正如弗兰西斯·培根（Francis Bacon）所认为的，信仰造就了知识的性格，"如果认真加以思考，我们就会知道，信仰比知识更加有价值。因为在知识方面，文明的心理会受到感官的影响，但在信仰方面我们的心理是受精神支配，精神比起心理来拥有更多的权威，因此可以说，在信仰上文明的细腻受到更有价值的力量的指引"②。信仰是推动大学从机构或制度向文明过渡的内驱力。对于真理的信仰是超越历史与地域的，这不是随着制度传播才被人们接纳的，而是符合人的天性，"真理囊括了人类存在的要义——我们称为精神、存在、理性——所以大学的理想是崇高的，各种学术研究和教学都是真理的展现，都是帮助生命成长"③。从大学的历史演变来说，其前期历史可以被称

---

① 约翰·布鲁贝克：《高等教育哲学》，王承绪等译，浙江教育出版社，2002，第14页。
② 弗兰西斯·培根：《学术的进展》，刘运同译，上海人民出版社，2007，第188页。
③ 雅斯贝尔斯：《什么是教育》，邹进译，生活·读书·新知三联书店，1991，第150页。

为塑造真理性格的阶段，而其后期历史可以被称为塑造科学性格的阶段。正是这两种性格使大学成为人类精神的灯塔。

作为信仰的大学文明将不同地域或文化的人的思维方式、行动方式和价值体系融为一体，推动了欧洲近代国家和东方文明的复苏。因为大学复苏了真理的知识本性，所以大学从一种普通的社会生活或机构成长为令世人敬仰的文明类型。这就超越了一般意义上的宗教真理观。西方大学诞生的过程就是真理之光重新燃起的过程，大学是知识的象牙塔，更是真理的恒温室，"尽管不少教会人士非常看轻世俗文教的价值，许多寺院采取埃及式的禁欲以及传统的愚民作风，大唱'无知者更能进入天堂'，但本笃式的寺院却在漫漫长夜中，还残留一盏摇曳的灯。到了中世纪晚期，此灯点在'大学'上，结果大放异彩，文明之光普照四方"①。中世纪大学的诞生看似是迎合专业知识发展与社会需求产生的结果，实际上，它用对真理的信仰保证了知识生产和传播的高深性。大学从信仰真理中获得了不同于一般社会机构的升华，这也使得其能够获得世代的尊重。

二　科学与社会交会中的大学文明

作为文明类型的大学是全世界人共同的心灵选择，这种选择不仅是因为大学连接起不同地域与不同文化的人，而且是因为大学在不同社会的知识系统中，在物质与精神之间，在不同的心灵世界里构建起了一个共同的文明世界。人，首先是属于心灵的个体，然后才是社会性的。随着进化，人学会了用知识去感知外界，对现代人来说，科学是人用来解释外界的主要方式，然而在科学发达的时代，人却发现自己的心灵被禁锢了起来。故而现代社会中不时有人将目光投向培养心智与理性的古典教育，试图将人心灵中的那份质朴保留下来，所以约翰·亨利·纽曼（John Henry Newman）才说："自由教育在言行的礼貌、得体、优雅等方面证明了自身的价值，就其自身来说，这些是了不起的，并且都为别人所认可。但自由教育的成就不仅在于此。它使心智成型——因为心智犹如身体。"② 不同于一般的教育，高等教育不只能满足心灵的需要，而且能创造新的心灵需求，激发探索未知的

---

① 林玉体：《欧洲中世纪大学》，文景书局，2008，第 1 页。
② 约翰·亨利·纽曼：《大学的理想》，徐辉等译，浙江教育出版社，2001，第 7 页。

动机。而对个体的人来说，即使没有走出国门的机会，在大学中就能感知整个世界，大学就是文明的世界。虽然在语言和文化上有所差异，但人们在大学中所追求的东西是一样的。从古典大学诞生开始，科学精神就一直充盈其中。单纯的科学知识本身无法通向真理与自由，只有与心灵相通，科学才充满人性。大学拥有的价值在于将不同的心灵和学科引向同样的世界，走向真正的理性与自主。

（一）心灵与科学的价值空间

心灵和科学是人们感知大学最常用的两种方式，启迪心灵、培养心智和传播科学也被视为大学的重要职能。造就完整的人性和拥有一流的科学研究能力都是评价其卓越的重要标准。在今人看来，心灵与科学的关系是分离的，因为前者强调主观而后者强调客观。然而在大学中实现成熟的心智成长和具备科学的思维能力是同一个目标，缺少了这两项中的一个，便难以成为完整的人。大学之所以能够成为一种文明，是因为其为科学培植了人性价值，科学因为有了人性而造福于世界。从古代开始，大学培养的是既有科学学问又有社会教养和责任感的人，也就是拥有"学养"的人。这是大学文明立足于世界的最重要原因："'有学养的人'在这里完全没有褒贬的意思，它主要是指出，教育的目的是使人具备那些显得'有学养'的言行品性，而非训练人掌握专门技能。'有学养'的人格是教育的理想目标，它为社会的统治架构所认许，也是成为统治阶层成员的必备社会条件。"① 学问意味着大学需要用科学知识培育人的世界观，而教养意味着大学要给予心灵道德和伦理精神。

大学作为一种文明，是因为其通过智识生活形成了一种更高级的智慧文明。心灵与科学的交会不是发生在各自的领域中，而是在智识生活的连接下，拥有了一个"中立空间"。在这个空间里二者能不受干涉地相互渗透，最终形成高等教育理念的核心部分。真正意义上的科学史要长于大学史，因为从古希腊开始，人们对于自然哲学的探讨已经属于科学的范畴了，然而，在当时生产力与科学水平不高的环境中，为何自然哲学能够成为古希腊精神生活的一支而影响后世呢？答案是凭借人们的想象力与好奇心，也能推动科学创造力的产生。"近代科学的基础——无论是文化上的

---

① 华勒斯坦等：《学科·知识·权力》，刘健芝等译，生活·读书·新知三联书店，1999，第 161 页。

还是制度上的，都能够明确地在科学之外的一些领域中找到。在这些领域中，人们思索宇宙最深邃且最具神秘意义的本质；在这些领域里，人类的想象力铸造了那种允许个人永远享有的'中立空间'（neutral spaces）而免受政治和宗教干涉的制度"①。只有在大学文明创造的空间中现代科学活动才是具有活力的，才能被人驯服。而光有活力还不够，因为科学仍需要创新和灵感，需要产生这种灵感的心灵。早期对自然哲学和科学的研究看似是个人行为，实际上是理智生活加以推动的，这种生活需要群体性的论辩、演讲和讨论，要求的是明白的语言、能够清晰表达的逻辑和一定推理能力。这些要求具备的条件，都是一个城邦公民所具备的本领。如果没有教育对于心灵的启迪，没有对于善、理性与道德的判断，对大自然的想象力就会永远局限在农耕文化的土壤上。文艺复兴表面上复苏了古希腊的人文主义气质，更确切地说是复兴了人的心智能力，正是这种心智的能力脱离了僵化知识的规训之后，才产生点燃了科学的火光。

纵观历史，知识仅是文明的附属品，只有完善的心智才能驾驭知识，这种功能只有大学能提供给人类。心智的启蒙可以激发科学的创造力。虽然彼时的自然科学还远在几个世纪之外，但我们不能否认的是大学在用科学的手段寻找科学的踪迹。要知道近代科学产生的动机并不是实际需要，科学出现的环境也并不是早就安放在那里的，中世纪大部分时间都是巫术与魔法、迷信和炼金术横行的时代，科学的萌芽还在黑暗的荆棘中，只有大学和教会在努力燃起科学的火光，正如丹皮尔所言："几棵疏落的科学树苗，必须在始终阻遏生机的旷野秘境中生长，而不是像有些科学历史家所想象的那样在开阔而有益于康健的愚昧草原中生长。一块农地如果几年不加耕种，即仍成为草莽，在思想的田园里也不乏同样的危险情况。费了科学家三百年的劳动，才得清除草秽，成为熟土；但毁灭很小一部分人口，便足以毁灭科学的知识，使我们回到差不多普遍信仰巫术、妖术和占星术的局面中去。"② 大学的兴起为社会创造了一种新的信仰方式，那就是对智慧的信仰。没有对智慧的信仰，社会就会被拖入原始的迷信生活中，陷入拜物的世界里，"大自然的非神化是科学研究的关键性的大前提。要

---

① 托比·胡弗：《近代科学为什么诞生在西方》，周程、于霞译，北京大学出版社，2010，第 10 页。

② 丹皮尔：《科学史》，李珩译，中国人民大学出版社，2010，第 71 页。

是大自然是人类崇拜的对象的话，将它剖开研究是不虔诚的举动。若世界充斥着精灵和魔力，人唯一应有的反应是向它祈求或避开它"①。当时的大学之所以能够拥有诸多特权，是因为在当时学者拥有将心灵从野蛮中剥离的能力。

中世纪的大学用经院哲学规范了当时的知识生产。中世纪时的社会在迷信与混沌之间，只有大学开辟了一小块文明的空间，因为学者行会是社会精神财富的主要提供者。没有大学用相对规范的学术扫除人心智上的灰尘，即使产生了科学，人还是会将其当作巫术和魔法来使用，"中世纪大学采用的通过问题、辨别、检查以及有条不紊地解决异议、赞同和反对的经院式方法，将会唤醒古代的科学精神并且直接为研究者即那些按照具近代科学特色的假言演绎方法从事研究工作的人做好准备"②。经院哲学作为一种学术研究方法本身并不是造成大学衰落的原因，真正的原因是教会知识观念的陈腐与自然科学的崛起。在经院哲学的引导下，法学、医学和神学都是当时最客观理性的学科，将人从蒙昧中解脱出来。如果没有这些科学知识，就不会有科学的方法与对待科学的信心，"经院哲学的代表人采取了解释者的态度；创造性的实验研究是与他们的观念不相合的。可是他们理性的唯知主义，不但保持了而且还加强了逻辑分析的精神，他们关于神与世界是人可了解的假设，也使得西欧聪明才智之士产生了一种即使是不自觉的也是十分可贵的信心，即相信自然界是有规律的和一致的；没有这种信心，就不会有人去进行科学研究了"③。所以，近代科学是伴随着心灵的启蒙一步一步产生的，而并非社会需要。

（二）科学的传播与理性的执守

一直以来，科学的发展传播被人视为在大学之外的事情，似乎在科学知识传播开来的时候，大学还停留在古典知识的灌输当中。表面上看，近代科学在 16~17 世纪初期就赢得了人们的关注，那些充满观察和实验，利用精密的数学计算和逻辑推演的科学在产生不久就自成一体。但是如果认

① 兰西·佩尔斯、查理士·撒士顿：《科学的灵魂——500 年科学与信仰，哲学的互动史》，潘柏滔译，江西人民出版社，2006，第 19 页。

② 菲利普·尼摩：《什么是西方：西方文明的五大来源》，阎雪梅译，广西师范大学出版社，2009，第 73 页。

③ 丹皮尔：《科学史》，李珩译，中国人民大学出版社，2010，第 81 页。

为近代科学源自实践需求的话，那么率先在欧洲进行航海的葡萄牙和西班牙没有最先产生近代科学，反倒是文艺复兴之后的意大利出现了一大批专业的科学家就无法获得合理解释了。更何况，在当时一个教育普及率还比较低下的社会中，研究自然科学还只是科学家群体的事情。如果没有更加普遍的社会知识基础，自然科学也是无法传播的。科学的传播并不是单纯因为实践需求，而是在整个社会有知识需求，所以科学和大学能够与地域文明融为一体。

科学最大的价值在于其对于任何文明都是普遍的，可以被纳入不同地域的文明体内，所以才被世界范围的人使用。技术可以促进科学的传播，但科学的传播绝不是为了造就技术。科学和宗教一样，要想被更多人接受就必须逐步使自身世俗化。早期的科学发展更多地产生在科学家个人以及他们的群体中，而要想其产生更大的影响力，就要使更多人形成科学认知。最关键的是社会需要具备特定的机构和生活方式才能接纳科学，特定的学者群体与生活方式才有资格肩负使命。科学所获得的社会地位完全来自理解它的人，所以罗伯特·金·默顿（Robert King Merton）才指出："人们开始认为，一个'有文化的绅士'忽视科学的'魅力'是近乎反常的事情了。虽然这些显贵名流的兴趣对科学发展所做的直接贡献微乎其微，但是这作为社会对科学探究的尊重并提高其价值的一种象征性表示，却具有十分重要的意义。"① 更进一步说，技术发展的需要只会让科学在应用的路上走远，科学只有在大学中才实现了制度化的生产与传授。在西方大学兴起之前，科学的发展是偏技术性的，这也是火药、印刷术以及造纸术等纯粹的技术没有发展成科学的原因。直到全世界大学兴起之后，科学才成为大学文明的一部分，变成人人都向往的智慧。当科学被纳入智识生活的范畴中，人才能脱离从技术层面使用科学，而上升到从理性层面去追求科学，正如本-戴维（Joseph Ben-David）所言：普通哲学所起到的作用"构成了保存和偶然扩大科学传统的最好结构，在一定条件下也是适合于某些真正的科学工作的最好结构。其原因是，普通哲学是理性主义的，它主要关心人和社会事务，与想识破宇宙奥秘的自然哲学相比，受到的巫术

---

① 罗伯特·金·莫顿：《十七世纪英格兰的科学、技术与社会》，范岱年、吴忠、蒋效东译，商务印书馆，2011，第60页。

和神秘主义的影响更少些"①。大学的兴起使得各类知识能有共同存在的空间，也调和了知识与技术的矛盾。

大学虽没有直接参与创造近代科学，但其推动了科学的世俗化，使其被更多的人认知，正因为这样，有大学的地方就有科学的踪迹。大学之于科学不是仅有一个机构来研究和传播学问，而是作为文明孕育的场所来创造新的多元文明，科学正是在大学传播的道路上进行播种，所以才有学者说："这是历史上第一次为讲授科学、自然哲学和逻辑而创立一个机构，四至六年的高等教育学习也是第一次以科学课程为基础，而自然哲学是它最重要的组成部分。更加特别的是，这些学科是所有学生的核心课程，实际上也是学习更高的法学、艺学和神学的前提。在数百年的时间里，这些学科被定期讲授。当大学在 13 世纪到 15 世纪之间日渐增多时，这些逻辑—科学—自然哲学课程传播到了整个欧洲，甚至东至波兰。"② 人们在看到由哥白尼和伽利略等人掀起的科学革命的时候，仅仅看到的是它对大学和教会造成的挑战，而并没有注意到如果没有波兰著名的天文学家马尔卿·克洛尔（Marchin Kroll）在克拉科夫大学最先为日心说铺路的话，哥白尼的学说不可能为人所知。伽利略如果没有在比萨大学和帕多瓦大学的任教经历，其学说很难传播开。而且在伽利略的时代，日心说已经公开在大学中传播。正是通过大学中学者们的游历和交流，科学知识才有了传播的网络。因此"虽然科学的角色从一个国家移植到另一个国家，但它们都没失去与它们发源地的接触。通过一个由知识分子组成的网络可学习和交流科学，这些知识分子起到了角色模式的作用，那些把科学带到远方去的知识分子又复制这种模式"③。说到底，科学传播的最核心载体是大学和大学中的人。

正是大学从欧洲到世界的传播，才使得科学被更多人接受，高深知识才不至于被垄断在少数人的手中。科学传播实际就是高深知识不断普遍化和世俗化的过程。在学者心目中，科学意味着最高级的知识，而对于普通

---

① 约瑟夫·本-戴维：《科学家在社会中的角色》，赵佳苓译，四川人民出版社，1988，第54 页。

② 爱德华·格兰特：《近代科学在中世纪的基础》，张卜天译，湖南科学技术出版社，2010，第 211 页。

③ 约瑟夫·本-戴维：《科学家在社会中的角色》，赵佳苓译，四川人民出版社，1988，第30 页。

人来说，科学意味的是理性而中立的共同精神。欧洲的近代科学能够拥有创造力并得以传播开来，凭借的不仅是军事或技术，还有大学。唯有在大学文明的框架内，人们才能形成相对规范的科学价值观与科学认知方式。大学文明推动着这种认知方式扩散，才使得世界各地的人从崇拜文明的角度去接纳科学，从追求智慧的目的中研究学问。从技术上接受科学是容易的，困难的是从心灵上形成科学精神，如果没有大学文明的推动，科学精神不可能独立产生。

三　当大学文明成为一种精神寄托

今天的大学是信仰的存放地，一方面人们将对知识的信仰寄托在大学身上，期待从大学中找到通达真理的道路；另一方面今天的大学承担了社会的伦理责任，维持了宗教文明世俗化之后社会伦理秩序的稳定。雅斯贝斯就认为："在西方世界，基督教信仰缔造了历史哲学。"[①] 大学文明借助的是基督教文明，对上帝的信仰与尊崇被演化为对知识与真理的向往，人们像崇拜上帝那样追求真理与自由。现代大学在某种程度上履行的就是过去教会的职能，李普曼就指出："我们必须求助于大学而不是教会甚至政府，因为我们个人或社会行为的成功最终都建立在我们对自然、宇宙的认识之上；建立在关于善与恶以及如何区分善恶、关于真理以及区别与谬误的认识之上。"[②] 在大学产生以后，基督教与大学的命运就紧密地联系在一起，虽然到了近代在科学的渗透下二者逐渐分离了，但这丝毫不影响宗教在人们心中作为普遍文明的地位。在过去，大学属于基督教，却发挥着比基督教更大的世俗作用。在今天，大学虽然不属于教会，但却承担着引领这个世界精神生活和满足人们精神需要的职责。无论过去还是现在，人们都会因为缺失信仰与知识而感到不安。大学与基督教的关系可以理解为：教会负责信仰的传播，而大学负责信仰的解释，早期的联盟使得二者都获得了巨大收益，"强化教会与大学的联盟是一种信念，即学者的工作是为上帝服务的。几乎无须做任何补充，宗教当局就巩固了当时已建立的政治和社会秩序。这种权威扎根于当时最优秀的知识之上，如关于人的本性、

---

① 卡尔·雅斯贝斯：《历史的起源与目标》，魏楚雄、俞新天译，华夏出版社，1989，第7页。
② 约翰·布鲁贝克：《高等教育哲学》，王承绪等译，浙江教育出版社，2002，第140页。

关于宇宙及关于祸福的知识。而这些知识和道理大多数都以形而上学的或者神学的术语来表达"①。因此，大学文明的精神来源的构建过程就格外引人关注。

（一）大学文明的精神来源

大学之所以能够成为一种文明，是因为其不仅传播精神财富，而且能够突破地域与宗教文化，成为全世界人的精神灯塔。正因为大学被视为文明的象征，所以它才是知识与信仰的安放地。历史上当中世纪的黑暗到来时，西方的精神开始由宗教主导，当信仰上帝、对上帝负责变成以知识探究为终极目的时，智识生活的精神内涵逐渐形成。从这个意义上说，大学文明主要的精神来源是基督教，其共同价值建立在基督教世俗化的基础上。当基督教编织了善与爱的经纬线后，大学才被镶嵌至文明的网络中。不仅是大学，科学的精神也来自基督教。其无私利性，全心探究真理以接近上帝的精神在很大程度上是推动知识进步的源泉。因为知识的目的不论多么纯粹，最终都需要落在一个社会和时代共同的价值观与道德体系上才能被接受。在一个社会普遍衰退的年代，只有教会在支撑社会的精神追求，资助教育，推动智力成果的产出。不论教会出于何种目的来支持早期的学术事业，基督教作为一种信仰的价值从一开始就渗透进学术研究之内，维护社会的良知和追求真善美是宗教赢得社会认可的主要出发点。基督教在当时的欧洲是最具社会精神号召力的，"这个以罪为经、以爱为纬的宗教是西方文明的基础。它对神、人和世界的演绎，支配着中古欧洲的社会、经济与政治达近千年"②。基督教在世俗与迷信之间划出了一个安放学术信仰的空间。

现代社会看待宗教与知识是两条不同的路线，人们所熟知的是宗教追求神，而大学追求真，基督教信仰的是上帝，大学信仰真理，两者似乎是不相干的。没有人去搞清楚大学为何能够产生信仰，从本质上说，知识信仰是精神信仰的一部分，它同宗教信仰一样是由形而上的力量推动的。从理论源头上看，基督教与知识的信仰都出自古希腊，"希腊哲学对基督教的主要贡献就在于提供了一种灵肉二元论观点和唯灵主义理想，以及一种

---

① 约翰·布鲁贝克：《高等教育哲学》，王承绪等译，浙江教育出版社，2002，第 138 页。
② 梁鹤年：《西方文明的文化基因》，生活·读书·新知三联书店，2014，第 24 页。

灵魂超越肉体、唾弃肉体的禁欲主义生活态度。哲学思想观点极大地影响了基督教神学的基本内涵，尤其是对于早期基督教神学的理论建构，柏拉图主义功不可没"①。在人对自我的原罪反思中，更要借助知识的工具去探索这种原罪。正是在高级智力活动对神人二元关系的思考中产生了最初的人文主义。在智识生活的引导下，基督教从原始的低级迷信走向了高级信仰。更何况，教会一直在同崇拜自然、炼金术和占星术这些低级的迷信斗争，这个过程很容易与对知识的探究联合起来。在中世纪宗教和大学实现了联姻。基督教逐渐由先验教义向建立有逻辑的宗教体系进步，大学正是凭借这股潮流才得以兴起，"自 11 世纪下半期起，逻辑教育成为学校的主课，这种情况与神学教学的进展有关。神学课程使用的教父语录式的教科书往往不能满足学生的需要，教师与学生经常在课堂展开讨论，教师根据学生提出的问题进行研究，提出解决问题的途径和答案。神学教育和研究需要恰当地提出问题、严谨地辨析词义、正确地进行推理的能力。它越来越多地依赖逻辑手段"②。凭借基督教的庇护，大学在中世纪迅速获得了认同，知识活动与教育传播使一个黑暗的世界逐渐清晰。

如果没有基督教精神朝向上帝的引导，大学学术探究的无私利性不可能形成。很多时候，人们认为中世纪大学的学术只限于神学和经院哲学。在教会的组织下，智识活动不再是个人行为，而是成为一种群体性的精神活动，知识研究被教会恢复到古希腊纯粹的智识生活的环境中。在基督教与其他宗教的接触中，人们以宗教的名义探讨、辩论和规范知识，形成了大学最早的探究气质，如托比·胡弗所言："我们应当记得，不管是在伊斯兰还是在西方，中世纪盛期的哲学（和科学）语境均由宗教概念主宰。并且，正是在开拓、批评、重新阐述，有时完全拒斥传统宇宙论——从有关天空的知识到地球运动的规律——的语境中，中世纪才展示了它的无畏。"③ 在基督教原罪精神的指引下，知识研究的道德责任增强，因为学术活动要为全社会的信仰负责。用质疑和批判精神来研究学问是受到上帝佑护的，即使是颠覆权威，人们也会赞叹上帝的精巧安排与独具匠心，在这

① 赵林：《基督教与西方文化》，商务印书馆，2013，第 91 页。
② 赵敦华：《基督教哲学 1500 年》，人民出版社，2007，第 209 页。
③ 托比·胡弗：《近代科学为什么诞生在西方》，周程、于霞译，北京大学出版社，2010，第 221 页。

种高尚而有目的的探究中，西方的科学革命才能不断持续发生。在许多学者看来，这是神性光辉的体现，科学与宗教信仰从来就不是冲突的。到18～19世纪时，世界各地所接受的大学不仅是一个拥有现代制度的大学，而且是一个拥有古典精神的大学。这并不是说在很多国家是由教会建立了大学，而是说大学身上的宗教精神能够被当地吸收。不论何种文明，其信仰提倡的真理、善、理智与爱的精神都能找到共鸣，这正是嫁接大学的"砧木"。

（二）大学文明气质的彰显

大学有不同于其他社会组织的气质，大学文明充满精神灵魂，所以才能实现共同价值。作为文明类型的大学不仅是一种地域文明造就的结果，而且是跨文明的产物。大学的跨文明特性不仅来自大学自身，也是由不同的地域文化塑造而来。这种普遍性需要借助一定渠道和方式才能被不同文明接受，需要以一定的形式将其引导出来。在大学产生的时代，正是在信仰气质的驱动下，科学研究才能保持最纯真的目的，如韦伯所说的："纯科学是以给我们提供知识为目的，只有在这种情况下，知识的价值才会出现问题。"[①] 科学需要同大学的文化相融合，才能变成高等教育所需要的知识。我们追求科学固然带着求真的目的，但科学的社会传播却不能不"求善"，如果没有这种科学的价值属性在其中，科学知识也会变成毁灭社会的工具。科学兴起后，大学的荣耀虽然有所黯淡，但其坚持的信念却一直持续到现在。到了近代，宗教的影响虽然淡化了，大学身上宗教般的使命却延伸到社会当中，利用知识与教育继续传播那种爱与道德品质。在大学文明传播的过程中，东方的大学在原本没有的理念文化中还是能够结合西方大学的传统，发展出自身的自治特色。比如"中国对于大学的教育思想采取了折中的办法，西方的学术自由和自治经过了同中国传统文化的不断作用和适应以后，最终变成了适合于中国国情的'知识自由'和'社会责任'"[②]。

在历史上人们一度认为大学是基督教的附属物，并和教会一起抵制近代科学的渗入。在普通人的观念中，科学与宗教之间似乎是势不两立的，

---

① 马克斯·韦伯：《学术与政治》，钱永祥等译，广西师范大学出版社，2010，第146页。
② 许美德：《中国大学1895—1995：一个文化冲突的世纪》，许洁英译，教育科学出版社，2000，第91页。

并没有人将科学和宗教的历史放在一起看。这就造成了对大学衰落原因的误判，似乎是大学对近代科学的排斥使其走向了没落。而且一旦大学与科学之间产生矛盾，神学总是第一个被人提出来作为大学拒绝进步的依据，"在西班牙各大学，十八世纪末还否认血液循环，而且仍旧把解剖排除在医学教育之外。古老的神学偏见虽已大大削弱了，但一旦受到任何令人震惊的新奇事物的激发，就又重新出现。接种预防天花的疫苗曾引起牧师们的一阵强烈抗议。巴黎大学神学院也以神学上的种种理由对此表示反对"①。历史上的宗教与科学是否真的水火不容？基督教是否真的害怕科学挑战上帝的权威？答案并不是这样，至少在许多信仰基督教的人看来，科学也是上帝意志的安排。在早期许多人从事科学探索的目的并不完全是知识，而是证明宗教启示的价值，是在教派之间维护神性意志的统一，姑且不说许多早期的学者坚持出于服务教会和上帝的目的探索未知，就是在近代科学兴起的时候，有不少学者都是拥有坚定宗教信仰的学者。大学和科学革命的发展在很大程度上受益于基督教，"16 世纪的所谓科学革命被很多人误读了，他们试图证明宗教和科学间存在着矛盾。在这个时代取得了一些奇妙的成就，但是它们并不是世俗思想大爆发的产物，而是中世纪经院哲学经历无数世纪系统进步的顶峰，基督教在 12 世纪的时候创立了大学，这些科技成就都是在大学内取得的。科学和宗教不但是相容的，而且是不可分割的，推动科学兴起的正是虔诚的基督教学者"②。如果没有宗教掀起的知识与社会间的张力，大学和科学的活力是不可能被激发出来的。

同大学价值的普遍性一样，科学获得普遍性的源头也不是社会的功利需要，而是宗教的引导与推动。基督教的开放性促成了欧洲文明的开放，也使大学在传播的过程中得以融入其他地域文化，成为全世界共有的文明形态。如果没有那些传教士不远万里地携带知识进入本土，大学可能仍旧很难同世界建立联系。许多人都知道中世纪的教会迫害讲授自然科学的学者，我们所熟知的布鲁诺被宗教裁判所判处火刑，其原因并非布鲁诺宣扬日心说，而是试图颠覆天主教而宣扬异端多神论。如果不是教皇的默许和

---

① 罗素：《宗教与科学》，徐奕春、林国夫译，商务印书馆，2013，第 59 页。
② 罗德尼·斯达克：《理性的胜利——基督教与西方文明》，管欣译，复旦大学出版社，2013，第 9 页。

支持，伽利略的作品《两种世界体系的对话》就不能在中世纪出版。基督教要想进化，需要凭借科学实现解释方式的更替，因为它需要同异教和当时盛行的原始巫术、迷信斗争，"现代科学技术领域的一些核心人物的确是新教徒——最著名的有约翰尼斯·开普勒、罗伯特·波义耳、艾萨克·牛顿以及詹姆斯·瓦特；但来自中欧和南欧三个天主教徒——哥白尼、伽利略和笛卡儿的科学观点才是对传统教派权威最大的挑战。哥白尼，日心说理论（认为太阳是太阳系的中心）之父，是一位天主教的神职人员，他将自己的著作献给了主教；哥白尼的朋友们最担心的倒是他会遭到路德派的打击，因为路德派对于《圣经》的解读并不允许对《圣经》进行灵活的解释"①。基督教需要的是对真理的认定权，而不是真理本身。探索真理是科学家和大学天经地义的义务，相对于其他文明来说，基督教开创的不光是科学研究所需要的自由空间，还有科学所需要的资源支持。

大学文明最初是宗教、科学文明的结合体，其传播性只有建立在基督教的开放性基础上才得以实现，通过宗教人们找到了大学与科学传播的多个连接点，"宗教是普遍现象，可以纵向和横向传播，或两者兼有。纵向传播是指从一个人到另一个人，或一个社会群体到另一个社会群体；而横向传播则指的是某些人所说的宗教信仰的'硬连接'——我们具有信仰的意向。纵向传播的宗教信仰最终可以用进化适应论进行解释"②。在基督教的引导下，科学发现与革命获得了早期的动因。大学和科学借助宗教传播的渠道走向世界。基督教的开放打开了其他文明保守的大门，也实现了自身的进化。如果没有宗教的理由与教会的支持，科学革命在欧洲难以爆发，科学知识系统也无法在社会和大学中获得生长的土壤。

作为文明类型的大学不仅包括其创造的科学与知识成果，最主要的是人们将大学精神视为一种信仰，世界各地通过大学建立了新的文明认知体系，这是其他物质与精神文明所不具备的功能。基督教的普遍精神构成了大学与科学传播的渠道，也使大学在世界传播过程中坚守本质。正如有学者说："教育传统之倔强性是无比的，大学自不例外；教育本身也不得不成为

① 杰克·戈德斯通：《为什么是欧洲？世界史视角下的西方崛起（1500—1850）》，关永强译，浙江大学出版社，2010，第56页。
② 梅尔·斯图尔特、傅有德：《科学与宗教：当前对话》，黄福武、韩刚译，北京大学出版社，2010，第18页。

一种传统，犹如一部机器一般，虽有所失，但也只能透过机器的运作，文化才能日日新且四下传播。这部机器的转动，昼夜不停，机器本身，却是中世纪的产物，犹如代议政府（representative government）或陪审团审判（trial by jury）是英人特有的发明一般。在教育层面上，它比其他体制更是寿比玉山。"①

---

① 林玉体：《欧洲中世纪大学》，文景书局，2008，第432页。

结　语

　　大学是历史留给全世界的财富，大学兴起在西方，直到今天已登上了其发展历史的新高度，实现了从未有过的辉煌。虽然大学在制度与组织形态上有古典和现代之分，但是它们在功能和精神上却是相通的。现如今高等教育机构遍布世界各地，那些历史悠久的大学俨然成为一座城市中最美丽的风景，不少学府也是国际交流的名片。今天各个国家都渴望拥有世界一流的大学，国家现代化与高等教育现代化的同步进行也加大了各国对高等教育的投入。西方大学虽诞生在欧洲，但其天然的世界性使其并不独属于西方，大学的现代化也不是西化。当建设一流大学已经成为一种近乎同质化的国家行为时，我们恰恰需要从文明深处去审视大学所体现出的独特价值。在回顾大学的历史时，我们往往看重 19 世纪初期由德国大学掀起的现代大学潮流，将其视为一种国家达成现代化的工具，而对塑造大学的历史过程则相对重视不够。但没有大学的前世就不会有大学的今生，高等教育无论如何发展都不能回避历史，如克拉克·克尔所认为的："当高等教育从为王族和上层阶级，为古代行业和教会服务，转到为近代比较民族化和工业化的社会以及建立在新的知识和较高的技能基础上的社会的所有人和一切机构服务的时候，它不能回避历史。"[1] 虽然全世界现代高等教育在技术上实现了对古典的超越，然而在形态、制度、思想、仪式上都来自西方古典大学，后者也成为高等教育后发外生型国家的参照模型。欧洲古典大学虽然已经逐渐淡出了人们的视野，但其厚重的文明史仍为今天的世人绘制出一幅清晰的肖像。大学

---

[1]　克拉克·克尔：《高等教育不能回避历史——21 世纪的问题》，王承绪译，浙江教育出版社，2001，序第 5 页。

在从古典向现代的演变过程中逐渐褪去的是欧洲特性，逐步扩大的是世界性特征。在对知识的渴望中，大学从一个充满黑暗和衰退的时代中走出来，成为人们精神活动的主要场所，这是现代文明辉煌的前夜，正如陈方正所指出的："大学体制在起初虽然是特定环境的产物，但对于发展中的西欧社会而言，对它的需求是共同的，它的体制、理念是可以移植、模仿的。因此，大学得以超越它早期的特殊根源，而成为具有普遍性的教育学术体制，在整个欧洲散播和成长。"① 今天我们之所以要回顾大学的这段历史，就是要在审视大学的肖像时搞清楚其在西方兴起的原因。一个国家的崛起不仅需要高速上升的经济实力，还需要拥有一批世界一流的大学。需要搞清楚的是，让大学成为一流并不完全由国家实力来决定，还与其文明传统和智识生活的精神取向密切相关。真正的大学一定是立足于本土文明的，纵使现代大学经历了世界传播的过程，也一定与其落脚地的本土文明相融合，并衍生出制度或组织创新的驱动机制。对今天的一流大学而言，其一流并不是单纯的学术机构声誉的表达，而是以一套完整的文明驱动系统领先世界，这应该成为高等教育后发国家最需要借鉴的地方。

一　好奇心与想象力对大学的持续推动

大学是全人类文明共同塑造的产物，从古至今，驱动大学前行的是来自古希腊的智识生活传统，正是在这种传统下，人们才能将知识与创新职能继承下来，进行文明的再造。如果说智识生活推动了大学在西方诞生的话，那么推动智识生活兴盛的则是持续的好奇心与想象力。直到今天，好奇心与想象力都是一切创新的源泉，在多次科学革命中，好奇心与想象力由学者们形成的共同生活方式逐步传播开来，成为今天不少国家的共识。如果没有这种好奇心的驱动，求知的欲望很快就会陷入枯竭，人们很难去建立新的智识机构。如果没有想象力，西方社会的协作关系不可能实现，大学也不可能在短时间内成为中世纪社会各阶层接纳的对象，正因为有了这种共同的想象力，大学的存续发展才被纳入人们的协作关系之中，成为一种历史认可的制度。所以，追寻西方文明中智识生活的源头也就是探索

① 陈方正：《继承与叛逆：现代科学为何出现于西方》，生活·读书·新知三联书店，2011，第 509 页。

大学的源头。那些被人们认可的顶尖大学并不是因为其机构创造了多少伟大的成就，而是因为其背后有驱动持续创新的整个社会的好奇心与想象力。对今天的国家来说，造就一流大学的并不只是制度设计或资金支持，而是这些大学能够适应并满足全社会对创新的共同认知需求。最顶尖的大学并不是帮助整个国家实现现代化的工具，而是在当代社会中激发人们好奇心与想象力的源泉，只有认识到驱动大学的文明认知状态，对其未来的发展定位才能更准确。

（一）好奇心驱动下的智识生活演进

大学在西方兴起的首要因素需要归结到人的身上，欧洲传统的海洋文明造就了其独有的思维方式，欧洲人的行动正是基于其文明特性展开的。推动欧洲人求知和进行教育的心灵源头是他们持续不断的好奇心。欧洲开放的海洋文明在希腊时期就激发了人们不竭的好奇心，爱琴海造就了一个非中心化的文明体系。从古希腊开始，人们的求知欲望保持着对外部世界的开放。值得一提的是欧洲人的这种精神生活上的好奇心也是非中心化的，没有统一的精神权威来限制精神生活的内容，多元的智力探究方式在古希腊就分立出普通哲学和自然哲学。从同时期轴心时代几大思想体对后世的影响来看，古希腊不仅在思想创造上不落后于其他文明，而且产生了影响科学革命的自然哲学体系，这是其他文明体不具备的优势。古希腊人从理论和本体论的角度来构建智识活动的方式为一切科学的兴起奠定了基础。

历史上，欧洲人对内心和对外部的探索是同时展开的。好奇心成为欧洲人的教育传统，持续地寻求知识是人们从事社会活动的内驱力，最主要的是他们将知识视为通向人生顶峰的阶梯，这种传统持续在大学产生的前后。基督教也支持只有学习才能接近自我与上帝，求知的好奇心在一开始就融入大学的性格中。"人在出生之后，要先学会生存所需要的大部分知识。如果环境允许，他还要终生不断地学习，而他的整个人就是他本身的遗传基因和历史经历的函数。寻找'真我'的研究是一个严肃的课题。我们始终处于一个'接近'的过程中，但像彩虹一样，我们永远也不会到达终点。我们必须把人性理解为一个'过程'，一个不断完善的过程。"[①] 因为好奇心与求

① 梅尔·斯图尔特、傅有德：《科学与宗教：当前对话》，黄福武、韩刚译，北京大学出版社，2010，第72页。

知变成了普遍的社会生活，所以教育在欧洲未曾中断。从本质上看，大学的诞生和兴起并没有满足这种好奇心，反而激发了人们更大的好奇心。到10世纪时，翻译运动掀起了欧洲人好奇心的新高潮，建立大学能够创造更多的新知识。经院哲学的普及使得人们发现了思辨的乐趣，虽然到后期发展出现僵化，但并没有使欧洲人的好奇心陷入停滞。人们又在大学之外开始了探究活动，航海运动与商业贸易的发展带来的是更广阔的世界，所以新的科学革命才能够爆发。在这一点上，欧洲人的求知从来没有停息过，很难想象如果没有这种求知而开放的需求，大学的发展会有怎样的命运。

在欧洲外部则不同，自我中心的发展模式在东方历史的开端就被确定下来，历史的偶然性虽然被古代中东、古埃及和美索不达米亚平原的人们掌握，但他们无法解释这种现象，宗教和最高统治者制定了解释世界的规则，除此之外并无其他的途径，这样一来，智识生活的开展就是单一的，君主或宗教的统一意志支配了探索精神。人们的求知诉求被纳入统一的政治体系当中，成为机械化的僵化行为。"在（除以色列以外的）古代中东先进文明中，一个'以自我为中心'的意义建构过程满足了这种诉求，在意义建构的过程中，特定政治单位中的事件或是被某种方式赋予了意义，或是被归属于更高的权力机构。在政治统一体内部，各种力量以偶然的方式相互叠加，人们往往无法在统一体外部的历史中把握或解释这种状况。"① 中心化的地缘政治过早封闭了这些地域探究世界的好奇心。

西方历史的各个时期延续了欧洲人持续的好奇心。在中世纪的衰退与黑暗笼罩欧洲大地时，人们仍能保持智识生活，能够去探求上帝的奥秘，实际上都是好奇心驱使的结果。在这种好奇心的驱动下，大学的诞生才不令人感到意外。对比东西方这种精神生活的过程，汤因比得出的结论更为深刻："人性多余的好奇心边缘——历史学家依赖于对其作出职业的解释——或许也说明了这种脱离遗传的自我中心的伟绩是人性自身本然的权力和使命。不管怎样，实际上一旦人类精神对生活在其他时代和地区的人发生兴趣，就能脱离自我中心。"② 可以说，正是这种独特的精神生活推动了大学在欧洲的兴起。

---

① 梅耶：《古希腊政治的起源》，王师译，华东师范大学出版社，2013，第316~317页。
② 阿诺德·汤因比：《一个历史学家的宗教观》，晏可佳、张龙华译，上海人民出版社，2014，第6页。

（二）　想象力与精神活动的协同

人类能够产生共同的协作关系是因为共同的想象力，大学就是人们这种共同想象构建的结果。从文明传统上看，人们建立大学并不是单纯地为了培养人才，而是为了实现精神的升华，将不同的人纳入以大学为连接点的想象体内。在语言统一、知识传播方式确立的基础上，人们需要智识机构实现想象关系的协作，以推动社会进步。正如亚伯拉罕·弗莱克斯纳所言，大学做学问就是先验性的，而且没有什么理由来拒绝这种先验的想象，"大学本质上是一个做学问的场所，致力于保存知识，增进系统化的知识，培养远高于中等教育水平之上的学生"①。正是出于对大学满足人们共同想象力作用的认可，古典大学在诞生后才能获得令现代人难以想象的特权。

许多人认为大学是为了满足中世纪宗教和法律的需要才出现的，这无法解释为何大学没有发展成单一的法律学校和停留在教会学校阶段，而是展开了系统而全面的知识研究与教育。学者们之所以聚集起来构成行会，表面上看是为了维护共同的利益免受城市市民的侵害，其内在意义在于他们的心理需求，只有在内心产生的向心力中，学者们才得以聚集起来产生行会，正如本尼迪克特·安德森（Benedict Anderson）指出的："文人在一个以神为顶点的宇宙秩序中，构成了一个具有战略性地位的阶层。关于'社会集团'的一些根本概念，并不是（集团的）界限导向和水平式的，而是向心而阶层式的。"② 在古典大学中，"七艺"这类看似与实际应用无关的知识却能够被人们视为高等教育的基础，其内在的原因不在于古典大学当时造成的社会效应有多大，而是古典大学建立在社会活动的协作点上。古典大学满足了人们对于当时社会秩序与宗教秩序的想象，解决了传统教会与低级教育无法实现的问题。西欧各个城市之间能够形成烽火传播一样的效应，但如果没有这种共同的想象，仅凭模仿动机建立起来的大学是不稳固的。这种最基本的想象使西方大学实现了从诞生到兴起的历史过程。

---

① 亚伯拉罕·弗莱克斯纳：《现代大学论——美英德大学研究》，徐辉、陈晓菲译，浙江教育出版社，2001，第 201 页。

② 本尼迪克特·安德森：《想象的共同体——民族主义的起源与散布》，吴叡人译，上海人民出版社，2011，第 14 页。

对比来看，其他文明中也产生过这种共同的想象，然而却并未使高级学术机构获得时间上的延续，知识研究与创新活动都按照实用理性的逻辑展开，正如李泽厚所批判的："中国实用理性的传统既阻止了思辨理性的发展，也排除了反理性主义的泛滥。……所有这些，给这个民族的科学、文化、观念形态、行为模式带来了许多优点和缺点。它在适应迅速变动的近现代生活和科学前进道上显得蹒跚而艰难。"① 精神生活的出口很难指向纯粹的创新，所以一直陷入实用理性的循环中。即使偶然产生新的知识和科学，由于没有理论上的基础，科学精神的诞生只会是昙花一现。由此可见，当人们将智识生活作为一种精神活动独立出来时，社会就能够尊重其价值。在智识活动被纳入非理性的运行范畴时，如若目的是功利主义，知识创造的源泉很快就会枯竭。

二 大学制度是社会整体制度环境的产物

西方大学的兴起是理念繁荣的产物，更是制度繁荣的结果。启蒙运动之后，大学的制度化加速了现代化进程。虽然人们将柏林大学的诞生视为现代大学制度的起点，但事实上高等教育机构制度化的历史要更悠久。当独立自由的追求知识，并引发一系列的创新活动开始由国家立法资助并保护时，高等教育机构就能拥有更坚韧的生命力。一般来说，外界解读大学是从机构的出现时间开始的，似乎大学的历史就是从行会成立到机构建成进行计算，但我们似乎忘记了大学同样是制度的产物。相对于机构来说，制度在历史中的印记更为浓重，现代大学的兴起应该从智识生活制度的确立开始算起。如果说制度造就了中世纪大学的诞生，那么这种制度属性则是多元化的，它是全社会都认可的制度形式。当智识生活变成社会制度被确定下来后，人们对于高级智力活动的态度就不会因一时的兴趣而变化，而是在任何时候都对学术研究和教育充满尊重。现代大学的兴盛是文明整体制度崛起的结果。

（一）大学兴起的制度空间由何构成

大学制度是复合的概念体系，其构成不是大学组织的制度，而是城市、知识、法律和宗教制度的结合体。有了这些制度，绘制大学肖像的框

① 李泽厚：《中国古代思想史论》，生活·读书·新知三联书店，2008，第323页。

架才能具备。之所以大学在 12 世纪之后才能诞生，实际上是因为此时西欧社会制度发展已经成熟。因为在古希腊和古罗马时期，都不缺乏学者群体和教育机构，古希腊的学园和君士坦丁堡的高等学府也实现了学术研究的机构化，但都没有产生实质意义上的大学。这并不是说大学的知识储备不够，人员配置不足，而是制度上没有成熟。没有制度上的成熟，就没有知识与社会间的互动关系，所以大学产生在 12 世纪之后并不是一种意外。大学是西方文明制度探索的结果，当政治、经济、宗教和文化制度共同达到契合的支点时，才是诞生大学的最佳时期。

中世纪的社会通过制度上的摸索，逐渐成熟之后，才能不期而遇地迎接大学的到来。同我们所了解的西方大学获得的法人资格、诸多特权不同的是，智识生活在中世纪就完成了自身的制度化过程。如果没有学者对于罗马法传统和城邦民主的发掘，就不会有保障每个公民权利的法律，在这种保护下，每一个人都是自主的个体，除了服从法律和上帝，其心灵是自由的。在大学产生之前，一个塑造大学的制度形态已经具备。最主要的是，中世纪的制度刺激的是对学问而不是对技艺的需要。这和传统社会的发展有很大的区别。普通人关注的是通过学术活动如何增进社会的创造力，教会希望知识能够让人们更加接近上帝和稳固教皇革命后的社会秩序，而皇帝需要智识生活来挑战教会的权威。在多方需要的刺激下，对于知识的需求就变成了制度上的需要，而且实现了常态化发展。事实上，在西方不仅兴起了大学，还兴起了一套与现代国家极具相关性的社会规则体系。只有在这些规则的支撑下，大学的发展才是良性的，如马克斯·韦伯所言："只有在西方，始有具备专业行政、职业化官吏阶层以及基于市民权观念之法律的近代国家。此一制度在西洋上古及东方虽曾有萌芽，终未能有成熟之发展。只在西方，始有法学家所制定、经理性理解与应用的合理的法律。只在西方，始有市民的概念，这是因为也只有在西方，才有那种特定意义的城市存在。此外，只有西方，始有现代意义的科学。"① 这些制度并不是刻意对学术生活进行保护，而是保护每个个体的权利不受侵犯。

---

① 马克斯·韦伯：《经济与历史；支配的类型》，康乐等译，广西师范大学出版社，2010，第 162 页。

大学诞生之后，在制度的推动下迅速形成了稳定的发展模式。具体来说就是理念、规则、组织形式和活动方式都被纳入统一文明的制度形态中。每个相关者行动逻辑都是沿着这个模式严格进行的，"大学的模式可以被定义为包括核心理念、规则、大学的组织形式以及它同社会国家的关系的结合体。大学模式存在于对规则、组织和关系的积极影响上。即使没有大学，那些'大学人'都可以用现实和历史的观点来定义他们心中的大学应该有何种形态的行进轨迹"①。表面上大学是使命驱动的社会机构，实际上其真正的动力是制度。在以君主意志为核心的权力框架内，大学所获得的权利必然是不稳定的，整个社会如果只在绝对权威意志或道德的驱动下行动的话，社会的协作关系必然脆弱，一旦遇到巨大的冲击很快就会陷入崩塌。只有在制度规定下的社会行动才是稳定的，在权利之间并不是排斥关系，而是一种协调关系。不论市民还是国王，教会还是世俗政府，都能够授予大学特权。这并不是因为学者行会有多高的社会地位，而是因为大学的特权制度能够同当时的社会制度契合。人人都认为是中世纪的城市造就了大学诞生的机遇，城市只是一个场所，真正推动行会崛起的是公元9世纪之后市民意识的觉醒和制度的成熟。只有在城市实现制度化的前提下，学者行会才有落脚的根基。

（二）知识的制度化过程对大学的影响

不同文明知识制度化的结果对智识生活的影响是不一样的。表面上西方人重视理性、理论性知识是由特定的地域好奇心决定的，而实质上这是一种制度驱动的行为。正如东方人关注的是常识和伦理性知识一样，西方人注重原理和理论性知识是出于社会制度发展的需要。东西方知识演进的差异并不完全都是内容上的区别，也在于其制度的不同。在政治制度的影响下，礼仪和道德知识成为中国知识生产的主要内容，因为社会的交往方式和国家的运作体系均在这类知识主导下展开，社会制度也是建立在这类知识上，"中国知识阶层所关心的正是常识性知识，是关乎日常礼仪和人际关系的知识，对人伦日常之外的知识，特别是对关于自然和技术的知识不感兴趣，这就导致知识兴趣的偏枯。从知识的对象这点来看，传统知识

---

① A. Bernasconi, "Is there a Latin American Model of the University?," *Comparative Education Review*, 2008（1）: 29.

阶层具有明显的圣哲性格"①。正是在不同制度的推动下，东西方的知识分子形成了两种不同的文化性格。

西方社会在古希腊时期就形成了以法律制度为主的秩序形态。从古希腊开始，高深知识生产就是不断否定经验与感觉，建立理论和逻辑认知。人们相信的是那些最具原理性特征的知识，而不是感觉和经验，"原来西方哲学有个传统观念，认为感觉经验是变幻不居的，因而不可靠，'科学知识'如果建立在这个基础上，那么也是得不到'可靠性'，这样就动摇了'科学'这样一座巍峨的'殿堂'。这种担心，近代从法国的笛卡尔就表现得很明显，而到了英国的休谟，简直快给'科学知识''定了性'，原来人们信以为'真理'的'科学知识'竟只是一些'习惯'和'常识'，而这些'习俗'的'根源'仍然限于'经验'"②。在中世纪的大学中，我们看到的专业学科都离不开基础的研究和理论知识的学习，这与西方的知识制度密不可分。

大学是知识制度化的结果。在西方历史中可以发现，虽然古希腊的知识一度被阿拉伯文明接纳，在公元 6~8 世纪阿拉伯人也拥有了当时世界上最丰富的知识体系，但他们没有将这些知识予以制度化，没有将其变成本民族所使用知识的一部分。没有这种制度化过程，学术活动就是零散而不稳定的。西方大学的兴起和在西方诞生资本主义的原理是相似的。资本主义并不是简单的商业行为，而是有组织、有规模的社会活动。它同当时的宗教制度和社会制度密切联系在一起，所以其兴起过程造成的影响巨大，如黄仁宇所言："讲的彻底一点，此时西方资本主义的思想是通过'正心诚意修身齐家治国平天下'的大范围之下，有组织有系统的提倡资本主义，而不是偶尔的、稍微的，或昙花一现的提倡资本主义。"③ 同样，在知识制度化过程中西方的智识生活是在规模性地有组织地开展，在既有智识生活的制度基础上，西方建立了足够容纳这些制度的大学。东方的逻辑则相反，仅成立了学术机构，既没有完成知识的制度化过程，也没有将其纳入社会制度当中。

---

① 陈洪捷：《观念、知识和高等教育》，安徽教育出版社，2012，第 18~19 页。
② 刘永谋：《福柯的主体解构之旅——从知识考古学到"人之死"》，江苏人民出版社，2009，第 11 页。
③ 黄仁宇：《放宽历史的视界》，生活·读书·新知三联书店，2005，第 102 页。

大学诞生和兴起的环境不是单纯的历史环境,而是一个文明造就的制度环境。大学在产生之后表面上对外输出的是知识和理念,其关键还在于人们围绕高深知识体系迅速建立起一套社会交往程序。不论在宗教社会还是在世俗社会,国家可以从大学出产的知识与人才身上构建起适合当时的制度空间。在西方,知识的制度化在大学诞生之前就已经实现了,知识的生产与传播是一种规模化和组织化的行为,这种行为是社会发展不可或缺的一个环节。大学的诞生是这个制度环节的需要,大学的兴起也是在知识制度的传统中实现的。

三 来自个人主义与自由意志的大学灵魂

现代大学虽然在功能上已趋于完善,但其灵魂通常受古典的人文气质、文明基因以及宗教精神的影响。大学的灵魂意味着其有独特的思维方式、精神理念与活动规则。大学之所以能够成就其辉煌,主要的原因是它将文化提升为高等教育的灵魂,这样一来大学就不单纯是学术机构,而是灵动的社会个体。相对于其他文明而言,欧洲的高等学府成为遍及世界的共同价值,其原因不在于创造了多少科学与知识成就,而在于最透彻地将人与制度融入了机构,用知识的形式表达人的灵性。同时,人又是自由意志的主导者,自由能带给人想象力与创造的空间。尽管大学在西方兴起有诸多地理、政治以及经济和军事上的原因,但如果回归到人性的深处,从人的层面来理解,这是西方文明深处的自由意志和个人主义在起作用。如果没有这种心灵上的驱动力,大学即使出现了也只是知识的奴隶,这是皮之不存毛将焉附的道理。

(一) 个人主义与组织效率的发达

中世纪学者面临的环境比我们想象的要复杂,既有普通的教育机构传授知识,也有其他城市行会争夺权力。大学一开始面临的是一个高度竞争的社会环境,学者行会需要拿出效率来才能征服整个社会,获得想要的特权。大学在西方兴起之前需要的是从社会中兴起,第一步就是将自身变成一个具有效率的组织。

大学诞生后的效率最大的贡献是对整个社会生产力的提升。具体来说,就是每个学者发挥最大的能力来使大学成为社会动力体系的一部分。但行会的根本作用是维护个体的利益,这是任何组织的基础。不应忽略的是，智识生活最终的实施者是每个个体，只有个体能够对自己的生活负责，自己对知识事务拥有决定权才能创造收益，这同那些宫廷学术和权力规制下的学术有本质区别。学术研究与教育工作也是社会分工的一部分，只有个体能从这种职业中受益，并能决定这种工作方式和利益不受侵犯，大学创造的智力资源才能得到保证，"系统的、有条理的、坚持不懈的劳动能使人取得职业的成功——这乃是拯救的标志，这类成就本身就成了一个值得追求的目标"①。当个体的利益得到了保障，组织的效率才能被激发出来。大学就是建立在这种个人主义基础上，用统一的价值观塑造起来的社会组织，而其深层根源则是西方历史中的个人主义传统。

在古希腊，公民身份的确立为人们带来了个人主义传统，"希腊人最早建立了这样一种文明，它使人开始意识到自己是一个个体。希腊历史上那种光被千古的人文主义精神主要即来自这种对个人及个人价值的尊重。这种强调个人价值的文化同样产生于城邦的民主政治实践"②。古希腊和古罗马的军队之所以能够击败数倍于己的外国军队，本质并不在于战术的高超和武器的先进，而在于其公民兵体制。每个士兵的公民权利得到了保障，他们的共同意志才能被凝结起来，形成保卫国家的力量，正如威廉·麦克尼尔指出的："欧洲历史的一个鲜明特征，就是人们对领土国家的共同体表现出狂热的献身精神。而在以种姓为基本社会组织的社会中，人们不可能有这种献身精神。"③ 尊重和保护这种个人主义成为西方文明的传统，也使得社会组织能够充满效率。在欧洲的和平年代，每个个体的合法权益都能得到法律保护，他们的生产动力会更强，社会整体的生产效率就被拉动了。表面上看，不论翻译运动还是知识革命都是单方面的智识活动，而其本质是在这种个人主义的驱动下，社会整体的生产效率得到了提升，从而推动了知识生产的效率。学者行会固然推动了人们的合作行为，但高深知识的生产与传播最终要靠那些具体的人来实现，其效率要靠每个拥有自主权利的人来保障。外界权威只有在认可学术机构这种生产效率的

---

① 罗伯特·金·莫顿：《十七世纪英格兰的科学、技术与社会》，范岱年、吴忠、蒋效东译，商务印书馆，2012，第100页。

② 于海：《西方社会思想史》，复旦大学出版社，1993，第26页。

③ 威廉·麦克尼尔：《西方的兴起：人类共同体史》，孙岳、陈志坚等译，中信出版社，2015，第217页。

基础上，才能赋予其特权，这是东方社会组织在发展过程中所不具备的条件。

个人主义是推动大学在西方兴起的独特因素。因为大学的诞生不是一个简单的历史现象，在人类文明史上，诞生高等学府的地域很多，但极少学府能够保存至今，西方大学的兴起是在发挥个人主义的基础上激发个体的知识生产活力，进而建立效率组织的过程。在西方，大学从诞生到兴起是一个社会活动，而不是单纯意义上的知识活动，这是有别于那些"短命"的学术组织的最大区别。直到今天，学者们都受益于这种个人主义来从事知识生产和教育活动。

(二) 自由意志凝结下的大学使命

西方的文明拥有向往自由的传统，知识是人追求自由的通道。在历史上，海洋文明推动商业贸易的崛起，西方独有的社会发展方式使得人们较早地离开了由家族关系和血缘关系构建的社会，成为维护个体自由的社会。"大规模的商业活动使人们远离血缘关系对人的控制。商品生活和贸易首先要求人们有广泛的个人自由，摆脱了人们对血缘组织的人身依附，同时，贸易的流动性破坏了血缘组织存在所需的长期定居的稳定性。其次，商品生产和贸易最基本原则是公平贸易，它导致了人与人之间的平等关系。最后，商品生产和贸易同个人的财产私有制是密不可分的，这是工商业社会所必需的。财产的私有破坏了血缘组织存在的经济基础。"[①] 当人们能够成为拥有自由意志的个体时，维护和向往自由就变成西方智识生活不变的传统。只有在自由的基础上，人们才可以去追求自己想要的生活方式，所以我们在古希腊时期就能发现其知识创造的多元性。自由意志主导下的智识活动在目的上是不一样的，正如斯宾格勒在观察东西方智识活动的目的时所得出的结论："'知识即德行'同时为孔子、佛陀和苏格拉底所相信，而'知识即力量'这一短语却只是在欧美文明中间才具有意义。"[②] 真正推动知识在西方成为社会力量的不是知识本身，而是人们用其去追求自由、实现自由的意志。

---

① 徐良高：《中国民族文化源新探》，社会科学文献出版社，2002，第187~188页。
② 奥斯瓦尔德·斯宾格勒：《西方的没落》第2卷，吴琼译，上海三联书店，2006，第286页。

大学是使命驱动的机构，同样也是责任推动的组织。在大学产生之前，人们以责任来规定智识生活的演进方向，其目的就是使人们走向自由。西方大学以自由规定责任，进而实现了崇尚知识，向往自由的精神。没有社会自由意志的主导，臣服于王权或教会权力下的大学很快就会丧失生命力，只有大学以实现全社会的自由为其责任，其使命感才能被激发出来，使其成为受人尊重的对象。"它肯定意味着，每一所大学都有责任，不仅要在打造人际关系网和赢得口碑方面取得进步，而且要对得起'大学'这两个字广博而渊深的内涵，要在治学上有所成就。它还意味着，所有的学生，所学的东西，应更多地来自大学，而不是来自半监督的娱乐活动或职业介绍所提供的服务。"[①]　正是西方文明中的自由意志，将一群用知识追求自由的人聚起来，构成群体组织。正是在这种自由意志的主导下，我们看到西方中世纪的大学在获得特权之后，并没有陷于停滞，而是用知识塑造了更多的辉煌。自由不仅是西方大学的意志，而且是西方文明体中整个社会的意志，"思想自由在西方得到确立并一点一点地渗透到社会习俗中。西方人从此领悟了人类能够并且应该走得更远去寻求真，人类面前是一个由无数新发现组成的未来。这种信念已经远远超出启蒙运动之外，并存于我们的文明以及与科学研究并肩而行的一切精神价值和精神态度之中：理智的诚实、真实感和客观证据观念、学习的欲望、博学的目标、对权威论据的彻底摒弃"[②]。

全世界接受大学并不是因为其社会功能多么强大，而是因为其满足着每个人的天性，正如天野郁夫所言："'大学'作为诞生于欧洲文明圈的独特社会制度，进入近世、近代以后先被移植到美国新大陆，接着进入亚洲和伊斯兰文明圈，在新的环境里产生出形形色色的变种。但是，学术共同体所拥有的自治和自由虽然在欧洲社会培育成长，却成为共同的遗传子被各地大学所传承，由此单个的大学共同体逐渐发展成具有国际性、世界性的'大学间共同体'。"[③]　大学以自由的面貌使中世纪的西方对其形成认可，更以自由的精神获得了全世界的尊重。

---

① 安德鲁·德尔班科：《大学：过去，现在与未来》，范伟译，中信出版社，2014，第21页。
② 菲利普·尼摩：《什么是西方：西方文明的五大来源》，阎雪梅译，广西师范大学出版社，2009，第87页。
③ 天野郁夫：《大学的诞生》，黄丹青、窦心浩等译，南京大学出版社，2011，第7页。

从某种程度上看，大学精神就建立在自由意志的传统上。过去的大学是人类自由意志的凝结品，今天的大学仍旧应该享有这种探究的自由意志。自由意志任何时候都是推动大学前行的精神灵魂，这是人们对大学保持敬畏的精神源头。

四 如何让大学的崛起具有可持续性

今天建设一流大学或顶尖大学已经成为全世界的共识，早期建立在地理优势上的智识生活中的创造力正在被逐渐融合的世界体系取代。欧洲古典大学的辉煌正逐渐褪去，随之而来的是德国、美国以及亚洲现代大学体系独领风骚。不少国家的高等教育作为后发外生型高等教育，在短时间内实现了"后来者居上"的超越，国家优势加上有效的制度设计成为这些国家大学获得成功的关键。后发外生型大学在不少国家获得的成功让建设顶尖大学似乎成为一个技术命题。然而这依然无法解释在今天大学遍布全球的背景下，并不是所有国家的大学都有机会加入顶尖大学的行列。说到底，技术手段终究无法解决文明问题。二战之后，利用政策或政府资助来驱动高等教育已经成为各国共同的选择，尤其是美国大学的崛起更是体现了国家实力与世界性的相融，正是这二者的结合让美国大学成为一种具有竞争力的高等教育机构。然而，美国大学并不是完全意义上的国家机构，其在外部趋势的推动下，能够拥有强大的自主支配力完成制度设计与组织再造，这就让美国大学的现代化与本土化得以同时进行，进而迅速崛起世界上规模最大的一流大学，"革新的外来趋势得以蓬勃发展，同时也出现对顺从国内讲求实效的社会希望的更稳健的要求"①。到了 20 世纪 70 年代之后，借助新一波科技发展的浪潮和硅谷产业革命，美国的大学又保持了对其他国家高等教育发展的领先优势。美国大学的成功至少给我们一个结论：能够有效地理解本土文明和社会需求才能让高等教育机构"落地"，能对世界文明的发展趋势进行比较与开放才能让大学的创新实力"顶天"。地域文明的独特性依然在发挥作用，但现代世界中的大学更注重对外部变化的趋势做出判断，在学术的独立性与社会贡献之间保持有效的平衡和张力，这可能是今天任何一个国家发展高等教育最应该借鉴的方式。

---

① 劳伦斯·维赛：《美国现代大学的崛起》，栾鸾译，北京大学出版社，2015，第 463 页。

历史上，现代大学的崛起无不与文明领域内发生的思想或知识革命密切相关。令人印象最深的大学终究是文明的产物，而不是设计的产品。也只有将大学融入文明变迁的体系中，卓越大学的崛起才是可持续的。从今天到未来，在文明的发展趋势上拥有高水平的大学是决定国家竞争力的重要因素，中国已经将大学发展纳入了国家战略中，利用举国体制发展出一套适应本土的高等教育模式。从这个意义上看，中国的大学可能更需要与国家文明和社会变革完成一体化建构。中国正在面临高等教育发展的转折期，凭借行政权力的有效和国家实力的提升，一批大学的崛起正在越来越被全世界瞩目。然而，大学终归是文明和社会共同缔造的产物，不论建设一流大学还是卓越大学，高等教育机构的兴盛需要的是全社会的智力支持。从过往西方大学的历史来看，大学的兴盛是群体性现象，并不是仅凭一两所大学在排行榜上的声誉就能体现的，在大学群体性兴起的背后是全社会成员在精神上的开放力。文明对大学的影响没有可参照的范本，因为文明本身就是特殊的。如果说古代的希腊塑造了西方人内心的好奇心和求知欲的话，今天的中国需要以开放和包容的姿态来刺激属于华夏文明的好奇心与求知欲。只有开放的国家环境才能使创新活动从解决问题转向提出问题。随着中国高等教育从大众化时代步入普及化时代，大学的作用不能仅停留在作为职业训练场，大学崛起之前必然带来的是对智识和认知天花板的不断突破，这是使其获得持续驱动力的源头。没有针对文明变迁的提问方式，就不会有高等教育在创新上的跨越式发展。所以说，大学的兴盛不是组织和形式上的，而是精神上的。大学的演进过程可以与文明演变同构为一体，但绝不能与政府或企业机构同构。在朝向卓越实力的建设道路上，大学与其他社会机构之间的关系并不是支配与被支配，而是面向创新进行有效协作，创新应该成为大学与文明的新变革趋势。今天影响高等教育变革的并不是来自外部的制度设计，而是对人类文明上升中智识与认知的天花板的突破。不论古典大学还是现代大学，只有掀起智力与知识革命，才具备兴盛的优势。在这一点上，未来中国的大学更应该关注在影响人类命运的问题方面的创新而非制度设计，以成为全社会追求智慧的智识生活连接点，这意味着今天的中国需要将大学视为精神的机构、探究智慧与真理的场所。一流大学的背后往往是整个社会一流的生产方式与扎根文明的发展理念，只有整个社会和国家形成共同的大学认知，建设大学的行为才不至于永远停留在功利层面。对于今天的中国来说，大学兴起需要全社会从精神层面上建立对创新的一致想象。换句话说，中国大学的兴起应该成为全民族对创新驱动力的共同需要，这样的大学才是具有不竭活力的智识机构，才能实现超越西方的兴盛。

附　录

影响大学兴起的关键历史事件

公元前 9 世纪　世界古代四大文明开始形成。

公元前 8~前 7 世纪　希腊智识生活萌芽期。

公元前 7~前 6 世纪　爱琴海文明完善。

公元前 7~前 4 世纪　希腊文明"东方化"革命。

公元前 6 世纪　《荷马史诗》成文。

公元前 6~前 4 世纪　米利都学派兴起，轴心时代思想形成期。

公元前 5~前 4 世纪　智者学派（普罗泰戈拉、高尔吉亚等）开始传道授业。

公元前 594 年　梭伦立法；古希腊城邦民主形成。

公元前 510 年　罗马共和国时代开启。

公元前 480~前 323 年　希腊古典文明达到高潮，哲学体系成型。

公元前 5 世纪下半叶　苏格拉底开始授业。

公元前 399 年　苏格拉底被处死。

公元前 392 年　伊索克拉底创办第一所修辞学校。

公元前 385 年　柏拉图建立阿卡德米学园。

公元前 338 年　马其顿击败希腊联军，建立霸权。

公元前 334 年　亚历山大大帝入侵东方；希腊化时代开始。

公元前 335 年　亚里士多德建立吕克昂学园。

公元前 306 年　伊壁鸠鲁设立学园。

公元前 300 年　芝诺建立斯多亚学派。

公元前 301 年　托勒密王朝在亚历山大里亚建立学堂及大图书馆，亚历山大里亚成为当时世界高等教育中心。

公元前 280 年　几何学鼻祖欧几里得开始活跃。

公元前 161 年　罗马驱逐哲学家和思想家。

公元前 146 年　希腊灭亡，罗马文明兴起。

公元前 1 世纪　古罗马学者瓦罗寻求建立文法、修辞、逻辑、算术、几何、天文、音乐、建筑、医学的 9 个希腊学科。

公元前 55 年　西塞罗《论雄辩家》发表。

公元前 27 年　古罗马帝国时代开启。

公元 88 年　昆体良发表《修辞学》。

公元 136~193 年　阿拉伯人开始翻译古希腊著作的第一轮翻译运动。

公元 3 世纪　基督教僧侣阶层形成，新柏拉图派哲学形成。

公元 3 世纪　罗马皇帝赛维鲁在罗马建立高等学习中心，有文法、土木工程、建筑、医学和天文学等内容。

公元 313 年　君士坦丁大帝对基督教开禁，基督教开始传播。

公元 392 年　基督教成为罗马国教。

公元 395 年　罗马分为东西两部分，拜占庭文化开始兴起。

公元 4 世纪后期　马提亚努斯·卡佩拉《语言学与墨丘利神的联姻》发布，将希腊学科缩减为 7 门，"七艺"开始形成。

公元 425 年　东罗马帝国皇帝狄奥多西二世改组君士坦丁堡高等教育，成立"君士坦丁堡大学"。

公元 476 年　西罗马帝国灭亡。

公元 481 年　蛮族王国墨洛温王朝建立，并掀起小规模的文艺复兴。

公元 6 世纪　基督教本笃修会开始掀起"本笃运动"，以知识和道德修养作为修道的主要内容。

公元 6 世纪　罗马皇帝查士丁尼命令编制《罗马民法法典》。

公元 510 年　东哥特王朝政治家波爱修斯开始用拉丁文翻译亚里士多德和托勒密的作品。

公元 529 年　查士丁尼关闭所有异教学校，古希腊学园停止运行。

公元 775 年　查理大帝命令阿尔昆任宫廷学校校长，传授七艺课程。

公元 8 世纪晚期~公元 9 世纪初　加洛林王朝掀起文艺复兴。

公元 800 年　查理大帝成为法兰克国王。

公元 825 年　法兰克皇帝泰洛尔一世颁布法令，确立了八九个有资格建立高等学校的意大利城市。

公元 830 年　阿拉伯阿拔斯王朝在巴格达建立当时的学术机构"智慧宫"。

公元 830~930 年　阿拉伯人开始大量翻译古希腊著作的第二轮翻译运动。

公元 853 年　第二个罗马宗教议会制定主教在每个教区成立学校教授宗教基础知识，每个大教堂设立学校教授文科。

公元 962 年　神圣罗马帝国皇帝奥托一世在博洛尼亚设立法律学校。

公元 10 世纪~11 世纪初　经院哲学之父安瑟伦和阿伯拉尔开始传授经院哲学。

公元 1058 年　基督教收复西班牙，开始了由阿拉伯文向拉丁文的翻译运动。

公元 1075 年　教皇格列高利七世掀起教皇革命，基督教学校和教会法研究兴起。

约公元 1088 年　博洛尼亚学者欧内乌斯开始教授法律知识。

公元 1096 年　十字军开始第一次东征。

公元 1167 年　英国国王召回在巴黎大学学者，这些人聚集在牛津，成为最早的学校。

约公元 1170~1180 年　巴黎教师协会开始萌芽。

公元 1175 年　托勒密和亚里士多德的作品开始在意大利被大量翻译为拉丁文。

公元 1179 年　第三次密特拉宗教会议规定教堂学校开设课程以拉丁文讲授，内容包括"七艺"。

公元 1180~1220 年　博洛尼亚学生行会开始形成。

公元 1200 年　巴黎主教菲利普·奥古斯特授予巴黎教师与学生证书，确认了他们在各个方面的特许权。

公元 1204 年　十字军第四次东征占领君士坦丁堡，建立东方拉丁帝国，大量希腊文明知识开始回流。

公元 1208 年　各个学科的学生和教授结合成单一法人组织，巴黎大学成立。

公元 1209 年　教会开始公开谴责亚里士多德的《物理学》。牛津大学学者与市民产生冲突，迁移至剑桥，剑桥大学开始建立。

公元 1219 年　教皇洪诺留三世授予博洛尼亚主教代理颁发学位专属权，同时承认学生迁校权利。

公元 1224 年　那不勒斯王国腓特烈二世创建那不勒斯大学。

公元 1230 年　博洛尼亚大学获得逐项特权，"学生大学"基本形成。

公元 1229~1231 年　巴黎大学大分裂，师生们分布到奥尔良和昂热等城市组织新的学校。

公元 1231 年　教皇格列高利九世颁布"知识之父"授予巴黎大学罢课和迁校的特权，史称"大学的大宪章"。

公元 1230~1250 年　大学的特许权逐渐被广泛承认。

公元 1250~1275 年　大量经院哲学的著作问世。

公元 1254 年　亚里士多德的学说在大学中解禁。

公元 1257 年　第一个住宿学院，巴黎大学索邦学院获得认可。

公元 1291~1292 年　教皇尼古拉四世认可博洛尼亚和巴黎大学学位获得者的"授课通行权"。

公元 13 世纪晚期　在佛罗伦萨开始掀起文艺复兴运动。

公元 1350 年　奥卡姆主义开始进入大学。

公元 1378~1417 年　天主教会大分裂，大学开始参与教会事务，各地国王和教会开始设立自己的大学。

公元 1415 年　葡萄牙王子恩里克开始组织航海探险，欧洲开始进入地理大发现时代，中世纪自然观逐渐崩溃，近代自然科学兴起。

公元 1453 年　君士坦丁堡陷落，拜占庭学者开始向西方流动。

公元 1497 年　葡萄牙人达伽马开辟了印欧海路航线。

公元 16 世纪　欧洲进入文艺复兴高潮，人文主义兴起，大量自然科学开始出现。

公元 1501~1550 年　最早的大学已经开始出现废止、搬迁与合并。

公元 1517 年　马丁路德发布《九十五条论纲》，掀起宗教改革运动。

公元 1543 年　特兰托公会议召开，确定了改革旧教和镇压异端的潮流。

公元 1585 年　英国向北美弗吉尼亚殖民。

公元 1616 年　伽利略被宗教裁判所判定抛弃日心说。

公元 1620 年　弗朗西斯·培根发布《科学的新工具》标志着科学方法论的确立。

公元 1638 年　美国开始创办哈佛学院。

公元 1657 年　佛罗伦萨科学社创立。

公元 1660 年　英国皇家学会成立。

公元 1677 年　牛顿的自然科学理论开始形成。

公元 1776 年　北美殖民地发布《独立宣言》，美利坚合众国成立。

公元 1793 年　巴黎大学被查封，掀起欧洲天主教大学遭到查封的第一次风潮。

公元 18 世纪末　法国开始高等教育改革，大量高等专科学校开始设立。

公元 1803 年　欧洲天主教大学遭到第二次大批查封。

公元 1809 年　洪堡开始组织筹建柏林大学。

公元 1860 年　中国创建第一所教会大学——上海圣约翰大学。

公元 1877 年　日本创建东京大学。

参考文献

英文文献

1. Olaf Pedersen, & Richard North, *The First Universities: Studium Generale and the Origins of University Education in Europe* (Cambridge: Cambridge University Press, 1997).

2. Willis Rudy, *The Universities of Europe, 1100–1914: A History* (London: Associated University Press, 1984).

3. Rueg Walter, *Ridder-symoens A History of The universities in Europe* (Cambridge: Cambridge University Press, 1992).

4. John Gascoigne, *Science, Politics, and Universities in Europe, 1600–1800, Ashgate Publishing Limited (Great Britain)* (London: Ashgate Publishing Company Press, 1998).

5. Daniel Fallon, *The German University, a Heroic Ideal in Conflict with the Modern World* (Boulder: Colorado Associated University Press, 1984).

6. G. Makdisi, *The Rise of Colleges: Institutions of Learning in Islam and the West* (Edinburgh: Edinburgh Uniersity Press, 1984).

7. A. B. Cobban, *The Medieval Universities: Their Development and Organization* (Toronto: Methuen Publications Press, 1975).

8. Alan B. Cobban, *English University Life in the Middle Ages* (Columbus: Ohio State University Press, 1999).

9. Lynn Thorndike, *University Records and Life in the Middle Ages* (New York: Columbia University Press, 1944).

10. James K. Farge, eds., *Students and Teachers at the University of Paris: The Generation of 1500* (*Education and Society in the Middle Ages and Renaissance*) (Leiden · Boston: Brill Pubilsh Press, 2006).

11. F. M. Powicke, "Scholarly Privileges in the Middle Ages by Pearl Kibre," *Medieval Academy of America Speculum*, 1962, 37 (4).

12. Paul Monroe, *Source Book of the History of Edcuation for the Greek and Roman Period* (New York: The Macmillan company, London: Macmillan & Co. Press, 1921).

13. George Thomson, *Studies in Ancient Greek Soceity-The Prehistoric Aegean* (London and Southampton: Camelot Press Ltd., 1949).

14. G. E. R. Lloyd, *The Revolutions of Wisdom: Studies in the Claims and Practice of Ancient Greek Science* (Oakland: University of California Press, 1989).

15. James Bowen, *A History of Western Education-Volume One* (New York: St. Martin's Press, 1972).

16. Leo Strauss, "What is liberal education?," *Academic Questions*, 2004, 17 (1).

17. James O. Freedman, *Idealism and Liberal Education* (Ann Arbor: University of Michigan Press, 1996).

18. John Dillon, *The Heirs of Plato: A Study of the Old Academy* (*347-274 BC*) (Oxford: Clarendon Press, 2003).

19. G. K. C. Guthrie, *A History of Greek Philosophy—The Later Plato and the Academy* (Cambridge: Cambridge University Press, 1978).

20. Anthony Corbeill, "Education in the Roman Republic: Creating Traditions," in Yun Lee, eds., *Too Education in Greek and Roman Antiqunity* (Leiden: Koninklyke Brill NV Press, 2001).

21. Stanley F. Bonner, *Education in Ancient Rome: From the Elder Cato to the Younger Pliny* (London: Routledge Press, 1977).

22. George Makdisi, *The Rise of Colleges-institution of Learning in Islam and the West* (Edinburgh: Edinburgh University Press, 1981).

23. M. Colish, & L. Marcia, *Medieval Foundations of the Western Intellectual Tradition: 400-1400 Yale Intellectual History of the West* (New Haven: Yale

University Press, 1997).

24. Marcia L. Colish, "Scholastic Theology at Paris Around 1200," in Spencer E. Young, eds., *Crossing Boundaries at Medieval Universities* (Leiden: The Netherlands Press, 2011).

25. Ellen Perry Pridea, "The Origin and Growth of the Medieval Universities," *The Social Studies*, 1944, 35 (2).

26. P. F. Grendler, "The Universities of the Renaissance and Reformation," *Renaissance Quarterly*, 2004, 57 (1).

27. Gaines Post, "Parisian Masters as a Corporation, 1200–1246," *Speculum*, 1934, 9 (4).

28. Peter Gordon, *Denis Lawton A History of Western Educational Ideas* (London: Woburn Press, 2002).

29. P. J. Shore, *The Myth of the University: Ideal and Reality in Higher Education* (Millburn: University Press of America, 1992).

30. Richard H. Schlagel, *From Myth to Modern Mind: A Study of the Origins and Growth of Scientific Thought, Volume I Thegogny through Ptolemy* (New York: Peter Lang Pulishing, 2001).

31. Ray Spangenburg, & Diane K. Moser, *The History of Science from Ancient Greeks to the Scientific Revolution* (New York: Facts on File Press, 1993).

32. Curt Suplee, *Milestones of Science* (Wahington D. C: National Geographic Society Press, 2000).

33. H. Floris Cohen, *The Scientific Revolution: a Historiographical Inquiry* (Chicago & London: The University of Chicago Press, 1994).

34. Edward Grant, *The Foundation of Modern Science in the Middle Ages: Their Religious, Insititutional, and Intellectual Contexts* (Cambridge: Cambridge Uniersity Press, 1996).

35. Robert E. Krebs, *Groundbreaking Scientific Experiments, Inventions and Discovery of the Middle Ages and the Renaissance* (Westport Connecticut: Greenwood Press, 2004).

36. John Sealey, *Religious Education: Philosophical Perspectives* (New York: Routledge, 2019).

37. Thomas Bender, *The University and the City from Medieval Origins to the Present* (New York: Oxford University Press, 1988).

38. Benson, *Constable*, *Renaissance and Renewal in the Twelfth Century* (Cambridge, Mass.: Harvard University Press, 1982).

39. Water Ruegg, *A History of University in Europe* (Cambridge: Cambridge Uniersity Press, 2004).

40. Mazza, et al., *European Universities in Transition: Issues, Models and Cases* (Regency: Edward Elgar Publishing, 2008).

41. Danielle Jacquart, "The influence of Arabic medicine in the medieval West," in *Ency Hist Arab Science V3* (Routledge, 2004).

42. Courtenay, *Schools and Scholars in Fourteenth Century England* (Princeton: Princeton University Press, 1987).

43. Hoor, & M. Ten, "Why the Humanities?," *Journal of Higher Education*, 1963, 34 (8).

44. Marthellen R, & Van Scoyoc, "Origin and Development of the University," *Peabody Journal of Education*, 1962, 39 (6).

45. Matthew S. Kempshall, "Writing University History Ⅱ Universal or Particular?," *Oxford Review of Education*, 1997, 23 (2).

外文译著

1. 约翰·布鲁贝克:《高等教育哲学》,王承绪等译,浙江教育出版社,2002。

2. 罗伯特·赫钦斯:《美国高等教育》,汪利兵译,浙江教育出版社,2001。

3. 查尔斯·霍默·哈斯金斯:《大学的兴起》,梅义征译,上海三联书店,2007。

4. 希尔德·德·里德-西蒙斯主编《欧洲大学史》第一卷,张斌贤等译,河北大学出版社,2008。

5. 托比·胡弗:《近代科学为什么诞生在西方》,周程、于霞译,北京大学出版社,2010。

6. 卡尔·雅斯贝斯:《历史的起源与目标》,魏楚雄、俞新天译,华夏出版社，1989。

7. 波特兰·罗素：《西方的智慧》，伯庸译，电子工业出版社，2013。

8. 汤因比等著，张文杰编：《历史的话语——现代西方历史哲学译文集》，中国人民大学出版社，2012。

9. 乔治·萨顿：《希腊黄金时代的古代科学》，鲁旭东译，大象出版社，2010。

10. 约瑟夫·本-戴维：《科学家在社会中的角色》，赵佳苓译，四川人民出版社，1988。

11. 罗德尼·斯达克：《理性的胜利——基督教与西方文明》，管欣译，复旦大学出版社，2013。

12. 丹皮尔：《科学史》，李珩译，中国人民大学出版社，2010。

13. 玛格丽特·奥斯勒：《重构世界：从中世纪到近代早期欧洲的自然、上帝和人类认识》，张卜天译，湖南科学技术出版社，2012。

14. 约翰·齐曼：《真科学——它是什么，它指什么》，曾国屏等译，上海科技教育出版社，2008。

15. 胡斯都·冈察雷斯：《基督教思想史》，陈泽民、孙汉书等译，译林出版社，2010。

16. 埃米尔·涂尔干：《社会分工论》，渠东译，生活·读书·新知三联书店，2013。

17. 爱弥尔·涂尔干：《教育思想的演进》，李康译，上海人民出版社，2006。

18. 马克斯·韦伯：《经济与历史；支配的类型》，康乐等译，广西师范大学出版社，2010。

19. 马克斯·韦伯：《新教伦理与资本主义精神》，郑志勇译，江西人民出版社，2010。

20. 威廉·麦克尼尔：《西方的兴起：人类共同体史》，孙岳、陈志坚等译，中信出版社，2015。

21. 佩里·罗杰斯：《西方文明史：问题与源头》（第 6 版），潘惠霞等译，东北财经大学出版社，2011。

22. 柏拉图：《理想国》，郭斌和、张竹明译，商务印书馆，2012。

23. 亚里士多德：《尼各马科伦理学》，苗力田译，中国人民大学出版社，2003。

24. S. E. 佛罗斯特：《西方教育的历史和哲学基础》，吴元训等译，华夏出版社，1987。

25. 约翰·布鲁巴克：《教育问题史》，单中惠、王强译，山东教育出版社，2013。

26. 提摩太·夏纳罕、罗宾·王：《理性与洞识——东方与西方求索道德智慧的视角》，王新生、吴树博等译，复旦大学出版社，2012。

27. 黑格尔：《历史哲学》，王造时译，上海书店出版社，2006。

28. 玛莎·那斯鲍姆：《培养人性：从古典学角度为通识教育改革辩护》，李艳译，上海三联书店，2013。

29. 大卫·帕尔菲曼：《高等教育何以为"高"——牛津导师制教学的反思》，冯青来译，北京大学出版社，2011。

30. 查尔斯·霍默·哈斯金斯：《十二世纪文艺复兴》，张澜、刘疆译，上海三联书店，2012。

31. 海斯汀·拉斯达尔：《中世纪的欧洲大学——大学的起源》，崔延强、邓磊译，重庆大学出版社，2011。

32. 海斯汀·拉斯达尔：《中世纪的欧洲大学——在上帝与尘世之间》，崔延强、邓磊译，重庆大学出版社，2011。

33. 海斯汀·拉斯达尔：《中世纪的欧洲大学——博雅教育的兴起》，崔延强，邓磊译，重庆大学出版社，2011。

34. 艾伦·B. 科班：《中世纪大学：发展与组织》，周常明、王晓宇译，山东教育出版社，2013。

35. 天野郁夫：《大学的诞生》，黄丹青、窦心浩等译，南京大学出版社，2011。

36. 雅克·勒戈夫：《中世纪的知识分子》，张弘译，商务印书馆，2002。

37. 雅克·韦尔热：《中世纪大学》，王晓辉译，上海人民出版社，2007。

38. 理查德·惠特利：《科学的治理组织与社会组织》，赵万里等译，北京大学出版社，2011。

39. 威廉·克拉克：《象牙塔的变迁——学术卡里斯玛与研究性大学的起源》，徐震宇译，商务印书馆，2013。

40. 谢尔顿·罗斯布莱：《特代大学图新——纽曼遗产在英国和美国的

命运》，别敦荣译，北京大学出版社，2013。

41. 雅罗斯拉夫·帕利坎：《大学理念重审：与纽曼的对话》，杨德友译，北京大学出版社，2008。

42. 伯尔曼：《信仰与秩序——法律与宗教的复合》，姚剑波译，中央编译出版社，2011。

43. 乔尔·S. 米格代尔：《社会中的国家：国家与社会如何相互改变与相互形成》，李杨、郭一聪译，江苏人民出版社，2013。

44. 哈罗德·J. 伯尔曼：《法律与革命——西方法律传统的形成》，贺卫方、高虹钧、张志铭、夏勇译，法律出版社，2008。

45. 摩根斯·赫尔曼·汉森：《德摩斯提尼时代的雅典民主》，何世健、欧阳旭东译，华东师范大学出版社，2014。

46. 威尔·杜兰特：《世界文明史：信仰的时代》，台湾幼师文化译，华夏出版社，2010。

47. 威尔·杜兰特：《世界文明史：文艺复兴》，台湾幼狮文化译，华夏出版社，2010。

48. 威尔·杜兰特：《世界文明史：希腊生活》，台湾幼狮文化译，华夏出版社，2010。

49. 威尔·杜兰特：《世界文明史：东方的遗产》，台湾幼狮文化译，华夏出版社，2010。

50. 菲利普·内莫：《罗马法与帝国的遗产》，周愆译，华东师范大学出版社，2011。

51. 弗里德里希·希尔：《欧洲思想史》，赵复三译，广西师范大学出版社，2007。

52. 安东尼·吉登斯：《资本主义与现代社会理论》，郭忠华、潘华凌译，上海译文出版社，2013。

53. 马克斯·韦伯：《社会经济史》，郑太朴译，中国法制出版社，2011。

54. H. 弗洛里斯·科恩：《世界的重新创造：近代科学是如何产生的》，张卜天译，湖南科学技术出版社，2012。

55. 爱德华·甄克思：《中世纪的法律与政治》，屈文生、任海涛译，中国政法大学出版社，2010。

56. 汤浅光朝：《解说科学文化史年表》，张利华译，科学普及出版社，

1984。

57. 杰克·戈德斯通：《为什么是欧洲？世界史视角下的西方崛起（1500—1850）》，关永强译，浙江大学出版社，2010。

58. 小威廉·休厄尔：《历史的逻辑——社会理论与社会转型》，朱联璧，费滢译，上海人民出版社，2012。

59. 爱德华·格兰特：《近代科学在中世纪的基础》，张卜天译，湖南科学技术出版社，2010。

60. 威廉·哈里森：《文艺复兴时期教育研究》，赵卫平、赵兰花译，山东教育出版社，2012。

61. R.弗里曼·伯茨：《西方教育文化史》，王凤玉译，山东教育出版社，2013。

62. 劳伦斯·阿瑟·克雷明：《学校的变革》，单中惠、马晓斌译，山东教育出版社，2012。

63. 爱弥尔·涂尔干：《哲学讲稿》，渠敬东、杜月译，商务印书馆，2012。

64. 柯林伍德：《历史的观念》，何兆武等译，北京大学出版社，2010。

65. 卡尔·波兰尼：《巨变：当代政治与经济的起源》，黄树民译，社会科学文献出版社，2013。

66. 乔尔·科特金：《全球城市史》，王旭等译，社会科学文献出版社，2014。

67. 孔狄亚克：《人类知识起源论》，洪丕柱译，商务印书馆，1989。

68. 费尔巴哈：《宗教的本质》，王太庆译，商务印书馆，2010。

69. 罗素：《宗教与科学》，徐奕春、林国夫译，商务印书馆，2013。

70. 罗素：《人类的知识》，张金言译，商务印书馆，2001。

71. F.W.奥斯瓦尔德：《自然哲学概论》，李醒民译，商务印书馆，2012。

72. 基佐：《欧洲文明史》，程洪逵、沅芷译，商务印书馆，2010。

73. 约翰·莫里斯·凯利：《西方法律思想简史》，王笑红译，法律出版社，2010。

74. 亨利·柏格森《道德与宗教的两个来源》，王作虹、成穷译，商务印书馆，2010。

75. E. 博登海默：《法理学：法律哲学与法律方法》，邓正来译，中国政法大学出版社，2004。

76. 弗朗索瓦·利奥塔尔：《后现代状态：关于知识的报告》车槿山译，南京大学出版社，2011。

77. 卡尔·G. 亨普尔：《自然科学的哲学》，张华夏译，中国人民大学出版社，2006。

78. H. 赖欣巴哈：《科学哲学的兴起》，伯尼译，商务印书馆，1983。

79. 托马斯·库恩：《科学革命的结构》，金吾伦、胡新和译，北京大学出版社，2012。

80. A. F. 查尔默斯：《科学究竟是什么》，鲁旭东译，商务印书馆，2007。

81. 道德拉斯·诺斯、罗伯斯·托马斯：《西方世界的兴起》，历以平、蔡磊译，华夏出版社，2009。

82. 列奥·施特劳斯：《柏拉图的〈会饮〉》，邱立波译，华夏出版社，2012。

83. 亚里士多德：《形而上学》，吴寿彭译，商务印书馆，2014。

84. 亚里士多德：《政治学》吴寿彭译，商务印书馆，2013。

85. 乔纳森·R. 科尔：《大学之道》，冯国平、郝文磊译，人民文学出版社，2014。

86. 保罗·维诺格拉多夫：《中世纪欧洲的罗马法》，钟云龙译，中国政法大学出版社，2010。

87. E. 勒策尔《古希腊哲学史纲》，翁绍军译，山东人民出版社，2007。

88. 依迪丝·汉密尔顿：《希腊精神》，葛海滨译，华夏出版社，2014。

89. 列维-布留尔：《原始思维》，丁由译，商务印书馆，2014。

90. 黑格尔：《哲学史演讲录》1~4卷，贺麟、王太庆译，商务印书馆，2013。

91. 雅克·勒高夫：《试谈另一个中世纪——西方的时间、劳动和文化》，周莽译，商务印书馆，2014。

92. R. K. 默顿：《科学社会学》，鲁旭东译，商务印书馆，2010。

93. 胡塞尔：《欧洲科学的危机与超越论的现象学》，王炳文译，商务印书馆，2001。

94. 罗伯特·金·莫顿：《十七世纪英格兰的科学、技术与社会》，范岱年、吴忠、蒋效东译，商务印书馆，2012。

95. 汉娜·阿伦特：《过去与未来之间》，王寅丽、张立立译，译林出版社，2011。

96. 劳埃德：《古代世界的现代思考：透视希腊中国的科学与文化》，钮卫星译，上海科技教育出版社，2009。

97. 詹姆斯·汤普逊：《中世纪晚期欧洲经济社会史》，徐家玲译，商务印书馆，1992。

98. 罗伯特·海尔布隆纳：《资本主义的本质与逻辑》，马林梅译，东方出版社，2013。

99. S.R. 爱泼斯坦：《自由与增长》，宋丙涛等译，商务印书馆，2011。

100. 雅克·勒高夫：《中世纪文明：400—1500 年》，徐家玲译，格致出版社，2011。

101. 弗雷德里克·L. 努斯鲍姆：《现代欧洲经济制度史》，罗礼平、秦传安译，上海财经大学出版社，2012。

102. 伊恩·莫里斯：《文明的度量：社会发展如何决定国家命运》，李阳译，中信出版社，2014。

103. 伊恩·莫里斯：《西方将主宰多久：东方为什么会落后，西方为什么能崛起》，钱峰译，中信出版社，2014。

104. 帕特丽西雅·法拉：《四千年科学史》黄欣荣译，中央编译出版社，2011。

105. 雅各布·布克哈特：《希腊人和希腊文明》，王大庆译，上海人民出版社，2012。

106. 阿方斯·多普施：《欧洲文明的经济与社会基础》，肖超译，大象出版社，2014。

107. 斯塔夫里阿诺斯：《全球通史：从史前史到 21 世纪》（第七版），吴象婴等译，北京大学出版社，2006。

108. 布莱恩·佩尔尼、西德尼·佩因特：《西欧中世纪史》（第六版），袁传伟译，北京大学出版社，2011。

109. 阿利斯科·E. 麦克格拉思：《科学与宗教引论》，王毅译，上海人民出版社，2008。

110. 皮埃尔·布迪厄:《实践感》,蒋梓骅译,译林出版社,2012。

111. 詹姆斯·G. 马奇、约翰·P. 奥尔森:《重新发现制度:政治的组织基础》,张伟译,生活·读书·新知三联书店,2011。

112. 史蒂夫·富勒:《智识生活社会学》,焦小婷译,北京大学出版社,2011。

113. 马克斯·韦伯:《社会科学方法论》,韩水法、莫茜译,商务印书馆,2013。

114. 马克斯·韦伯:《社会学的基本概念/经济行动与社会团体》,顾忠华等译,广西师范大学出版社,2011。

中文著作

1. 潘懋元:《高等教育研究方法》,高等教育出版社,2008。

2. 余纪元:《〈理想国〉讲演录》,中国人民大学出版社,2011。

3. 余纪元:《亚里士多德伦理学》,中国人民大学出版社,2011。

4. 许纪霖:《智者的尊严——知识分子与近代文化》,学林出版社,1991。

5. 冯友兰:《三松堂全集》第5卷,河南人民出版社,2000。

6. 陈方正:《继承与叛逆:现代科学为何出现于西方》,生活·读书·新知三联书店,2011。

7. 汪民安:《现代性》,南京大学出版社,2012。

8. 许悼云:《中国文化的发展过程》,香港中文大学出版社,1992。

9. 张磊:《欧洲中世纪大学》,商务印书馆,2011。

10. 贺国庆:《欧洲中世纪大学》,人民教育出版社,2009。

11. 沈芝:《行会与市民社会》,中国社会科学出版社,2009。

12. 卢增绪:《高等教育问题初探》,南宏图书公司,1992。

13. 林杰:《西方知识论传统与学术自由》,北京师范大学出版社,2010。

14. 黄福涛:《欧洲高等教育近代化:法、英、德近代高等教育制度的形成》,厦门大学出版社,1998。

15. 厉以宁:《工业化和制度调整——西欧经济史研究》,商务印书馆,2010。

16. 厉以宁:《资本主义起源:比较经济史研究》,商务印书馆,2003。

17. 于海：《西方社会思想史》，复旦大学出版社，1993。

18. 张法琨：《古希腊教育论著选》，人民教育出版社，1994，

19. 杨桢：《英美契约法论》，北京大学出版社，2007。

20. 程德林：《西欧中世纪后期的知识传播》，北京大学出版社，2009。

21. 王凯：《西欧中世纪修道院教育研究》，内蒙古大学出版社，2012。

22. 孙益：《西欧的知识论传统与中世纪大学的起源》，北京师范大学出版社，2012。

23. 宋文红：《欧洲中世纪大学的演进》，商务印书馆，2010。

24. 李工真：《大学的现代化之路》，商务印书馆，2013。

25. 马克垚：《西欧封建经济形态研究》，中国大百科全书出版社，2009。

26. 吴元训编《中世纪教育文选》，人民教育出版社，2005。

27. 吴刚：《知识演化与社会控制——中国教育知识史的比较社会学分析》，教育科学出版社，2002。

28. 刘河燕：《宋代书院与欧洲中世纪大学之比较研究》，人民出版社，2012。

29. 徐国栋：《罗马法与现代意识形态》，北京大学出版社，2008。

30. 贡华南：《知识与存在：对中国近现代知识论的存在论考察》，学林出版社，2004。

31. 梁鹤年：《西方文明的文化基因》，生活·读书·新知三联书店，2014。

32. 刘新成：《西欧中世纪社会史研究》，人民出版社，2008。

33. 韩彩英：《西方科学精神的文化历史源流》，科学出版社，2012。

34. 王美秀、段琦、文庸、乐峰：《基督教史》，江苏人民出版社，2008。

35. 刘钝、王扬宗：《中国科学与科学革命：李约瑟难题及其相关问题研究论著选》辽宁教育出版社，2002。

学位论文

1. 张雪：《19世纪德国现代大学及其与社会、国家关系研究》，博士学位论文，华中师范大学，2012。

2. 孙华程：《城市与教堂：制度视野下欧洲中世纪大学的发生与演进》，博士学位论文，西南大学，2011。

3. 方勇：《论 11—15 世纪欧洲大学的兴起》，博士学位论文，湖南师范大学，2006。

4. 石广盛：《欧洲中世纪大学研究》，博士学位论文，复旦大学，2007。

5. 曹玉杰：《探寻大学、城市之源与缘——西欧中世纪大学与城市关系探究》，博士学位论文，华东师范大学，2009。

6. 刘静静：《文艺复兴与宗教改革时期欧洲大学变迁研究》，博士学位论文，内蒙古大学，2008。

7. 陈沛志：《西欧中世纪经院哲学研究》，博士学位论文，天津师范大学，2008。

8. 王子悦：《英国中世纪大学早期发展研究》，博士学位论文，天津师范大学，2013。

9. 朱宇波：《中世纪大学和德国古典大学"学科统一性"研究——知识论的视角》，博士学位论文，华东师范大学，2011。

10. 邓磊：《中世纪大学组织权力研究》，博士学位论文，西南大学，2011。

11. 杨燕：《中世纪时期巴黎大学的自治》，硕士学位论文，首都师范大学，2007。

12. 冯典：《大学模式变迁研究：知识生产的视角》，博士学位论文，厦门大学。2009。

期刊论文

1. 粟莉：《中世纪大学诞生与自治的思想渊源：中世纪的社团思想》，《高教探索》2011 年第 1 期。

2. 张继明：《论中世纪大学章程的源起与生发逻辑》，《高校教育管理》2014 年第 5 期。

3. 王凯：《修道院与中世纪大学》，《内蒙古大学学报》（人文社会科学版）2007 年第 6 期。

4. 户翠红、荀渊：《中世纪大学产生的历史因素分析》，《煤炭高等教育》2007 年第 31 期。

5. 孙益：《欧洲中世纪大学在近代民族国家形成中所起的作用》，《教育学报》2008 年第 2 期。

6. 孙益:《欧洲中世纪大学的学位》,《清华大学教育研究》2003 年第 6 期。

7. 宋时磊:《中世纪大学的诞生与崛起》,《世界文化》2011 年第 8 期。

8. 高桂娟:《中世纪大学与基督教文化渊源关系考略》,《大学·研究与评价》2007 年第 5 期。

9. 熊华军、丁艳:《中世纪大学学术职业的变化》,《大学教育科学》2011 年第 2 期。

10. 檀慧玲:《人文主义与中世纪大学的博弈及其对后者现代化转向的影响》,《高教探索》2010 年第 5 期。

11. 何振海:《晚期中世纪大学及其变迁》,《教育学报》2008 年第 6 期。

12. 王凤玉:《中国书院与欧洲中世纪大学的不同历史命运及文化潜因》,《河北师范大学学报》(教育科学版) 2011 年第 4 期。

13. 延建林:《中世纪大学称谓的变迁》,《教育学报》2007 第 6 期。

14. 贺国庆:《中世纪大学若干特征分析》,《教育学报》2008 年第 6 期。

15. 贺国庆:《中世纪大学和现代大学》,《河北师范大学学报》(教育科学版) 2004 年第 2 期。

16. 贺国庆:《欧洲中世纪大学起源探微》,《河北大学学报》2(哲学社会科学版) 007 年第 6 期。

17. 贺国庆:《中世纪大学向现代大学的过渡——文艺复兴与宗教改革时期欧洲大学的变迁》,《教育研究》2003 年第 11 期。

18. 刘亚敏、夏晓林:《中世纪大学:权力夹缝中的生存与发展》,《理工高教研究》2006 年第 5 期。

19. 欧阳光华:《中世纪大学的起源、类型、特点及其演变》,《高等函授学报》(哲学社会科学版) 1998 年第 1 期。

20. 李秉忠:《权利视野下的西欧中世纪大学》,《比较教育研究》2006 年第 7 期。

21. 杨天平、潘奇:《欧洲中世纪大学的特色》,《现代大学教育》2009 年第 1 期。

22. 徐兵:《欧洲中世纪大学的科学研究与科学教育》,《高等教育研究》1996 年第 6 期。

23. 晏成步：《西欧中世纪大学与经济形态的关系探究》，《河北师范大学学报》（教育科学版）2011 年第 10 期。

24. 张学文：《大学理性的萌芽：中世纪大学思想制度考察》，《大学教育科学》2012 年第 1 期。

25. 陈沛志、王向阳：《西欧中世纪大学与近代科学的产生》，《自然辩证法研究》2012 年第 12 期。

26. 杜智萍：《论"学院"对中世纪大学的影响》，《高教探索》2013 年第 5 期。

27. 肖维：《中世纪大学的"场所精神"及其现代启示》，《大学教育科学》2013 年第 6 期。

28. 姜文闵：《欧洲大学的兴起及其特点》，《河北大学学报》1982 年第 4 期。

29. 李华：《论欧洲中世纪大学的兴起及影响》，《现代教育论丛》2008 年第 8 期。

30. 邢亚珍：《中世纪知识分子与大学的兴起》，《高教探索》2013 年第 1 期。

31. 张斌贤、孙益：《西欧中世纪大学的特权》，《北京师范大学学报》（社会科学版）2004 年第 4 期。

32. 易红郡、刘东敏：《文艺复兴时期欧洲大学的变迁》，《清华大学教育研究》2005 年第 3 期。

33. 辛彦怀：《欧洲中世纪大学对近代科学的影响》，《河北师范大学学报》（教育科学版）2003 年第 2 期。

34. 潘后杰、李锐：《欧洲中世纪大学兴起的原因、特点及其意义》，《四川师范大学学报》（社会科学版）1993 年第 3 期。

35. 朱新涛：《现代大学对中世纪大学的继承与反叛》，《高等教育研究》2007 年第 4 期。

36. 宋文红：《欧州中世纪大学产生的历史原因和历史文化背景》，《现代大学教育》2007 年第 5 期。

37. 宋文红：《欧洲中世纪大学的迁移及其影响》，《清华大学教育研究》2005 年第 6 期。

图书在版编目（CIP）数据

西方大学的源起：文明演进的视角 / 李海龙著. --
北京：社会科学文献出版社，2022.12（2024.8 重印）
（文脉流变与文化创新）
ISBN 978-7-5228-0707-2

Ⅰ.①西…　Ⅱ.①李…　Ⅲ.①高等教育-教育史-研
究-西方国家　Ⅳ.①G649.1

中国版本图书馆 CIP 数据核字（2022）第 172083 号

文脉流变与文化创新

西方大学的源起
——文明演进的视角

著　　者 / 李海龙

出 版 人 / 冀祥德
责任编辑 / 张建中
文稿编辑 / 张静阳
责任印制 / 王京美

出　　版 / 社会科学文献出版社·文化传媒分社（010）59367004
　　　　　地址：北京市北三环中路甲 29 号院华龙大厦　邮编：100029
　　　　　网址：www.ssap.com.cn
发　　行 / 社会科学文献出版社（010）59367028
印　　装 / 河北虎彩印刷有限公司

规　　格 / 开本：787mm×1092mm　1/16
　　　　　印张：22.25　字数：357 千字
版　　次 / 2022 年 12 月第 1 版　2024 年 8 月第 2 次印刷
书　　号 / ISBN 978-7-5228-0707-2
定　　价 / 128.00 元

读者服务电话：4008918866